KB260329

프레게와 논리철학

프레게와 논리철학

프레게와 논리철학

2026년 2월 10일 초판 1쇄 발행
2026년 4월 10일 초판 2쇄 발행

지은이 | 박준용
펴낸이 | 김영호
편 집 | 박현주 김린 신동혁   디자인 | 황경실 윤혜린
펴낸곳 | 도서출판 동연
등 록 | 제1-1383호(1992. 6. 12)
주 소 | 서울시 마포구 월드컵로 163-3
전 화 | 02-335-2630
팩 스 | 02-335-2640
이메일 | yh4321@gmail.com
인스타 | instagram.com/dongyeon_press

ISBN 979-11-7611-001-3 94100
ISBN 979-11-7611-000-6 94100 (프레게 철학 시리즈)

프레게와 논리철학

박준용 지음

프레게 철학 시리즈

동연

머리말

프레게는 논리학의 역사에서 새로운 시대를 연 사람으로 평가된다. 이는 그가 아리스토텔레스, 칸트 및 부울 등이 다루던 논리학의 영역을 획기적으로 확대했다는 것만 뜻하는 것은 아니다. 그것은 프레게가 수학의 언어처럼 형식적인 언어든 한국어처럼 일상의 언어든, 언어로 표현 가능한 추론 일반을 다룰 수 있는 새로운 논리 문법을 제시하였다는 것을 뜻하는 것이다. 이 논리 문법의 핵심적 두 기둥은 '참' 개념과 '함수' 개념이다. 프레게는 참으로 판단할 수 있는 내용을 표현하는 일이 문장의 가장 중요한 역할이라고 생각했고, 그 내용의 구조를 이해하는 데 핵심적인 역할을 하는 것이 문장을 구성하는 말의 내용과 문장 내용 사이에 성립하는 함수적 관계라고 생각하였다. 『개념표기』(1879)에서 그가 처음 제안한 이 논리 문법은 "함수와 개념에 관하여", "개념과 대상에 관하여", "뜻과 지시체에 관하여" 등의 유명한 논문들에서 더 정교하게 발전되었다. 그리고 그 논리 문법에 따라 구체적으로 제시된 논리학 체계가 『산수의 근본법칙』 제1권(1893)에 드러난 그의 유형론적 논리학이다.

유형론적 논리학을 떠받치는 프레게의 사상은 지금도 여전히 영향력을 발휘하고 있다. 프레게의 저술은 1950년대 피터 기치 및 존 오스틴에 의해 프레게의 주요 논문 및 『산수의 기초』(1884)가 영어로 번역되어 읽히기 전에는 독자가 거의 없었다. 그 이유는 아마도 그의 주저인 『산수의 근본법칙』 제2권(1903) 출간 전 해에 발견된 집합론의 모순과 관련되어 있을 것이다. 그 책의 제1권에 제시되었던 논리학 이론의 공리 중 하나는 집합 동일성 원리를 함축하는 치역 공리였고, 이 공리 역시 모순에 빠진다는 사실이 밝혀졌다. 이 때문에 『산수의 근본법칙』은 2013년에야 처음으로 그 전체가 영어로 번역될 만큼 오랫동안 잊혔다. 『산수의 근본법칙』이 다시 읽혀야 할 책으로 여겨지게 된 것은 약 반세기에 걸친 프레게 연구 덕분이다. 1960~1970년대 프레게의 언어철학에 대한 마이클 더밋의 연구, 프레게 산수철학에 대한 피터 기치, 폴 베나세라프 및 찰스 파슨즈의 연구는 프레게 사상이 해당 분야에서 여전히 유력한 사상임을 보여주었다. 나아가 1980년 대 크리스핀 라이트에 의한 '프레게 정리'(프레게의 기수 동일성 원리로부터 자연수이론의 공리들의 논리적 연역 가능성) 재발견, 조지 불로스에 의한 '프레게 산수'(치역 공리 대신 기수 동일성 원리를 공리로 삼는 2단계 논리학 이론)의 무모순성 증명은 이후 크리스핀 라이트와 밥 헤일이 주도한 이른바 '신프레게주의 논리주의'를 하나의 철학적 연구 프로그램으로 발전시킨 계기가 되었고, 이 프로그램은 이후 몇십 년간 수학철학 및 형이상학의 논의에 큰 영향을 주었다. 이런 뜻에서 프레게가 창시한 논리학은 현재에도 여전히 의의를 갖고 있다.

나는 1980년대 후반에 프레게의 뜻과 지시체의 의미론을 공부하였고, 피터 기치와 마이클 더밋의 논의를 바탕으로 삼은 "프레게의 지시이론 연구 - 술어의 지시문제를 중심으로"(1989)라는 제목의 글로 석사학위를 받았다. 여기서 특별히 주목한 것은 프레게는 루돌프 카르납 같은 후대의 사상가들과 달리 술어의 지시체를 집합이 아니라 개념으로 본다는 것 그리고 함수 표현의 지시체를 함수의 치역이 아니라 함수 자체로 본다는 것이었다. 석사 논문 제출 후 10년이 지난 다음에야 "프레게의 논리주의 연구"(1999)라는 제목의 글로 박사학위를 받았다. 시간이 오래 걸린 데는 나의 특유의 게으름이나 외적 조건이 한몫했지만, 당시 수학에 거의 문외한

이었던 이유로『개념표기』와『산수의 근본법칙』에 나타난 프레게의 자연수 이론의 실제 증명들을 하나하나 재구성해 보는 데 오랜 시간을 들일 수밖에 없었던 것 그리고 1990년대 활발히 진행되던 신프레게주의 논리주의 프로그램의 다양한 논의를 섭렵하는 데 오랜 시간을 들였다는 것도 원인이 되었다. 나의 연구에서 핵심 질문은 "신프레게주의자들의 프로그램이나 러셀의 유형론처럼 프레게가 고려할 만한 다른 논리주의 프로그램이 있었는데, 왜 프레게는 그런 대안을 선택하지 않고 결국 논리주의를 포기했는가?" 하는 것이었다. 나의 대답은 줄리어스 시저 반론, 자연수 무한성 증명 그리고 논리적 대상의 도입 수단으로서 치역 개념에 대한 논의에 의해 제시되었다.

박사학위 제출 이후 나는 세 방향으로 연구를 수행하였다. 첫째로 프레게의 논리학, 수학 및 철학에 관한 역사적 연구를 수행하였다. 이런 연구에는 프레게의 사상에 대한 연구만 아니라 프레게의 주요 저서인『개념표기』, 『산수의 기초』및『산수의 근본법칙』의 한국어 번역 그리고 프레게 당대의 기하학, 기수 및 서수이론, 실수 해석학 등의 수학 분야에 대해 수행한 역사 연구가 포함된다. 둘째로 프레게 사상의 현재적 의의에 대한 철학적 연구를 수행하였다. 이런 연구에는 신프레게주의 논리주의를 둘러싼 21세기 수학철학의 논의만 아니라 미완성인 프레게의 실수이론을 그의 철학에 맞게 재구성하고자 하는 밥 헤일, 니일 테넌트 등의 실수이론에 대한 연구, 오토 횔더 양이론을 발전시킨 조엘 미첼의 측정이론에 대한 연구 등이 포함된다. 셋째로 프레게의 유형론적 논리학과 당대 및 후대의 다른 유력한 이론 사이의 상호 관계를 연구하였다. 이런 연구에는 20세기 후반기에 알프레드 타르스키에 의해 새로운 수학 분야로 정착한 모형론적 의미이론과 프레게의 뜻과 지시체의 의미론 사이의 관계를 규명하는 작업, 공리적 방법에 따라 기하학의 연구 영역을 획기적으로 확대한 데이비드 힐버트의 사상을 프레게의 유형론적 논리학 내에서 재구성하는 작업이 포함된다.

이 책에 수록된 논문은 프레게의 논리학과 연관된 주제들을 다루고 있다. 제1부에 수록된 논문 대부분은 함수의 치역, 양화(논리적 일반성), 논리적 대상, 논리적 진리 등 프레게 논리학의 기본 개념들을 다루고 있고, 마지막 논문은 프레게 논리주의를 발전시키고자 하는 크리스핀 라이트와 밥 헤일의 방안의 한계를 인식하고 대안을 제시하는 일을 하고 있다. 제2부에 수록된 논문들은 프레게의 유형론적 논리학과 뜻과 지시체의 의미론을 배경 이론으로 삼아, 프레게 당대의 데데킨트의 공리적 방법론이나 후대의 힐버트, 타르스키 등의 메타이론적 논의들을 재구성해서 이해하는 작업을 수행하고 있다.

이 책에 수록된 연구 결과는 나의 단독 연구도 있지만 다른 사람들과의 협력을 통해 수행된 것이 적지 않다. 제1부에 수록된 논문 중에는 2002~2003년 "추상 대상과 논리적 대상: 프레게의 논리적 추상화 이론의 발전 가능성"이라는 제목으로 밥 헤일 아래에서 수행한 박사 후 연구의 결과가 있고, 2003~2005년 "새로운 논리주의의 가능성: 수학 기초론에서 프레게식 접근에 대한 모색"이라는 제목으로 최원배, 선우환 두 선생님과 함께 수행한 연구의 결과가 있다. 그리고 제2부에 수록된 논문 중에는 2007~2008년 박우석, 전영삼, 최원배, 이정민 등 여러 선생님이 참여한 프로젝트 "힐버트 학파와 공리적 방법"의 일원으로서 연구한 결과이다. 그리고 2011~2012년 박우석, 최원배 두 선생님과 함께 수행한 프로젝트 "모형론적 논리적 귀결 개념의 정당성"을 연구한 결과가 있다.

공동 연구를 통해 도움을 준 선우환·이정민·전영삼 선생님, 내가 참여한 여러 공동 연구의 주관자로서 나로 하여금 프레게만 아니라 타르스키나 힐버트의 사상에도 관심을 갖도록 격려하신 박우석 선생님 그리고 나와 함께 『산수의 기초』를 한국어로 번역했을 뿐 아니라 오랜 학문적 동지로서 나의 연구를 격려해 준 최원배 선생님께 감사를 드린다.

이 책에 수록된 연구 결과를 생산하는 데 경제적 후원자로서 도움을 준 한국연구재단(구 학술진흥재단)과 충남대학교의 관련 담당자들께도 감사의 마음을 전한다. 마지막으로 이 책의 출판을 격려해 준 충남대학교 자유전공학부의 서영식 선생님 그리고 느린 나의 작업의 답답함을 참고 애써 준 도서출판 동연 김영호 대표님과 담당편집자 김린 대리님 그리고 박현주 편집부장님과 편집부 직원들께도 감사를 드린다.

2026년 1월 세종시에서

박준용

차 례

제2부 ｜ 프레게와 메타이론

| 제1부 |

프레게 논리학

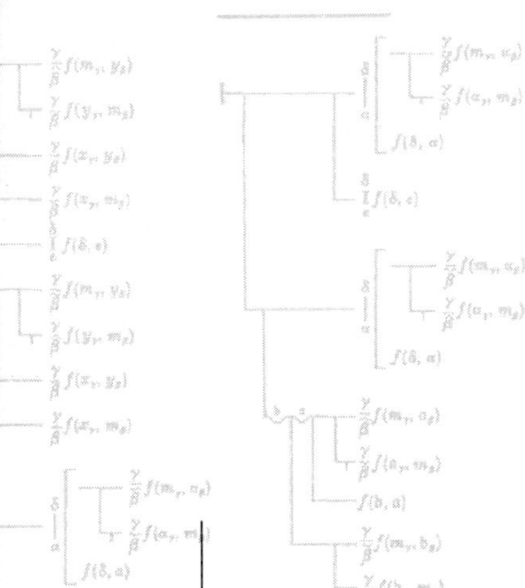

산수의 근본 법칙』의 10절 분석

머리글

프레게는 현대 논리학의 창시자이다. 라이프니츠, 칸트 및 부울의 논리학과 비교할 때, 프레게 논리학은 두 가지 점에서 새로운 출발로 간주할 만하다. 첫째로 프레게는 수학의 언어처럼 형식적인 작업에 사용되는 언어나 한국어처럼 일상생활에서 우리가 사용하는 언어 모두에서 추리 구조를 표현하고 그 타당성을 검사하기에 적합한 구문론적 장치들을 체계화하였다. 둘째로 어느 분야의 어느 언어로 된 추리든지, 그 추리에 나오는 문장들이 어떤 경우에 참이 되는지, 타당한 추리가 왜 참인 전제로부터 참인 결론을 얻게 해주는지 체계적으로 해명할 수 있는 의미론을 수립하였다. 물론 프레게의 구문론적 이론이나 의미론적 이론이 최선의 것인가 하는 것은 논란거리이긴 하지만, 그가 첫 번째 책『개념표기』(1879)에서 한 번 제시하고 그의 주저『산수의 근본법칙』(1893)에서 수정해서 다시 제시한 논리학 이론은 이후 약 반세기 동안 엄밀성에서 그에 필적할 만한 다른 저술을 찾기 어려울 만큼 완성도가 높은 것이었다.

『산수의 근본법칙』의 논리학은 두 가지 점에서『개념표기』의 논리학과 상당히 다른 특징을 가지고 있다. 하나는 문장의 구성 요소로서 술어를 함수 표현 아래 포함시키고, 술어가 표현하는 개념을 진리치를 값으로 갖는 함수로 간주한다는 것이다. 다른 하나는 주어진 함수가 논항들에 대해 갖는 값들의 경로—간단히 함수의 치역—를 논리학의 기초 개념으로 간주한다는 것이다. 함수의 치역은 프레게가 논증하고자 하는 핵심 사상으로서 산수가 논리학의 일부라는 생각을 정당화하는 데서 아주 중요한 역할을 한다. 왜냐하면 그는 『산수의 기초』(1884)에서 기수를 개념의 외연으로 간주하였고,[1] 개념의 외연은 진리치를 값으로 갖는 함수의 치역에 해당하는 것이기 때문이다. 말하자면 치역 개념은 『산수의 근본법칙』의 논리학에 기수들을 도입하는 역할을 하고, 프레게의 말을 빌린다면 "논리학의 대상들을 도입하는 수단"에 해당한다.

프레게의 치역 개념 — 『산수의 근본법칙』의 10절 분석

첫 번째 논문은 프레게가 그의 논리학에 치역 개념을 도입하는 방식에 대해 다루고 있다. 그는 『산수의 기초』에서 기수를 기수 동일성 원리에 의존해서 도입하는 방안을 고려했다. 하지만 그는 그런 원리에 따르지 않고 인식된 대상들과의 동일성 문제 때문에 결국 기수를 개념의 외연으로 환원하는 방안을 택했다. 그런데 그는 『산수의 근본법칙』에서 치역을 도입하기 위해 다시 치역 동일성 원리에 의존한다. 이는 모든 함수값을 대상으로 간주하는 그의 견해와 결합해서 그로 하여금 공교롭게도 치역 동일성 원리에 의해 도입되지 않은 대상으로서 진리치와 치역 사이의 동일성 문제에 마주치게 한다. 『산수의 근본법칙』10절에서 그는 진리치를 치역과 동일시함으로써 이 문제를 해결하려 한다. 하지만 그 해결을 위한 논의 절차에는 자의적으로 보이는 여러 가정이 포함되어 있을 뿐 아니라 진리치들과 동일시할 치역의 선택이 그의 철학적 견해와 일관되지 않게 형식적

---

1 개념의 외연은 통상 '집합'(class)이라 불린다. 흔히 집합론에서는 원소 관계를 기본 개념으로 간주하는 반면, 프레게는 어떤 집합 S에 대해 그 원소가 갖는 관계를 S의 원소들 모두가 그리고 그런 원소들만 속하는 개념 F에 의해 정의하고, 집합 S를 'F의 외연'으로 간주한다. 말하자면 프레게에게 집합 개념, 원소 관계 등은 '개념' 개념에 의해 정의되는 파생적 개념들이다.

편의에 따른 것 아닌가 하는 의심을 불러일으킨다. 나의 논문은 먼저 이런 의문을 해소하기 위해 『산수의 근본법칙』 29-31절의 지시 이론의 원리들을 검토한다. 그 결과 그의 가정들이 자의적으로 보이는 이유는 그의 지시 고정 절차가 지니는 이중적인 단계적 성격 때문이라는 것을 보인다. 그리고 프레게가 진리치들과 동일시할 치역들을 형식적 편의에서가 아니라 그의 논리주의적 기획을 고려하고, 그의 논리 체계 내에서 진리치, 치역, 수 등의 논리적 대상들이 차지하는 논리적 지위를 고려해서 선택한 것임을 보인다.

프레게와 다항양화

두 번째 논문은 프레게가 창안한 양화-변항의 장치가 갖는 논리철학적 의의에 대한 더밋의 평가를 검토한다. 더밋은 프레게가 양화-변항의 장치를 도입하기 전에 논리학의 발전이 오랫동안 지체된 이유 중 하나는 다항양화문의 구조 및 진리조건을 충분히 해명하지 못했기 때문이라고 평가한다. 반면 더밋에 따르면 프레게는 그의 양화-변항의 장치를 이용해서 다양양화문 구성 절차를 체계적으로 설명할 수 있었고, 이와 함께 다항양화문의 진리조건을 분명하게 설명할 수 있었다. 더밋은 이를 해명하기 위해 프레게가 의존하고 있는 두 가지 문장 분석이론을 고려한다. 하나는 복합문장을 그것을 구성하고 있는 요소들이 어떻게 구성되어 있는지에 따라 분석할 때, 최종의 구성 요소로서 단순한 원자적 문장에 이른다는 것이다. 다른 하나는 양화사와 결합해서 양화문을 구성할 수 있게 해주는 1항 술어는 그 구성 요소들이 결합되어서 구성되는 것이 아니라, 도리어 완전한 단칭문장 으로부터 단칭용어를 제거함으로써 획득된다는 것이다. 더밋은 합성원리에 따른 복합문장의 분석은 복합문장의 진리조건을 설명하는 데 목적이 있고, 술어 형성을 위한 단칭문장의 분석은 양화문을 형성하는 데 목적이 있으므로, 두 경우 단칭문장에서 고려되는 술어는 다른 종류의 술어로 간주되어야 한다고 생각한다. 왜냐하면 전자의 경우 문제되는 단칭문장의 뜻을 설명하는 데 목적이 있는 반면, 후자의 경우 뜻의 설명이 문제되는 것은 분석 대상으로서 단칭문장이 아니라 양화사와 결합되어 형성되는 양화문의 뜻이기 때문이다. 더밋은 이 두 종류의 술어를 엄격히 구분하지 않을 때 다항양화문의 진리조건을 설명하는 절차는 논리적 순환에 빠질 위험이 있다는 것을 논증한다. 나는 이 글에서 더밋이 프레게에게 돌리는 두 종류의 문장 분석 방법의 의의를 부정하지 않으면서도, 원자적인 단칭문에 나오는 술어 중에서 겉으로 다를 바 없어 보이는 술어까지도 그 역할에 따라 서로 다른 두 종류의 술어를 구분해야 한다는 더밋의 주장을 받아들일 필요는 없다는 것을 보인다.

추상 대상과 논리적 대상 — 프레게의 논리적 추상화 절차의 재고

세 번째 논문은 프레게의 논리적 대상 개념의 적용 범위를 다룬다. 프레게는 수나 집합 등을 논리적 대상으로 간주하였으나, 논리적 대상과 비논리적 대상을 구분하기 위한 기준을 제시하지는 않았다. 더밋은 논리적 대상 개념에 대해 서로 다른 두 해석을 제시하였다. 하나는 프레게의 논리적 대상은 구체적 대상의 존재와 무관하게 분석적으로 그 존재를 정당화할 수 있는 순수 추상 대상이라는 것이고, 다른 하나는 그의 논리적 대상은 특수 영역의 지식과 무관한 주제 중립적 어휘에 의해 지시 가능한 대상이라는 것이다. 나는 두 해석 모두 구체적 대상들의 집합을 논리적 대상에서 배제한다는 점에서 옳은 해석이 아님을 보인다. 한편 마르코 러피노는 개념이 그의 논리학에서 특별한 지위를 차지하기 때문에, 프레게가 개념에 의해 주어지는 집합들 모두를 전형적 논리적 대상으로 간주했다고 주장한다. 이 견해는 프레게가 논리적 개념과 비논리적 개념을 구분했다는 사실을 간과한 데서 비롯한 잘못된 것임을 보인다. 다음으로 프레게의 논리적 대상 개념은 논리적 종류 개념을 설명하는 데 사용되는 추상화 절차와 관련이 있고, 논리적 대상이란 논리적 종류 개념 아래 속하는 대상으로 규정하는 것이 옳다는 것을 보인다. 마지막으로 그가 구체적 대상들의 집합도 논리적인 것으로 분류한 이유를 논리학의 응용과 관련지어 설명한다.

프레게 논리주의에서 논리적 진리와 분석적 진리

네 번째 논문은 "논리적 진리는 최대의 일반적인 진리"라는 프레게의 언급이 의미하는 바가 무엇인가 하는 문제에 대한 연구 결과이다. 이 문제는 두 이유에서 프레게의 논리주의에 대해 특별히 중요한 의미를 갖는다. 첫째로 프레게의 관점에서 논리주의는 산수의 진리가 논리적 진리라는 것을 함축하므로, 논리적 진리가 최대의 일반적인 진리라면 산수의 진리 역시 최대의 일반적인 진리일 것이다. 둘째로 논리주의는 논리적 진리가 기하학이나 경험과학의 진리와 달리 인식적으로 특별한 지위를 갖는다는 것을 전제하는 것으로 보인다. 왜냐하면 논리적 진리에 그런 인식적 특징이 없다면 산수의 진리를 논리적 진리로 환원할 동기도 사라지는 것으로 보이기 때문이다. 이런 사실을 고려하여 프레게가 논리적 진리에 부여한 일반성이 어떤 뜻을 지니는지, 그런 일반성이 기하학 및 경험과학의 법칙이 지니는 일반성과 어떤 점에서 다른지 규명한다.

먼저 프레게의 논리적 일반성 개념에 대한 리켓츠와 맥팔레인의 견해를 살펴보고 그런 견해가 옳지 않음을 보인다. 프레게의 논리 법칙이 사고 자체의 규범이라는 맥팔레인의 견해에 동의하지만, 논리적 일반성이 규범적 일반성에 지나지 않는다는 그의 견해에는 반대한다. 프레게의 논리적 일반성이 일차적으로 서술적인 것이라는 점에서 리켓츠의 견해에 동의하지만, 논리적 어휘의 주제 중립성에 근거해서 논리적 진리의 일반성을 규명하려는 그의 시도는 실패할 수밖에 없음을 보인다. 이어서 비논리적 술어와 논리적 술어에 대해 차례로 고찰한 후, 어느 경우든 술어의 적용 범위는 참인 명제들에 의해 결정된다는 점을 밝힌다. 이를 토대로 프레게의 논리적 일반성은 논리 법칙이 어느 주제에 관한 논의에서나 추리의 전제로 사용될 수 있다는 사실에 근거한 것임을 밝힌다.

다음으로 더밋이 프레게에게 부여한 논리주의의 두 주장으로서 (1) 산수의 진리가 순수 사고에 의해 인식 가능하다는 주장과 (2) 산수 진리가 일반적으로 적용 가능하다는 주장이 서로 어떤 관계를 갖는지 검토한다. 진리의 지배 범위에 대한 프레게의 견해를 살펴본 후, 진리의 인식적 본성이 진리의 지배 범위를 결정한다는 것이 프레게의 견해임을 밝힌다. 그리고 프레게는 논리학의 근본법칙의 인식적 본성을 순수 사고만으로 그 참을 인식할 수 있다는 데서 찾았다는 것, 나아가 논리학의 근본법칙으로부터 논리적으로 연역된 모든 분석적 진리 역시 순수 사고만으로 그 참을 인식할 수 있다는 것이 프레게의 생각이었음을 보인다. 이에 근거해서 더밋이 언급한 두 주장은 서로 무관하게 제시된 것이 아니라, 전자를 논증하면 바로 후자도 논증된다는 것이 프레게의 견해라고 결론짓는다.

논리주의와 논리상항의 의미

다섯 번째 논문에서는 2000년 크리스핀 라이트와 밥 헤일이 "암묵적 정의와 선천성"에서 제시한 후 발전시켜 온, 이른바 기수연산자의 암묵적 정의로서 기수 추상화 원리에 토대를 둔 논리주의 프로그램의 장단점을 검토한다. 성공적 암묵적 정의가 갖추어야 할 조건으로 두 사람이 제시한 정의 요건 중에서 특별히 새로 도입된 용어에 부당하게 지시체의 존재를 부여해서는 안 된다는 조건에 주목한다. 나는 많은 비판자들이 주장하듯 기수 추상화 원리로서 '흄 원리'를 기수연산자의 암묵적 정의로 수용하는 일은 기수함수의 값들인 기수들의 지시와 존재를 부당하게 가정하는 것은 아니라는 데 대해 라이트와 헤일의 견해에 동의한다. 반면 흄 원리를 기수연산자의 암묵적 정의로 수용하는 일은 기수함수 자체의 지시와 존재를 부당하게 가정하지 않는 것으로 보기는 어렵다는 것을 논증한다. 왜냐하면 만약 흄 원리를 암묵적 정의로 받아들여 기수함수의 존재를 정당화할 수 있을 경우, 우리는 마찬가지 방식에 따라 모순에 빠진 추상화 원리로서 프레게의 근본법칙 V를 외연 연산자의 암묵적 정의로 받아들여 외연 함수의 존재를 정당화할 수 있다는 것도 받아들여야 할 것이기 때문이다.

나는 라이트와 헤일이 의존하는 암묵적 정의 모델에는 정의문을 참으로 약정함으로써 피정의항의 지시체를 확보하는 일과 피정의항에 적절한 뜻을 부여하는 일을 분리해서 다룰 수 없다는 사실이 중요한 결함이라고 생각하였다. 이에 두 문제를 별도로 고려할 여지를 주는 암묵적 정의 모델로서 겐첸에게서 유래한 생각, 즉 논리학의 연산자에 대한 도입 및 제거규칙을 연산자의 의미를 정의하는 것으로 간주하는 생각이 대안이 될 수 있는지 모색한다. 스테판 리드의 '일반화된 제거 원리'에 따른 연구 결과를 주요 자료로 삼아, 프레게의 외연 추상화 원리인 근본법칙 V는 아론 프라이어의 유명한 tonk-규칙들과 달리 도입 규칙에 의해 외연연산자에 부여되는 뜻이 제거규칙에서 고려되는 외연연산자의 뜻과 잘 조화된다는 것을 확인한다. 그리고 이 사실은 많은 사람들이 예상하던 것과는 달리 근본법칙 V는 외연연산자에 모순된 뜻을 부여하는 것이 아니라 충분히 일관된 뜻을 부여한다는 것을 함축한다. 물론 근본법칙 V는 원래 의도된 것처럼 외연연산자에 지시체를 부여하는 역할을 하지는 못한다. 반면 기수 추상화 원리로서 흄 원리는 근본법칙 V와 마찬가지로 그것이 도입하는 기수연산자에 일관된 뜻을 부여할 뿐 아니라, 잘 알려져 있는 것처럼 근본법칙 V와 달리 모순에 빠진다고 주장할 근거는 없으므로 기수연산자에 지시체를 부여하는 역할을 하는 데 근본적인 장애는 없다. 이는 흄 원리는 기수연산자의 도입 및 제거규칙으로서 기수연산자가 포함된 타당한 추리를 수행하기 위한 추리의 원리로 사용하는 데 더 이상 문제가 없다는 것을 의미하는 것으로 보인다. 이에 라이트와 헤일처럼 흄 원리의 참의 약정에 의존하는 암묵적 정의 모델보다는 흄 원리를 추리규칙으로 간주하는 암묵적 정의 모델이 그들이 따르는 프레게의 뜻과 지시체의 의미론에 훨씬 더 적합하다고 결론짓는다.

1장

프레게의 치역 개념
─『산수의 근본법칙』의 10절 분석

1. 들어가는 말

외연 개념 및 그 개념을 포함하는 치역 개념은 프레게의 논리주의를 구축하는 토대이지만, 정작 치역 개념을 본격적으로 논의하고 있는『산수의 근본법칙』[1]의 의미론적 설명에는 많은 문제가 내포되어 있다. 그것은 단지 치역 개념을 도입하는 데 사용되고 후에『법칙』의 논리 체계의 공리로 가정된 추상화 원리(공리 V)가 모순에 빠진다는 것만 말하는 것이 아니다.『산수의 기초』에서 프레게는 수 개념에 대한 맥락적 정의(흄의 원리)가 수들과 연관된 동일성 문제를 충분히 해결해 줄 수 없다는 이유 때문에 외연에 의한 명시적 수 정의를 받아들였다. 그런데『법칙』의 치역(외연) 개념에 대한 맥락적 설명(추상화 원리)도 치역들과 관련된 유사한 동일성 문제에

---

1 필자는 앞으로『산수의 기초』대신『기초』로,『산수의 근본법칙』대신『법칙』으로 표시하겠다. 본문이 나 각주에 인용하는 저술의 줄임말은 참고문헌을 참조하라.

봉착한다. 『법칙』 10절에서 그는 진리치를 치역과 동일시함으로써 이 문제를 해결하려 한다. 하지만 그 해결을 위한 논의 절차에는 자의적으로 보이는 여러 가정이 포함되어 있을 뿐 아니라, 진리치들과 동일시할 치역의 선택이 그의 철학적 견해와 일관되지 않게 형식적 편의에 따르는 것으로 보인다.

이 글은 치역에 대한 프레게의 형식적 논의에서 생겨나는 몇 가지 의문점을 『법칙』의 지시 이론과 그의 논리관의 맥락에서 고찰함으로써, 그의 논의가 지니는 의도를 더 분명히 하려는 데 있다. 이를 위해 먼저 『법칙』 3절과 9절의 치역 개념의 도입 절차를 정리하고, 10절에 등장하는 프레게의 치역명의 지시체 고정 절차를 분석한다. 다음으로 29-31절에 등장하는 『법칙』의 지시 이론의 원리들을 검토함으로써 10절의 논의를 재구성하고, 그의 논리관과 진리관에 비추어서 프레게의 약정에 대한 철학적인 변호를 시도하려 한다.

2. 추상화 원리와 치역의 도입

『기초』에서 프레게는 수를 개념의 외연으로 정의하며, 외연 개념을 이미 알려져 있는 개념으로 가정한다(G1, 68-69절). "함수와 개념"에서는 개념을 진리치를 값으로 지니는 특별한 종류의 함수로 간주하고, 개념의 외연을 그런 함수의 값의 경로(치역, Wertverlauf)와 동일시한다(KS, 129-133). 『법칙』에서 치역 개념을 도입하는 것은 다음의 구절이다.

> 나는 "함수 $\Phi(\xi)$가 $\Psi(\xi)$와 같은 치역을 가지고 있다"는 말이 "함수 $\Phi(\xi)$가 $\Psi(\xi)$와 같은 논항에 대해 언제나 같은 값을 가진다"는 말과 일반적으로 같은 것을

지시한다고 말한다(Gg I, 3절).

이 원리는 임의의 두 함수가 어떤 경우에 같은 치역을 갖는지 혹은 임의의 두 함수의 치역이 어떤 경우에 같은지를 설명해 준다. 그 설명에 따르면 임의의 두 함수는 같은 논항에 대해 언제나 같은 값을 가질 경우에 그리고 그 경우에만 같은 치역을 갖는다. 프레게는 이 원리를 논리학의 근본법칙으로 가정하며, 『법칙』내의 논리 체계에서 산수학의 기초적 법칙들을 증명하기 위한 공리로 사용한다.[2]

프레게는 치역의 표기법을 도입하기 이전에, 『법칙』의 논리 체계의 표현들을 구성할 원초적 기호들로서 다음과 같은 몇 가지 함수 기호를 도입한다.

* 수평 함수 $—\xi$: 논항 $\varDelta$에 대한 이 함수의 값은 $\varDelta$가 참일 경우 참이고 그밖의 모든 경우 거짓이다.
* 부정 함수 $—\xi$: 논항 $\varDelta$에 대한 이 함수의 값은 $\varDelta$가 참일 경우 거짓이고 그밖의 모든 경우에는 참이다.
* 동일성 함수 $\xi = \zeta$: 논항 $\varGamma$와 $\varDelta$에 대한 이 함수의 값은 $\varGamma$와 $\varDelta$가 같으면 참이고 그밖의 모든 경우는 거짓이다.
* 일반성 함수 $\forall a\varphi(a)$: 논항 $\varPhi(\xi)$에 대한 이 함수의 값은 모든 대상 $\varDelta$에 대해 $\varPhi(\varDelta)$가 참일 때 참이고 그밖의 모든 경우에는 거짓이다.[3]

---

2 이 원리를 추상화에 의한 치역 개념의 설명이라는 이유에서 간단히 "추상화 원리"라 부른다.

3 필자는 프레게의 부정 기호와 일반성 기호 대신 "$\neg$"와 "$\forall$"을 사용한다.

이 함수들은 각각 논항 일반에 대해 그 함수가 지니는 값이 무엇인지에 따라 규정되어 있다. 여기서 주목할 점은 앞의 함수들 모두 진리치를 값으로 가지는 함수, 즉 개념들이라는 것이다. 따라서 그 함수들의 설명은 모두 진리치에 대한 이해에 의존하고 있고, 그런 이해를 이미 전제하고 있다. 다음으로 수평 함수, 부정 함수 그리고 동일성 함수는 모두 대상들을 논항으로 지니는 1차 함수들이다. 반면 일반성 함수는 다른 함수들과는 달리 1차 함수들을 논항으로 취하는 2차 함수이다.

다음으로 프레게는 치역들을 표현하기 위한 표기법으로서 치역연산자를 도입한다.

우리의 기호 체계에서는 동일성의 일반성을 치역의 동일성으로 전환하는 일을 수행할 수 있어야 한다. 따라서 우리는 "$\forall a(a^2 - a = a \cdot (a - 1))$"을 "$\acute{\varepsilon}(\varepsilon^2 - \varepsilon) = \acute{\alpha}(\alpha \cdot (\alpha - 1))$"로 쓴다. 여기서 나는 $\acute{\varepsilon}(\varepsilon^2 - \varepsilon)$를 함수 $\xi^2 - \xi$의 치역으로 이해하며, $\acute{\alpha}(\alpha \cdot (\alpha - 1))$을 함수 $\xi \cdot (\xi - 1)$의 치역으로 이해한다(Gg I, 9절).

치역명을 형성하기 위한 연산자 "$\acute{\varepsilon}\varphi(\varepsilon)$"는 앞에 언급된 추상화 원리를 표현하기 위한 도구로 도입된다. 치역연산자를 사용하면 추상화 원리는 "$(\acute{\varepsilon}\Phi(\varepsilon) = \acute{\alpha}\Psi(\alpha)) = \forall a(\Phi(a) = \acute{\alpha}\Psi(a))$"로 표현된다.[4] 치역연산자 "$\acute{\varepsilon}\varphi(\varepsilon)$"는 일반성 기호와 마찬가지로 『법칙』의 원초적인 2차 함수의 기호로서 1항 1차 함수 기호를 논항 기호로 취한다. 그리고 치역연산자가 지시하는 추상화

---

4 프레게의 『법칙』의 체계에서는 문장은 고유명으로, 문장의 지시체인 진리치는 대상으로 간주된다. 그런데 그는 동일성 관계를 대상들 사이의 관계로 간주하므로, 두 문장의 동치 관계는 동일성 기호로 표현된다. 추상화 원리가 표현하는 동치 관계가 지시체의 동일성만이 아니라 뜻의 동일성까지 함축하는지는 『법칙』 논의에서는 분명하지 않다.

함수는 1항 1차 함수들을 논항으로 취하는 2차 함수이다.

일반성 기호를 포함하여 이미 도입된 함수 기호들의 논항 자리를 채운 결과(함수값의 기호)는 모두 진리치의 이름들(즉, 문장들)이다. 반면 치역연산자의 논항 자리를 임의의 1항 1차 함수 기호로 채우면, 치역 기호가 도입된다. 예를 들어 치역연산자 "$\dot{\varepsilon}\varphi(\varepsilon)$"에 1항 1차 함수 기호 "$\Phi(\xi)$"를 집어넣으면 치역명 "$\dot{\varepsilon}\Phi(\varepsilon)$"가 생긴다. 치역명은 치역연산자에 적용된 1항 1차 함수의 치역(값의 경로)을 표시하는 것으로 간주된다.[5] 그리고 치역명은 "$\dot{\varepsilon}\Phi(\varepsilon) = \dot{\alpha}\Psi(\alpha)$"에서처럼 동일성 기호의 양편에 등장할 수 있다. 그런데 동일성 기호는 양편의 논항 자리에 고유명이 들어가는 2항 1차 함수 기호이며, 『법칙』의 논리 체계에 따르면 고유명의 지시체는 대상이다. 따라서 치역명이 지시하는 치역은 대상으로 간주된다. 그리고 만일 치역들이 이전에 도입된 대상들(진리치들)과 모두 동일시되지 않는다면, 치역연산자 표기의 도입으로 새로운 대상들이 도입되며, "임의의 (1차) 함수의 논항의 영역이 확장된다"(Gg I, 9절).

3. 치역명의 지시 고정 문제

3.1. 『법칙』 10절의 분석

프레게는 추상화 원리와 치역 표기법을 도입하고 나서, 10절에서 "치역에 대한 더 자세한 설명"을 제시하려 한다. 그는 먼저 추상화 원리가 "'$\dot{\varepsilon}\Phi(\varepsilon)$'

---

5 프레게는 2항 함수의 치역을 따로 도입하지 않는다. Gg, 36절 참조.

같은 이름의 지시체를 완전하게 고정하지 못한다"고 말한다. 그에 따르면 추상화 원리는 그 원리에 등장할 "'$\grave{\varepsilon}\Phi(\varepsilon)$' 같은 이름이 이미 치역으로 인식할 수 있는 것을 지시할 경우에 한해 언제나 치역을 인식할 수단"일 뿐이다. 그러나 지금까지는 "치역으로 주어져 있지 않은 대상이 치역인지 아닌지 그리고 그것이 어떤 함수에 대응하는지"를 설명하지 않았다. 그리고 어떤 대상이 치역으로 주어져 있고, 그 치역에 대응하는 1항 1차 함수를 알고 있다고 하더라도, 임의의 "주어진 성질이 대응 함수의 성질과 연관되어 있음을 알지 못한다면", 그 치역이 문제의 성질을 가지는지 결정할 수 없다고 한다. 따라서 추상화 원리만으로는 치역명의 지시체를 완전하게 고정할 수 없다.

프레게는 이 미결정성을 특별한 종류의 함수 $X(\xi)$를 도입하여 준형식적으로 증명한다.6

함수 $X(\xi)$가 (1) 서로 다른 논항에 대해 결코 같은 값을 지니지 않는다고 하자. 그리고 (2) 한 치역에 대한 그 함수의 값 중에는 그 치역과 다른 것이 적어도 하나 있다고 하자. 그렇다면 어떤 치역 $\grave{\varepsilon}\Phi(\varepsilon)$에 대해 $X(\grave{\varepsilon}\Phi(\varepsilon))$는 $\grave{\varepsilon}\Phi(\varepsilon)$와 다르지만, 같은 동일성 기준을 가질 수 있다. 그 이유는 다음과 같다. 먼저 "$\grave{\varepsilon}\Phi(\varepsilon) = \grave{\alpha}\Psi(\alpha)$"가 참이라면, 동일성 원리에 따라 "$X(\grave{\varepsilon}\Phi(\varepsilon)) = X(\grave{\alpha}\Psi(\alpha))$"도 참일 것이다. 그리고 역으로 "$X(\grave{\varepsilon}\Phi(\varepsilon)) = X(\grave{\alpha}\Psi(\alpha))$"가 참이라면, 가정 (1)에 따라 "$\grave{\varepsilon}\Phi(\varepsilon) = \grave{\alpha}\Psi(\alpha)$"도 참일 것이다. 그렇다면 "$\grave{\varepsilon}\Phi(\varepsilon) = \grave{\alpha}\Psi(\alpha)$"와 "$X(\grave{\varepsilon}\Phi(\varepsilon)) = X(\grave{\alpha}\Psi(\alpha))$"는 같은 진리치(지시체)를 갖는다. 그런데 추상화 원리에 따라 "$\grave{\varepsilon}\Phi(\varepsilon) = \grave{\alpha}\Psi(\alpha)$"가 "$\forall a(\Phi(a) = \grave{\alpha}\Psi(a))$"와 같은 지시체를 가진다. 이 사실과 앞의 사실에 따라 "$X(\grave{\varepsilon}\Phi(\varepsilon)) = X(\grave{\alpha}\Psi(\alpha))$"도

---

6 더밋에 따라 이런 종류의 함수를 "변환 함수"라 부르고, 그런 함수를 사용한 다음 논증을 "변환 논증"(permutation argument)이라고 부른다. IFP, 403.

"∀a(Φ(a) = $\dot{a}\Psi$(a))"와 같은 지시체를 가진다는 사실이 도출된다. 그런데 가정 (2)에 의하면, X($\grave{\varepsilon}\Phi(\varepsilon)$) ≠ $\grave{\varepsilon}\Phi(\varepsilon)$일 수 있다. 따라서 "$X$($\grave{\varepsilon}\Phi(\varepsilon)$)" 형식의 이름을 가진 대상들은 "$\grave{\varepsilon}\Phi(\varepsilon)$" 형식으로 주어진 치역명들과 마찬가지로 추상화 원리를 만족시키면서도 서로 다를 수 있다.

이 논증이 보여주는 것처럼 추상화 원리만으로 치역명의 지시체를 고정할 수 없다면, 치역명의 지시체는 어떻게 고정해야 하는가? 프레게는 "각 함수에 대해 그것을 도입할 때 다른 모든 논항의 경우와 똑같이 논항으로서 치역에 대해서도 그 함수가 어떤 값을 지니는지 결정"해야 한다고 대답한다. 그렇다면 고유명으로서 어떤 치역명의 지시체를 고정하려면, 그 치역명이 지시하는 것으로 간주된 치역을 각 함수의 논항으로 삼을 때 값이 무엇인지 결정해야 할 것이다.

그러면 검토해야 할 함수들은 어떤 것인가? 치역명은 고유명이므로 1차 함수명의 논항 자리만을 차지할 수 있고, 따라서 검토 대상은 1차 함수들이다. 그런데 지금까지 도입된 1차 함수들은 수평 함수, 부정 함수, 동일성 함수뿐이므로, 프레게는 이 함수들이 치역을 논항으로 취할 때 어떤 값을 가지는지 결정하면 된다고 한다. 여기서 그는 먼저 부정 함수에 대한 논의를 수평 함수에 대한 논의로 환원한다. 왜냐하면 부정 함수 $\neg\xi$가 임의의 논항 Δ에 대해 지니는 값 1은 논항 Δ에 대한 수평 함수 $\mathord{-\!\!\!\!}\xi$의 값을 부정 함수의 논항으로 삼아 얻은 값 $\neg(\mathord{-\!\!\!\!}\Delta)$와 언제나 동일하기 때문이다. 다음으로 그는 수평 함수 $\mathord{-\!\!\!\!}\xi$에 대한 논의도 동일성 함수 ξ = ζ에 대한 논의로 환원한다. 수평 함수 $\mathord{-\!\!\!\!}\xi$는 논항이 참일 경우에만 참값을 가지고, 그 밖의 모든 경우에는 거짓값을 갖는다. 그런데 모든 논항에 대한 함수 ξ = ξ의 값은 참이므로, 함수 ξ = (ξ = ξ)의 값은 함수 $\mathord{-\!\!\!\!}\xi$의 경우와 똑같이 논항이 참일 경우에만 참이고, 다른 모든 논항에 대해서는 거짓이다. 따라서 임의의 논항들에 대한 동일성 함수의 값을 결정할 수 있다면, 그들 논항에 대한 수평 함수의 값도 결정할 수 있다.

따라서 문제는 결국 동일성 함수가 논항으로서 치역을 취할 때 그 함수의 값이 어떻게 결정되는가 하는 것이다. 프레게에 따르면 지금까지 도입된 대상이 진리치와 치역뿐이므로, 고려해야 할 경우는 두 가지로 나눌 수 있다. (1) 두 논항 모두가 치역인 경우: 이 경우 동일성 함수의 값은 추상화 원리에 의해 결정된다. (2) 한편에 치역이, 다른 한편에 진리치가 들어간 경우: 이 경우 문제의 진리치가 문제의 치역과 같은가에 따라 결정될 것이다. 따라서 문제는 결국 진리치가 치역일 수 있는가이다. 만일 진리치가 치역이 아니라면, (2) 형식의 동일성 함수의 값은 언제나 거짓이다. 반면 진리치가 치역이라면, 추상화 원리에 따라 동일성 함수의 값은 결정될 것이다.

이제 프레게가 해야 할 일은 진리치들이 치역인지 아닌지를 결정하는 것이다. 그는 먼저 추상화 원리가 그 물음을 결정해 줄 수 없음을 언급하고서, 앞에 논의한 변환 논증을 더 정교화한 또 다른 변환 논증을 제시한다. 먼저 (1) "$\tilde{\eta}\varPhi(\eta)$" 형식의 이름의 대상들이 "$X(\grave{\varepsilon}\varPhi(\varepsilon))$" 형식의 이름을 가진 대상들처럼 추상화 원리를 만족시킨다고 하자. 그리고 다시 (2) 변환 함수 $X(e)$를 다음과 같이 규정하자.

* $X(\tilde{\eta}\varLambda(\eta))$ = 참.　　* $X(참)$ = $\tilde{\eta}\varLambda(\eta)$.
* $X(\tilde{\eta}M(\eta))$ = 거짓.　* $X(거짓)$ = $\tilde{\eta}M(\eta)$.
* 그 밖의 모든 논항 $\varDelta$에 대해, $X(\varDelta)$ = $\varDelta$.

이 가정에 더해서, (3) 함수 $\varLambda(\xi)$와 $M(\xi)$는 모든 논항에 대해 같은 값을 갖지는 않는다고 가정하자. 그렇다면 추상화 원리와 모순되지 않게 $X(\hat{\eta}\Lambda(\eta))$를 참으로, $X(\hat{\eta}M(\eta))$를 거짓으로 약정할 수 있다. 그 이유는 다음과 같다. 먼저 (1)에 따라 "$\hat{\eta}\Phi(\eta) = \tilde{\alpha}\Psi(\alpha)$"가 "$\forall a(\Phi(a) = \acute{\alpha}\Psi(a))$"와 같은 지시체를 가진다고 가정할 수 있다. 그리고 "$\hat{\eta}\Phi(\eta) = \tilde{\alpha}\Psi(\alpha)$"가 참이라면, 동일성 원리에 따라 "$X(\hat{\eta}\Phi(\eta)) = X(\tilde{\alpha}\Psi(\alpha))$"도 참일 것이다. 그리고 역으로 "$X(\hat{\eta}\Phi(\eta)) = X(\tilde{\alpha}\Psi(\alpha))$"가 참이라면, 가정 (2)와 (3)에 따라 "$\hat{\eta}\Phi(\eta) = \tilde{\alpha}\Psi(\alpha)$"도 참일 것이다. 그렇다면 "$\hat{\eta}\Phi(\eta) = \tilde{\alpha}\Psi(\alpha)$"와 "$X(\hat{\eta}\Phi(\eta)) = X(\tilde{\alpha}\Psi(\alpha))$"는 같은 진리치(지시체)를 갖는다. 그런데 "$\hat{\eta}\Phi(\eta) = \tilde{\alpha}\Psi(\alpha)$"가 "$\forall a(\Phi(a) = \acute{\alpha}\Psi(a))$"와 같은 지시체를 가지므로, "$X(\hat{\eta}\Phi(\eta)) = X(\tilde{\alpha}\Psi(\alpha))$"도 "$\forall a(\Phi(a) = \acute{\alpha}\Psi(a))$"와 같은 지시체를 가진다. 따라서 (2)에 따라 $X(\hat{\eta}\Lambda(\eta))$는 참으로, $X(\hat{\eta}M(\eta))$는 거짓으로 가정하더라도, 추상화 원리와는 모순되지 않는다. 이 때문에 프레게는 추상화 원리와 모순되지 않게 "임의의 치역을 참으로 규정하고 다른 치역을 거짓으로 규정하는 일이 언제나 가능"하다고 결론짓는다.

결국 프레게는 진리치들이 치역인가 아닌가 하는 물음에 대해, 추상화 원리와 모순되지 않는다면 진리치들을 임의의 서로 다른 두 치역과 동일시할 수 있다고 대답한 셈이다. 그렇다면 이제 프레게에게 남은 일은 참인 진리치를 어떤 치역과 동일시하고, 거짓인 진리치를 어떤 치역과 동일시해야 하는가이다. 그는 참을 치역 $\acute{\varepsilon}(—\varepsilon)$로, 거짓을 치역 $\acute{\varepsilon}(\varepsilon = \neg \forall a(a = a))$로 규정한다. 함수 $—\xi$의 값은 논항이 참일 경우에만 참이고, 다른 모든 논항에 대해서는 거짓이다. 추상화 원리에 따라서 이 함수와 각 논항에 대한 값이 언제나 같은 함수의 치역은 참과 동일하다. 따라서 참은 참이 속하는 그리고 참만이 속하는 개념의 외연과 같다. 또한 $\acute{\varepsilon}(\varepsilon = \neg \forall a(a = a))$는 함수 $\xi = \neg \forall a(a = a)$의 치역이고, 이 함수의 값은 논항이 거짓일 때만 참이고,

다른 모든 논항에 대해서는 거짓이다. 추상화 원리에 따라 이 사실이 성립하는 모든 함수는 같은 치역을 가지며, 이 값은 약정에 따라 거짓이다. 따라서 거짓이 그리고 거짓만이 속하는 모든 개념은 외연으로 거짓을 가진다. 결국 프레게는 각 진리치를 그 진리치만이 속하는 함수의 치역(개념의 외연)과 동일시한 것이다.

이렇게 해서 프레게는 이미 도입한 원초 함수들에 대해서는 치역명의 지시체를 고정했다고 결론짓는다. 그리고 이미 "알려진 함수로 환원할 수 없는 함수를 도입하는 문제가 생기면, 논항으로서 치역에 대해 어떤 값을 갖는지를" 다시 약정할 수 있다고 한다.

3.2. 『법칙』 10절의 난점들

『법칙』 10절의 논의의 전 과정은 치역명의 지시체를 고정하려는 것이다. 그는 먼저 치역 개념을 도입하는 데 사용된 추상화 원리가 치역명의 지시체를 충분히 고정할 수 없다는 논제를 제시하고서, 그 논제를 변환 논증으로 증명한다. 그리고 이 문제를 해결하는 방안으로서 고유명의 지시 조건을 제시하고서, 치역명들이 그 조건을 만족시키는지 검토한다. 이 논의는 또다시 진리치가 치역인지 아닌지를 결정하는 문제에 귀착된다. 여기서 프레게는 더 정교화된 변환 논증을 제시하는데, 그 귀결은 추상화 원리와 모순 없이 진리치를 치역으로 약정할 수 있다는 것이다. 여기서 그는 각 진리치를 자신만이 속하는 개념의 외연으로 약정한다.

이 논의 절차는 프레게 학자들에게 여러 가지 까다로운 해석상의 문제들을 제기하여 왔다. 그 문제들은 크게 두 부류로 나눌 수 있다. 그 하나는 그가 제시하는 두 변환 논증의 성격과 관련되어 있고,[7] 다른 하나는 치역명의 지시 고정 절차와 관련되어 있다. 필자가 여기서 논의할 주제는 주로 둘째 부류의 문제들과 관련되어 있다.

먼저 프레게에 따를 때 치역명이 지시체를 가지려면, 1차 함수들의 논항 자리에 치역명을 넣어 생긴 표현이 언제나 지시체를 가져야 할 것이다. 그런데 그는 이미 도입된 1차 함수들에 대해서만 그 대입 결과가 지시체를 갖는지 검토한다. 그렇다면 이런 검토만으로 치역명의 지시체를 고정하기에 충분한가? 새로 도입할 1차 함수명들의 경우는 검토하지 않아도 되는가? 그의 대답처럼, 이미 알려진 함수로 환원할 수 없는 함수에 대해 치역에 대한 그 함수의 값을 새로 약정할 수 있다 하더라도 『법칙』의 구문론의 규칙에 맞게 구성되어서 이미 도입한 함수로 환원할 수 있는 경우는 검토하지 않아도 되는가? 또한 치역과의 동일성이 문제되는 경우를 진리치들에 한정하는 이유도 문제가 된다. 프레게는 『법칙』 2절에서 1차 함수는 모든 대상 일반에 대해 정의되어야 한다고 언급한다. 그런데 다시 진리치들만이 도입되었다고 말하는 것은 이미 도입한 1차 함수들이 진리치들만을 논항으로 삼아 정의되었음을 말하는가? 만일 아직 수들이나 구체적 대상들 같은 다른 대상들이 『법칙』의 의미론 체계에 도입되지 않았기 때문이라면, 왜 진리치들을 제일 먼저 도입하였는가?

다음으로 추상화 원리와 모순되지 않게 각 진리치를 특정 치역으로 약정할 수 있다 하더라도, 모순이 없다는 이유만으로 그런 약정을 받아들여

---

7 두 변환 논증 가운데 주로 문제되는 것은 둘째 논증이다. 슈뢰더-하이스터는 그 논증은 옳지만 진리치를 임의의 치역과 동일시할 수 있음을 옹호해 주지 못한다고 주장한다(S-H, 69). 더밋은 첫째 변환 논증이 추상화 원리에 의해 치역명의 지시체를 고정할 수 없음을 증명했다면, 새로운 약정을 부가하더라도 그런 용어의 지시를 고정하지 못한다고 주장한다(IFP, 423). 무어와 레인은 둘째 논증에 대한 그들의 모형이론적 재구성이 원초적 함수 기호인 치역연산자에 먼저 값을 할당하지 않고 치역연산자로부터 구성된 치역명에 직접 값을 할당한다는 점에서 둘째 논증에 대한 옳은 해석이 아니라고 비판한다(MRa, 378-379; MRb, 52-53).

야 하는지도 문제가 된다. 프레게는 기존의 원리들과 모순되지 않게 임의적 약정을 통해 새로운 대상들을 도입하는 것이 그런 약정의 진리를 보증하지 못한다고 누차 강조하였다. 그리고 그런 임의의 약정이 허용된다 하더라도, 수평 함수의 치역을 참인 진리치로, 자기 동일성의 일반성을 부정하는 함수의 치역을 거짓인 진리치로 삼는 이유는 무엇인가? 말하자면 프레게가 다른 함수들의 치역을 고려하지 않은 이유가 있는가, 아니면 임의로 선택했을 뿐인가? 나아가 그 약정을 일반화하여 진리치에 대해서만 이 아니라 모든 대상에까지 혹은 이미 도입된 다른 대상들(치역들)에까지 확장시키는 일도 허용하지 말아야 할 이유는 무엇인가?[8]

4. 고유명의 지시 원리

4.1. 복합 원리와 원초 기호들의 지시 고정

프레게가 10절에서 언급한 치역명의 지시 고정의 원리는 『법칙』의 체계 전체에서 고유명의 지시체를 고정하는 원리의 특수한 경우이다. 왜냐하면 "논항으로서 치역에 대해 각 함수가 어떤 값을 지니는지 결정함으로써" 치역명의 지시체를 고정할 수 있다는 것은 "다른 모든 논항의 경우와 똑같이" 성립하는 일이기 때문이다. 그러면 먼저 프레게가 고유명의 지시체

---

8 치역명의 지시 고정 절차와 연관된 이들 문제는 논리적 대상들에 대한 프레게의 정당화의 기초가 되는 맥락 원리와 밀접히 관련되어 있다. 하지만 프레게가 『법칙』에서 맥락 원리를 유지했는가 그리고 만일 그 원리를 유지하였다면 『기초』의 맥락 원리와는 어떤 관계가 있는가 하는 물음들은 또 다른 충분한 논의를 필요로 한다.

를 일반적으로 어떻게 고정하는지 살펴보자.

『법칙』의 구문론에 따르면 고유명은 1차 함수 기호의 논항 자리에 들어갈 수 있고, 1차 함수 기호는 1항 함수 기호와 2항 함수 기호로 나누어진다. 어떤 고유명을 1항 1차 함수 기호의 논항 자리에 집어넣으면 다시 고유명이 생기는 반면, 2항 1차 함수 기호의 한 논항 자리에 집어넣으면 1항 1차 함수 기호가 된다. 프레게는 고유명이 지시체를 갖는 경우를 다음과 같이 정식화한다: "어떤 고유명을 지시체 있는 1항 1차 함수명의 빈자리에 채워 얻은 고유명이 언제나 지시체를 가질 경우 그리고 같은 고유명을 지시체 있는 2항 1차 함수명의 ξ-논항 자리에 채워 얻은 1항 1차 함수명이 언제나 지시체를 가질 경우 그리고 ζ-논항 자리에 대해서도 같은 일이 성립할 경우, 문제의 고유명은 지시체를 갖는다"(Gg I, 29절). 요컨대 고유명이 지시를 갖기 위해서는 그것을 지시체를 지닌 1차 함수명의 논항 자리에 넣었을 때 생기는 표현(고유명이나 1항 1차 함수명)이 언제나 지시체를 가져야 한다는 것이다. 이미 이 원리는 분명히 지시체 있는 1차 함수명들을 가정하고 있다. 그렇다면 고유명의 지시체를 고정하기 위해서는 1차 함수명들의 지시체를 먼저 고정해야 할 것 같다.

그러나 1차 함수명들이 어떤 경우에 지시를 갖는지에 대한 프레게의 규정을 살펴보면, 이런 예상은 빗나간다. 그에 따르면 1차 함수명들은 다음 원리를 충족시킬 경우에 지시체를 갖는다: "1항 1차 함수명의 논항 자리에 어떤 것을 지시하는 고유명을 채울 경우 그 결과 얻은 고유명도 언제나 지시체를 갖는다면, 그 1항 1차 함수명은 지시체를 갖는다. 그리고 2항 1차 함수명의 ξ-논항 자리에 지시체 있는 고유명을 채우고 ζ-논항 자리에 지시체 있는 고유명을 채워서 얻은 고유명이 언제나 지시체를 가진다면, 그 2항 1차 함수명은 지시체를 갖는다"(Gg I, 29). 이 원리는 1차 함수명들이 지시를 갖기 위해서는 논항 자리에 지시체 있는 고유명이 들어갈 때 그 값의 이름도 지시체를 가져야 한다는 것을 말하므로, 1차 함수명의 지시가 논항 이름이나 값의 이름으로서 고유명의 지시에 의존한다는 것을 분명히 보여준다. 따라서 1차 함수명들의 지시체를 고정하기 위해서는 고유명의 지시체를 먼저 고정해야 할 것 같다. 만일 이 원리를 모든 1차 함수명의 지시 고정 원리로 간주하고, 앞의 원리를 모든 고유명의 지시 고정 원리로 간주한다면, 두 원리는 순환에 빠지게 될 것이다.

프레게가 두 원리를 그런 식으로 의도하지 않았음은 다음 단락에서 분명히 드러난다.

> 앞의 명제들을 적용하려면 이미 우리가 어떤 이름이 지시체를 가진다는 것을 인정했음을 언제나 전제해야 한다. 따라서 그 명제들은 "지시체를 갖는다" 혹은 "어떤 것을 지시한다"는 구절의 정의로 간주될 수 없고, 단지 지시체 있는 이름들의 영역을 단계적으로 확장하는 데만 사용될 수 있다. 그 명제들로부터 지시체 있는 이름에서 구성한 모든 이름이 어떤 것을 지시한다는 사실이 따라나온다 (Gg I, 30절. 필자 강조).

즉, 앞의 지시 원리들은 이미 지시체 있는 표현으로부터 구성된 복합 표현들이 어떤 경우에 지시체를 갖는지 알려주는 원리들이다. 따라서 만일 어떤 표현들이 지시체가 있다는 것이 이미 알려져 있다면, 우리는 그 원리들을 근거로 해서 이 표현들로부터 지시체 있는 표현들의 영역을 "단계적으로 확장"할 수 있고, 지시체 있는 표현들에서 구성한 모든 이름도 지시체를 갖는다고 가정할 수 있다. (이 가정을 "귀납적 가정"이라 부르자.) 그러면 다른 모든 복합 표현들의 지시를 결정하기 위한 토대 역할을 하는 원초적인 표현들은 어떤 것인가? 프레게는 그런 표현들로서 다음 함수 기호들을 제시한다.

* 1항 1차 함수명: "$-\xi$", "$\vdash\xi$", "$\diagdown\xi$"
* 2항 1차 함수명: "$-(-\zeta \rightarrow -\xi)$", "$\xi = \zeta$"
* 2차 함수명: "$\forall a \varphi(a)$", "$\grave{\varepsilon}\varphi(\varepsilon)$"
* 3차 함수명: "$\forall f \mu_{\beta}(f(\beta))$", "$\forall f \mu_{\beta\gamma}(f(\beta,\gamma))$"[9]

프레게는 이들 기호의 지시체가 결정되면, 이들로부터 『법칙』의 구문론에 맞게 구성된 모든 복합 표현들의 지시체도 결정될 수 있으리라고 생각한다. 그러면 이제 프레게에게 문제되는 것은 앞의 기호들의 지시체가 결정되었는지 밝히는 일이다.

프레게는 "단순한 이름들은 어떤 것을 지시한다"는 제목의 31절에서 앞의 원초적 기호들이 지시체를 갖는다는 것을 차례대로 설명해 나간다. 우리는 앞의 논의에서 프레게가 수평 함수, 부정 함수, 동일성 함수 및 일반성 함수 등이 논항들에 대해 어떤 값을 갖는다고 규정했는지를 보았다. 그 규정에 따르면 문제의 함수 기호들의 지시는 논항 자리를 채울 고유명들이 지시체가 있어야 함을 전제한다. 따라서 고유명들 중 단적으로 지시가 결정되는 사례들을 가정하지 않으면 또다시 순환의 위험이 있다. 이에 대한 대답은 수평 함수 기호와 부정 함수 기호가 지시체 있음을 보이는 다음 단락에서 드러난다.

---

9 이 기호들 중 "$\diagdown\xi$"는 기술 연산자이고, "$-(-\zeta \rightarrow -\xi)$"는 조건 함수 기호이며, "$\forall f \mu_{\beta}(f(\beta))$"와 "$\forall f \mu_{\beta\gamma}(f(\beta,\gamma))$"는 각각 1항 1차 함수들과 2항 1차 함수들에 대한 2단계 일반성 기호이다. 이들 기호는 모두 치역연산자 "$\grave{\varepsilon}\varphi(\varepsilon)$" 이후에 도입된 것들이므로 다음 논의에서 제외할 것이다.

우리는 진리치의 이름들이 어떤 것을, 즉 참이나 거짓을 지시한다는 사실에서 시작한다. … 먼저 함수명 "—ξ"와 "$\frown\xi$"가 어떤 것을 지시한다는 것을 보이려면 "ξ" 대신에 진리치의 이름을 넣어 생긴 이름들이 지시체를 갖는다는 것을 보이기만 하면 된다. (왜냐하면 우리는 아직 진리치 이외의 대상을 인정하지 않기 때문이다.) 이 점은 우리의 설명으로부터 직접 도출된다. 새로 얻은 이름들은 다시 진리치의 이름이다(Gg I, 31절. 필자 강조).

이 단락은 프레게의 지시 고정 절차를 이해하기 위한 핵심적 실마리들을 제공한다. 먼저 프레게는 이미 9절에서 진리치들 이외의 대상들로 치역들을 인정하는 것처럼 말하였고, 10절에서는 치역명의 지시체를 고정했다고 주장하였다. 그런데 그가 여기서 다시 "아직 진리치 이외의 대상을 인정하지 않는다"고 말하는 것은 원초 기호들의 지시체를 고정하려는 31절의 절차가 치역명의 지시체를 고정하려는 10절의 논의를 전제로 하는 것이 아니라, 오히려 10절의 치역명에 관한 논의가 31절의 일반적인 지시 설명의 특수한 경우임을 말해준다. 프레게는 분명히 진리치의 이름(즉, 문장)들이 수평 함수나 부정 함수 등의 원초 기호들에 앞서 지시체(즉, 진리치)를 갖는다고 가정하고 있다. 셋째, 이 단락은 앞에 언급한 귀납적 가정이 보여주는 『법칙』의 지시 고정 절차의 단계적 특징 이외에 또 다른 의미의 단계적 특징을 보여준다. 그 특징은 『법칙』의 1차 함수의 논항 영역이 진리치들, 치역들, 수들 등으로 단계적으로 확장된다는 것이다. 이 점은 치역연산자의 도입으로 인해 "임의의 (1차) 함수의 논항의 영역이 확장된다"는 9절의 언급을 통해서도 확인된다.[10]

---

10 『법칙』의 체계에서 진리치는 원초적 대상이고, 치역은 추상화 원리에 의해 도입되지만, 수 개념은 치역 개념에 의해 정의되며, 개별수들은 치역들로 정의된다(40-42절). 따라서 (1차) 함수의 논항의

『법칙』의 단계적인 지시 고정 절차에서 최초의 토대는 이처럼 진리치의 이름들이 지시체를 가진다는 사실이다. 프레게는 이 사실을 기초로 하여 앞에 제시한 『법칙』의 원초 함수 기호들이 지시체를 가진다는 것을 차례대로 보여준다. 먼저 그는 수평 함수, 부정 함수, 동일성 함수, 조건 함수 등의 1차 함수의 기호들이 진리치의 이름들을 논항 자리에 채울 때 항상 지시체 있는 고유명이 생긴다는 것을 보여준다. 다음으로 이렇게 지시체 있는 것으로 밝혀진 1차 함수명들이 2차 함수명인 일반성 기호의 논항 자리에 채워질 때 항상 지시체 있는 고유명(진리치의 이름)이 생긴다는 것을 보여준다. 그런데 순서에 따라 2차 함수명으로서 치역연산자 "$\dot{\varepsilon}\varphi(\varepsilon)$"의 지시를 설명하는 자리에서 그는 다음과 같이 말한다.

"$\dot{\varepsilon}\varphi(\varepsilon)$"에 대해서는 문제가 그리 간단하지 않다. 우리는 그 이름으로 새로운 함수명을 도입할 뿐만 아니라 모든 1항 1차 함수명에 각각 하나의 새로운 고유명(치역명)을 대응시킨다. 이 사실은 이미 알려진 함수명에 대해서만 아니라 앞으로 도입할 모든 함수명에 대해서도 성립한다(Gg I, 31절).

즉, 치역연산자를 1항 1차 함수명에 적용하면 언제나 치역명이 구성되므로, 1항 1차 함수명의 도입은 치역명의 도입을 동반한다. 그런데 치역연산자가 지시체가 있는지 결정하려면, 논항 자리에 지시체 있는 1항 1차 함수명을 채웠을 때 그 결과인 고유명(즉, 치역명)이 항상 지시체를 가지는지 결정해야 한다. 따라서 치역연산자의 지시 여부를 결정하려면, 먼저 치역명들의 지시를 결정해야 한다.

범위가 대상 일반이라고 규정하는 2절의 논의는 그의 형식 체계의 구성 요소들에 관한 논의가 아니라 함수 개념에 대한 비형식적 설명으로 간주하는 것이 옳을 것이다.

지금까지 결정된 사실은 진리치의 이름들이 지시체가 있다는 것, 진리치를 논항으로 삼을 때 원초적인 1차 함수 기호들이 항상 지시체를 가진다는 것 그리고 지시체를 갖는 것으로 결정된 1차 함수 표현들을 일반성 함수의 논항 자리에 채울 때 항상 지시체 있는 고유명이 생긴다는 것이다. 그러면 이들 사실을 기초로 치역연산자의 지시체를 결정하려고 할 때 검토되어야 할 치역명들은 어떤 것인가? 프레게는 지시체 있는 1항 1차 함수명으로부터 구성한 치역명들만을 고찰하면 된다고 주장한다. 왜냐하면 2차 함수명으로서 치역연산자가 지시체를 가지려면 논항의 이름이 모두 지시체 있는 1항 1차 함수명이어야 하고, 이 논항 이름들이 지시체를 갖는다는 것은 그 값의 이름인 치역명이 지시체 있는 함수명에서 구성되었음을 말하는 것이기 때문이다. 프레게는 그런 치역명들을 "정당한 치역명"이라 부른다. 이미 결정된 사실에만 근거할 때 정당한 치역명은 이미 지시체가 결정된 1항 1차 함수명에서 구성한 치역명들뿐이다.

이제 문제는 정당한 치역명들이 지시체를 가지는가 하는 것이다. 고유명의 지시 원리에 따라, 정당한 치역명들이 지시체를 가지려면 이미 지시체 있는 1차 함수명의 논항 자리에 채울 때 항상 지시체 있는 표현이 생겨야 한다. 여기서 암묵적으로 프레게는 원초적 1차 함수명들의 논항 자리에 정당한 치역명을 넣어서 생기는 표현이 언제나 지시체를 가진다면, 『법칙』의 이름 구성 방식에 맞게 원초적 기호들로부터 구성한 모든 1차 함수명의 논항 자리에 치역명을 넣을 경우에도 그 결과는 역시 지시체를 가진다고 가정한다. (이 가정을 "복합성 가정"이라 부르자.)[11] 그런데 앞에서 논항으로서

<hr>

11 이 가정은 앞서 제시된 귀납적 가정과는 다르다는 점을 주목해야 한다. 앞서 제시된 가정은 원초 기호들의 지시체가 결정되면, 지시 원리들이 『법칙』 체계의 모든 복합 표현들의 지시체를 보증한다는 것이다. 반면 복합성 가정은 임의의 고유명을 원초적 1차 함수명의 논항 자리를 채워 얻은 표현이

진리치에 대해 지시체 있는 것이 확인된 원초적 1차 함수명은 수평 · 부정 · 동일성 · 조건 함수의 기호 등이다. 결국 프레게는 여기서 10절에서 했던 치역명의 지시 고정 절차를 반복한다. 그는 수평 · 부정 · 조건 함수명의 논항 자리에 정당한 치역명을 채울 경우 지시체 있는 고유명이 생기는가 하는 물음을 다시 동일성 함수의 경우로 환원한다. 그리고 다음과 같이 말한다.

> 만일 우리가 "$\xi = \zeta$"의 "ζ" 대신 치역명 "$\grave{\varepsilon}\Phi(\varepsilon)$"를 대입한다면, "$\xi = \grave{\varepsilon}\Phi(\varepsilon)$"가 지시체 있는 1항 1차 함수명인지 결정해야 하고, 다시 그 함수명의 논항 자리에 진리치의 이름이나 치역명을 넣어서 생기는 모든 고유명이 어떤 것을 지시하는지 결정해야 한다. "$\grave{\varepsilon}\Phi(\varepsilon) = \acute{\alpha}\Psi(\alpha)$"가 "$\forall a(\Phi(a) = \acute{\alpha}\Psi(a))$"와 언제나 같은 지시체를 갖는다는 규정, $\grave{\varepsilon}(—\varepsilon)$는 참을 지시하고 $\grave{\varepsilon}(\varepsilon = \neg \forall a(a = a))$는 거짓을 지시한다는 규정을 통해 "$\Gamma$"와 "$\Delta$"가 정당한 치역명이거나 진리치 이름일 경우 "$\Gamma=\Delta$" 형식의 모든 고유명은 어느 경우에나 지시체가 확보된다(Gg I, 31절).

즉, 동일성 함수명의 논항 자리에 적합한 치역명이 채워질 때 어떤 값을 갖는가 하는 것은 추상화 원리와 10절의 약정에 따라서 결정된다는 것이다. 따라서 정당한 치역명을 동일성 함수명의 논항 자리에 채운 결과는 언제나 지시체 있는 고유명이 된다. 그는 이 결과를 수평 · 부정 · 조건 함수명의 경우에도 적용시켜 그 함수명 들의 논항 자리에 적합한 치역명을 채웠을 때도 지시체 있는 고유명이 산출된다고 결론짓는다. 이리하여 정당한 치역명의 지시체는 고정된 것으로 간주된다. 프레게는 이미 지시체

언제나 지시체를 가지면, 그 고유명을 『법칙』 체계의 모든 복합 1차 함수명의 논항 자리에 채운 결과도 지시체를 가진다는 것이다.

있는 1항 1차 함수명에 치역연산자를 적용하여 구성한 정당한 치역명이 언제나 지시체를 가진다는 것을 보였으므로, 치역연산자도 지시체를 가진다고 결론짓는다.

4.2. 10절 논의의 재구성

이제 우리는 10절의 치역명 지시 고정 절차가 『법칙』의 의미론 체계에서 논리적으로 어떤 위치를 차지하는지 알 수 있게 되었다. 치역명 지시 고정 절차는 『법칙』의 원초 기호들의 지시체를 고정하는 절차의 일부이다. 『법칙』의 의미론의 토대는 진리치의 이름이 지시체를 지닌다는 가정이다. 진리치는 그의 논리 체계에서 가장 원초적인 대상으로서 이미 동일성과 차이의 인식 기준이 알려진 것으로 가정되며, 이 가정을 기초로 원초적인 함수 기호들의 지시체가 고정된다. 원초적인 함수 기호들 중 기술 함수 기호를 제외한 나머지 1차 함수 기호들이 어떤 경우에 지시체를 갖는가 하는 것은 진리치에 대한 앎에만 의존해서 설명된다. 왜냐하면 그런 1차 함수들의 값은 모두 진리치로 규정되었기 때문이다. 다음으로 지시체를 고정해야 할 원초 함수 기호는 2차 함수 기호인 일반성 기호와 치역연산자이다.

일반성 기호의 지시체 고정은 이미 지시체가 고정된 1차 함수 기호들을 논항 자리에 넣을 때 그 결과가 지시체를 갖는지에 따라 이루어진다. 그런데 그 결과 역시 진리치의 이름이므로, 다른 문제 없이 지시체가 고정된다.

그러나 치역연산자의 경우에는 문제가 다르다. 치역연산자의 논항 자리에 이미 지시체가 고정된 1항 1차 함수 기호들을 집어넣으면 새로운 종류의 고유명인 치역명이 생긴다. 따라서 치역연산자가 지시체를 가지는가의 여부는 그 연산자를 적용하여 구성되는 치역명이 지시체를 가지는가에 달려 있다. 그러나 지금까지 지시체가 인정된 고유명은 진리치의 이름들뿐이므로, 치역명이 지시체가 있는지는 새로 결정해야 한다. 10절의 논의는 여기에서 시작한다. 프레게가 치역 개념을 도입하는 추상화 원리는 1항 1차 함수명들로부터 구성된 치역명들의 지시체가 어떤 경우에 같은지를 규정한 데 불과하므로, 이제까지 지시체가 결정된 1항 1차 함수명에서 구성한 치역명(즉, 정당한 치역명)이라 하더라도 그것이 지시체가 있는지는 아직 결정되지 않았다. 더구나 치역이 이미 알려진 것으로 가정된 진리치와 같은지 다른지는 다른 규정이 없다면 결정할 수 없다. 첫 번째 변환 논증은 이처럼 치역명의 지시체 고정이 필요함을 증명해 준다.

프레게는 그 미결정성을 극복할 방안으로서 고유명의 지시 원리를 제시한다. 그러나 이 원리에는 제한이 가해져야 한다. 치역연산자의 지시를 고정할 수 있도록 길을 열어 주려면, 무엇보다 치역명은 지시체 있는 1항 1차 함수명에서 구성된 정당한 치역명이어야 한다. 그리고 치역명의 지시체를 결정하기 위해 검토해야 할 1차 함수명들은 이제까지 지시체 있음이 결정된 1차 함수명이어야 한다. 그런 1차 함수명에는 원초적 1차 함수명, 그런 함수명과 진리치의 이름을 통해 구성되고 지시 원리에 따라 지시체가 결정된 1차 함수명 그리고 지시체가 결정된 일반성 기호와 다른 지시체 있는 이름에서 구성한 1차 함수명 등이 있을 수 있다. 그런데 프레게는 복합성 가정에 따라 원초적 1차 함수명만을 고찰한다면 나머지 지시체 있는 1차 함수명의 경우는 자연스럽게 결정되리라고 가정한다.[12] 따라서 그는 약정 이후 앞으로 치역명의 지시체 결정이 필요한 경우를 "이미

---

12 이 복합성 가정이 『법칙』의 체계 전체에서 치역명의 지시체를 충분히 고정해 주는지 그리고 원초 기호들의 지시 고정 절차가 일관적인지의 여부는 또 달리 탐구해야 할 주제이다. 프레게는 추상화 원리가 모순에 빠진다는 것을 안 후에 이 31절의 절차가 문제가 있었음을 고백한다. CWB, 213.

알려진 함수로 환원할 수 없는" 경우에 한정한다. 이 가정하에 그는 원초적 1차 함수 기호의 논항 자리에 정당한 치역명을 채울 때 항상 지시체 있는 표현이 생기는지 검토하고, 치역과 진리치 간의 동일성 문제에 도달한다. 두 번째 변환 논증은 이제까지 치역에 대해 알려진 것(추상화 원리)과 모순되지 않게 진리치를 치역으로 약정할 수 있음을 보여주는 데 사용된다. 결국 프레게는 각 진리치를 자기 자신만이 속하는 개념의 외연으로 규정한다.

5. 약정의 자의성

약정 가능성을 귀결하는 변환 논증이 타당하고, 임의적 약정이 추상화 원리와 모순되지 않게 이루어진다면, 그 약정은 각 치역명의 고유한 지시를 확정할 수 있는가? 앞에서 본대로 『법칙』에서 프레게는 복합 원리에 문제가 없고 원초 함수 기호들의 지시 고정에 문제가 없다면, 각 치역명의 지시체는 문제없이 고정된다고 생각하였다. 그런데 프레게는 형식주의적 수학자들을 비판하는 맥락에서 용어의 지시체를 단순히 약정에 의해 도입하는 일을 누차 비판하였다.[13] 그 이유는 약정에 모순이 없다고 해서 약정에 사용된 개념을 만족시키는 대상이 있다는 보장이 없다는 것이다. 어떤 용어의 약정이 문제의 이론 체계의 공리들과 모순되지 않는다고 해도, 다른 이유가 없다면 그 정의를 진리로 받아들일 수 없다는 것이다. 따라서 임의적 약정에 의해 치역명의 지시체를 고정하려는 『법칙』의 방법은 프레게의 일반적 철학적 태도와 어울리지 않는 것 같다.[14]

---

13 프레게는 이 견해를 『기초』에서만 아니라 그 이후로도 계속 유지한 것으로 보인다. G1, 92절 이하, KS, 105-111, 262-266 참조.

그러나 프레게가 같은 시기의 서로 다른 저술들에서 그런 상반된 태도를 가졌다고 인정하는 것은 해석으로서 문제가 있을 것이다. 따라서 그가 그런 약정을 한 철학적 이유를 찾는 일은 무가치하지 않을 것이다. 또한 그는 『법칙』에서 그의 논리주의를 형식적으로 증명하는 것을 목표로 삼고 있으며, 그 때문에 다른 비형식적 저술들에서와는 달리 자신의 형식 체계에 대한 철학적인 변호를 거의 하지 않는다. 따라서 그의 약정이 형식적으로 임의적 선택에 의존하는 것처럼 보일지라도, 그것이 바로 그의 철학적 태도와 모순된다고 결론짓기에는 이르다.

먼저 약정이 자의적이라면, 어떤 의미에서 자의적인가? 그것은 각 진리치와 동일시할 치역을 임의로 선택할 수 있음을 말한다. 그러나 형식적으로도 이런 선택이 절대적으로 자유로운 것은 아니다. 먼저 그 약정은 당연히 치역 개념을 도입하는 데 사용되고 『법칙』의 논리 체계의 공리로 채택될 추상화 원리와 모순되어서는 안 된다. 프레게는 둘째 변환 논증이 이 무모순성을 증명하였다고 생각하였다. 다음으로 약정은 치역 도입 이전에 규정된 두 진리치가 서로 다르다는 사실과 모순되어서는 안 된다. 따라서 임의의 한 치역이 참과 동일시되면, 그 치역은 거짓과 동일시될 수 없다. 또한 프레게 자신은 이 약정이 임의로 일반화될 수 없다는 점을 그 약정을 논의하는 본문에 대한 각주에서 밝히고 있다.

자연히 이 규정을 일반화하여 모든 대상을 치역으로, 즉 그 대상이 그리고 그 대상만이 속하는 개념의 외연으로 간주하자고 제안할 수 있다. 대상 Δ가 그리고 Δ만이 속하는 개념은 $\Delta = \xi$이다. $\acute{\varepsilon}(\Delta = \varepsilon)$를 A와 동일하다고 규정하려 한다고

---

14 이런 해석을 받아들이는 사람은 무어와 레인이다. 그들은 프러게의 플라톤주의와 『법칙』 10절의 약정 방법이 직접 충돌한다고 주장한다. MRa, 383.

하자. … 그러나 그 규정을 일반화하기 전에, 다음 의문이 일어난다. 우리가 이미 치역으로 주어진 대상을 $\varDelta$로 오인한다면, 그 규정은 치역을 인식하기 위한 우리의 표기와 모순되지 않을까?(Gg I, 10절 각주 17)

만일 그 약정을 일반화하여 모든 대상을 자신만이 속하는 개념의 외연으로 규정한다면, 치역 자신도 대상이므로 그런 개념의 외연으로 규정하지 말아야 할 제약은 없다. 왜냐하면 변환 논증은 추상화 원리에 모순되지 않게 치역 자신에 대해서도 적용될 수 있기 때문이다. 그렇다면 각 대상 $\varDelta$가 그리고 $\varDelta$만이 속하는 개념의 외연을 표현하는 한 형식 "$\grave{\varepsilon}(\varDelta = \varepsilon)$"의 "$\varDelta$" 대신 임의의 치역명 "$\acute{\alpha}\varPhi(\acute{\alpha})$"를 대입할 수 있고, 그 결과인 "$\grave{\varepsilon}(\acute{\alpha}\varPhi(\acute{\alpha}) = \varepsilon)$"는 약정에 따라 "$\acute{\alpha}\varPhi(\acute{\alpha})$"와 동일한 대상을 지시하므로 "$\grave{\varepsilon}(\acute{\alpha}\varPhi(\acute{\alpha}) = \varepsilon) = \acute{\alpha}\varPhi(\acute{\alpha})$"가 성립한다. 이 문장은 추상화 원리에 따라 "$\forall a(\acute{\alpha}\varPhi(\acute{\alpha}) = a) = \varPhi(a))$"와 같은 것을 지시할 것이다. 그러나 이 전칭 문장은 두 함수(개념) $\acute{\alpha}\varPhi(\acute{\alpha}) = \xi$과 $\varPhi(\xi)$가 모든 각 논항에 대해 항상 같은 값을 가질 경우에 참이 될 것이다. 다시 말해 그 전칭 문장이 참이 되려면, 그 두 개념에 동일한 대상이 속해야 한다. 이 조건을 충족시키는 대상은 오직 하나, "$\acute{\alpha}\varPhi(\acute{\alpha})$"의 지시체이다. 따라서 임의의 각 치역을 그 자신만이 속하는 개념의 외연과 동일하다고 가정하면, 각 치역의 대응 함수에는 그 치역이 속해야 하며 또한 그 치역만이 속해야 한다. 그러나 이 사실은 특수한 함수와 그 치역에 대해서만 성립할 뿐 일반적으로는 성립하지 않는다. 그리고 이 점은 『법칙』의 체계에서도 마찬가지다.[15] 따라서 약정은 『법칙』의 형식

---

[15] 일반화된 약정이 성립하지 않는 예로서 $\grave{\varepsilon}(\varepsilon \neq \forall a(a=a) \rightarrow \varepsilon = \neg \forall a(a=a))$의 경우를 들 수 있다. Thiel, 298. 치역에 일반화된 약정, 추상화 원리 그리고 두 진리치에 대한 약정을 그 예에 적용하면, 모순이 도출된다.

체계 내에서도 일반화될 수 없다.

앞에 언급한 각주에서는 형식적 제약 이외에도 약정의 철학적 정당화가 필요하다는 것을 시사하는 대목이 있다. 프레게는 약정의 일반화가 치역으로 주어지지 않은 대상에 대해서만 이루어질 수 있는지를 묻고 그것을 거부한다.

> 더욱이 그 규정이 치역으로 주어지지 않은 대상들에 대해서만 성립하도록 허용하는 것은 참을 수 없는 결과이다. 같은 대상은 여러 방식으로 주어질 수 있기 때문에, 대상이 주어지는 방식을 대상이 지니는 불변의 성질이라고 간주해서는 안 된다(Gg I, 10절 각주).

프레게는 『기초』에서 이와 유사한 주장을 한다. 그는 수들 간의 동일성에 대한 맥락적 정의가 수 연산자로 주어지지 않은 혹은 수 연산자에 의해 정의될 수 없는 대상(예컨대 줄리어스 시이저)이 수인지 아닌지를 결정할 수 없다고 주장한다. 그리고 이 미결정성을 극복하기 위한 방안으로서 그런 대상 모두가 수가 아니라는 약정을 고려하고서, 바로 그 제안을 거부한다. 그 이유는 앞의 인용문에서와 마찬가지로 "같은 대상이 여러 방식으로 주어질 수 있으므로" 대상이 주어지는 한 방식을 그 대상의 불변적 성질로 간주해서는 안 된다는 것이다(G1, 67절). 따라서 수로 주어지지 않은 대상을 수가 아니라고 할 수 없고, 치역으로 주어지지 않은 대상을 치역이 아니라고 할 수 없다. 이 때문에 『기초』에서는 수를 개념의 외연으로 정의한다. 프레게는 외연들을 추상적인 논리학의 대상으로 간주하므로, 그 정의에 따라 수로 주어지지 않은 현실적 대상들은 수의 영역에서 배제된다. 반면 『법칙』에서는 치역(외연)을 또 다른 대상 범주로 환원하지 않고, 치역과의 동일시가 문제되는 진리치는 치역과 마찬가지로 논리적 대상이다. 따라서 치역으로 주어지지 않은 진리치는 치역일 수 있고, 그런 가능성을 보여주는 형식적 논증이 둘째 변환 논증이다. 그러나 같은 논의를 적용하여 임의의 한 치역을 참인 진리치로 약정한다 하더라도, 참인 진리치는 약정된 그 치역과 다른 치역일 수도 있지 않은가? 왜냐하면 대상 참이 수평 함수의 치역으로 주어지더라도, "수평 함수의 치역과 동일함"이란 성질을 불변적으로 갖지 않을 것이기 때문이다. 따라서 두 진리치를 임의의 치역들과 동일시한다고 해도, 왜 그 특정 함수의 치역으로 간주하느냐 하는 것이 문제된다. 만일 이에 대한 또 다른 이유가 없다면, 그의 논리 체계와 모순되지 않는 또 다른 약정의 가능성을 배제할 수 없고, 그런 한에서 프레게의 약정은 자의적이라고 할 수 있다.

먼저 진리치들을 치역과 동일시하는 것은 어떻게 정당화될 수 있는가? 프레게는 진리치와 치역을 논리적 대상으로 간주한다. 따라서 수들을 정의할 때 산수학에 속하지 않는 물리적 대상들이나 기하학적 대상들에 의존할 수 없는 것처럼, 진리치나 치역을 물리적 대상이나 기하학적 대상과 동일시할 수는 없다. 또한 진리치와 치역은 용어의 지시체로서 뜻과 동일시될 수도 없고, 고유명의 지시 대상으로서 함수 및 개념과도 동일시될 수 없다. 반면 수는 논리적 대상이긴 하지만, 치역(외연)을 통해 정의될 파생적인 대상이므로 진리치를 수와 동일시할 수도 없다. 진리치는 프레게의 논리학에서 처음 도입되는 원초적인 논리적 대상이다. 따라서 만일 진리치를 어떤 대상과 동일시해야 한다면, 함수의 치역과 동일시해야 한다. 만일 그렇지 않다면, 진리치는 치역과 무관한 원초적인 논리적 대상으로 간주해야 한다.

진리치를 함수의 치역과 동일시한다면, 어떤 함수가 적합한가? 참인 진리치는 어떤 함수의 치역이어야 하고, 거짓은 어떤 함수의 치역이어야 하는가? 프레게에 따르면 논리학의 법칙은 진리의 법칙이고, "참"이란 낱말의 내용을 전개한 데 불과한 것이다(NS, 3). 진리는 논리학의 목표이지만, 거짓은 그렇지 않다. 모든 판단은 사상으로부터 진리치로의 이행이며, 진리는 모든 주장에 동반된다. 진리는 모든 주장적(assertoric) 문장 사용에 현재한다(NS, 140). 따라서 참은 거짓보다 더 근원적이라고 간주할 수 있다. 그러면 참인 진리치는 어떤 함수의 치역으로 간주되어야 하는가?『개념 표기법』의 논리학에서나『법칙』의 논리학에서나 진리 함수를 다루는 부분은 다른 부분(예컨대 술어 논리 부분)보다 근원적이다(NS, 287n). 따라서 참인 진리치를 동일시할 치역의 대응 함수는 파생적 함수일 수 없고, 원초적인 진리 함수들이어야 한다고 생각하는 것이 자연스럽다. 이렇게 해서 일반성 함수, 추상화 함수 등의 2차 함수는 제외되고, 2차 함수를 통해 정의되는 기술 함수도 배제된다.[16] 수들을 정의하는 데 사용되는 개념도 2차 개념이므로 배제된다.

그러면 남는 것은 원초적인 1차 함수들뿐이므로, 원초적 1차 함수의 치역만이 참인 진리치와 동일시될 만하다. 원초적인 1차 함수들 중에는 수평·부정·동일성·조건 함수가 있다. 그러나 2항 함수에 직접 대응하는 치역은 없으므로, 남는 것은 수평 함수와 부정 함수뿐이다. 그런데 부정 함수는 수평 함수에 의존해서 규정된다. 따라서 만일 참인 진리치를 어떤 치역과 동일시해야 한다면, 그것은 수평 함수의 치역밖에는 없는 것으로 보인다.[17]

---

16 따라서 참인 진리치만이 속하는 함수 $\xi = \forall a(a=a)$의 치역도 배제된다. 그 반면 거짓인 진리치와 동일시되는 치역은 일반성 함수가 포함된 함수의 치역 $\grave{\varepsilon}(\varepsilon = \neg\forall a(a = a))$이다.

17 참인 진리치를 어떤 치역과 동일시해야 하는가 하는 물음에 프레게가 이처럼 소거적 방법으로 대답했

논리학의 법칙들이 "참"이란 말의 내용을 전개한 데 불과하다면, 그의 논리 체계의 모든 문장에는 이 말의 내용이 관련되어 있을 것이다. 그것은 그의 논리학의 모든 주장에 포함되어야 할 것이다. 그런데 프레게의 체계에서 수평 함수의 기호는 판단선과 함께 모든 주장의 표현에 동반된다(Gg I, 26). 그리고 그 기호를 일상 언어로 표현한다면, "ξ는 참이다"와 같을 것이고, 수평 함수는 프레게의 논리학에서 진리 개념을 표현하는 것으로 간주할 수 있다. 따라서 참인 진리치를 수평 함수의 외연과 동일시하는 일은 진리 개념의 외연과 동일시하는 것과 마찬가지라고 생각할 수 있다. 결국 프레게의 선택은 전혀 자의적이 아니다. 순수 형식적으로 보면 다른 가능한 선택에 대해 자의적일 수 있으나, 다른 선택을 하지 않을 만한 충분한 이유가 있다.

6. 나오는 말

앞서 제기한 물음들에 대해 대답해 보자.

프레게의 지시 고정의 절차는 두 가지 의미에서 단계적인 특징을 지니고 있는 것으로 보인다. 그 한 가지는 귀납적 가정에 따라 원초적 기호들의 지시체가 고정되면 『법칙』의 이름 구성 방식에 맞게 원초적 기호들로부터

으리라고 주장하는 학자는 버지이다. Bur, 140-145. 필자는 그의 해석에 동의한다. 반면 프레게의 이 절차가 맥락 원리에 따른 것이라는 버지의 주장은 지나친 것 같다. 왜냐하면 프레게가 『법칙』에서 맥락적으로 설명하는 대상은 치역이지 진리치가 아니며, 진리치를 치역과 동일시한 것은 치역의 동일성 문제를 해결하기 위한 것이지 진리치의 동일성 문제를 해결하기 위한 것이 아니기 때문이다. 이 점은 『법칙』의 의미론 체계에서 진리치가 치역에 앞서 동일성과 차이가 알려져 있다고 가정된 원초적인 대상이라는 앞 절의 논의에 의해 지지된다.

구성한 모든 기호도 지시체를 가진다는 것이고, 다른 한 가지는 1차 함수의 논항의 영역이 새로운 고유명의 도입에 따라 단계적으로 확장된다는 것이다. 이런 단계적 절차들은 그의 복합성 가정과 연관되어 치역명의 지시 고정을 매우 복잡하게 만든다. 앞에서 논한 치역명의 지시 고정 절차는 다음과 같이 정리할 수 있다. (1) 치역연산자 이 전에 도입된 원초 함수 기호들의 지시는 진리치에만 의존해서 결정되고, (2) 치역연산자는 원초적 1항 1차 함수 기호나 귀납적 가정에 따라 지시체를 가지는 1항 1차 함수 기호에 적용될 때만 정당한 치역명을 산출한다. (3) 다시 이 정당한 치역명들의 지시는 고유명의 지시 원리에 따라 지시체 있는 원초적 1차 함수 기호의 논항 자리에 넣었을 때 언제나 지시체를 지니는지에 따라 결정된다. (4) 복합성 가정에 따라, 『법칙』의 구문론 원리에 맞게 구성된 모든 복합 1차 함수 기호에 정당한 치역명을 넣은 결과도 지시체를 갖는다. (5) 이 과정에 따라 정당한 치역명의 지시체가 결정되면, 치역연산자의 지시도 결정된다. 그러나 이런 전 과정이 순환의 위험에서 벗어날 수 있는지는 의심스럽다.

진리치는 『법칙』의 체계에서 의미론 구성의 기본 토대로 등장하며, 그것으로부터 치역들, 수들과 같은 다른 대상의 영역이 점차로 확장되어 나간다. 이 사실은 프레게가 진리치를 가장 원초적인 논리적 대상으로 간주하며, 나머지 논리적 대상들을 그로부터 파생되는 대상들로 간주한다는 것을 시사한다. 물론 치역의 도입으로 인해 생기는 진리치와의 동일성 문제를 해결하기 위해 그는 결국 진리치들을 포함한 모든 논리적인 대상을 치역으로 간주하게 되었다. 하지만 프레게가 단지 형식상의 편의에 따라 각 진리치를 특정 치역과 동일시한 것은 아니다. 그는 자신의 약정이 『법칙』의 체계 내에서 임의로 일반화될 수 없음을 알고 있었고, 그 약정이 원초적 논리적 대상으로서 참인 진리치의 지위를 그대로 유지할 수 있도록 고려한 것으로 보인다. 물론 그가 『법칙』의 체계와 무관하게 일반적으로 모든 논리적 대상을 치역으로 가정할 필요가 있었는지는 여전히 문제로 남는다.

2장
프레게와 다항양화*

1. 머리말

프레게는 현대 양화논리학의 선구자로 알려져 있다. 그는 양화-변항 장치를 처음으로 체계적으로 제시했을 뿐 아니라 양화문들에 대한 일관된 구문론적-의미론적 설명을 처음으로 제공한 것으로 평가된다. 더밋은 프레게의 양화-변항 장치가 논리학의 역사 전체에서 차지하는 중요성을 오랫동안 해결되지 않고 남겨진 다항양화문의 의미 문제를 처음으로 해결하게 해주었다는 데서 찾는다. 예컨대 중세의 논리학자들이 이 문제 해결을 위해 이른바 "수포지치오"(suppositio) 이론을 발전시켰으나 양화문 일반에 대한 일관된 의미론적 설명을 제공하는 데 실패했고, 이후부터 프레게 전까지는 이 문제를 제대로 인식조차 하지 못했다고 주장한다.[1]

---

* 이 논문은 충남대학교의 지원을 받은 연구의 결과임.

1 Dummett(1981a), 8-14 참조. 물론 이 주장에 반대하는 사람이 없는 것은 아니다. 최근의 몇몇 연구가는 중세의 수포지치오 이론은 일관된 양화 이론으로서 현대적으로 형식화할 수 있다고 생각한다. 다만 이 일이 가능하다고 해서 프레게가 제시한 다항양화에 대한 이론의 가치가 떨어지는 것은 아니다. 왜냐하면 수포지치오 이론을 일관되게 복원할 수 있다는 것은 그런 이론이 논리 언어의 구조와 의미에

더밋은 다항양화문의 의미 문제를 해결하는 데 바탕이 되는 프레게의 원리를 양화문의 단계적 구성 원리에서 찾는다. 그에 따르면 프레게는 다항양화문을 그 구성 요소들이 한꺼번에 결합되어 형성되는 것으로 간주하지 않고, 말의 각 유형에 알맞은 적용 규칙에 따라 단계적으로 구성되는 것으로 간주한다. 이런 단계적 구성 절차가 다항양화의 이해에 중요한 이유는 그 진리조건을 설명하는 데 말의 유형마다 주어져 있는 일반적 원리에 의존하는 것으로 충분하다는 데 있다.

더밋은 양화문의 단계적 구성 절차에 관한 논의에 근거해서 이후 프레게의 철학만 아니라 논리철학 전반에서 많이 논의된 몇몇 주장을 이끌어 낸다. 그중 하나는 문장 형성 연산자나 고차의 용어 형성 연산자를 포함하는 복합문장들과 그런 연산자를 포함하지 않는 원자문장들을 구분해야 한다는 것이다. 또 다른 하나는 양화문의 구성 요소로서 복합적인 술어와 원자문의 구성 요소로서 단순한 술어를 다른 종류의 술어로 취급해야 한다는 것이다. 더밋은 프레게가 후자의 구분을 인식하기는 하였으나, 결국 단순술어를 복합술어와 동일시함으로써 다항양화문의 진리조건을 완벽하게 해명하는 데 이르지 못했다고 주장한다. 이 글은 더밋의 이 주장이 옳은지 검토하는 데 목적이 있다.

나는 다음 순서로 논의를 진행할 것이다. 2절에서는 다항양화문의 구성 방법 및 진리조건에 대한 더밋의 해설을 요약할 것이다. 3절에서는 더밋이 이에 근거해서 하는 두 구분으로서 원자문과 복합문의 구분 그리고 단순술어

관한 일반적 설명으로서 충분히 적합하다는 것을 보여주는 것은 아니기 때문이다. 반면 다항양화문 해명을 가능하게 한 프레게의 언어 구조 및 의미에 대한 설명은 이후 논리학 및 의미론의 주요 표준 역할을 하였다는 점에서 볼 때, 더밋의 논의는 여전히 가치가 있는 것으로 간주할 수 있다. 중세 수포지치오 이론에 관한 최근의 연구에 관해 보려면 Parsons(2004) 참조. 옥캄의 수포지치오 이론에 관해서는 박우석(1995) 참조.

와 복합술어의 구분을 검토할 것이다. 그리고 그 결과 두 부류의 술어를 구분하는 일이 필수적이라고 여긴 근거로서, 그런 구분이 없이는 양화문 진리조건 설명이 논리적 순환에 빠진다는 더밋의 논증을 제시할 것이다. 4절에서는 프레게의 술어에 대한 생각이 더밋과 다르다는 점을 먼저 지적하고, 프레게는 더밋처럼 술어를 두 부류로 나누지 않아도 양화문에 대한 순환 없는 진리조건 설명을 제시할 수 있음을 보일 것이다.

2. 다항양화문의 구성 원리

자연언어에서 다항양화문의 진리조건을 명확하게 이해하는 일이 쉽지 않다는 것은 잘 알려져 있다. 다음 두 문장을 비교해 보자.

(1) 모든 사람은 어떤 사람을 시기한다.
(2) 어떤 사람은 모든 사람의 시기를 받는다.

이 두 다항양화문의 의미 차이를 설명하기 위해 우리는 이렇게 말할 수 있다: (1)은 "모든 사람 각각이 누군가를 시기한다"는 것을 말하는 반면, (2)는 "어떤 사람이 있는데, 그 사람은 각각의 모든 사람의 시기를 받는다"는 것을 말한다. 그래서 (1)이 참이 되기 위해서는 고려된 사람 각각에 대해 그를 시기하는 사람이 존재해야 하고, (2)가 참이 되기 위해서는 고려되는 모든 사람이 시기하는 어떤 사람이 존재해야 한다고 말할 수 있다. 이처럼 (2)가 (1)과는 다른 의미를 갖고 있다는 것을 자연언어에 의지해서 설명하려 할 때, 우리는 문장의 주어와 목적어가 무엇인지, 능동태로 표현할 때와 달리 수동태로 표현할 때 주어와 목적어가 서로 어떻게 달라지는지 등을 지배하는 문법적 약정에 의존하는 것으로 보인다. 그런데 프레게에서 비롯된 양화사-변항 장치를 이용하면, 그런 문법적 약정에 의지하지 않고도 두 문장이 갖는 의미의 차이를 명확히 표현할 수 있는 것으로 보인다. (여기서 우리는 양화사가 구속하는 변항의 정의역이 사람에 한정된다고 가정한다.)

$(3)\ \forall x[\exists y(x는\ y를\ 시기한다)].$

$(4)\ \exists x[\forall y(y는\ x를\ 시기한다)].$[2]

더밋에 따를 때 다항양화문의 구조와 의미를 명확하게 밝힌 점은 논리학사에서 프레게의 가장 중요한 공헌 중 하나이다. 더밋은 (1)~(2) 같은 다항양화문의 구조와 의미에 대한 프레게의 설명에서 핵심적인 것은 그런 문장들이 그 구성 요소들로부터 한꺼번에 구성되는 것이 아니라 단계적 절차에 따라 구성된다는 데 있다고 말한다.[3] 예컨대 프레게는 (1)이 '모든 사람은', '어떤 사람을' 그리고 '시기한다'가 서로 결합되어 구성된 것으로 이해하지 않고, '모든 사람'과 'ξ는 어떤 사람을 시기한다'가 서로 결합되어 구성된 것으로 이해한다. 그리고 프레게는 'ξ는 어떤 사람을 시기한다'는 예컨대 "영수는 어떤 사람을 시기한다" 같은 문장에서 '영수'를 제거해서 생긴 것으로 이해한다. 그리고 그는 "영수는 어떤 사람을 시기한다" 같은 양화문은 다시 '어떤 사람'과 '영수는 ζ를 시기한다'가 결합되어 구성된 것으로 이해한

---

2 논리기호를 일렬로 나열할 때는 수학에서처럼 논리기호의 지배 범위를 괄호나 연산 순서에 대한 약정에 의지해서 제한해야 한다. 이 점에서 우리는 프레게의 원래 표기에는 괄호가 필요하지 않다는 점을 주목하게 된다.

3 단계적 구성 절차 및 그 장점에 관해서는 Dummett(1981a), 9-14 참조.

다. 그래서 마지막으로 '영수는 ζ를 시기한다'는 "영수는 철수를 시기한다" 같은 문장에서 '철수'를 제거함으로써 구성된 것으로 이해된다. 이 절차를 역순으로 제시하면 아래와 같이 (1)의 구성 방식을 제시할 수 있다.

<표 1> 문장 (1)의 구성 절차

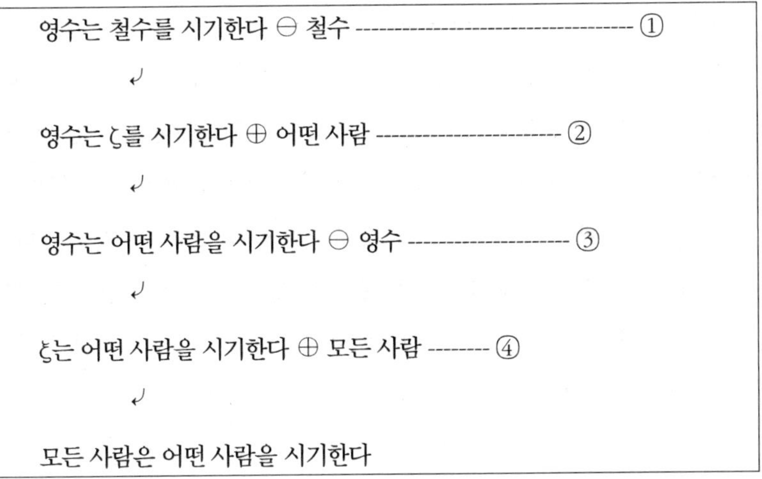

더밋에 따르면 프레게의 단계적인 다항양화문 구성 절차는 두 가지 기본 원리에 따라 이루어진다. 첫째로 다항양화문을 포함하여 어느 양화문이든 1항 술어에 (1개의) 양화사를 적용함으로써 구성된다. 말하자면 다항양화문 (1)은 'ξ는 ζ를 시기한다' 같은 2항 술어에 두 개의 양화사 '모든 사람', '어떤 사람'을 한꺼번에 적용하는 방식으로 구성되지 않는다. 도리어 "영수는 어떤 사람을 시기한다" 같은 단항양화문이 '어떤 사람'이란 한 개의 양화사를 '영수는 ζ를 시기한다'는 1항 술어에 덧붙여져 구성되는 것과 마찬가지로, (1)은 '모든 사람'이라는 한 개의 양화사를 1항 술어 'ξ는 어떤 사람을 시기한다'에 덧붙여져 구성된다. 둘째로 양화사와 결합되

는 1항 술어는 언제나 이름 한 개 이상을 포함하는 단칭문에서 한 개의 이름을 제거함으로써 얻어지는 것으로 간주된다. '영수는 ζ를 시기한다'는 1항 술어는 "영수는 철수를 시기한다"는 단칭문에서 '철수'를 제거해서 얻는 것처럼, 'ξ는 어떤 사람을 시기한다'는 1항 술어는 "영수는 어떤 사람을 시기한다"는 단칭문에서 '영수'를 제거해서 얻은 것이다. 이에 따라 우리는 다항양화문을 구성하기 위해 필요한 1항 술어는 이미 양화사를 포함하고 있는 단칭문에서 이름 한 개를 제거할 때 얻어진다는 것을 알 수 있다.

더밋에 따르면 문장을 단계적으로 구성하는 일은 문장을 그 구성 요소인 말들로부터 한꺼번에 구성하는 것보다 두 가지 점에서 낫다. 먼저 자연언어에 의지할 경우에 그런 것처럼 (1)과 (2) 같은 문장들의 의미 차이를 설명하기 위해 임시방편의 규칙들에 의존할 필요가 없다는 것이다. 반면 더밋은 더 중요한 차이는 단계적 구성 방법에서는 양화문이 참이기 위한 조건을 소수의 원리에 근거해서 일반적으로 설명해 줄 수 있다는 데 있다고 생각한다. 예컨대 문장 (1)이 참이기 위한 조건은 아래와 같이 설명된다.

(5) 술어 'ξ는 어떤 사람을 시기한다'는 모든 사람에 대해 참이다.

(5)가 성립하는지 아닌지 우리가 확인할 수 있기 위해서는 술어 'ξ는 어떤 사람을 시기한다'가 논의 중인 어떤 대상에 대해서나 참인지 아닌지가 미리 정해져 있어야 한다. 그러므로 우리는 그 술어가 (1) 같은 문장에 적합하게 적용될 조건으로서 다음 진술을 받아들여야 할 것이다.

(6) 술어 'ξ는 어떤 사람을 시기한다'는 (양화사가 구속하는 변항의 정의역 안의) 모든 각각의 대상에 대해 참이거나 거짓이다.

그런데 이 술어가 어떤 대상, 예컨대 영수에 대해 참이라는 것은 "영수는 어떤 사람을 시기한다"는 문장이 참이라는 것을 말한다. 그러므로 (5)가 성립한다는 것은 정의역 안의 각 대상의 이름을 술어 'ζ는 어떤 사람을 시기한다'의 빈자리에 넣어 얻은 다음 각 문장이 참이라는 것을 말한다.[4]

(7) 영수는 어떤 사람을 시기한다, 철수는 어떤 사람을 시기한다, 은희는 어떤 사람을 시기한다, ….

그런데 (7)의 사례로서 예컨대 "영수는 어떤 사람을 시기한다" 같은 문장이 참이기 위해서는 아래 진술이 성립해야 한다.

(8) 술어 '영수는 ζ를 시기한다'가 적어도 한 사람에 대해 참이다.

앞의 진술 (5)의 경우와 마찬가지로 진술 (8)이 성립하는지 아닌지 우리가 확인할 수 있기 위해서는 술어 '영수는 ζ를 시기한다'가 논의 중인 어떤 대상에 대해서나 참인지 아닌지도 미리 정해져 있어야 한다. 그러므로 우리는 그 술어가 "영수는 어떤 사람을 시기한다" 같은 문장에 적합하게 적용될 조건으로서 다음 진술을 받아들여야 할 것이다.

(9) 술어 '영수는 ζ를 시기한다'는 (양화사가 구속하는 변항의 정의역 안의) 모든 각 대상에 대해 참이거나 거짓이다.

---

4 물론 정의역이 무한한 경우 정의역 안의 각 대상에 이름을 부여하는 일이 원리상 불가능할 수도 있다. 이 때문에 전칭양화문이 참이기 위한 조건을 그 사례가 되는 모든 단칭문이 동시에 참이기 위한 조건과 동일시하는 식으로 설명하기 어려울 수 있다.

그런데 이 술어가 어떤 대상, 예컨대 철수에 대해 참이라는 것은 "영수는 철수를 시기한다"는 문장이 참이라는 것을 말한다. 그러므로 (8)이 성립한다는 것은 정의역 안의 각 대상의 이름을 술어 '영수는 ζ를 시기한다'의 빈자리에 넣어 얻은 다음 각 문장 중에서 적어도 한 문장이 참이라는 것을 말한다.

(10) 영수는 영수를 시기한다, 영수는 철수를 시기한다, 영수는 은희를 시기한다, ….

이제 (1) 같은 다항양화문이 참이기 위한 조건을 설명하는 절차가 어떤 원리에 근거하는지 쉽게 알 수 있다. 어느 양화문이든지 문장 전체를 지배하는 양화사가 무엇인지에 따라, 다음 두 원리에 따라 참이기 위한 조건이 설명된다.

(11) '$\forall xFx$'가 참이다 iff '$F(\zeta)$'가 x의 정의역 안의 모든 대상에 대해 참이다.

(12) '$\exists xFx$'가 참이다 iff '$F(\zeta)$'가 x의 정의역 안의 적어도 하나의 대상에 대해 참이다.[5]

그리고 양화사와 결합되어 양화문을 구성하는 술어에 대해서는 언제나 그것을 적합하게 사용하기 위한 조건으로서 다음 진술이 성립한다.

(13) '$F(\zeta)$'는 양화사에 의해 구속된 변항의 정의역 안에 있는 각 대상에 대해

---

5 프레게의 논리 언어에서는 사실 이 진술이 따로 필요하지 않다. 왜냐하면 그는 전칭양화사만 별도의 기호로 사용하고, 존재양화사는 전칭양화사 및 부정 기호를 이용해서 표현하기 때문이다.

참이거나 거짓이다.

이 두 부류의 조건이 주어지면, 아무리 복잡한 술어가 등장하는 양화문의 경우에도 우리는 그 양화문이 참이기 위한 조건을 그 사례가 되는 단칭문들이 참이기 위한 조건으로 환원할 수 있다. 그래서 변항의 정의역 안의 각 대상의 이름이 'a', 'b', 'c', … 등으로 주어져 있다고 할 때, (11)과 (12)의 참 여부는 각각 다음과 같이 단칭문들의 진리함수적 결합의 참 여부로 환원된다.

(13) F(a) & F(b) & F(c) & ⋯
(14) F(a) ∨ F(b) ∨ F(c) ∨ ⋯

단계적 문장 구성 절차의 이점은 바로 (11)~(13) 같은 원리를 반복적으로 적용하는 것만으로도 다항양화문을 비롯하여 다양한 종류의 양화문들의 진리조건을 일반적으로 설명해 줄 수 있다는 데 있다.

3. 더밋의 원자문과 단순술어

더밋은 프레게의 다항양화문 구성 절차에 관한 논의에 근거해서 이후 논리학 및 논리철학에서 중요하게 논의된 몇몇 논제를 정당화하고 있다. 우리는 그중에서 두 가지 논제를 검토해 볼 것이다. 첫 번째 논제는 논리적 추론을 구현할 수 있는 어느 언어에서나 문장들을 원자적인 것과 복합적인 것으로 구분할 수 있다는 것이다. 두 번째 논제는 원자문의 구성 요소로서 술어는 양화문의 구성 요소로서 술어와 그 역할과 의미가 다르다는 것이다.

우선 첫 번째 논제부터 검토해 보자. 더밋에 따르면 단계적 문장 구성 방법은 양화문의 경우에만 적용되는 것이 아니다. 만약 어떤 복합문이 두 개의 요소문장과 어떤 문장결합사로 구성되어 있고, 요소문장 역시 양화사나 문장 결합사를 포함하는 문장이라면, 그런 복합문 역시 단계적으로 구성된 것으로 간주되어야 할 것이다.[6] 이런 단계적 문장 구성 방법은 문장 형성 연산자로서 문장결합사나 양화사를 어떤 식으로 적용시켰는지에 따라 다양한 종류의 문장을 구성할 수 있게 해준다. (n항) 문장결합사는 (n개의) 문장들이 주어지면 언제나 새로운 복합문을 구성할 수 있게 해주고, 양화사는 1항 술어가 주어지면 언제나 새로운 양화문을 구성할 수 있게 해 준다. 더밋은 문장이 이처럼 단계적으로 구성된다는 프레게의 생각은 언어의 문장들을 크게 두 부류로 나눌 수 있게 해준다고 생각한다.

그러나 사실 프레게가 현대 논리학을 개시한 이후로 단순하고 정확한 구분 원리가 제공되었다. 문장이 단계적으로 구성된다는 근본 생각은 문장들을 두 부류로… 나누는 일을 포함한다. 문장들은 원자문과 복합문으로 나누어질 수 있다. 원자문은 그것을 형성하는 기본 구성 요소가 어느 것도 문장이 아닌 혹은 문장으로부터 형성된 것이 아닌 문장이다. 반면 복합문은 단계적 구성 절차에 따라 다른 문장들에 혹은 문장으로부터 형성된 술어 같은 '불완전한' 표현(들)에 어떤 문장 형성 장치를 적용한 결과 얻어지는 문장이다 ― 물론 이런 구성

---

6 예컨대 "영수는 철수의 형이고 민수와 현수의 동생이다" 같은 문장은 '영수는 철수의 형이다'와 '영수는 민수와 현수의 동생이다'로 구성되어 있는 것으로 간주될 수 있고, 다시 "영수는 민수와 현수의 동생이다"라는 문장은 '영수는 민수의 동생이다'와 '영수는 현수의 동생이다'로 구성되어 있는 것으로 간주될 수 있다.

절차 전체는 원자문들에 대한 연산으로부터 시작된다(Dummett[1981a],
21-22).

더밋은 원자문과 복합문의 구분은 문장을 구성하는 표현들도 두 부류로
나눌 수 있게 해준다고 생각한다. 복합문은 원자문(들)에 문장 형성 연산자를
반복해서 적용한 결과로 얻어지는 반면, 원자문은 "그것을 형성하는 기본
구성 요소가 어느 것도 문장이 아닌 혹은 문장으로부터 형성된 것이 아닌"
문장이다. 그러므로 더밋은 문장을 구성하는 표현들도 원자문을 구성하는
데 필요한 표현들과 복합문을 구성하는 데만 필요한 표현들로 구분할
수 있다고 한다.

> 원자문들을 형성하는 표현들이―고유명(개체상항)들, 원초적인 술어들 및
> 관계 표현들이― 한 유형을 이루며, 원자문들로부터 복합문들에 이르도록 반
> 복 가능한 변형들을 가능하게 해주는 문장 형성 연산자들이―문장 연산자 및
> 양화사들이― 다른 유형을 이룬다. (후자의 유형에는 기술 연산자처럼 술어
> **같은 불완전 표현들로부터 단칭용어를 형성하게 해주는 용어 형성 연산자들도**
> **포함되어야 한다.**)(Dummett[1981a], 21-22. 필자 강조)

여기서 우리는 더밋이 원자문을 언제나 단순한 표현들로만 구성되어
있는 것으로 간주하지 않는다는 점을 명심해야 한다. 왜냐하면 원자문을
구성하는 데 필요한 표현에는 원초 술어나 원초 관계 표현 이외에도 고유명
이 속하기 때문이다. 더밋이 설명하고 있듯이, 프레게에게 고유명의 범주는
문법적으로 볼 때 넓은 범위의 표현들을 포함한다. 프레게는 '소크라테스'
같은 단순한 표현만 아니라, "소크라테스의 (그) 아내"처럼 'ξ의 그 아내'와

'소크라테스'가 결합되어 구성된 복합 표현도 고유명으로 간주한다. 나아가 그는 '4' 같은 숫자를 고유명의 범위에 포함시킬 뿐 아니라, "목성의 위성의 (그) 수"처럼 'φ의 그 수'와 'ξ는 목성의 위성이다'가 결합되어 구성된 복합 표현도 고유명으로 간주한다. 왜냐하면 이런 표현들은 복합적이든 단순하든, 모두 어떤 특정 대상을 가리키기 위해 사용되는 표현이기 때문이다. (고유명과 결합되어 다시 고유명을 형성해 주는 연산자와 술어와 결합되어 고유명을 형성해 주는 연산자를 구별해서, 우리는 전자를 '1차 용어 형성 연산자'로, 후자를 '2차의 용어 형성 연산자'라고 부를 수 있다.)

더밋은 "소크라테스의 (그) 아내"처럼 단순 고유명들을 토대로 회기적으로 고유명에 포함시킬 수 있는 경우는 원자문장의 구성 요소로 간주하지만, "목성의 위성의 (그) 수"처럼 단순 고유명들을 토대로 회기적으로 설명할 수 없는 경우는 원자문장의 구성 요소로 간주하지 않는다. 왜냐하면 "목성의 위성의 (그) 수" 같은 고유명을 구성하기 위해서는 'ξ는 목성의 위성이다' 같은 술어가 미리 주어져야 하는데, 이런 술어는 프레게의 술어 구성 원리에 따를 때 미리 주어진 어떤 문장으로부터 구성된 것이기 때문이다. 이렇게 해서 우리는 고유명과 관련해서 원자문의 구성 요소에 속하는 부류의 표현을 둘로 분류할 수 있다. 하나는 고유명이고, 다른 하나는 주어진 고유명에서 복합 고유명을 형성하게 해주는 용어 형성 연산자이다.

더밋에 따를 때 고유명과 (1차의) 용어 형성 연산자 이외에 원자문의 구성 요소로 나타나는 것은 원초적인 것으로 간주된 1항 술어나 관계 표현이다. 그는 원자문을 구성하는 원초적인 술어나 관계 표현은 이미 주어진 문장으로부터 이름을 제거해서 얻은 술어나 관계 표현과는 다른 것으로 간주되어야 한다고 생각한다. 그 이유는 우리가 두 부류의 술어들에 부여하는 역할은 아주 다르기 때문이다. 우리는 원자문이 어떤 구조를 갖고 있는지 이해하려 할 때, 그 구성 요소로서 술어가 어떤 역할을 하는지에 관심을 둔다. 더밋은 이런 술어가 모두 논리적으로 단순한 표현이라는 점에서, 그런 술어를 '단순술어'(simple predicates)라고 부른다. 반면 우리는 어떤 주어진 문장으로부터 이름을 제거하여 술어를 구성하려고 할 때, 주어진 그 문장이 어떤 구조를 갖고 있는지 이해하려는 것이 아니다. 그에 따르면 도리어 우리는 그렇게 얻어진 술어에 예컨대 양화사를 적용해서 양화문을 구성하려 하는 것이다.[7] 다시 말해 어떤 주어진 문장으로부터 이름을 제거하여 구성된 술어에 대해 우리가 부여하는 역할은 주어진 그 문장의 구성 요소로서의 역할이 아니라 그 술어에 양화사가 적용되어 형성된 양화문의 구성 요소로서의 역할이라는 것이다. 더밋은 이런 술어는 어떤 문장이 이미 주어져 있어야 그것을 구성할 수 있다는 뜻에서 '복합술어'(complex predicates)라고 부른다.[8]

단순술어와 복합술어의 차이에 대한 더밋의 주장은 몇 가지 점에서 논란이 되어 왔다. 첫째 논란은 프레게가 술어를 이처럼 서로 다른 역할을 하는 두 부류로 분류하였느냐 하는 것이다. 프레게가 술어를 이미 주어진 문장으로부터 이름을 제거하여 얻는 것으로 간주하였다는 데는 어느 누구도

---

7 주어진 문장에서 술어를 구성하는 목적은 확정 기술과 같은 용어 형성 연산자를 적용해서 복합고유명을 구성하려는 것일 수도 있다. 이 경우에도 그런 술어를 이해하는 일은 주어진 문장의 뜻이 이미 이해되어 있는 것으로 전제한다는 점에서, 그런 술어 역시 복합적인 것으로 간주되어야 한다.

8 단순술어와 복합술어의 구분은 더밋이 프레게에게 돌리는 문장의 뜻의 분석에 대한 생각과 관련되어 있다. 그는 우리가 문장 안에 나오는 말의 뜻에 관심을 갖는 경우는 두 가지 서로 다른 경우로 나눌 수 있다고 생각한다. 첫째는 문장의 뜻이 무엇인지 이해하기 위해 그것을 구성하는 말들의 뜻과 그 말들이 문장 안에서 하는 역할을 이해하려는 경우이다. 둘째는 어떤 주어진 문장이 다른 문장들과 공유하는 패턴을 드러내게 하기 위해 그 문장을 나누는 경우이다. 더밋의 전자의 경우 문장을 그 구성 요소로 나누는 일을 '분석'(analysis)이라 부르는 반면, 후자의 경우 문장들로부터 패턴을 추출하는 일을 '분해'(decomposition)라고 부른다. 이 구분에 관해서는 Hodes(1881); 최원배(1998); Levine(2002) 참조.

이의를 제기하지 않는다. 그리고 프레게는 그렇게 구성된 술어를 '채워지지 않음', '불완전함' 같은 특징을 갖는 것으로서 규정하였고, 이와 달리 '완전함', '채워져 있음' 같은 특징을 갖는 고유명과 엄격히 구분하였다는 데도 이의를 제기하는 사람은 없다. 하지만 프레게가 문장으로부터 이름을 제거하여 얻은 것으로서 술어와 이와는 다른 역할을 갖는 술어로서 원자문의 구성 요소로서의 술어를 구분했는가 하는 데는 많은 논란이 있다. 더밋은 술어가 하는 이런 두 역할의 차이를 프레게가 인식하고 있었지만, 원자문의 구성 요소로서의 술어를 양화문의 구성 요소로서의 술어와 동일시했다고 주장한다.

둘째 논란은 프레게가 술어를 그런 두 부류로 나누었든 그렇지 않든 간에, 그런 분류가 문장의 구성 방법 및 문장 구조에 관한 프레게의 일반적인 견해와 양립 가능한가 하는 것이다. 물론 더밋은 문장 구성 및 구조에 관한 프레게의 견해에서 보면 그는 그런 구분을 했어야 한다고 생각한다. 하지만 더밋의 이런 주장은 그의 또 다른 주장과 결합되어 그 설득력을 의심받는다. 왜냐하면 그는 단순술어는 복합술어와 구분되어야 할 뿐 아니라 단순술어는 복합술어와 달리 프레게가 술어 일반에 돌린 특징으로서 '불완전성', '채워져 있지 않음' 등의 특징도 갖지 않는다고 주장하기 때문이다.

원자문들의 구조에 관심을 가질 때 우리가 고려할 필요가 있는 유일한 술어 혹은 관계 표현은 논리적으로 단순한 표현들이다. 예컨대 '브루투스는 시이저를 죽였다'는 문장의 뜻을 우리가 어떻게 파악하는지 설명하기 위해서는 그 문장이 세 개의 구성 요소, 즉 두 개의 (단순) 고유명 '브루투스'와 '시이저'와 (단순) 관계 표현 '죽였다'로 구성되어 있다는 것만 고려하면 된다. … 이 관계 표현은 두 개의 고유명만큼이나 독립해서 존재할 수 있는 언어적 실재로서 단순하고 단일한 표현으로 간주될 수 있다. 그 표현은 고유명들과 마찬가지로⋯ 독립적으로 문장을 형성할 수 없지만, 역시 고유명들과 마찬가지로 문장에서 물리적으로 떼어낼 수 있는 말을 이루고 있다(Dummett[1981a], 27-28).

단순술어에 대한 이런 특징 규정은 사실 프레게의 경우에는 찾아볼 수 없고 프레게 자신의 규정과는 상반되는 것이다. 그러므로 단순술어의 특징이 이런 식으로 이해된다면, 이는 프레게의 견해와 양립 가능한 것으로 간주하기는 힘들다. 하지만 이는 원자문의 구성 요소로서 술어가 하는 역할과 양화문의 구성 요소로서 술어가 하는 역할이 다르다는 더밋의 주장도 프레게의 견해와 양립 불가능하다는 것을 함축하는 것은 아니다. 그러므로 우리는 원자문장과 양화문에서 술어가 하는 역할이 다르다는 주장과 그 두 역할에 상응하는 술어들을 다른 종류의 술어로 간주해야 한다는 주장을 나누어 검토할 필요가 있다.

그러면 문제는 우리가 술어의 이런 두 역할의 차이를 인정할 경우 더밋처럼 술어를 두 부류로 구분해야 하는가 하는 것이다. 더밋은 이 경우 그런 구분이 필수적이라는 점을 보이는 논증을 제시한다. 더밋은 "모든 x에 대해, 어떤 y에 대해, x는 y보다 더 작고 y는 소수이다" 같은 다항양화문의 진리조건을 설명하기 위해 결국 원자문들의 진리조건에 호소해야 한다는 사실을 아래와 같이 보이고 있다.

복합술어에 대한 프레게의 설명에 대한 해석에 따를 때, "모든 x에 대해, 어떤 y에 대해, x는 y보다 더 작고 y는 소수이다"라는 문장을 이해하기 위해, 우리는 먼저 양화사 "모든 x에 대해, $\Phi(x)$"와 술어 "어떤 y에 대해, ξ는 y보다 더 작고 y는 소수이다"를 이해할 필요가 있다. 이 술어가 "어떤 y에 대해, 28은 y보다

더 작고 y는 소수이다", "어떤 y에 대해, 100은 y보다 더 작고 y는 소수이다",
… 등의 문장에 공통된 패턴을 표현하는 것과 똑같이, 그 술어의 뜻은 이런
패턴을 보여주는 각 문장의 진리치가 결정되는 방식의 공통된 특징으로 주어진
다. 즉, 그 술어의 뜻을 파악하는 일은 "어떤 y에 대해, n은 y보다 더 작고 y는
소수이다" 같은 형식의 임의의 문장을 이해하는 일로 묘사될 수 있다. 마찬가지
로 그런 형식의 문장을 이해하는 일은 양화사 "어떤 y에 대해, $\Phi(y)$"를 이해하는
일과 "n은 p보다 더 작고 p는 소수이다" 형식의 임의의 문장을 이해하는 일을
포함한다. "4는 11보다 더 작고 11은 소수이다"를 이해하는 일은 말하자면 결합
사 "ξ이고 ζ"와 두 요소문장을 이해할 것을 요구한다. "4는 11보다 더 작다"와
"11은 소수이다"를 원자문장으로 간주해 보자. 그러면 이 문장들이 표현하는
사상들을 파악한다는 것은 무엇을 말하는가?(Dummett[1981b], 292-293)

이제 더밋은 "11은 소수이다" 같은 원자문의 진리조건을 설명하기 위해
"ξ는 소수이다" 같은 술어가 임의의 대상에 대해 참이기 위한 조건에
호소하게 될 때, 순환에 빠진다는 것을 아래와 같이 설명한다.

"11은 소수이다"를 이해하는 일이 이름 "11"의 뜻과 술어 "ξ는 소수이다"의
뜻을 파악하는 일을 포함한다고 말하는 것은 자연스럽다. … 그러나 "11은
소수이다"를 원자적인 것으로 간주함으로써 나는 그 술어를 (예컨대) 원초적
인 것으로 간주하기로 한 것이다. 이 단계에서도 우리가 이전처럼 같은 함수의
추출 원리에 호소할 수 있는가? 그렇게 하게 되면… 우리는 순환에 빠질 것이다.
"ξ는 소수이다"가 11에 대해 참인 경우는 바로 "11은 소수이다"가 참인 경우일
테지만, 이렇게 하면 우리는 출발점을 다시 돌아오게 된다. 우리는 "11은 소수
이다"가 참이기 위한 조건을 파악하는 일을 "ξ는 소수이다"가 임의의 수에 대해

참이기 위한 조건을 파악하는 일에 의해 설명한 다음, 그 조건을 파악하는 일을 "3은 소수이다", "6은 소수이다", "11은 소수이다", … 등이 참이기 위한 조건을 파악하는 일에 의해 설명할 수는 없다. 여기서 그 문장으로부터 그 술어를 추출한다는 생각은 더 이상 우리에게 소용이 없다. 그 생각은 이 경우에 적용될 수 없다(Dummett[1981b], 292-293).

이런 난점을 해결하기 위한 더밋의 생각은 바로 원자문의 구성 요소로서 술어와 양화문의 구성 요소로서 술어를 다른 종류의 술어로 간주하는 것이다. 그래서 예컨대 'F(c, d)'가 원자문일 경우, 이 문장의 구성 요소로서 단순 관계 표현 'F(ξ, ζ)'는 이 문장에서 이름 'c'와 이름 'd'를 제거하여 얻은 것으로 간주될 수 없다. 그리고 'G(e)'가 원자문일 경우, 이 문장의 구성 요소로서 단순술어 'G(ξ)'는 이 문장에서 이름 'e'를 제거하여 얻은 것으로 간주될 수 없다. 반면 추론 과정에서 여러 문장이 갖는 어떤 공통된 패턴으로서 우리가 관계 표현 'F(ξ, ζ)'나 술어 'G(ξ)'를 관련 문장으로부터 이름을 제거하여 얻은 것으로 간주할 수 있을 때, 이런 관계 표현이나 술어는 언어상으로는 똑같은 기호를 갖는 것으로 나타나더라도 다른 술어로 간주되어야 한다는 것이다. 예컨대 우리는 다음 추론의 타당성을 이해하기 위해서 'ξ는 ζ의 형이다' 같은 술어를 "영수는 영철이의 형이다" 같은 문장으로부터 이름들을 제거해서 얻은 술어로 간주할 수 있다.

모든 x와 y에 대해 x가 y의 형이면, y는 x의 남동생이다.

영수는 영철이의 형이다.

그러므로 영철이는 영수의 남동생이다.

더밋에 따르면 원자문으로서 "영수는 영철이의 형이다"를 구성하고 있는 술어로서 'ξ는 ζ의 형이다'는 앞의 두 전제에서 공통된 것으로 인식되는 술어 'ξ는 ζ의 형이다'와는 다른 술어이다. 더밋은 후자의 'ξ는 ζ의 형이다'처럼 실제로는 복합술어이지만, 그것의 복합적 특징을 인식하기 어려워서 단순술어와 구별 불가능한 것처럼 오해되는 술어를 "퇴화된"(degenerated) 술어라고 부른다.9

4. 술어의 뜻과 적용 조건

우리는 단순술어와 복합술어의 구분이 불가피하다는 더밋의 논증이 옳은지 평가하기 위해 더밋이 전제로 삼는 주장을 몇 가지로 구분할 필요가 있다. 첫째로 원자문의 구성 요소로서 단순술어는 양화문의 구성 요소인 술어처럼 단칭문에서 이름을 제거해서 얻은 것으로 간주되지 않는다. 둘째로 원자문의 구성 요소로서 술어가 갖는 뜻은 원자문의 뜻으로서 진리조건의 일부를 구성하지만, 단칭문에서 이름을 제거해서 얻은 술어의 뜻은 그 단칭문의 진리조건의 일부를 구성하는 것이 아니라 그 술어에 양화사를 적용해서 얻은 양화문의 진리조건의 일부를 구성한다. 셋째로 양화문의 구성 요소인 어떤 술어 'F(ξ)'의 뜻을 설명하기 위해 그 빈자리에 이름을 넣어 얻은 원자문들 'F(a)', 'F(b)', 'F(c)', … 등의 진리조건에 의존할 경우,

---

9 더밋이 2차 술어 중에도 퇴화된 술어가 있다고 생각한다. 예컨대 "소크라테스는 철학자이다" 같은 문장에서 고유명을 제거하지 않고 1차 술어 "ξ는 철학자이다"를 제거하여 얻은 2차 술어 "φ(소크라테스)"가 그런 사례이다. (여기서 'φ'는 1차 술어의 자리를 표시한다.) 이 술어는 그 뜻을 이해하기 위해 사전에 어떤 문장의 구조와 뜻을 이해했음을 전제한다는 점에서는 복합술어이지만, 그것만 따로 고려할 때는 이 점을 인식하기 힘들다.

다시 이 원자문의 진리조건을 설명하기 위해 술어 'F(ξ)'가 임의의 대상에 대해 참일 조건에 호소하는 일은 논리적 순환에 빠진다. 더밋은 이런 전제로 부터 원자문의 구성 요소인 술어를 일반적으로 단칭문에서 이름을 제거하여 얻은 술어와 다른 종류의 술어로 간주해야 한다는 것을 이끌어 낸다. 이 절에서 나는 앞의 전제들을 모두 받아들인다 해도 프레게는 더밋의 결론을 받아들일 필요가 없다는 것을 보이려 한다.

먼저 프레게가 적어도 두 가지 점에서 더밋과 다른 주장을 한다는 점을 지적할 필요가 있다. 첫째로 프레게는 더밋처럼 원자문 'F(a)'의 구성 요소로서 'F(ξ)'를 예컨대 양화문 '∀xF(x)'의 구성 요소로서 'F(ξ)'와 다른 술어로 간주하지 않는다. 둘째로 그는 더밋과 달리 원자문 'F(a)'의 구성 요소로서 'F(ξ)'는 양화문 '∀xF(x)'의 구성 요소로서 'F(ξ)'와 똑같이 불완전한 표현이라고 간주한다. 이 두 주장을 유지하면서 더밋이 지적한 논리적 순환에 빠지지 않을 방안은 무엇인가?

먼저 그런 방안의 하나로서 우리는 원자문 'F(a)'의 뜻의 파악은 그 구성 요소로서 술어의 뜻 파악을 동반하지 않는다는 생각을 고려할 수 있다. 하지만 이 방안에 따를 때 원자문의 뜻의 파악이 어떻게 이루어지는지에 대해 제대로 설명하기 힘들다. 어떤 문장의 구성 요소들의 뜻과 문장 내의 역할을 이해하지 못하고서 그 문장의 뜻을 파악하는 일이 어떻게 가능한지 알기 힘들다. 더구나 프레게는 어떤 문장에 나타나는 고유명을 제거해서 술어를 얻기 전에 이미 그 문장의 내용은 그런 술어 구성이 가능하도록 구성되어 있어야 한다는 사실을 지적하였다.[10]

다른 한 가지 방안은 원자문 'F(a)'의 구성 요소로서 'F(ξ)'의 뜻은

---

10 NS, 17-18; PW, 16-17.

양화문 'ⱯxF(x)'의 구성 요소로서 'F(ξ)'의 뜻과 동일할 뿐 아니라, 우리가 원자문 'F(a)'의 진리조건을 파악할 때 'ⱯxF(x)'의 구성 요소로서 'F(ξ)'의 뜻을 전부 파악한다고 생각하는 것이다. 그러나 이 방안에 따를 때 원자문 'F(a)'의 뜻을 이해하는 것만으로 양화문 'ⱯxF(x)'의 뜻을 이해하는 데 충분할 것이다. 왜냐하면 'F(ξ)'의 뜻은 그 적용 조건을 포함하고 있으므로, 논의 영역 내의 모든 각 대상에 대해 그것이 참인지 아닌지도 알 수 있을 것이기 때문이다. 그러나 우리는 원자문 'F(a)'의 진리조건을 이해하는 데 'F(ξ)'가 대상 a에 대해 참이기 위한 조건을 이해하는 것 이상을 이해할 필요가 없다. 반면 양화문 'ⱯxF(x)'의 진리조건을 이해하는 데 필요한 'F(ξ)'에 대한 지식은 임의의 각 대상에 대해 그것이 참이기 위한 조건이다. 그러므로 원자문 'F(a)'의 진리조건을 파악할 때 'ⱯxF(x)'의 구성 요소로서 'F(ξ)'의 뜻을 전부 파악한다는 생각은 합당해 보이지 않는다. 그리고 이런 생각은 프레게의 견해와도 어울리지 않는 것으로 보인다. 왜냐하면 그는 단칭문에서 고유명을 제거하여 술어를 얻는 일은 양화문을 이해할 때 비로소 필요하다는 점을 분명히 함으로써,[11] 원자문을 이해할 때는 양화문을 이해하는 데 필요한 술어의 적용 조건 모두를 이해할 필요는 없음을 시사하고 있기 때문이다. 그러므로 프레게의 견해와 가장 잘 부합하는 방안은 아래와 같을 것이다.

- **원자문과 양화문에서 술어의 뜻 인식의 차이**
  원자문 'F(a)'의 구성 요소로서 'F(ξ)'의 뜻은 양화문 'ⱯxF(x)'의 구성 요소로서 'F(ξ)'의 뜻과 동일하다. 하지만 원자문 'F(a)'의 진리조건에 대한 'F(ξ)'의

---

11 NS, 203, 217; PW, 187, 201.

기여는 'F(ξ)'의 뜻 전부가 아니라 그 일부에 불과하다. 원자문 'F(a)'가 참인지 아닌지 결정하기 위해 우리는 'F(ξ)'의 적용 조건을 다 알 필요가 없다. 다만 대상 a에 대해 'F(ξ)'가 참인지 결정할 수 있기만 하면 된다. 이 지식은 'F(ξ)'의 적용 조건에 대한 지식의 일부이다.

나는 아래에서 이 방안에 근거할 때, 프레게는 더밋의 세 전제를 모두 받아들이면서도 더밋처럼 술어를 두 부류로 나누는 일을 받아들일 필요가 없다는 것을 보일 것이다. 나아가 이런 해석에 근거할 때 문장의 진리조건에 대한 프레게의 설명 방식은 더밋의 설명보다 더 적절하다는 것을 보일 것이다.

먼저 더밋이 술어를 단순한 것과 복합적인 것으로 나눌 때 두 가지 서로 다른 기준에 의존한다는 사실을 지적할 필요가 있다. 하나는 논리적 단순성의 기준에 따라 규정하는 것이고, 다른 하나는 술어를 구성하는 방식에 따라 규정하는 것이다. 어떤 표현이 논리적으로 복합적이라는 것은 그것의 어떤 구성 요소가 표현 전체의 뜻과는 다른 뜻을 가질 뿐 아니라 그 구성 요소의 뜻이 표현 전체의 뜻의 일부가 된다는 것을 말한다. 반면 어떤 표현이 논리적으로 단순하다는 것은 표현 전체의 뜻과는 다르지만 그 일부인 뜻을 갖는 그런 구성 요소가 그 표현 안에 존재하지 않는다는 것이다. 이런 기준에 따를 때 'ξ는 ζ의 형이다' 같은 술어는 복합적인 것일 수 없는 것으로 보인다. 왜냐하면 그 술어의 어느 구성 요소도 술어 전체의 뜻의 일부인 동시에 술어 전체의 뜻과 다른 뜻을 표현하지 않기 때문이다.[12] 반면 'ξ는 영수의 형이다' 같은 술어는 단순한 술어가 아닌

---

12 물론 술어 'ξ는 ζ의 형이다'가 더 단순한 뜻을 갖는 표현들을 이용해서 정의 가능한 것으로 간주될 때는 문제가 좀 복잡해진다. 이 경우에도 이 술어는 여전히 논리적으로 단순한 것으로 간주되긴

것 같다. 왜냐하면 이 술어의 구성 요소로서 '영수'는 술어 전체의 뜻과는 다르지만 그 일부가 되는 뜻을 표현하는 것으로 보이기 때문이다.

반면 더밋이 임의의 문장으로부터 이름을 제거하여 얻은 술어를 모두 복합적인 것으로 간주할 때는 다른 기준에 의존하는 것으로 보인다. 그에 따르면 이런 술어는 그것을 구성하기 위한 기초가 되는 단칭문의 구조와 뜻을 이해하는 데 필요한 것이 아니라, 그것에 예컨대 양화사를 적용하여 얻은 양화문의 구조와 뜻을 이해하는 데 필요하다. 이런 술어를 일반적으로 복합적인 것으로 간주해야 하는 이유는 그것의 뜻을 이해하기 위해 그것을 구성하기 위한 기초인 단칭문의 구조와 뜻은 이미 알려져 있는 것으로 전제한다는 데 있다. 그래서 예컨대 'ξ가 사람이면 ξ는 동물이다' 같은 술어를 복합적인 것으로 간주해야 하는 이유는 그 술어의 뜻을 이해하기 위해서는 그것을 구성하기 위한 기초로서, 예컨대 "영수가 사람이면 영수는 동물이다" 같은 문장의 구조와 뜻이 알려져 있다고 전제해야 한다는 데 있다. 반면 단순한 술어는 그 뜻을 이해하는 데 어떤 문장의 진리조건을 이해하는 일도 전제하지 않는 술어일 것이다. 예컨대 "영수는 학생이다" 같은 문장에 나타나는 'ξ는 학생이다' 같은 술어는 단순술어일 수 있다. 그 이유는 이 술어를 이해하기 위해 미리 그 문장의 뜻이 알려져 있는 것으로 전제되지 않기 때문이다.

술어를 단순한 것과 복합적인 것으로 구분하는 데 이처럼 서로 다른 두 기준을 적용하는 일은 기준의 적용 결과가 다르지 않다면 크게 문제되지 않을 수 있다. 하지만 그렇지 않은 것 같다. 왜 그런지 이해하기 위해서는 먼저 술어의 차원에 대한 프레게의 견해를 살펴보아야 한다.

하지만, 그것이 표현하는 뜻은 더 단순한 요소들로 구성되는 것으로 간주될 것이다. NS, 226-227; PW, 209-210.

프레게는 술어를 그 서술의 차원에 따라 분류했다. 서술 차원의 구분은 그 기초로서 이름들 및 이에 상응하는 것으로서 대상들에 대한 이해를 전제한다. 대상 혹은 대상들의 쌍에 대해 참이나 거짓이 되는 술어를 1차 술어라고 하고, 1차 술어는 임의의 한 대상이 속하는(혹은 속하지 않는) 개념이나 여러 대상 사이에 성립하는(혹은 성립하지 않는) 관계를 나타내는 것으로 간주된다. 이런 개념과 관계를 각각 1차 개념, 1차 관계라고 부른다. 프레게는 대상이나 대상들에 관해서만 아니라 개념이나 관계들에 관해서도 서술하는 일이 가능하다고 생각했다. 그는 개념이나 관계들에 관해 서술하는 데 사용되는 술어를 대상들에 관해 서술하는 술어와 구분하기 위해 2차 술어라고 불렀다. 2차 술어는 1차 개념이나 관계가 속하는(혹은 속하지 않는) 개념 혹은 그런 개념이나 관계들에 대해 성립하는(혹은 성립하지 않는) 관계를 나타내는 것으로 간주되며, 이런 개념이나 관계는 1차 개념이나 관계와 구분하기 위해 2차 개념 혹은 2차 관계라고 불린다.[13] 프레게가 2차 술어로 간주하는 대표적인 것은 전칭양화사나 존재양화사 같은 양화사들이고, 그는 수양화사를 모두 2차 술어로 간주한다.

우리는 지금까지 1차 술어들에 대해서만 그것이 단순한 것인지, 복합적인 것인지 문제 삼았다. 그러면 2차 술어로서 전칭양화사나 존재양화사는 단순한 것인가 아니면 복합적인 것인가? 첫째 기준을 적용한다면 대답은 그리 어렵지 않아 보인다. 프레게는 그의 논리 언어에서 전칭양화사를 단순한 기호로 도입하므로, 2차 술어로서 전칭양화사는 단순한 것으로 간주되어야 할 것이다. 반면 존재양화사는 전칭양화사와 부정 기호를 이용해서 표현되므로, 2차 술어로서 존재양화사는 (적어도 프레게의 논리 언어에서는)

---

13 프레게는 『산수의 근본법칙』에서 2차 개념이나 2차 관계에 대해 서술하는 3차 술어 및 그에 상응하는 3차 개념도 도입하고 있다. Gg I, 30-31절.

복합적인 것으로 간주해야 할 것이다. 반면 둘째 기준을 적용한다면 대답이 그리 쉽지 않다. 전칭양화사는 양화문에서 1차 술어를 제거하여 얻은 것으로 간주되지 않기 때문에, 단순한 것으로 간주되어야 한다고 생각할지 모른다.[14] 그러나 이런 대답은 더밋의 둘째 기준을 고려할 때 너무 성급한 것이다. 왜냐하면 여기서는 어떤 술어가 단순하다는 것은 그 술어의 뜻을 이해하는 데 사전에 임의의 어떤 문장의 진리조건도 이해할 필요도 없다는 것이기 때문이다. 그런데 전칭양화문의 구성 요소로서 전칭양화사의 뜻을 이해하는 데는 임의의 어떤 문장의 진리조건에 대한 이해 없이도 가능한가? 그렇지 않은 것 같다. 왜냐하면 전칭양화사는 2차 술어로서 그것이 무엇에 적용되는지를 이해하려면 사전에 1차 술어가 무엇인지 일반적으로 이해했음을 전제하는 것으로 보이기 때문이다.[15] 그런데 1차 술어가 무엇인지 일반적으로 이해하려면 그런 술어들이 구성되는 방식을 이해해야 하고, 이는 바로 단칭문들 일반을 이해하는 일을 전제한다. 더밋은 이 점을 부정하지 않는 것으로 보인다.

---

14 이런 가정은 사실 1단계 양화문들만 고려할 때는 성립하지만, 2단계 양화문들을 고려할 때는 성립하지 않는다. 왜냐하면 2차 술어가 나타내는 개념들에 관해 말하고자 할 때, 2차 술어로서 1단계 전칭양화사가 나타내는 그 개념에 관해 말하는 일을 금하지 않는 한, 우리는 1단계 양화사를 더밋 식의 복합술어라고 간주하지 않을 수 없기 때문이다.

15 프레게는 『개념 표기』, 9-10절에서 문장을 변하는 부분으로서 논항과 변하지 않는 부분으로서 함수로 나누는 일이 다양하게 이루어질 수 있음을 보인다. 그런데 그에 따르면 이런 다양한 분석은 문장에서 어떤 부분이 변하는 것으로 간주되었는지 결정되어 있지 않은 한 문장의 내용과 무관하지만, 이미 어떤 부분이 변하고 어떤 부분이 변하지 않는지가 결정되어 있을 때는 문장의 내용과 관련된다고 한다. 나는 후자의 경우에서 프레게가 의도하는 것은 바로 함수적인 부분을 다시 논항으로 간주하여 2차의 술어를 도입하는 경우라고 생각한다. 즉, 그가 말하려는 바는 대상 표현을 논항으로 간주하는 1차의 술어의 내용이 결정된 이후에야 그것을 다시 더 높은 차원의 2차 술어의 논항으로 간주할 수 있다는 것이라고 생각한다. BS, 9-10절; Sullivan(2010), 5절 참조.

단순한 것이든 복합적인 것이든 전체 유형의 존재를 인정하는 일을 불가피하게 만드는 둘째 이유는 말하자면 문제의 그 유형의 표현들에 어떤 주어진 단순 표현을 첨가하여 문장이나 복합 단칭용어를 형성할 수 있다는 데 있다. 이런 관점에서 보면 전칭양화사의 사용은 그것을 첨가할 수 있고 엄격히 불완전한 것으로 간주되는 표현 유형, 즉 (유형 [i]의) 1차 술어들을 인식하는 일을 필수적으로 만든다(Dummett[1981a], 48).

그러므로 전칭양화사의 뜻을 이해하는 일은 임의의 다른 문장들의 진리조건에 대한 사전의 이해 없이는 가능하지 않은 것 같다. 그리고 이 논의가 옳다면 전칭양화사만 아니라 어느 2차 술어든지 복합적인 것으로 이해되어야 할 것 같다.[16] 이에 따라 우리는 그가 당연히 2차 술어를 모두 복합적인 것으로 간주할 것으로 예상한다. 그러나 그는 그렇게 하지 않는다.

고유명들, 원초적인 술어 및 관계 표현들 그리고 문장연산자들로 구성되어 있는 아주 간단한 언어가 주어져 있다면, 그 언어에 대해 1차, 2차, 3차 등 전 계층의 술어들 및 관계 표현들을 정의할 수 있다. 그러나 그렇게 하는 것은 아무 목적이 없는 것이다. 어떤 유형의 불완전 표현을 인정하는 데는 무엇보다 두 가지 이유가 있다. 첫째로 그 언어에는 이 유형에 속하는 단순 기호들이―원 초적인 것이든 아니면 정의에 의해 도입된 것이든― 존재한다는 것이다. (개체 변항을 구속하는) 전칭양화사는 [[i]] 유형의 단순기호이다. 즉, 그것은 논항으로 서 1차 술어들을 갖는 2차 술어들이다(Dummett[1981a], 48. 필자 강조).

---

16 단순술어와 복합술어의 구분과 관련된 더밋 논의에 대한 평가에서 보면 나의 견해는 여러 면에서 설리번의 견해와 유사하다. 다만 설리번은 더밋이 전칭양화사를 단순술어로 간주하는 일이 정당하다고 보는 반면, 나는 그렇게 생각하지 않는다. Sullivan(2010), 6절 참조.

하지만 전칭양화사를 단순한 것으로 간주해야 하는 이유는 어디에 있는가? 여기서 더밋은 우리가 앞에서 언급한 다른 기준으로서 논리적 단순성의 기준을 적용하고 있다고 보는 것 이외에는 다른 적절한 설명이 불가능해 보인다.

나는 술어에 대한 프레게의 견해에서 단순한 술어와 복합적인 술어를 나눌 수 있는 기준은 그 술어가 논리적으로 단순한가 아닌가 하는 것 이외에는 없다고 생각한다. 그래서 어느 차원의 술어든지 그것 안에 술어 전체의 뜻과는 다르면서 그 일부를 이루는 뜻을 표현하는 구성 요소가 없다면 단순한 것으로 간주되고, 그렇지 않으면 복합적인 것으로 간주되어야 한다고 생각한다. 이렇게 이해할 때 어떤 술어가 단순하다고 해서 그 술어에 양화사를 적용한 양화문의 설명이 언제나 더밋이 지적한 어려움에 빠지는 것은 아니라는 점을 지적할 필요가 있다. 우리는 참인 문장 '∀x(x=x)' 로부터 그것의 존재일반화에 해당하는 문장 '∃F∀xFx'를 이끌어 낼 수 있다. 이 문장은 3차 술어인 2단계 존재양화사 '∃FM(F)'를 2차 술어로서 전칭양화사 '∀xφ(x)'에 적용한 것이다. (여기서 '∀xφ(x)'의 'φ'가 임의의 1차 [1항] 술어가 차지할 자리를 표시하는 것처럼, '∃FM(F)'의 'M'은 임의의 2차 [1항] 술어가 차지할 자리를 표시한다.) 이 문장이 참이기 위해서는 1단계 전칭양화사 '∀xφ(x)'가 참이 되는 1차 개념이 적어도 하나 존재해야 한다. 1단계 전칭양화사는 단순한 2차 술어이긴 하지만, 그 술어의 뜻을 설명하는 데 큰 문제가 없다. 왜냐하면 전칭양화사 '∀xφ(x)'가 임의의 어떤 1차 개념에 대해 참인지 묻는 일은 그 개념을 나타내는 1차 술어 'G(ξ)'에 전칭양화사를 적용하여 얻은 양화문 '∀xG(x)'가 참인지 묻는 것이기 때문이다.

이 논의에는 몇 가지 주목할 점이 있다. 첫째로 전칭양화사는 단순한 술어이긴 하지만, 그것의 단순성 때문에 더밋이 지적한 방식으로 그 뜻을 설명하는 데 어려움이 생기는 것은 아니다. 그 이유는 2차 술어는 단순하다 하더라도 그 뜻의 설명을 위해 더 낮은 차원의 술어나 문장의 뜻에 의존할 수 있기 때문이다. 둘째로 어느 차원의 술어의 뜻을 설명하려 하든지 상관없이 그리고 (유한하게 많기만 하다면) 아무리 많은 양화사를 포함하는 술어의 뜻을 설명하려 하든지 상관없이, 그 뜻의 설명을 위해서는 최종으로 원자적인 문장의 뜻에 의존해야 한다는 것이다. 셋째로 원자문장의 뜻에 호소해서 어떤 1차 술어의 뜻을 설명하려 할 때 순환에 빠지는 경우는 오직 그와 동시에 원자문장의 뜻을 그 1차 술어의 뜻에 호소해서 설명하려 할 때뿐이라는 것이다.

이런 논의가 옳다면 우리는 두 결론을 얻을 수 있을 것이다. 첫째로 더밋이 지적한 양화문의 뜻 설명의 난점은 결국 술어의 단순성 여부와는 일반적으로 무관하다. 둘째로 그런 난점은 원자문장의 뜻에 호소하여 1차 술어의 뜻을 설명하는 동시에 다시 그 1차 술어의 뜻에 호소하여 원자문장의 뜻을 설명하려 할 때만 생긴다. 그런데 여기서 주의할 점은 원자문장의 경우에도 이런 문제가 생기는 경우는 오직 단순한 1차 술어의 경우뿐이라는 점이다. 더밋은 바로 이 때문에 단순한 1차 술어를 문장에서 이름을 제거하여 얻은 술어들과 일반적으로 구별하려 한 것이다.

그러나 프레게 자신은 그런 식으로 문제를 해결하려 하지 않았을 뿐 아니라 그런 식으로 문제를 해결할 필요도 없었다. 왜 그런지 보기 위해 우리는 프레게가 자신의 술어 구성 방법을 부울이나 칸트의 술어 이해 방법과 어떻게 대비하고 있는지 살펴볼 필요가 있다. 프레게는 술어가 주어와 결합해서 문장을 구성한다는 기존의 설명 방법과 달리 이미 주어진 문장에서 이름을 제거해서 얻는 자신의 술어 구성 방법이 갖는 장점을 이 방법이 갖는 생산성에서 찾았다. 어떤 뜻에서 생산적인가? 두 가지 점을 지적할 수 있다. 하나는 기존에 알려지지 않은 새로운 개념을 얻는다는 것이고, 다른 하나는 자신의 방법을 여러 과학의 문장의 추론에서 풍부하게 적용할 수 있다는 것이다. 이 점을 구체적으로 이해하기 위해 『개념표기』 9절의 프레게의 논의로 돌아가 보자.

(1) 이산화탄소는 질소보다 더 가볍다

(2) 질소는 산소보다 더 가볍다

(3) 수소는 질보보다 더 가볍다

이 문장들을 구성하고 있는 요소를 남김없이 이해하고자 할 때, 우리는 (1)~(3)을 각각 ('이산화탄소', '질소'), ('질소', '산소') 그리고 ('수소', '질소')가 'ξ는 ζ보다 더 가볍다'와 결합되어 있는 것으로 간주할 것이다. 그리고 이 경우 우리는 (1)~(3)의 뜻을 각각 단순한 술어 'ξ는 ζ보다 더 가볍다'가 순서쌍 (이산화탄소, 질소)에 대해, 순서쌍 (질소, 산소)에 대해 그리고 순서쌍 (수소, 질소)에 대해 참이라는 것으로 이해할 것이다. 그런데 만약 우리가 (1)과 (3)으로부터 다른 문장 "질소보다 더 가벼운 원소가 두 개 이상 존재한다"를 추론하려 한다면, 우리는 우선 그 두 문장에 공통된 것으로서 'ξ는 질소보다 더 가볍다'는 새로운 술어를 인식하게 된다. 반면 우리가 문장 (1)~(2)와

(4) 모든 x, y에 대해, x가 y보다 가볍고, y가 z보다 가볍다면, x는 z보다 가볍다

는 문장으로부터

(5) 이산화탄소는 산소보다 더 가볍다

는 문장을 추론하려 한다면, 우리는 예컨대 (3)에서 이미 인식한 단순술어 'ξ는 ζ보다 더 가볍다'를 재인식하게 된다. 여기서 우리는 이렇게 물을 수 있다. 첫째로 (1)~(2) 및 (4)~(5)에서 공통으로 인식된 것으로서 'ξ는 ζ보다 더 가볍다'는 술어는 예컨대 애초에 (3)에서 인식했던 것으로서 'ξ는 ζ보다 더 가볍다'와 다른 술어인가? 그렇지 않다. 우리는 애초에 인식했던 그 술어를 다시 인식하는 것뿐이다. 그러나 이는 (3)의 그 'ξ는 ζ보다 더 가볍다'와 (1)~(2) 및 (4)~(5)에 공통된 그 'ξ는 ζ보다 더 가볍다'와 똑같은 뜻을 가진다는 것을 함축하므로, 후자의 인식은 전자의 인식과 비교할 때 전혀 새롭지 않은 것 아닌가? 그렇지 않다. (3)에서 'ξ는 ζ보다 더 가볍다'를 인식했다는 것은 그 술어가 (수소, 질소)에 대해 참이기 위한 조건만 인식했다는 것이다. 반면 (1)~(2) 및 (4)~(5)에서 공통으로 그것을 인식했다는 것은 그 술어가 (수소, 질소)만 아니라 임의의 쌍의 대상들에 대해 참이기 위한 조건을 인식했다는 것이다.

단칭문에서 이름을 제거해서 술어 'ξ는 ζ보다 더 가볍다'와 'ξ는 질소보다 더 가볍다'를 얻을 때 우리가 갖는 인식의 차이를 프레게의 용어를 이용해서 이렇게 설명할 수 있다. 술어 'ξ는 질소보다 더 가볍다'를 얻을 때 우리는 기존과 전혀 다른 경계를 그려 기존에 없던 새로운 개념을 얻는다. 반면 술어 'ξ는 ζ보다 더 가볍다'를 얻을 때 우리는 전혀 새로운 경계를 그려 새로운 개념을 얻는 것이 아니라 이미 그려진 경계를 다시 확인하고 얻었던 개념을 다시 확인한다. 하지만 이전에 그 개념은 완전히 이해된 것이 아니라 부분적으로만 이해된 것인 반면, 이제 그 개념은 과학적으로 사용 가능하게 더 충분히 이해된 것이다. 이렇게 이해할 때 우리는

(4) 같은 다항양화문의 진리조건을 설명하려는 경우, 결국 (1)~(3) 같은
원자적 단칭문의 진리조건에 의존하게 된다고 해도 그 설명이 논리적
순환에 빠질 이유는 없다. 왜냐하면 우리는 원자적 단칭문 'F(a)'의 진리조건
을 설명하는 데서 그 안에 나오는 술어 'F(ξ)'의 일반적 적용 조건에 호소할
필요가 없기 때문이다. 이때 우리는 단지 'F(ξ)'가 대상 a에 대해 참일
조건만 이해하면 된다. 왜냐하면 단칭문 'F(a)'가 참이라는 말은 'F(ξ)'가
대상 a에 대해 참이라는 말일 뿐이기 때문이다.

5. 맺는말

나의 논의 결과는 세 가지로 요약될 수 있다. 첫째로 다항양화문의
구조와 의미에 관한 프레게의 설명이 갖는 장점은 그런 문장의 단계적
구성 절차에 있고, 이런 절차는 양화문 일반에 대한 진리조건 설명을 효과적
으로 제시할 수 있게 해준다는 더밋의 평가는 전적으로 옳다. 둘째로 이런
단계적인 문장 구성 방법에 근거할 때 문장들을 문장 형성 연산자나 고차
용어 형성 연산자를 갖는 복합문과 그렇지 않은 원자문으로 나누는 일도
정당하다. 셋째로 그 반면 원자문의 구성 요소인 단순술어와 양화문의
구성 요소로서 복합술어를 일반적으로 다른 종류의 술어로 간주해야 한다는
더밋의 주장은 옳지 않다. 더밋은 이런 구분을 하지 않으면 프레게는 양화문
일반의 진리조건을 논리적 순환 없이 설명하기 힘들다고 주장하지만, 앞의
나의 논의가 옳다면 원자문의 구성 요소인 술어를 특별하게 취급하지
않아도 양화문 일반의 진리조건에 대한 순환 없는 설명이 가능하다. 그런
설명에서 핵심이 되는 것은 원자문과 양화문에 공통으로 나타나는 술어의

경우 그 뜻은 다르지 않으나, 우리가 원자문의 진리조건 이해할 때는 양화문의 진리조건을 이해할 때와는 달리 그 뜻을 부분적으로만 이해한다는 것이다.[17]

---

17 나의 이 주장은 문장 뜻에 대한 두 종류의 분석 방법에 대한 더밋의 일반적 견해에 대해 중립적이다. 나는 원자문에 대한 더밋의 규정을 받아들일 때, 그 두 방법이 실질적으로 다른 결과를 낳게 되는 경우는 오직 원자문의 경우뿐이라고 추측한다. 하지만 이 글의 주장은 문장 분석 일반에 관한 것이 아니라, 단지 다항양화문의 진리조건에 대한 순환 없는 설명을 위해 술어를 두 종류로 나누는 일이 필요하지 않다는 것에 한정된다.

3장

추상 대상과 논리적 대상*
— 프레게의 논리적 추상화 절차의 재고

1. 들어가며

프레게의 논리주의는 두 면을 가지고 있다. 한편으로 그는 산수의 순수 추상성을 강조하는 형식주의자들에 반대하여 보편적 적용 가능성이 산수의 근본 특성 중 하나라고 주장하였다. 다른 한편으로 그는 산수 지식의 경험적 성격이나 직관적 성격을 주장하는 경험주의나 칸트주의에 반대하여 물리학이나 기하학으로부터 산수의 독립성을 강조하였다(Gg II, 159절).[1] 그의 견해에서 보면 산수의 이런 특징은 논리학 자체의 특징과 관련되어 있다. 그는 논리적 진리를 최대로 일반적인 진리라고 규정하였고 어느 특수 과학에서든

* 이 논문은 2002년도 학술진흥재단의 지원을 받아 연구하였음(KRF-2002-013-A00032). 이 글을 읽고 논평해 준 김동현 선생, 밥 헤일 교수, 정인교 교수, 최원배 박사에게 감사한다. 그리고 2004년 12월 27일 서울시립대 발표회, 2005년 3월 5일 논리학회 발표회의 참석자들 및 이 글의 심사위원들에게도 감사한다.

1 아래에 인용되는 저술에 대해 줄임말을 사용한다. 줄임말은 참고문헌에 나와 있다.

탐구의 전제로 사용할 수 있다고 생각하였다(NS, 139). 그리고 그는 논리적 진리를 정당화하기 위해 감각이나 직관의 도움이 필요하지 않다는 것을 강조하였다.

논리적 진리의 두 특징이 프레게의 사상 내에서 서로 어떻게 연관되는지에 대해서는 논란이 있지만, 적어도 그가 그런 특징들을 논리적인 것과 비논리적인 것을 구별해 주는 수단으로 사용했다는 데는 이론의 여지가 없는 것 같다. 말하자면 우리는 논리적 개념이나 관계가 감각이나 직관의 도움을 받지 않고 순수 사고―그의 용어로는 "지식의 논리적 원천"―에 의해 파악 가능한 것으로 간주할 수 있다. 그리고 그런 논리적 개념이나 관계의 표현은 논리적 진리를 표현하는 데 사용됨으로써 어느 지식 영역에나 일반적으로 사용 가능한 것으로 간주할 수 있다.

잘 알려진 대로 프레게는 개념이나 관계만 아니라 대상에도 "논리적"이라는 형용사를 적용하였다. 그는 논리적 대상들이 존재한다고 주장하였고, 그런 대상들을 어떻게 파악하는가 하는 물음이 산수의 과학적 기초를 제시하는 데 핵심적인 문제라고 간주하였다(Gg II, 265). 그러나 그는 논리적 대상이 무엇인지, 비논리적 대상과 어떤 점에서 다른지 명확한 규정을 제시하지 않는다. 물론 우리는 자연히 그가 논리적 진리나 논리적 개념에 부여한 특징들을 논리적 대상에도 적용하였으리라고 생각하게 된다. 그러나, 아래에서 보겠지만, 이런 자연스러운 가정은 그가 논리적인 것으로 거론한 모든 대상에 대해 성립하는 것 같지 않다. 내가 아는 한, 프레게가 어떤 기준으로 논리적 대상과 비논리적 대상을 구분했는가 하는 문제에 대해서는 아직 설득력 있는 답변이 제시되지 않았다. 이 글은 기존보다 더 진전된 답변을 제시하려는 시도이다.

2. 프레게에게 논리적인 것의 의미

프레게에게 논리적 대상이란 단지 논리학의 연구 대상이 된다는 것만 의미하지는 않는다. 그는 개념이나 관계 중에도 논리학의 연구 주제가 있다는 것을 인정하지만, 그런 것까지 논리적 대상으로 간주하지는 않는다. 논리적 대상은 함수적 표현이나 술어의 지시체가 아니라 단칭용어의 지시체로서 대상에 포함된다. 그는 자기 동일성 개념은 논리적 개념에 포함시킨 반면, 대상으로서 수 4는 논리적 대상에 포함시켰다. 이런 뜻에서 논리적 대상들을 인정하는 것은 논리학이 고유한 대상 영역을 가지고 있음을 인정하는 것이다. 이처럼 그가 논리학이 고유한 대상들을 가진다고 생각했다면, 논리적 대상들과 그 밖의 대상들을 구별해 주는 특징은 무엇인가? 그것은 당연히 논리학과 다른 과학의 차이와 연관되어 있을 것이다. 그러므로 우선 그가 논리학과 다른 과학이 어떤 점에서 다르다고 생각했는지 살펴볼 필요가 있다.

프레게의 견해에서 볼 때 논리학은 공리적으로 조직된 진리의 체계이다. 그러므로 논리학과 그 밖의 과학의 차이는 무엇보다 논리 체계를 구성하는 진리가 다른 과학의 진리와의 차이에서 드러나며, 논리학의 특징은 논리적 진리가 갖는 특징에서 유래한다. 논리적 진리에 관한 그의 견해에 대해 어느 해석가든 동의하는 두 가지 사실이 있다. 첫째는 그가 논리적 진리를 최대로 일반적인 진리로 규정하였다는 점이다. 특정 영역에 대해서만 성립하는 다른 과학의 진리와는 달리, 논리적 진리는 그 지배 범위에 아무런 제한이 없고 사고 가능한 모든 것에 대해 타당하다(GL, 14절). 둘째는 그에게 논리적 진리의 범위가 분석적 진리의 범위와 같다는 것이다. 그는 분석적 진리를 논리학의 공리 및 논리적 정의로부터 연역 가능한 진리로 간주하므

로, 우리는 논리적 진리를 간단히 논리적으로 증명 가능한 진리라고 부를
수 있을 것이다(GL, 3절).[2]

논리적 증명 가능성을 논리적 진리의 독자적 특징으로 간주하는 데
이의가 있을 수 있다. 하지만 프레게에게 일반적 타당성은 주로 논리적
진리가 가지는 구문론적 특징이나 의미론적 특징과 관련되어 있는 반면,
논리적 증명 가능성은 주로 논리적 진리가 가지는 인식론적 특징과 관련이
있다는 점을 주목해야 한다. 어떤 진리가 논리학의 공리이기 위한 필수
조건은 그것이 감각 지각이나 직관에 의하지 않고 순수 사고에 의해 우리에
게 알려질 수 있다는 것이다. 그리고 그가 염두에 둔 이상적 논리 체계에서는
정의의 인식적 특징은 공리의 인식적 특징에 의존하며,[3] 그가 증명에 대해
요구하는 엄밀성은 공리의 인식적 특징을 정리에도 이전시켜 준다.[4] 그러므
로 논리적 진리가 가지는 인식적 특징은 감각 지각이나 직관에 의하지
않고 순수 사고에 의해 우리에게 알려질 수 있다는 데 있다.

이제 우리는 논리적 진리의 특징을 다음처럼 정식화할 수 있다. 논리적
진리는 사고 가능한 모든 것에 대해 성립하며, 감각 지각이나 직관에 의하지
않고 순수 사고에 의해 우리에게 알려질 수 있다. 이 규정으로부터 우리는
논리적 어휘 혹은 논리적 개념이 가지는 특징에 어렵지 않게 도달할 수
있다. 첫째로 어떤 명제가 사고 가능한 모든 것에 대해 성립한다면, 그것은
필요한 경우 어느 과학에서나 전제로 사용될 수 있을 것이다. 이처럼 어느
지식 영역에서나 논리적 진리가 전제로 사용된다면, 그 진리에 등장하는

---

2 진리나 개념에서 논리적인 것에 관해 나의 해석을 충분히 정당화 없이 가정할 것이다. 충분한 논의는
  다른 기회에 할 것이다.

3 예컨대 관계의 함수성은 동일성, 일반성 등의 원초 술어에 의해 정의된다. BS, 77. 이런 원초 술어의
  의미는 동일성 대치율이나 보편 예화 원리 같은 프레게 논리학의 공리에 의해 알려진다. BS, 50-51.

4 프레게가 "빈틈없는 증명"이라 부른 것은 오늘날의 논리적 추론을 의미한다. Gg I, vii.

어휘 또한 해당 논의에 적용될 것이다. 그렇다면 우리는 어느 지식 영역의 논의에나 포괄적으로 적용될 수 있다는 것을 논리적 어휘나 개념의 공통점으로 간주할 수 있을 것이다.

다음으로 우리는 논리적 진리의 인식론적 특징으로부터 논리적 어휘나 개념의 인식론적 특징에 이를 수 있다. 앞에 언급한 대로 논리적 진리는 감각 지각이나 직관에 의하지 않고 순수 사고에 의해 우리에게 알려질 수 있다면, 그 진리에 나타나는 논리적 어휘나 그것이 표현하는 개념도 모두 감각 지각이나 직관에 의하지 않고 순수 사고에 의해 파악될 수 있다. 우리는 이처럼 순수 사고에 의한 파악 가능성을 논리적 어휘나 개념의 둘째 특징으로 삼을 수 있을 것이다.[5]

이제 우리는 프레게가 가졌을 만한 논리적 대상 개념에 어렵지 않게 도달할 수 있다. 첫째 후보는 논리적 진리의 일반적 타당성에서 비롯되는 논리적 어휘의 포괄적 적용 가능성에서 찾을 수 있다. 그에게 대상은 단칭용어의 지시체이므로, 어떤 단칭용어가 주제에 상관없이 모든 영역에 포괄적으로 적용될 수 있다면, 그런 단칭용어의 지시체는 논리적 대상으로 간주될 만하다.

(1) a는 논리적 대상이다 → a는 대상이고, 포괄적으로 적용 가능한 단칭용어에
   의해 지시될 수 있다.

둘째 후보는 분석적 진리의 논리적 증명 가능성에서 비롯되는 순수 사고에 의한 파악 가능성에서 찾을 수 있다. 어떤 대상이 감각이나 직관에

---

5 프레게가 이런 특징을 가지는 어휘나 개념을 논리적인 것으로 간주했다는 것을 정당화하기 위해서는 더 충분한 논의가 필요하지만, 그 일은 다른 기회로 미룰 것이다.

의존하지 않고 순수 사고에 의해 파악될 수 있다면, 다시 말해 대상의 존재를 비롯하여 대상이 가지는 주요 속성을 서술하는 진리가 감각이나 직관에 의존하지 않고 순수 사고에 의해 우리에게 알려질 수 있다면, 그런 대상은 논리적 대상으로 간주될 만하다.

  (2) a는 논리적 대상이다 → a의 존재를 서술하는 진리는 순수 사고에 의해
     우리에게 알려질 수 있다.

  이제 이 두 후보가 정말 프레게가 염두에 둔 논리적 대상 개념이었는지 검토해 보자.

3. 순수 추상 대상

  먼저 둘째 견해부터 살펴보자. 이 견해는 여러모로 선호할 만하다. 첫째로 이 견해는 논리적인 것과 비논리적인 것의 구분을 위한 프레게의 일반적 기준과 잘 들어맞는다. 어떤 진리를 논리적인 것으로 간주해야 할 이유가 그것이 순수 사고에 의해 우리에게 알려질 수 있기 때문인 것과 마찬가지로, 어떤 대상을 논리적인 것으로 간주하는 이유는 우리가 그것을 순수 사고에 의해 파악할 수 있다는 데 있다. 둘째로 이 견해는 프레게의 논리주의의 목적과 잘 부합한다. 논리주의의 한 가지 목적은 수의 존재를 비롯해 수의 기초적 속성들을 표현하는 진리가 논리적으로 증명 가능함을 보이는 것이다. 그런데 논리적 증명 가능성에 관한 앞의 논의에 따르면, 이것은 수가 (2)의 뜻으로 논리적 대상임을 보이는 것과

마찬가지이다. 그러므로 이런 해석에 전적인 동의를 표하는 것은 사람이 있다는 것은 놀라운 일이 아니다.

> 사실 프레게가 보기에 대상의 존재가 언제나 우연적인 문제라는 것은 따라나오지 않는다. 왜냐하면 그가 보기에 "논리적 대상"—그 존재 주장이 분석적으로 참인, 즉 논리 법칙들만으로 참인 대상들—이 존재하기 때문이다(Dummett, FPL, 262).[6]

마이클 더밋은 『프레게: 언어 철학』(1973)에서 프레게의 논리적 대상들을 "존재 주장이 분석적으로 참인, 즉 논리 법칙들만으로 참인 대상들"로 이해하였다. 그는 같은 책에서 직시적 확인(ostensive recognition)이 가능한 구체 대상과 달리, 추상 대상은 종류마다 고유하게 주어지는 동치 원리 및 함수 표현을 사용하여 확인(functional recognition)해야 한다는 점에서 다르다고 주장한다(FPL, 482-485). 그리고 그는 다시 추상 대상을 구체적 대상들의 존재 방식의 우연성에 의존하지 않는 순수 추상 대상과 그렇지 않은 추상 대상들을 구분하였다(FPL, 502-506). 그러므로 더밋의 견해에 따르면 프레게의 논리적 대상들은 바로 그의 순수 추상 대상들이다.[7]

프레게의 논리주의 기획과 연관해서 보면 처음에는 논리적 대상이 바로 순수 추상 대상을 의미한다는 이런 생각에 무슨 난점이 있는지 알기가 어렵다. 먼저 그가 어떤 종류의 대상들을 논리적 대상에 포함시켰는지 살펴볼 필요가 있다. 우선 그가 수들과 진리치들 모두를 논리적 대상에

---

6 헤일과 라이트도 유사하게 해석을 제시한다. Hale & Wright, RPS, 1.

7 아래의 논의에서 (2)의 뜻의 논리적 대상을 간단히 "순수 추상 대상"이라고 부를 것이다.

포함시켰다는 것은 확실하다. 『근본법칙』 II권 부록에서 그는 명시적으로 수들을 논리적 대상이라고 부른다(Gg II, 265). 쥬르당의 논문에 대한 논평에서 그는 논리학이 진리치들을 고유한 대상으로 갖는다고 말한다(WB, 121). 그러면 그는 집합들8 혹은 더 일반적으로 치역들에 대해서는 어떻게 생각했는가? 그는 집합들 혹은 치역들 모두를 논리적 대상으로 간주했는가? 물론 그가 그것들 중 일부를 논리적 대상으로 간주했다는 것은 분명하다. 왜냐하면 그는 『기초』 68절에서 수들을 집합으로 정의했고, 『근본법칙』 10절에서 진리치들을 특수한 치역으로 약정하였기 때문이다. 또한 『근본법칙』의 논리 체계에 등장하는 함수들의 치역도 그가 논리적 대상에 포함시켰으리라는 것은 확실하다. 왜냐하면 그런 치역들의 존재는 그의 논리 체계 내에서 증명 가능하기 때문이다.

그러면 프레게는 경험적 개념에 의해 주어지는 집합에 대해서는 어떻게 생각했는가? 예컨대 "지구보다 무거움" 같은 개념이 결정하는 집합을 논리적인 대상으로 간주했는가? 그가 이에 대해 어떤 견해를 가졌든 간에 그런 집합은 순수 추상 대상으로 간주되기는 힘들 것 같다. 왜냐하면 해당 개념의 존재를 미리 가정하지 않는 한,9 그런 집합이 존재한다는 주장은 분석적 진리로 간주되기 힘들기 때문이다. 그러므로 만약 프레게가 논리적 대상을 순수 추상 대상 이외의 것으로 생각하지 않았다면, 그는 "지구보다 무거움"처럼 구체적 대상이 속하는 집합은 논리적 대상에 포함시키지 않았을 것이다. 따라서 더밋이 순수 추상 대상에서 "구체적 대상들의 집합이

---

8 프레게에게 "집합"(Klasse)이란 사물의 모임이 아니라 언제나 개념으로부터 주어지는 개념의 외연을 말한다(Gg II, 253). 나도 아래에서 "집합"을 그런 뜻으로만 사용한다.

9 물론 개념의 존재를 미리 가정한다면, 우리는 프레게가 논리학의 공리로 간주한 근본법칙 V로부터 그 개념이 결정하는 집합의 존재를 연역하는 것은 어렵지 않다. 그러나 그에게 경험적 개념의 존재를 정당화하는 일—개념의 경계를 명확히 하는 일—은 순수 논리적 방법으로는 불가능하다.

나 그런 대상들의 계열” 같은 추상 대상들을 배제하는 것은 이해할 만하다. 왜냐하면 구체적 대상들의 집합이나 그런 대상들의 계열 등은 순수 추상 대상들과 달리 “그 존재 주장이 어떤 구체적 대상들이 존재하는가 하는 데 달려 있기” 때문이다(FPL, 503-504).

그렇다면 만약 프레게가 “논리적 대상”이라는 용어를 순수 추상 대상의 뜻으로 사용했을 경우, 구체적 대상들의 집합은 그런 대상에 포함시키지 않았을 것이다. 그러나 문제되는 것은 그가 결코 그런 집합을 논리적 대상에서 배제하지 않는다는 데 있다. 오히려 그는 때때로 명백히 그런 집합을 논리적 대상이라고 부르곤 한다. 러셀에게 보낸 한 편지에서 그는 이렇게 말한다.

> 내가 앉아 있는 의자를 구성하는 원자들의 집합은 의자 자체가 아니다. 물질적 부분으로 이루어진 전체는 그 자체가 물질적인 것이다. 반면 나는 집합을 물리적 대상이라고 부르지 않고 논리적 대상이라고 부른다(WB, 223).

우리 논의를 위해서는 그의 예가 물질적 대상들의 집합임을 주목할 필요가 있다. 그는 그런 집합을 명시적으로 논리적 대상에 포함시킨다. 이처럼 구체적 대상들의 집합도 논리적 대상으로 간주했다면, 그는 순수 추상 대상만 논리적 대상으로 생각하지는 않았을 것이다. 그러므로 프레게의 논리적 대상이 순수 추상 대상 이외의 다른 것이 아니라는 견해는 유지될 수 없는 것 같다.

이 견해의 문제는 그 기준이 지나치게 좁다는 데 있다. 우리는 “자기와 다름” 같은 개념처럼 순수 사고에 의해 파악 가능한 개념들과 “지구보다 무거움”이란 개념처럼 그렇게 파악할 수 없는 개념들을 구분할 수 있다.

그런데 프레게에 따르면 우리는 해당 개념을 파악하지 않고는 그것에 의해 주어지는 집합도 파악할 수 없다.[10] 그러므로 그가 보기에 어떤 집합이 순수 추상 대상인가 아닌가 하는 것은 해당 개념이 순수 사고에 의해 파악 가능한가 아닌가에 달려 있다. 왜냐하면 집합 연산자가 지시하는 집합 추상화 함수는 그의 논리 체계의 원초 함수로서 순수 사고에 의해 파악 가능한 것으로 간주되었기 때문이다.[11] 그러므로 우리는 순수 사고에 의해 파악 가능한 개념으로부터 주어지는 집합들만 순수 추상 대상으로 간주할 수 있고, 그 밖의 개념으로부터 주어지는 집합들은 모두 순수 추상 대상에서 배제해야 한다. 따라서 앞의 인용에서 드러나듯이 그가 경험적 개념으로부터 주어지는 집합들까지 논리적 대상으로 간주했다면, 그의 논리적 대상 개념은 순수 추상 대상 개념보다 더 넓은 것으로 이해되어야 한다.

4. 주제 중립성

앞의 논의가 옳다면 프레게는 『프레게: 언어 철학』의 더밋과는 대립적으로 구체적 대상들의 집합을 논리적 대상에 포함시켰을 것이다. 이 점을 인정하고서 더밋은 그의 『프레게 철학의 해석』(1981)에서 자신의 입장 변화를 이렇게 표현한다.

---

10 프레게는 개념이 그것에 의해 결정되는 집합보다 인식적으로 앞선다는 점을 여러 번 강조하였다. KS, 210.

11 집합 추상화 함수는 『근본법칙』의 논리학의 원초 함수 중 하나이다. Gg I, 31절 참조.

프레게의 논리적 대상 범주는 『프레게: 언어 철학』의 503면에서 내가 '순수 추상 대상'이라고 부른 것보다 더 넓다. 왜냐하면 그는 모든 집합(그리고 모든 치역)을—경험적 대상들을 원소로 갖는 것까지도— 논리적 대상으로 간주하기 때문이다(IFP, 517).

하지만 그곳에서는 프레게가 논리적인 것으로 분류한 대상들의 일반적 특징이 무엇인지에 관해 특별한 설명을 들을 수가 없다. 더밋은 『프레게: 수리 철학』(1991)에서 그런 설명을 시도한다. 먼저 그가 프레게의 논리적 명제 개념을 어떻게 이해하는지 보자.

따라서 암묵적으로 가정된 논리적 명제의 특징은 그것이 보편적 적용을 갖는 용어들—즉, 그것의 사용이 문제되는 명제의 성립 영역을 어떤 식으로도 제한하지 않는 용어들, 이후의 용어 사용에 따른다면 "주제 중립적" 용어들—만 포함한다는 것이다(FPM, 24).[12]

여기서 주제 중립성은 표현이(혹은 표현의 뜻이) 가지는 특징으로 묘사되기 때문에, 논리적 명제란 주제 중립적 (뜻을 가지는) 표현만으로 표현 가능한 명제일 것이다. 따라서 어떤 명제가 논리적인가의 여부는 그 안에 나타나는 모든 구성 요소가 주제 중립적인가 아닌가에 따라 결정된다. 이 경우 논리적 명제란 거짓이어서 아무런 타당성도 가질 수 없는 것일 수도 있다. 그러므로 논리적 진리는 주제 중립적 표현들만으로 표현되는 참인 명제들

---

12 주제-중립적 어휘에 대한 더밋의 규정과 포괄적 적용 가능성을 갖는 어휘에 대한 나의 규정은 모두 적용의 일반성과 관련된다는 점에서 다르지 않다. 하지만 더밋은 논리적 어휘의 설명에 의존해서 논리적 명제의 특징을 설명한다는 점에서 나의 설명과 다르다.

이다(FPM, 43).

논리적 진리를 이런 식으로 규정하므로, 우리는 더밋이 논리적 표현을 규정할 때 논리적 명제 개념에 호소할 필요가 없으리라는 것을 쉽게 짐작할 수 있다.

> 프레게가 고려한 논리적 개념(notion)과 다른 개념의 유일한 차이는 그런 개념이 어떤 특정 지식 영역에 제한되어 있지 않고 적용 가능한 주제에 아무런 제한이 없다는 데 의존한다(FPM, 45).[13]

말하자면 어떤 표현이(혹은 그 표현의 뜻이) 논리적이라는 것은 그 표현의 뜻이 "특정 지식 영역에 제한되어 있지 않고 적용 가능한 주제에 아무런 제한이 없다"는 것이다. 우리 논의를 위해서는 그가 이런 주제 중립성을 어떤 유형의 표현에 부여하는가 하는 점을 명확히 할 필요가 있다. 우선 일반 용어나 술어에 그런 주제 중립성을 부여하지 못할 이유는 없을 것이다. 예컨대 동일성 술어가 그런 뜻의 주제 중립성을 갖지 않는다면, 그런 주제 중립성이 논리적 어휘와 그 밖의 어휘의 뜻의 차이를 설명하는 데 무슨 기여를 할 수 있는지 알기 어렵다. 그러므로 더밋의 다음 언급은 적어도 산수의 일반 용어나 술어에 주제 중립성을 부여해야 하는 이유의 설명으로 간주되어야 할 것이다.

> 산수의 명제들은… 모든 실재의 영역에 적용된다. 모든 유형의 대상들이 세어

---

13 여기서 "개념"(notion)은 표현의 지시체로서, 프레게의 "개념"(concept)과 혼동되어서는 안 된다. 오히려 그 말은 표현의 지시체보다는 뜻에 관해 말하는 것으로 이해되어야 할 것이다. 나는 더밋의 "논리적 개념"(logical notion)이란 말을 논리적인 어휘의 뜻을 나타내는 것으로 이해한다.

질 수 있다. 더 정확히 표현한다면, 우리는 모든 유형의 대상들에 대해 주어진 조건을 만족시키는 것들이 몇 개인지 물을 수 있다. … 이 논증은 산수의 용어들(terms) 및 개념들(concepts)이 논리적인 것으로 환원될 수 있음을 보여주지 않는다. 오히려 그 논증은 그것들이 이미 논리적 특징을 가진다는 것을 보여준다. … 대상들로 구성된 어떤 실재 부분도 셀 수 없는 것은 없다는 점을 인정하고 나면, 수 개념(the notion of number)도 논리적인 것임을 인정하게 된다(FPM, 45).

우리 관심은 더밋이 단칭용어 중에도 주제 중립성을 부여할 수 있는 것이 있다고 생각하는가 하는 점이다. 만약 그런 주제 중립적인 단칭용어가 있고 그런 단칭용어가 지시하는 대상이 있다면, 우리는 그런 대상을 논리적인 것으로 간주할 수 있을 것이다. 프레게의 논리적 대상 개념에 대한 더밋의 설명을 들어 보자.

프레게는 온갖 종류의 수들을 포함하여 집합들과 치역들을 "논리적 대상"이라고 부르게 되었다. 왜 "논리적"인가? … "논리적 대상"에서 "논리적"이라는 용어는 프레게가 언제나 논리적인 것을 구별해내기 위한 특징으로 간주했던 것, 즉 그것의 일반성—논리적인 것은 어떤 특수한 지식 영역에도 관여하지 않는다—을 나타낸다. 왜냐하면 어떤 종류의 대상들이든지 셀 수 있는 것과 똑같이 어떤 종류의 대상들이든지 어떤 집합에 속할 수 있다(FPM, 224. 필자 강조).

이 언급에서는 그가 "어떤 특수한 지식 영역에도 관여하지 않음"을 대상 자체의 특징으로 생각하는지 아니면 대상을 나타내는 표현이나 표현의 뜻이 가지는 특징으로 생각하는지 분명하지 않다. 그러나 분명한 것은

더밋이 어떤 부류의 대상에 "논리적"이라는 형용사를 적용해야 하는 이유로
든 것은 앞에서 그가 산수의 용어나 개념을 논리적인 것으로 간주해야
하는 이유와 다르지 않다는 것이다. 따라서 여기서 그는 주제 중립성을
대상 자체가 아니라 대상을 나타내는 표현이나 표현의 뜻이 가지는 특징으로
이해했다고 보는 것이 적절할 것이다.

하지만 주제 중립성을 표현이나 표현의 뜻이 가지는 특징으로 이해할
때 두 가지 주의할 점이 있다. 첫째로 어느 수 용어나 집합 용어든지 주제
중립성을 갖는 것은 아니다. "목성의 위성의 수"라는 표현은 "자기와 다른
것의 수"라는 표현과 달리 특수한 지식 영역에 관여하는 것으로 보이며,
"목성의 위성의 집합"이란 표현도 "자기와 다른 것의 집합"이란 표현과
달리 특수한 지식 영역에 관여하는 것으로 보인다.[14] 그러므로 주제 중립성을
표현이나 표현의 뜻이 가지는 특징으로 이해할 때, 수 단칭용어나 집합
단칭용어는 주제 중립적인 것과 그렇지 않은 것으로 분류되어야 할 것이다.[15]

둘째로 같은 대상이 서로 다른 뜻을 갖는 단칭용어에 의해 지시될
수 있음을 상기할 필요가 있다. 우리는 수 4를 "2+2"에 의해 지시할 수도
있지만, "목성의 위성의 수"로 지시할 수도 있다. 마찬가지로 우리는 공집합
을 "자기와 다른 것의 집합"으로 지시할 수도 있지만, "둥근 사각형의
집합"으로 지시할 수도 있다. 그러므로 더밋의 앞의 언급은 어느 수 용어나
집합 용어든지 주제 중립성을 갖는다는 말이 아니라 수나 집합들이 주제
중립적인 용어에 의해 지시될 수 있다는 말일 것이다. 이 해석이 옳다면
더밋의 논리적 대상 개념은 우리가 앞 절의 규정 (1)과 유사하게 다음과

---

14 만약 더밋의 주제 중립성 개념이 이런 차이를 허용하지 않는다면, 그 개념은 논리적 표현과 비논리적
표현의 차이에 대한 적절한 설명으로 받아들이기 힘들 것이다.

15 물론 나는 여기서 수 연산자나 집합 연산자가 더밋의 뜻으로 주제 중립적이라고 가정한다.

같이 규정될 수 있다.

> *a는 논리적 대상이다 ↔ a는 대상이고, 주제 중립적인 단칭용어에 의해 지시될
>   수 있다.

이렇게 논리적 대상 개념을 규정할 때 어떤 대상이 적어도 하나의 주제 중립적 단칭용어에 의해 지시될 수 있다면, 그 대상은 논리적인 것으로 간주되어야 할 것이다. 반면 어떤 주제 중립적 단칭용어에 의해서도 지시될 수 없는 대상은 논리적 대상으로 간주될 수 없을 것이다. 자연수들에 대한 프레게의 정의를 상기해 보면, 수들을 앞의 뜻으로 논리적인 것으로 간주할 수 있음은 분명한 것 같다. 그는 0을 자기와 다른 것의 수로, 1을 0과 같은 것의 수로, 2를 0이나 1과 같은 것의 수로 정의한다. 이런 식의 정의에 근거하면 어느 자연수든지 주제 중립적 단칭용어에 의해 지시될 수 있을 것이고, 수들을 논리적 대상으로 간주하는 데는 문제가 없을 것이다.

하지만 그런 뜻으로 집합들을 모두 논리적 대상으로 간주할 수 있는지 의문이다. 우선 공집합이나 공집합만 원소로 갖는 집합처럼 원소가 갖추어야 할 조건이 주제 중립적 표현만으로 규정될 수 있는 집합은 그런 뜻으로 논리적 대상으로 간주될 수 있을 것이다. 그러나 구체적 대상을 원소로 갖는 집합의 경우는 어떤가? 가령 지구만을 원소로 갖는 단위 집합은 원소가 갖추어야 할 조건이 주제 중립적 표현만으로 규정될 수 있는가? 그럴 수 없는 것 같다. "ξ = 지구"라는 조건은 주제 중립적 표현만으로 재기술할 수는 없는 것 같다. 그렇다면 우리는 앞의 기준에 따를 때 적어도 어떤 집합은 논리적인 대상이 아니라고 말해야 할 것이다.

사실 이것은 수들의 존재는 "어떤 기술하에서 구체적 대상의 존재와

무관한" 반면, 어떤 집합의 존재는 어떤 기술하에서도 "구체적 대상의 존재와 무관"하지 않다는 더밋 자신의 주장과 관련되어 있다.[16] 각 수는 주제 중립적 단칭용어에 의해 지시될 수 있기 때문에, 우리는 구체적 대상의 존재와 무관하게 각 수의 존재를 정당화할 방법을 가질 것이다. 반면 어떤 집합은 주제 중립적 단칭용어에 의해 지시될 수 없기 때문에, 구체적 대상의 존재와 무관하게 그 집합의 존재를 정당화할 방법도 없을 것이다. 왜냐하면 어떤 대상이 주제 중립적 표현에 의해 지시될 수 없으면, 구체적 대상의 존재 여부와 무관하게 그것의 지시가 보증되지 않을 것이기 때문이다. 따라서 단칭용어나 그 뜻의 주제 중립성에 근거해서 프레게의 논리적 대상을 이해하려 할 때도 그것을 순수 추상 대상으로 이해하려 할 때와 유사한 난점에 빠지는 것 같다. 구체적 대상들의 집합이 주제 중립적 단칭용 어에 지시될 수 없는 한, 그런 집합은 앞의 뜻으로 논리적인 대상도 아닐 뿐 아니라 순수 추상 대상도 아닐 것이다. 그러나 프레게가 구체적 대상들의 집합도 논리적 대상으로 간주했음을 상기하면, 두 해석 모두 프레게에 관한 옳은 이해로 간주할 수 없다.

너무 빠른 결론에 이르기 전에 더밋이 집합들에 일반성을 돌려야 할 근거로 제시한 논제―어떤 종류의 대상이든 어떤 집합의 원소이다―가 무엇을 의미하는지 살펴보자. 어떤 대상이든 어떤 종류 개념 아래 속할 것이다.[17] 그런데 종류 개념은 어떤 집합을 결정할 것이므로, 어떤 대상이든 어떤 집합의 속할 것이다. 그러므로 그 논제는 어떤 종류 개념 아래 속하는

---

16 FPL, 504, 510 참조.

17 사물의 종류가 되는 개념은 적용 기준―각 대상이 그 아래 속하는지 아닌지를 결정하는 기준―만 아니라 동일성 기준―그 아래 속하는 대상들이 어떤 경우에 같은지 결정하는 기준―도 갖는 개념을 말한다. 어느 대상이든 동일성 기준을 가져야 한다면, 어느 대상이든 어떤 종류 개념 아래 속할 것이다.

대상이든 어떤 집합에 속한다는 말을 의미한다. 이것은 원소 관계를 나타내는 "대상 ξ는 집합 $\{x: \varphi x\}$의 원소이다"라는 표현이 주제 중립성을 갖는다고 언급하는 데 지나지 않는다. 그런데 프레게는 원소 관계를 집합 연산자에 의해 정의하므로, 원소 관계 표현의 주제 중립성은 집합 연산자의 주제 중립성에 달려 있다. 그러므로 더밋의 논제는 집합 추상화 함수나 집합 개념의 논리적 특징을 설명하는 데는 기여하지만, 그것만으로 대상으로서 집합들 자체의 논리적 특징을 설명해 주지는 못한다. 그리고 더밋 자신이 인정하듯이 구체적 대상들의 집합이 어떤 기술하에서도 "구체적 대상의 존재와 무관"하게 존재하는 것으로 인식할 수 없다면, 우리는 그의 설명은 프레게의 논리적 대상에 관한 설명이 아니라 집합 개념이나 수 개념의 논리적 특징을 설명하는 데 지나지 않는다고 결론지어야 할 것이다.

5. 개념은 다 논리적인가?

앞의 논의에 따를 때 구체적 대상들의 집합은 프레게의 논리적 대상일 수 있다. 이 사실은 우리에게 다음 물음을 제기한다. 그런 대상은 논리적인 것에 대한 그의 일반적 기준—즉, 포괄적 적용 가능성과 순수 사고에 의한 파악 가능성—을 충족시키지 못하는데, 그는 왜 그런 대상들을 논리적인 것에 포함시키는가? 아마 어떤 사람은 프레게의 논리학 내에서 개념들이 차지하는 지위를 통해 대답을 찾으려 할지 모른다. 앞에서 본대로 집합이 인식적으로 어떤 특징을 가지는가 하는 것은 해당 개념이 인식적으로 어떤 특징을 가지는가 하는 데 달려 있다. 그러므로 프레게가 그의 논리학 내에서 개념 일반에 대해 특별한 지위를 부여했다고 할 만한 이유가

있다면, 우리는 그가 집합 일반에 대해서도 특별한 지위를 부여했다고
할 수 있을 것이다. 마르코 러피노는 그런 이유가 있다고 생각한다.

개념(concept) 개념은 어느 정의도 그것에 대해 제시될 수 없다는 점에서 논리
학 내에서 원초적인 것이다("개념과 대상," 93). 프레게는 "형식적 산수이론에
관하여"의 96면에서 개념들을 논리학의 "주춧돌"(Urbansteine)이라고 규정
하였고, 『근본법칙』 I권의 3면에서도 그는 개념들을 그의 논리 체계의 "주춧
돌"(Grundsteine)로 부른다. 그리고 그는 쥬르당의 논문에 대한 노트에서 "개
념들은 논리학에서 없어서는 안 될 원초적인 것"이라고 말하였다(WB, 122).
"슈뢰더 강의의 논점들의 해명"의 452-455면에서 그는 슈뢰더의 집합 계산이
개념(concept) 개념이 없이도 가능하므로 진짜 논리학으로 간주할 수 없다고
주장한다.

이런 고찰이 보여주는 것은 다음과 같다. 프레게의 견해에서 보면 개념들은
논리학이 논리 법칙을 전개할 때 다루어야 한다는 점에서 논리학의 주제이다.
개념들은 논리적 존재로서 특별한 지위를 가지고 있다. 이처럼 논리적 탐구에
서 개념들이 특수한 지위를 갖는다는 점을 인정한다면, 우리는 논리적 대상들
에 대한 프레게의 견해에 대해 더 나은 이해에 도달할 수 있다. 나는 논리학
내의 개념들에 대한 방법론적 우선성 및 존재론적 우선성으로부터 외연들이
전형적인 논리적 대상들이라는 것이 도출된다고 믿는다(Ruffino, 69-70).

나는 이 묘사가 개념들과 관련해서 프레게가 제시한 몇 가지 중요한
구분을 놓친 데서 비롯된다고 생각한다. 무엇보다 먼저 강조해야 할 것은
그의 논리학에서는 어느 개념이든지 "논리 법칙을 전개할 때 다루어야
할" 개념인 것은 아니라는 점이다. 프레게는 논리 법칙을 표현하는 데 필요하

다는 점에서 논리학에 고유하게 속하는 개념들과 그 밖의 개념들을 명확하게 구분하고 있다(KS, 122, 322). 그는 예를 들어 자기 동일성 개념은 논리 법칙을 전개하는 데 필요하다고 생각하지만, 선 개념은 그런 일에 필요하다고 생각하지 않는다. 만약 우리가 특수 과학의 개념들을 논리 법칙을 표현하는 데 사용하려 한다면, 이것은 논리 법칙으로부터 그것이 가지는 일반적 타당성을 빼앗는 결과를 초래하고, 결국 그것은 더 이상 논리 법칙으로 간주될 수 없다. 그러므로 어느 개념이든지 "논리 법칙을 전개할 때 다루어야" 한다는 점에서 프레게의 논리학에서 특수한 지위를 차지한다는 주장은 유지되기 힘들다.

둘째로 개념에 관한 프레게의 언급에서 "개념"(concept) 개념에 관해 하는 말과 특정 개념에 대해 하는 말을 혼동하지 않도록 주의할 필요가 있다. 물론 "개념" 개념은 그의 논리학에서 원초적인 개념이다. 우리는 "개념" 개념을 제대로 이해하지 못한다면 관련된 논리 법칙의 진리조건조차 이해할 수 없게 된다. 그러나 "개념" 개념 자체가 이런 특징을 가진다고 해서, 특정 개념들까지 그런 특징을 가진다고 생각하는 것은 아주 잘못된 것이다. 왜냐하면 "개념" 개념이 어떤 특징을 가지는가 하는 문제는 그 개념이 적용되는 특정 개념들이 어떤 특징을 가지는가 하는 문제와는 아무 상관이 없기 때문이다. 1차 개념들에 관해 말할 때 사용하는 "개념" 개념은 그보다 한 차원 높은 2차 개념이고, 2차 개념들에 관해 말할 때 사용하는 "개념" 개념은 그보다 한 차원 높은 3차 개념이다(GL, 53절). 그러나 앞의 인용은 러피노가 "개념" 개념에 관한 프레게의 언급을 마치 그 개념이 적용되는 특정 개념들에 대한 언급으로 혼동하고 있음을 보여준다.

셋째로 개념들의 객관성과 개념들의 논리적 특징을 혼동하지 않도록 주의해야 한다고 생각한다. 프레게가 때때로 개념들을 논리적이라고 부른 것은 사실이다. 그러나 그런 사례들은 "객관적인 것과 주관적인 것", 그의 용어로 "논리적인 것과 심리학적인 것을 구분하는" 일과 관련되어 있다(GL, xi). 그는 논리적인 뜻의 개념들은 모두 객관적이고 심리학적인 뜻의 관념들은 전적으로 주관적인 것이라고 한다. 그러나 그가 논리적인 뜻의 개념들을 모두 객관적인 것으로 간주한다고 해서 객관적인 개념들 모두를 논리학에 고유하게 속하는 것으로 간주했다고 생각해서는 안 된다. 왜 그런가?

프레게는 논리학이 보편과학이고 논리 법칙은 어느 지식 영역의 추리에서나 전제로 사용된다고 생각했다. 그렇다면 논리학에서 개념들에 관해 규정할 필요가 있는 것은 논리 법칙들이 그처럼 일반적으로 적용되기 위해 필수적인 특징들이며, 오직 그런 특징들뿐이다. 그러므로 논리학에서 개념들에 대해 요구해야 할 것은 바로 어떤 것이 개념으로 간주될 수 있기 위해 충족시켜야 할 일반적 조건들을 제공하는 것이다. 어떤 것이 그런 조건을 충족시킨다면, 우리는 그것을 **논리적인 뜻**의 개념이라고 부를 수 있다. 그러므로 프레게가 어떤 개념을 논리적인 뜻의 개념으로 간주한다고 할 때, 이것은 단지 그 개념이 논리학이 모든 개념에 대해 요구하는 일반적 조건들을 충족시켰음을 의미하는 것일 뿐, 그 개념이 **논리학에 고유하게 속한다는 것**을 의미하는 것이 아니다. 객관성은 확실히 그런 조건 중 하나이며, 명확한 경계를 가져야 한다는 것 또한 그 조건 중 하나이다. 그러므로 어느 개념이든 객관적이라는 것은 어느 개념이나 논리학에 고유하게 속한다는 것을 의미하지 않는다.

그러므로 어느 개념이든지 프레게 논리학에서 특별한 지위를 차지한다는 러피노의 주장은 받아들이기 힘들다. 그러나 아마 러피노의 의도는 다른 범주의 사물들에 비해 개념들이 프레게 논리학에서 특별한 지위를 차지한다는 데 있을지 모른다. 프레게의 사물 분류에 따른다면 비교 가능한 후보는 대상들, 관계들 및 좁은 뜻의 함수들이므로, 러피노의 의도는 개념들이 이런 사물들과 달리 특별하게 여겨졌다는 데 있을 것이다. 그러나 프레게는 정말 개념들을 다른 범주의 사물들보다 특별하게 취급했는가?

프레게의 논리학에서 자기 동일성 개념은 논리 법칙을 표현하는 데 사용되지만, 선 개념은 그렇지 않다. 같은 식으로 2항 관계 표현으로서 동일성 술어나 함수 표현으로서 확정 기술 연산자는 논리 법칙을 표현하는 데 사용될 수 있지만, "ξ는 ζ보다 더 무겁다"는 2항 술어나 "ξ의 무게" 같은 함수 표현은 그렇게 사용될 수 없다. 그리고 진리치 참은 논리학에서 특별한 지위를 가지고 있지만, 쥴리어스 시저 같은 대상은 그렇지 않다. 이 점에서 보면 프레게 논리학에서 개념들은 대상들, 관계들 및 좁은 의미의 함수들보다 조금도 특별하지 않다.

따라서 만약 우리가 개념들과 다른 범주의 사물들 사이에 어떤 차이를 발견하려 한다면, 우리는 특정 존재들의 차원에서가 아니라 범주들 자체의 차원에서 비교해야 할 것이다. 그렇다면 어떤 뜻에서 "개념" 개념은 대상, 관계 및 좁은 뜻의 함수 등의 개념들과 대조되게 논리학에서 특별한 것으로 간주될 수 있을까? 이런 개념들이 프레게 논리학에서 "개념" 개념보다 덜 중요한 것이라고 주장은 거의 터무니없어 보인다. 왜냐하면 그의 논리학에서 대상, 관계 및 좁은 뜻의 함수 등의 개념은 "개념" 개념과 똑같은 뜻에서 원초적인 것이기 때문이다. "개념" 개념의 경우와 마찬가지로 "대상"이나 "관계" 등의 개념을 제대로 이해하지 못하는 한, 우리는 관련된 논리 법칙의 진리조건조차 이해할 수 없게 된다.

6. 논리적 추상화 절차

이제 프레게가 어떤 기준으로 대상들을 논리적인 것과 그렇지 않은 것으로 분류했는지 고찰해 보자. 우선 그가 어떤 종류의 대상들을 논리적 대상으로부터 **배제**했는지 살펴보는 것이 도움이 될 것이다. 그는 논리적 대상들이 현실적이지 않지만, 객관적인 대상들의 영역에 속한다고 언급하였다(Gg II, 74절).[18] 그러므로 논리적 대상들은 최근 용어로 말해 추상적 대상들에 속하는 것으로 간주되어야 한다는 것은 분명하다.[19] 그러나 명시적 언급이 있는 것은 아니지만, 그가 모든 추상적 대상을 논리적 대상들로 간주했을 것 같지는 않다. 그가 보기에 적도나 태양계의 질량 중심 등의 대상들은 현실적이지 않고 객관적인 대상들이긴 하지만(GL, 26절), 이런 대상들을 논리적인 것으로 간주할 동기는 거의 없는 것 같다. 그러므로 추상 대상들을 논리적인 것과 비논리적인 것으로 분류할 만한 기준이 그에게 있었으리라고 예상하는 것은 자연스럽다. 이런 예상은 다음 언급에 의해 지지된다.

> 우리는 물리적 대상들과 논리적 대상들을 구분할 수 있다 — 나는 물론 이것으로 남김 없는 구분을 하려는 것은 아니다. 전자의 대상들은 원래 뜻으로 볼 때 현실적이고 후자의 대상들은 현실적이지 않지만, 그렇다고 후자의 대상들이 덜 객관적인 것은 아니다(Gg II, 74절. 필자 강조).

---

18 프레게는 객관적 대상을 "우리의 감각이나 직관, 표상과 독립해 있고 이전의 감각의 기억에서 내적 영상을 구성하는 일로부터 독립해 있는" 대상으로 규정한다. GL, 26절.

19 프레게가 사용하는 "wirklich"(현실적)라는 말은 보통 영어로 "actual"(구체적)이라는 말로 번역된다. 그는 현실적 대상을 "우리 감각에 영향을 주는 것, 또는 적어도 직-간접으로 감각 지각을 야기할 수 있게 영향을 미치는" 대상으로 규정한다. GL, 85절.

그는 여기서 논리적 대상들 이외에도 비현실적이면서 객관적인 대상들—즉, 비논리적 추상 대상들—이 있을 수 있음을 시사한다.[20] 그렇다면 프레게가 염두에 두는 대상 분류는 다음과 같을 것이다. 우선 대상은 크게 주관적인 것과 객관적인 것으로 나누어진다. 객관적 대상은 다시 현실적(구체적)인 것과 비현실적(추상적)인 것으로 나누어진다. 그리고 우리 해석이 옳다면, 추상 대상은 다시 논리적인 것과 비논리적인 것으로 나누어질 것이다. 그렇다면 논리적인 추상 대상과 그렇지 않은 추상 대상을 분류할 기준은 무엇인가?

이 물음에 대답하기 전에 그가 어떤 종류의 대상들을 논리적 대상에 포함시켰는지 살펴보자. 우리는 이미 그가 구체적 대상들의 집합들까지 논리적 대상으로 간주하였음을 보았다. 그러면 그는 어떤 개념에 의해 주어지든 상관없이 집합들은 모두 논리적 대상이라고 생각했는가 하고 물을 수 있다. 그의 다음 언급은 이에 긍정적으로 답할 만한 이유를 제시한다.

> 나는 이제 **개념의 외연**(Begriffsumfang)에 관해 논의하려 한다. 그 낱말 자체는 우리가 여기서 다루는 것이 공간적이고 물리적인 것이 아니라, 논리적인 것임을 암시해 준다(NS, 197. 필자 강조).

여기서 프레게는 집합 일반이 논리적인 것인가 아닌가 하는 물음에는 관심이 있지만, 각 집합에 상응하는 개념 자체가 어떤 특징을 가지는가 하는 물음에는 관심이 없음을 시사한다. 말하자면 그는 "논리적 대상"이라는

---

20 물론 이 사실이 앞의 인용의 강조된 부분에 의해 직접 함축되지는 않는다. 하지만 여기서 물리적 대상과 논리적 대상 이외에 프레게가 염두에 두는 대상들은 주관적 대상이라기보다는 오히려 비현실적인 공간적 대상들 같은 객관적 대상들이라고 생각한다.

표현을 특정 집합에 대해 사용하기보다는 대상으로서 집합 전체에 대해 사용하는 것 같다. 그러므로 우리는 그가 적어도 집합들은 모두 논리적 대상으로 간주했다고 결론지을 수 있다.

그렇다면 추상 대상을 논리적인 것과 비논리적인 것으로 나눌 기준이 있을 경우, 그런 기준은 집합들 전체와 관련될 것이다. 여기서 우리는 프레게가 "논리적 대상"이라는 표현을 사용할 때 대상들을 도입하는 방법과 관련해서 사용하기도 한다는 점을 주목할 필요가 있다.

> 논리적 대상이 있고 산수의 대상들이 그런 대상들이라면 그런 대상들을 파악하고 인식할 수단도 있어야 한다(Gg II, §147. 필자 강조).

다른 곳에서 그는 "논리적 대상"이라는 표현을 대상들을 파악하는 우리의 어떤 능력과 관련지어 사용한다.

> 논리적 대상들은 우리 감각에 아무런 영향도 미칠 수 없지만, 우리의 **논리적 능력에 의해 파악될 수 있다**(Gg II, 74절. 필자 강조).

그렇다면 우리는 그가 모든 논리적 대상에 공통으로 적용 가능한 어떤 유형의 파악 방법을 염두에 두고 있었고, 그 방법이 그가 여기서 "논리적 능력"이라 부른 것과 관련되어 있으리라고 생각할 만하다. 그러면 그는 어떤 유형의 파악 방법, 어떤 종류의 능력을 염두에 두고 있는가?

이 물음에 대답하기 위해 프레게의 존재론의 한 가지 논점을 상기해 보자. 그는 "함수와 개념"에서 개념을 특수한 함수로 간주하였고, 집합을 특수한 치역으로 간주하였다. 그리고 그의 논리 체계에는 집합을 도입하는 절차가 치역 도입 절차 이외에 별도로 존재하지 않는다. 그러므로 논리적 대상들 모두를 파악할 수 있는 어떤 수단이 있다면, 그것은 집합들만 아니라 치역들 전체와 관련된 능력일 것이다. 이로부터 우리는 앞에서 언급된 "논리적 능력"은 그의 논리 체계에 치역들을 도입하는 수단과 관련되어 있으리라고 추측할 수 있다. 이 추측은 다음 언급에서 지지되는 것으로 보인다.

> 만약 논리적 대상이 있다면 그리고 산수의 대상들이 그런 대상들이라면, 그런 대상들을 파악하고 인식할 수단도 있어야 한다. 이 일은 **일반적으로 성립하는 동일성을 등식으로 변형시켜 주는 논리학의 근본법칙**에 의해 이루어진다(Gg II, 147절. 필자 강조).

여기서 "일반적으로 성립하는 동일성을 등식으로 변형시켜 주는" 논리학의 원리는 바로 그의 논리 체계에 치역을 도입하는 그 수단을 말한다. 그러므로 그가 근본법칙 V를 논리적 대상들을 파악하는 방법으로 간주했음은 분명하다.

그런데 근본법칙 V에 의해 치역을 도입하는 데는 어떤 종류의 능력이 필요한가? 다행히 우리는 그의 유고집에서 그런 능력에 대한 생생한 설명을 들을 수 있다.

> 우리는 논리적 능력에 의해서 개념으로부터 출발하여 개념의 외연에 도달한다. 문자 "Φ"와 "Ψ"가 개념어(nomina appellativa) 대신 사용된다고 하자. 그러면 우리는 "어떤 것이 Φ라면, 그것은 Ψ이다"라는 형식의 문장으로 종속 관계를 표시한다. 그리고 "어떤 것이 Φ라면 그것은 Ψ이고, 어떤 것이 Ψ라면 그것은

Φ이다"라는 형식의 문장으로는 상호 종속 관계를 표시한다. 이 관계는 2차 관계로서 1차의 동일성 관계(identity)와 강한 유사성을 가지고 있다. 즉, "a = a", "만약 a = b라면 b = a" 그리고 "만약 a = b이고 b = c라면, a = c" 등의 문장에서 우리가 표현하는 동일성의 속성들은 그 2차 관계의 속성들[21]과 유비된다. 그리고 이로 인해 우리는 개념들에 대해 상호 종속 관계를 서술하는 문장을 등식을 표현하는 문장으로 변형하는 일을 거의 피할 수 없게 된다(NS, 197).

여기서 우리가 갖는 첫째 인상은 아마 문제의 절차가 『기초』 64-65절에서 사용된 변형, 즉 선들의 평행에서 그런 선들의 방향으로 변형, 기하학적 도형들의 닮음에서 그런 도형들의 모양으로 변형시키는 절차와 아주 유사하다는 것이다. 왜냐하면 그는 그곳에서도 평행, 닮음 등의 관계가 동치 관계라는 것을 보일 경우에만 그런 변형이 가능하다고 말하기 때문이다. 그러나 우리는 그가 그런 절차에 의해 도입되는 모든 대상을 논리적 대상으로 간주했다고 성급하게 결론짓지 않도록 주의해야 한다. 프레게가 그런 변형들 일반을 논리적 능력으로 규정하지는 않으리라는 것은 확실하다. 왜냐하면 그는 평행, 닮음 등의 관계가 동치 관계라는 사실은 궁극적으로 기하학의 공리에 근거해서 보여야 한다는 것을 강조하였기 때문이다(GL, 64절). 그러므로 우리가 이런 형식적 유사성에서 도출할 수 있는 것은 기껏해야 문제의 논리적 능력은 어떤 주어진 존재들의 동치 관계로부터 새로운 대상들의 동일성으로의 변형하는 것이라는 점뿐이다.

그러면 그런 절차가 논리적 대상을 도입하는 절차가 되려면 어떤 조건이 첨가되어야 하는가? 그가 상호 종속 관계라고 부르는 것은 동치 관계일

---

21 그 속성들은 상호 종속 관계의 재귀성, 대칭성 및 이행성을 말한다. 즉, $\forall x(Fx \leftrightarrow Fx)$, $\forall x(Fx \leftrightarrow Gx) \rightarrow \forall x(Gx \leftrightarrow Fx)$ 및 $[\forall x(Fx \leftrightarrow Gx) \& \forall x(Gx \leftrightarrow Hx)] \rightarrow \forall x(Fx \leftrightarrow Hx)$.

뿐 아니라 포괄적으로 적용 가능하고 순수 사고에 의해 파악 가능하다는 뜻에서 논리적인 관계이기도 하다. 우선 그 관계는 어떤 종류의 가능한 두 1차 개념에든지 적용 가능한 것이고, 그 관계로 표현되는 법칙은 어떤 지식의 영역에서나 성립한다.22 이런 법칙의 진리가 순수 사고에 의해 알려진 다는 것은 그의 논리 체계 내에서 보일 수 있다. 그러므로 우리는 문제의 동치 관계가 포괄적으로 적용 가능하고 순수 사고에 의한 파악 가능한 관계여야 한다는 것을 논리적 대상을 도입하기 위한 방법의 한 필요조건으로 삼을 수 있을 것이다. 그러면 이런 조건을 충족한다는 사실만으로 논리적 대상의 도입 절차가 되기에 충분한가? 프레게는 이렇게 말한다.

> 그리고 여기서 "개념 '1의 제곱근'의 (그) 외연"은 정관사가 암시하는 것처럼 고유 이름으로 간주되어야 한다. 그런 변형을 허용할 때 우리는 그런 고유 이름 이 지시체를 가진다는 것을 인정하게 된다. 그러나 우리는 무슨 권리로 개념들 에 대응하여 개념의 외연들로, 상호 종속 관계에 대응하여 등식으로 나아가는 그런 변형을 할 수 있는가? 실제의 증명을 제공하기란 거의 불가능하다. 여기서 우리는 증명 불가능한 법칙을 가정해야 할 것이다. 물론 그 법칙은 우리가 논리 학의 법칙에 대해 바라는 만큼 자명하지는 않다(NS, 197).

여기에는 그런 절차에 대해 그가 암묵적으로 요구하는 조건이 두 가지 더 있다. 첫째로 그런 절차를 허용하는 원리는 논리 법칙이어야 한다. 즉, 그것은 사고 가능한 모든 것에 대해 타당하고 그 진리가 순수 사고에 의해 우리에게 알려질 수 있어야 한다. 여기서 그는 그런 절차의 정당성을

---

22 예컨대 상호 종속의 이행성은 어떤 종류의 두 1차 개념에 대해서든 성립한다.

의심하고 있지만, 적어도 『법칙』에서는 그런 절차를 허용하는 원리를 논리 법칙으로만 아니라 그의 논리학의 공리로 간주하였다.[23]

둘째로 새로운 대상들을 나타내기 위해 사용되는 표현들은 단칭용어들이어야 한다. 이 조건이 만족되지 않으면, 우리는 그런 절차를 허용하는 원리의 예로부터 새로운 대상의 존재를 도출할 수가 없다. 그러므로 우리는 그런 종류의 절차가 논리적 대상을 도입하는 수단으로 간주되기 위해서는 적어도 네 조건을 충족시켜야 한다고 결론지을 수 있다.

(i) 새로 도입되는 대상들 $\Sigma\sigma$, $\Sigma\beta$, ⋯ 사이의 동일성 기준은 주어진 사물들 σ, β ⋯ 사이의 동치 관계에 의해 설명되어야 한다. 즉, 다음 동치 원리가 성립해야 한다: (*) $\Sigma\sigma=\Sigma\beta\longleftrightarrow\sigma\approx\beta$[24]

(ii) 새로 도입되는 대상을 나타내는 "$\Sigma\sigma$" 형식의 표현은 단칭용어여야 한다.

(iii) 주어진 사물들 σ, β ⋯ 사이의 동치 관계 "$\sigma\approx\beta$"는 논리적 관계여야 한다. 즉, 동치 관계 "$\sigma\approx\beta$"는 포괄적으로 적용 가능하고 순수 사고에 의한 파악 가능해야 한다.[25]

(iv) 동치 원리 (*)는 논리 법칙이어야 한다. 즉, 그것은 사고 가능한 모든 것에 대해 타당하고 그 진리가 순수 사고에 의해 우리에게 알려질 수 있어야 한다.

---

23 앞의 인용문은 프레게가 근본법칙 V가 모순에 빠진다는 것을 안 후(1906년경)에 쓴 것이다.

24 여기서 σ, β ⋯는 주어진 사물들을 나타내고, Σ는 새로 도입되는 대상들을 값으로 갖는 함수를 나타내고, $\approx$는 주어진 사물들 사이에 성립하는 동치 관계를 나타낸다.

25 프레게의 논리 체계에서는 수만 아니라 진리치도 치역으로 간주되므로, 논리적 대상을 도입하는 데 사용되는 동치 관계는 결국 모두 고차 관계일 뿐이라고 간주할 만하다. 이런 뜻에서 우리는 그의 논리적 대상들을 "고단계의 추상 대상"이라고 부를 수도 있다. 하지만 프레게에게 진리치의 논리적 지위는 치역으로의 환원에 의존하지 않는다. 이 점에 관해서는 박준용(1998), 3절 이하 참조.

이 절차와 관련해서 주의할 점이 있다. 이 절차에 의해 대상들이 도입된다는 것은 그 절차에 의해 대상들의 존재가 직접 정당화된다는 것을 의미하지 않는다. 앞의 절차에 의해 주어지는 것은 특정 대상들이 아니라 그런 대상들이 속하는 **종류 개념**이다. 왜냐하면 그 절차는 문제의 대상들이 어떤 종류의 대상들인지 설명해 줄 뿐이기 때문이다.[26] 그리고 프레게는 우리가 한 과학 이론 내에서 어떤 개념이나 관계를 그보다 덜 기초적인 개념이나 관계에 의해 정의하거나 설명해서는 안 된다고 주장하였다(GL, 64절). 예컨대 방향 개념에 의해 평행 관계를 정의해서는 안 되고, 수 개념에 의해 동수 관계를 정의해서는 안 된다. 같은 이유에서 집합 개념에 의해 상호 종속 관계를 정의하는 일을 그는 거부한다. 그러므로 다음 조건이 더 첨가되어야 한다.

> (ⅴ) 동치 관계 "$\sigma \approx \beta$"는 종류 $\Sigma\sigma$, $\Sigma\beta$, …들이 속하는 종류 개념보다 인식에서 앞서 있어야 한다.

처음 두 조건 및 마지막 조건은 추상 대상들이 속하는 종류 개념을 설명하는 데에도 필요한 조건이다. 이런 점에서 그 조건들을 충족시키는 절차를 간단히 추상화 절차라고 부른다면, 나머지 조건들까지 충족시키는 절차는 **논리적 추상화 절차**라고 부를 수 있다.[27] 그리고 추상화 절차에

---

26 『기초』 64절의 "내용 분할"(carving up)의 비유가 시사하는 것처럼, 이 절차에서는 주어진 사물들 사이의 동치 관계에 대한 이해가 새로운 대상들이 속하는 종류 개념의 이해에 실질적으로 기여해야 한다. 이 점에서 동일성 관계처럼 새로운 종류 개념의 이해에 실질적으로 기여하지 못하는 관계는 문제의 동치 관계의 후보에서 배제되어야 할 것이다.

27 여기서 이들 조건을 모두 충족시킨다고 해서 어느 것이나 논리적 대상으로 간주되기에 충분하다고 주장하려는 것이 아니다. 『기초』 67절의 줄리어스 시이저 반론과 『법칙』 10절의 변환 논증을 통해

의해 설명되는 종류 개념을 추상적 종류 개념이라 부른다면, 논리적 추상화 절차에 의해 설명되는 종류 개념은 **논리적 종류 개념**이라고 부를 수 있다. 이런 점에서 프레게의 논리적 대상은 **논리적 종류 개념 아래 속하는 대상**이다.[28]

7. 논리적 대상에서 논리적인 것

앞에 제시한 구분과 관련해서 주의할 점이 있다. 첫째로 『기초』 68절에서 보면 방향들은 평행한 선들의 동치 집합으로 정의되므로, 프레게의 입장에서 보면 방향들도 논리적 대상이다. 그러나 방향들을 논리적 대상으로 간주한다는 것은 방향들을 순수 사고에 의해 파악 가능한 대상으로 간주한다는 말이 아니다. 방향들을 파악하기 위해서는 여전히 기하학의 공리에 의존해야 하고, 그 때문에 공간적 직관에 의존하지 않으면 안 된다. 예컨대 주어진 선 a의 방향은 선 a와 평행한 선들의 집합으로 간주될 텐데, 그 집합은 공간적 직관의 도움을 받지 않고는 파악될 수 없을 것이다. 왜냐하면 "선 a와 평행함"이란 개념이 파악되지 않으면 그 집합도 파악될 수 없는데, 그 개념의 파악을 위해 궁극적으로 기하학의 공리에 의지하지 않을 수 없기 때문이다.[29] 이런 뜻에서 우리는 방향들을 여전히 기하학의 대상으로

프레게 자신이 보여준 것처럼, 추상화 절차는 그 절차를 충족시키는 사물이 대상이라는 것을 정당화하기에 충분하지 못하다. 여기서 나의 목표는 추상화 절차에 의해 도입되는 대상들을 프레게가 어떤 기준으로 논리적인 것과 그렇지 않은 것으로 구분했는지 보여주려는 것뿐이다.

28 헤일은 추상 대상들과 구체 대상들을 유사한 방식으로 구분한다. 그의 구분의 기본 착상은 대상들을 직접 구분하기보다는 추상적 종류 개념을 그렇지 않은 개념과 구분한 후 추상 대상을 그런 종류 개념의 예로 규정하는 것이다. AO, 59-60.

간주해야 한다.

둘째로 이 논의에 따를 때 프레게는 결국 한편으로 방향들을 논리적 대상에 포함시키면서도, 다른 한편으로 여전히 방향들을 기하학의 공리에 종속되는 대상으로 간주한 셈이다. 처음 볼 때 이런 생각은 조금 이상하게 여겨질 수 있다. 어떻게 논리적 대상이 기하학의 공리에 종속될 수 있는가? 그러나 기하학에 관한 프레게의 견해를 고려하면 그런 생각에 무슨 문제가 있는지 분명하지 않다. 우선 강조할 점은 방향을 집합으로 이해할 때도 공간적 직관의 도움을 받지 않고는 파악될 수 없지만, 이것은 우리가 그런 집합을 공간적 직관에 의해 직접 파악할 수 있음을 의미하지 않는다는 것이다. 어떤 개념에 의해 주어지는 집합이든지, 집합은 공간적 직관의 대상이 아니다.

우리는 "기하학적인 것은 모두 원래 직관 가능한 것이어야 한다"는 그의 주장을 너무 문자적으로 이해해서는 안 된다(GL, 64절). 이것은 우리가 어느 기하학적 대상에 대해서나 직접적 직관을 가져야 한다는 것을 의미하지 않는다. 그는 우리가 직접적 직관을 가지지 않는 많은 종류의 기하학적 대상들이 있다고 생각하였다.[30] 그의 견해에서 볼 때 직관은 기하학에서 우리가 예상하는 것보다 훨씬 적은 역할을 한다.

그러므로 기하학과 산수의 주목할 만한 차이는 그것들이 자신의 **근본법칙**을 **정당화하는 방식**에 있다. 기하학적 구성의 모든 요소는 직관들이며, 기하학은

---

29 방향 용어의 적용 범위는 기하학의 공리의 지배 범위를 넘지 않으므로, 방향 용어의 적용 범위도 공간적 영역에 제한될 것이다.

30 프레게에 따르면 우리는 방향이나 모양만 아니라 각이나 거리에 대해서도 직접적 직관을 가질 수 없다. KS, 50.

공리의 원천으로서 직관을 참조한다. 산수의 대상은 아무런 직관 가능성도 가지지 않기 때문에, 그 근본법칙도 직관에서 기원하지 않는다(KS, 51. 필자 강조).

기하학과 산수의 실제 차이는 기하학에서는 직관이 지식의 원천이지만, 산수에서는 우리가 직관에 의존할 필요가 없다는 데 있다. 기하학의 공리들은 점, 선, 면처럼 우리가 직접적 직관을 가질 수 있는 기하학적 대상들의 기초적인 (공간적) 속성들을 표현하는 법칙들이다. 그러므로 우리는 그런 법칙의 진리를 알기 위해 직관에 호소해야 할 것이다. 반면 다른 기하학의 진리들은 공리에 근거해서 참이라는 것이 정당화되므로, 우리가 직접적인 직관을 갖지 못하는 방향, 모양 같은 기하학의 대상들도 기하학의 공리에 종속된다. 이런 뜻에서 기하학에서는 우리가 직접적 직관을 가질 수 있는 대상들은 그런 직관을 가질 수 없는 대상들보다 인식적으로 우선한다. 그런데 후자의 대상들이 논리적 기원의 지식의 도움을 받지 않고는 파악될 수 없다는 것을 주목한다면, 기하학에서 응용되는 논리적 대상들이 있을 수 있다는 것은 더 이상 이상해 보이지 않는다.

앞의 논의에 따를 때 같은 대상이 논리적 대상이면서 비논리적 대상일 수는 없지만, 논리적 대상이면서 동시에 그 인식을 위해 기하학이나 다른 특수 과학의 진리에 의존해야 하는 대상이 있을 수 있다. 이런 점에서 보면 어떤 논리적 대상들은 순수 논리학의 영역에는 속하지 않는다. 그는 이런 대상들을 무슨 동기에서 논리적인 것으로 분류했는가? 그는 왜 논리적 대상을 일반적 적용 가능성을 갖는 어휘에 의해 지시할 수 있을 뿐 아니라 순수 사고만으로 파악할 수 있는 대상으로 한정하지 않았는가?

문제에 제대로 접근하려면 두 가지 사실을 주지할 필요가 있다. 첫째로 어느 특수 과학에서든지 개념 일반에 관한 법칙을 전제로 사용한다. 예를 들어 개념들 사이의 종속 관계가 이행적임을 진술하는 법칙은 어느 지식의 영역에서나 전제로 사용된다. 둘째로 개념 일반에 관한 법칙을 가정할 때 암묵적으로 이미 그에 상응하는 집합에 관한 법칙도 긍정한다. 예를 들어 개념들 사이의 종속 관계가 이행적임을 긍정할 때 암묵적으로 집합들 사이의 포함 관계의 이행성도 긍정한다. 그러므로 어느 특수 과학에서든지 집합에 관한 법칙을 암묵적으로 전제로 사용한다.[31] 그러나 특수 과학의 연구자는 그 과학에 속하는 특정 개념 아래 어떤 대상들이 속하는지 결정하는 일은 하지만, 그 개념에 의해 주어지는 집합이 존재하는가 하는 문제에는 관심이 없다. 나아가 그는 그런 집합이 대상인가 아닌가 하는 것도 관심이 없다. 그러면 이런 일은 어느 과학의 과제인가? 우리는 산수의 응용에 관한 프레게의 다음 언급에서 그가 왜 구체적 대상들의 집합까지 논리학의 대상으로 간주했는지 짐작할 수 있다.

산수를 게임에서 과학의 지위까지 끌어 올려주는 것은 적용 가능성뿐이다. 그러므로 적용 가능성은 산수에 속해야 한다. 그런데 산수가 과학이기 위해 필요한 것을 산수에서 배제하는 일은 좋은 일인가?
그렇게 함으로써 실제로 얻게 되는 것은 무엇인가? 확실히 산수는 어떤 일에서 자유로워질 테지만, 이것으로 문제는 해결되는가? 형식적 산수학자는 그 일을 기하학자들, 물리학자들 그리고 천문학자들 같은 그의 동료들에게 짐을 떠넘긴다. 그러나 그 동료들은 그 일을 정중히 거절할 것이고, 그로 인해 그 일은 이들 과학 사이에 있는 빈 곳으로 떨어질 것이다. 과학의 영역들 사이의 선명한 분리는 아무도 책임지지 않는 영역이 남지 않는 한 좋은 일일 것이다. 우리는

---

31 따라서 나는 집합들이 추리에 필요하다는 뜻으로 논리적인 것이 아니라는 더밋의 생각을 받아들이지 않는다. FPM, 224.

길이, 시간 간격, 질량, 관성의 시점들 등에는 같은 양의 비율이 (같은 수가) 등장한다는 것을 안다. 그리고 이 때문에 산수의 유용성 문제는 적어도 그것이 적용되는 과학들과 무관하게 부분적으로 해결되어야 할 것 같다. 그러므로 산수학자가 다른 특수 과학의 영역을 침범하지 않으면서 그 일을 성취할 수 있는 한 그가 그 일을 떠맡으라고 요구하는 것은 합당하다(Gg II, 91-92절. 필자 강조).

앞에서 우리는 프레게가 논리학을 보편과학으로 여겼음을 보았다. 그는 어떤 종류의 개념이든지 개념이 가져야 할 가장 일반적 특징을 규정하는 것을 논리학의 과제라고 생각하였다. 특정 개념이 명확한 경계를 지녔는지— 각 대상이 그 아래 속하는지 아닌지— 결정하는 것은 해당 특수 과학의 과제이지만,[32] 어느 개념이든지 명확한 경계를 가져야 한다는 요구는 논리학의 요구이다. 왜냐하면 그런 요구가 충족되지 않을 때 추리에 등장하는 문장은 결정적 진리치를 가질 수 없게 될 것이고, 그로 인해 추리 또한 오류에 빠지기 때문이다. 마찬가지로 특정 개념 F가 다른 개념 G에 종속되는 지 결정하는 것은 특수 과학의 과제이지만, 그런 종속 관계가 성립할 경우 F들의 집합이 G들의 집합 안에 포함된다는 것을 정당화하는 일은 논리학의 과제이다. 그리고 그것을 정당화하기 위해 어느 개념에 대해서든지 그에 상응하는 집합이 존재함을 정당화해야 한다는 것, 그 사실에 근거해서 개념에 관한 진술을 집합에 관한 진술로 전환할 수 있다는 것은 논리학에 서 밝힐 일이다.

---

32 물론 이것은 논리학에 고유하게 속하는 개념이 없음을 주장하는 것이 아니다. 우리가 개념들을 특수 과학에 고유하게 속하는 것과 논리학에 고유하게 속하는 것으로 나눈다면, 전자의 개념의 경계를 명확히 하는 일은 특수 과학의 과제이지만, 후자의 개념의 경계를 명확히 하는 일은 논리학의 과제일 것이다.

　따라서 "포유동물" 개념이 논리학에 속하는 고유한 주제가 아니라 해도, 포유동물의 집합이 존재하는지 아닌지 결정하는 일은 논리학자의 과제에 속할 것이다. 왜냐하면 그런 일을 가능하게 만들어 주는 것은 특수한 종류의 개념에 대해서만 성립하는 것이 아니라 어떤 종류의 개념에 대해서든지 일반적으로 성립하는 논리 법칙을 통해서만 가능하기 때문이다.[33] 이 일은 특수 과학에 맡긴다고 해서 가능한 일도 아니며, 특수 과학에 적합하지도 않다. 그 일은 어느 과학에 속한 개념이든 개념에 관련된 가장 일반적인 사실들을 다루어야 하는 논리학에 적합한 과제이다.

---

[33] 각주 9에서 언급했듯이, 집합의 존재 정당화는 선행 과제로서 개념의 경계를 명확히 하는 일을 제외하면 모두 논리학의 법칙에만 의존한다.

4장

프레게 논리주의에서
논리적 진리와 분석적 진리*

1. 머리말

통상적으로 이해할 때 논리주의는 수학의 개념을 논리적 개념에 의해 정의하고 수학의 정리들을 논리학의 공리들로부터 순수 논리적 방법으로 연역함으로써 수학의 진리를 논리학의 진리로 환원할 수 있다는 견해이다.[1] 그러나 이런 식으로 정식화할 때 논리주의가 우리에게 수학적 진리의 본성에 대해 더 나은 이해를 제공해 주는지는 의문이다. 왜냐하면 그런 환원이 성공한다 해도 수학적 진리의 본성이 무엇인가 하는 물음은 논리적

* 이 논문은 2003년도 교육인적자원부 학술연구조성사업비로 한국학술진흥재단의 지원을 받아 연구하였음(KRF-2003-AS0061). 이 글은 이미 "추상 대상과 논리적 대상"과 함께 구상되었던 것이고, 이후 여러 번 수정되었다. 이 연구를 격려해 주고 세심하게 지도해준 밥 헤일 교수께 감사한다. 또한 수정본이나 그 일부의 발표에 대해 논평해 준 권병진 선생님, 박우석 선생님, 최원배 선생님께 감사한다. 그리고 잘못 사용된 용어를 바로잡아 주고 보완 필요성을 지적해 준 심사 위원들께도 감사한다.

1 이런 식의 정식화는 카르납(R. Carnap)이 제시하였다. Carnap(1931), 91. 책을 인용할 때는 줄임말을, 논문을 인용할 때는 인명과 연도 표시를 사용한다.

진리의 본성에 대한 물음으로 이전되었을 뿐이기 때문이다. 만약 논리적 진리가 경험과학의 진리와 다른 특별한 지위를 지닌다는 것을 전제하지 않는다면, 사실 그런 환원은 수학 이론의 단순화나 정교화에 지나지 않을 것이다.

이런 사정은 오늘날 수학철학에서 다시 주목받고 있는 프레게의 논리주의에 대해서도 마찬가지이다. 잘 알려진 것처럼 프레게는 산수의 진리가 종합적 진리라는 칸트의 견해에 반대해서 산수 진리의 분석성을 주장하였다. 그런데 그는 분석적 진리를 논리 법칙과 [논리적] 정의로부터[2] 논리적으로 연역 가능한 진리라고 규정함으로써, 산수 진리의 본성에 관한 물음을 논리 법칙의 본성에 관한 물음으로 환원하였다. 만약 그가 논리 법칙이 기하학이나 경험과학의 법칙과 어떤 점에서 다른지 설명해 주지 않는다면, 산수 법칙들을 논리 법칙들로 환원하는 일이 성공한다 해도 칸트주의자는 여전히 이것을 산수에 대한 자신의 견해에 대한 반박으로 받아들이지 않을 것이다. 왜냐하면 칸트주의자는 그런 환원이 산수의 분석적 본성을 보여주는 것이 아니라 오히려 프레게 논리학의 종합적 성격을 보여주는 것이라고 주장할 수 있기 때문이다.[3]

사실 논리주의의 인식론적 동기는 논리적 진리가 경험과학의 진리와 다른 특별한 지위를 지닌다는 데 있을 것이다. 프레게 또한 논리적 진리가 기하학이나 경험과학의 진리와 다른 특별한 지위를 지닌다는 것을 전제한다. 그러면 그는 논리 법칙이 기하학이나 경험과학의 법칙과 어떤 점에서

---

2 논리적 정의란 정의항이 궁극적으로 논리적 진리에만 호소하여 설명되는 정의를 말한다. 프레게는 논리주의를 정당화하기 위해 산수의 모든 대상, 개념 및 관계를 정의에 의해 순수 논리적인 것으로 환원해야 한다고 말한다. KS, 104.

3 이런 식의 주장은 하오 왕(H. Wang)에 의해 제시되었다. Wang(1957), 156-157.

다르다고 생각했는가? 그는 논리학 및 논리 법칙의 특징에 대해 다음과 같이 규정한다.

> 진리라는 목표에 도달하기 위해 나는 어떻게 생각해야 하는가? 우리는 논리학이 이 물음에 대답을 해주기를 기대하지만, 논리학이 지식의 각 영역에 특별한 것과 그것의 대상들에 끼어들어야 한다고 요구하지 않는다. 오히려 우리가 논리학에 부과하는 과제는 사고의 모든 영역에 대해 타당성을 갖는 가장 일반적인 것만 제시해 달라는 것이다. … 따라서 우리는 이렇게 말할 수도 있다. 논리학은 가장 일반적인 진리 법칙들의 과학이다(NS, 139).

즉, 논리 법칙은 사고의 모든 영역에 대해 타당성을 갖는 가장 일반적인 법칙들이다. 반면 그는 논리 법칙의 이런 "일반적 본성"에 대비해서 다른 법칙들을 "특수한 지식 영역"에 대해서만 관여하는 법칙들로 생각한다.[4] 그러므로 우리는 그가 논리 법칙은 사고의 모든 영역에 대해 타당성을 갖는 반면 기하학이나 경험과학의 법칙들은 제한된 사고 영역에서만 타당성을 갖는 법칙이라고 간주했다고 말할 수 있다.

어떤 진리가 사고의 모든 영역에 대해 타당성을 가질 때 간단히 그 진리가 논리적 일반성을 갖는다고 하자. 그러면 문제는 주어진 진리가 논리적 일반성을 갖는지 아닌지 어떻게 결정하는가 하는 것이다. 이 물음에 충분히 대답하지 못한다면 프레게 논리주의의 인식론적 목적은 성취될 수 없을 것이다.

프레게가 논리적 일반성을 어떻게 이해했는지 그리고 논리적 진리를

---

4 GL, 3절.

어떻게 이해했는지에 대해 서로 다른 견해가 제시되어 왔다. 그에게 이른바 "보편주의적 논리 개념"을 부여하는 리켓츠(T. Ricketts)는 한때 논리적 일반성을 개별 속성이나 개별 대상을 언급하지 않는다는 것으로 이해하였다. 하지만 나중에 그는 그것을 문제의 진리가 주제 보편적 어휘에 의해 표현된다는 뜻으로 이해한다.5 더밋(M. Dummett)은 리켓츠의 첫째 해석은 받아들이지 않지만, 둘째 해석과 유사한 해석을 제시한다. 그는 프레게에게 논리적 명제의 특징은 그것이 주제 중립적 용어들만 포함한다는 데 있다고 주장한다.6 반면 최근 맥팔레인(J. MacFarlane)은 프레게의 논리적 일반성 개념을 리켓츠처럼 "서술적 방식의 일반성"으로 이해해서는 안 되고 "규범적 일반성"으로 이해해야 한다고 주장한다.7

이 글의 일차적 목적은 프레게의 논리적 일반성 개념을 충실히 규명하려는 데 있다. 이를 바탕으로 그 개념이 논리적 진리의 본성 및 논리주의에 대한 그의 견해와 정확히 어떻게 연관되는지 밝히려고 한다.8 이를 위해 먼저 프레게의 논리적 일반성 개념에 대한 리켓츠와 맥팔레인의 견해를 고찰한 후, 두 견해 모두 만족스럽지 못함을 보일 것이다. 다음으로 리켓츠와 더밋 모두 논리적 진리의 특징을 논리적 어휘의 특징에 근거하여 설명하려 한다는 점을 주목한 후, 이런 설명 절차가 표현의 적용 범위와 진리의 지배 범위에 대한 프레게의 생각과 어울리는지 검토할 것이다. 이 고찰에

---

5 첫째 견해는 Ricketts(1985), 3-15에, 둘째 견해는 Ricketts(1996), 121-141에 제시되어 있다.

6 Dummett, FPM, 24.

7 이 견해는 MacFarlane(2002), 25-65에 제시되어 있다.

8 잘 알려진 것처럼 최근 수십 년간 수학철학에서 프레게의 수학철학은 논란의 한 중심이었다. 특히 그의 플라톤주의적 논리주의를 되살리려는 크리스핀 라이트(C. Wright)와 밥 헤일의 작업을 둘러싸고 당대의 주요 철학자들 간에 열띤 논란이 있었다. 이 글의 주제도 이 논란과 무관하지 않지만, 여기서 나의 논의는 프레게 자신의 견해를 정확히 해명하는 데 한정된다. 프레게의 견해와 신프레게주의의 견해의 비교나 신프레게주의의 견해의 정당성 문제 등은 다른 기회로 미룬다.

근거해서 논리적 진리의 일반적 타당성에 근거해서 논리적 어휘의 일반적 적용 가능성을 규정하는 것이 그의 견해에 가깝다는 것을 보일 것이다. 이에 따라 우리는 어떤 진리가 논리적 일반성을 가지는지 아닌지 어떻게 결정하는가 하는 처음 물음으로 되돌아온다. 글의 마지막 부분에서 이 물음에 대답할 것이다.

2. 서술적 일반성과 규범적 일반성

2.1. 서술적 일반성

앞에 언급한 대로 프레게는 논리 법칙에 최대의 일반성을 부여하였다. 하지만 우리는 그가 다른 과학의 법칙에도 제한된 영역에 대한 것일지라도 일반적 타당성을 부여한다는 사실을 간과해서는 안 된다. 그에 따르면 물리 법칙은 현실적 사물의 영역에 대해 일반적으로 타당하며, 기하학의 법칙은 공간적 사물의 영역에 대해 일반적으로 타당하다.[9] 따라서 일반성 자체는 논리 법칙에만 고유한 특징은 아니다. 그렇다면 논리적 일반성에 대한 어떤 설명이든 그 설명이 프레게의 견해에 대한 적합한 설명이 되기 위해서는 적어도 다음 요건을 충족시켜야 할 것이다: "그것은 논리 법칙과 다른 과학의 법칙을 구분해 줄 수 있어야 한다."

리켓츠는 프레게 논리 법칙이 갖는 일반성을 다음과 같이 묘사한다.

---

9 GL, 14절.

전통적으로 생각할 때 논리학의 원리들은 개별 판단의 내용을 추상화한다. 프레게의 양화사 및 변항에 대한 이해는 이런 추상화를 이해하는 한 가지 방식을 제공한다. 논리학은 과학이다. 하지만 기하학이나 물리학 같은 특수 과학의 법칙들과는 대조되게 논리학의 법칙들은 이런저런 사물을 언급하지 않는다. 논리 법칙은 특정 분야에서 연구하는 속성들도 언급하지 않는다. 논리학의 근본법칙은 이런저런 주제에 특별한 어휘를 배제하기 위해 변항을 포함한다. 이처럼 변항이 부여하는 일반성 때문에 논리 법칙은 특수 분야의 주장들을 구별해 주는 차이들을 "추상화한다". 그러므로 프레게는 논리학을 최대로 일반적인 과학이라 생각한다(Ricketts[1985], 4).

이 언급은 두 주장으로 요약할 수 있다. 첫째로 프레게 논리학의 원리들은 양화-변항 장치를 이용해서 특정 판단의 내용을 추상화하고 주장들 간의 차이를 추상화한다. 둘째로 그에게 논리 법칙이 기하학이나 물리학의 법칙과 다른 점은 특정 사물도 그런 사물의 속성도 언급하지 않는다는 데 있다. 하지만 이런 견해는 다음 이유에서 프레게의 생각과는 거리가 멀다.

우선 논리 법칙만 일반적인 것이 아닌 것처럼, 프레게에게는 논리 법칙만 형식적 성격을 갖는 것은 아니라는 점을 주목할 필요가 있다. 그는 내용-형식의 2분법을 받아들이지 않는다. 그에 따르면, 물리 과학의 입장에서 보면 논리학이 형식 과학인 것과 마찬가지로 화학이나 생물학의 관점에서 보면 물리 과학도 형식적 과학이다. 그는 논리학이 다른 과학에 비해 더 형식적인 과학이라는 점을 부정하지 않지만, 이런 차이가 절대적인 것이라고 생각하지 않는다. 더구나 그는 논리학이 추상적 형식에만 관여하는 것이 아니라 **고유한 내용**을 다룬다고 생각했다. 그는 논리학의 고유한 내용을 이루는 것으로서 부정, 동일성, 포섭, 개념의 종속 등 특정 개념이나 관계들을

직접 언급한다.[10]

둘째로 프레게는 특정 속성이나 관계에 관해 말하는 논리적 원리도 있을 뿐 아니라 특정 대상들에 관해 말하는 논리적 원리까지 있다고 생각한다. 그의 논리학의 원리들은 부정, 일반성 등의 특정 속성이나 조건, 동일성 등의 특정 관계에 관해 말한다.[11] 더구나 진리치는 대상이고 수도 대상이다. 그의 논리주의에 따르면 0에 관한 법칙─예컨대 "어떤 개념 F 아래 아무 대상도 속하지 않으면, 개념 F의 기수는 0이다"─은 논리 법칙이지만, 대상 0에 관해 말한다. 이런 점에서 프레게의 논리학은 고유한 주제를 가진 과학이다.[12]

리켓츠가 이런 반론을 예상했는지 분명하지 않지만, 최근의 논의에서 그는 더 이상 프레게의 논리 법칙이 특정 대상이나 속성을 언급하지 않는다고 주장하지 않는다. 대신 그는 논리적 어휘의 "주제 보편성"에 근거해서 프레게의 논리적 일반성 개념을 설명하려 한다.

논리 법칙은 다음 뜻에서 최대로 일반적이다. 그 법칙을 표현하는 데 필요한 어휘는 어느 주제에 대한 진술에나 필요한 주제-보편적인 어휘뿐이며, 그런 어휘로는 예를 들어 부정, 동일성, 개념들에 대한 포섭 등에 대한 표현들이

---

10 KS, 321-322.

11 『법칙』의 논리학에서는 이 점이 더욱 뚜렷하다. 부정은 1차 개념으로 간주되고, 조건은 동일성과 마찬가지로 1차 관계로 간주된다. 그리고 1단계 양화사는 2차 개념으로 간주된다. Gg I, 29-31절.

12 리켓츠는 형식-내용 2분법에 근거해서 논리학을 형식 과학으로 간주하는 견해를 프레게에게 돌리지는 않는다. (이 점을 지적해 준 익명의 심사위원에게 감사한다.) 반면 그가 리켓츠(1985)에서 논리학이 특정 부류의 대상이나 개념을 고유한 주제로 갖는 과학이 아니라는 생각을 프레게에게 돌리고 있음은 분명하다. 이것은 아마 그가 논리학에 대한 후대의 견해, 즉 특히 러셀이나 비트겐슈타인의 견해에 비추어서 프레게의 견해를 이해하고 있다는 데 기인하는 것으로 보인다. Ricketts(1885), 서론, 3절 이하 참조.

있다. 이런 어휘는 논리학이라는 과학이 독점하고 있는 어휘이다. 그렇다면 순수 논리 법칙이 제시하는 일반화는 특수 과학이 연구하는 대상이나 개념을 언급하지 않으며 그런 것들을 구분하지도 않는다. 보편주의자의 견해에서 보면 이런 뜻에서 논리학은 최대로 일반적인 과학이다(Ricketts[1996], 123).

우리는 이 언급에서 다음 두 사실을 주목할 필요가 있다. 첫째, 리켓츠가 보기에 논리 법칙이 가장 일반적인 이유는 주제 보편적 어휘로만 표현되어 있다는 데 있다. 둘째, 어떤 어휘가 주제 보편적인지 아닌지는 그것이 어떤 주제에 대한 진술에서나 필요한 것인지 아닌지에 달려 있다. 리켓츠의 이 두 주장 모두 심각한 난점이 있다고 생각한다. 우선 둘째 주장을 고찰하고, 첫째 주장에 관해서는 다음 절에서 논의할 것이다.

프레게는 술어가 과학적으로 유의미하게 사용되기 위한 조건을 이렇게 규정했다: "술어는 각 대상에 대해 참인지 거짓인지 결정되어야 한다."[13] 프레게는 만약 어떤 술어가 이 조건을 충족시키지 못한다면 그런 술어를 지시체가 없는 것으로 간주하였다. 이 때문에 그는 "둥근 사각형"처럼 모든 대상에 대해 거짓인 술어는 과학에서 사용할 수 있지만,[14] "대머리"처럼 어떤 대상에 대해 참인지 거짓인지 결정하기 힘든 술어는 과학적으로 사용되기 힘들다고 생각하였다.[15]

술어에 대한 이런 견해에서 보면 리켓츠가 주장하는 식의 논리적 어휘의 주제 보편성은 사실 겉보기 현상일 뿐이다. "ξ는 지구보다 더 무겁다"는

---

13 여기서 문제되는 술어는 1차 1항 술어이다. 1차 2항 술어에 대해서도 유사한 요건이 주어진다. 문제의 술어에 대응하는 관계가 각 쌍의 대상들 사이에 성립하는지 아닌지 결정되어야 한다. Gg I, 30절.
14 GL, 74절; KS, 159.
15 Gg II, 56절.

술어가 과학에서 유의미하게 사용될 수 있으려면, 그 술어는 각 대상에 대해 참인지 거짓인지가 결정될 수 있어야 한다. 이 사실은 물리적 사물에 대해서만 아니라 심리학적 대상이나 순수 기하학적 대상에 대해서도 마찬가지이다. 따라서 그 술어가 물리적 사물에 관한 진술에만 사용될 수 있다는 생각은 적어도 프레게의 견해로 간주하기는 힘들다. 그 술어가 과학적으로 유의미하게 사용되려면, 비물리적 대상에 대해서도 참인지 거짓인지 결정되어야 할 것이다. 그리고 그런 결정이 가능하려면, 그 술어는 비물리적 대상에 관한 진술에도 나타날 수 있어야 할 것이다. 그러므로 그 술어는 "ξ는 ζ와 같다"는 논리적 술어와 똑같은 뜻으로 어느 주제에 관한 진술에서나 나타날 수 있어야 할 것이다. 이에 따라 "ξ는 ζ와 같다"는 논리적 술어가 "ξ는 지구보다 더 무겁다"는 비논리적 술어와 달리 주제 보편적이라고 말할 근거도 사라질 것이다.

이런 사정은 (1차) 술어만 아니라 각 차원의 함수 표현이나 고차 술어에 대해서도 마찬가지이다. 프레게는 이런 유형의 표현들에 대해서도 (1차) 술어에 대해 했던 것과 유사한 것을 요구한다. 예를 들어 1차 개념을 논항으로 갖는 어느 2차 술어든지 각 1차 개념에 대해 참이나 거짓이어야 한다. 예를 들어 1단계 양화사가 각 (1항) 1차 개념에 대해 참인지 거짓인지 결정되어야 하는 것과 마찬가지로, "φ"(소크라테스)도 각 1차 개념에 대해 참인지 거짓인지 결정되어야 한다. 하지만 1단계 양화사는 논리적 술어인 반면, "φ"(소크라테스)는 경험적 술어이다. 그러므로 논리적 술어가 어떤 주제의 진술에서나 나타날 수 있어야 하듯이, 경험적 술어 역시 어떤 주제의 진술에서나 나타날 수 있어야 한다. 그러므로 리켓츠가 술어에 관한 프레게의 견해와 양립 가능하게 주제-보편적인 술어와 그렇지 않은 술어를 어떻게 구분할 수 있는지 알기 어렵다.

프레게가 논리적 어휘와 비논리적 어휘를 구분했음은 분명하다.[16] 그러나 리켓츠처럼 어휘의 주제 보편성을 단지 어떤 주제의 진술에나 **필요하다**는 것으로 규정하는 한, 그의 주장은 프레게의 견해와 양립하기 힘들어 보인다.[17] 따라서 논리적 어휘와 비논리적 어휘에 대한 프레게의 구분을 설명하려 한다면 우리는 다른 방법을 찾아야 할 것이다. 나는 이에 대해 다음 절에서 논의할 것이다.

2.2. 규범적 일반성

앞에서 지적한 대로 프레게에게 일반성은 논리학만 갖는 특징은 아니다. 그렇다면 그의 논리적 일반성 개념을 설명하기 위해 우리는 논리 법칙의 일반성이 다른 과학의 일반성과 어떤 점에서 다른가 하는 데 초점을 맞추는 것이 좋을 것 같다. 이에 대한 그의 대답은 분명해 보인다. 즉, 논리 법칙은 다른 과학의 법칙들과 마찬가지로 일반적이지만, 그 타당성의 범위는 다르다. 그에 따르면 물리 과학은 현실적 사물의 영역에 대해서만 타당하고, 기하학의 법칙은 공간적인 사물의 영역에 대해서만 타당하지만, 논리 법칙은 **사고 가능한** 모든 영역에 대해 타당하다.[18] 따라서 문제는 왜 그가 논리 법칙을 현실적 사물의 영역이나 공간적 사물의 영역만 아니라 사고 가능한

---

16 KS, 322. "기하학에 점 개념이 속하는 것처럼, 논리학도 고유한 자신의 개념 및 관계를 가지고 있고, 오직 그 사실 때문에 논리학은 내용을 갖게 된다."

17 아마 리켓츠는 비논리적 술어도 어느 주제의 진술에나 사용될 수 있어야 한다는 사실이 그런 술어가 어느 주제의 진술에나 필요함을 함축하지 않는다고 주장할지도 모른다. 그러나 "사용될 수 있어야 하지만 필요 없는" 경우와 "필요한" 경우를 그가—참인 명제의 지배 범위 개념에 의존하지 않고 — 어떻게 구분할 수 있는지 알기 어렵다. 그런 구분이 가능하다 해도 그것이 프레게가 한 구분인지는 더욱 의심스럽다.

18 GL, 14절.

모든 영역과 관련짓는가 하는 것이다. 투박하게 묻는다면, 왜 그는 논리 법칙을 사고 가능성과 관련짓는가? 아마 우리는 프레게가 논리 법칙을 "사고의 법칙"이라 부를 수 있다고 말한 데에서 대답을 찾을 수 있을지 모른다.

잘 알려진 대로 프레게는 어느 과학의 법칙이나 서술 법칙으로 생각할 수 있을 뿐 아니라 규범 법칙으로 생각할 수도 있다고 했다. 예를 들어 물리 법칙은 자연 현상들 사이에 일반적으로 성립하는 관계를 표현해 준다는 점에서 서술 법칙이다. 반면 주어진 물리적 조건하에서 우리가 예상하는 결과가 사실에 부합하기 위해 우리는 물리 법칙에 따라 사고하지 않으면 안 된다. 이런 뜻에서 물리 법칙은 자연 현상에 관한 판단이나 추론에서 우리가 따라야 할 규범이다. 논리 법칙은 진리치를 갖는 명제들 사이에 일반적으로 성립하는 관계를 표현해 준다는 점에서 서술 법칙이다. 프레게는 논리 법칙의 이런 특징을 묘사하기 위해 종종 논리 법칙을 "진리의 법칙"이라고 불렀다. 다른 한편 이런 진리의 법칙은 우리가 판단하거나 주장하거나 추리할 때 오류에 빠지지 않으려면 따라야 하는 규범의 역할을 한다. 그가 논리 법칙을 "사고의 법칙"이라고 부르는 것은 바로 이런 이유 때문이다.[19]

아마 어떤 사람은 논리 법칙의 이런 규범적 특징에 호소해서 프레게 논리 법칙의 일반성을 설명하려 할지 모른다. 왜냐하면 그가 논리 법칙에 부여하는 규범성은 그 주제를 가리지 않기 때문이다. 말하자면 우리가 사고할 때 논리 법칙에 따라야 한다는 것은 어떤 주제에 관해 사고하든지 간에 상관없이 적용된다. 이런 뜻에서 우리는 프레게의 논리 법칙이 사고

---

19 Gg I, xv-xvii.

가능한 모든 영역을 지배하는 법칙이라고 말할 수 있을 것이다. 반면 다른 과학의 법칙은 제한된 주제에 대한 사고에서만 규범의 역할을 하므로, 그 지배 영역도 제한된다. 물리 법칙은 현실적인 영역만을 지배하며, 기하학의 법칙은 공간적인 영역만을 지배한다. 이런 식은 답변이 최근 맥팔레인에 의해 제시되었다.

나는 프레게가 논리학을 일반적인 것으로 규정할 때 염두에 둔 것을 서술적 방식의 일반성 규정으로는 포착할 수 없다고 제한하고 싶다. 칸트의 경우와 마찬가지로 프레게에게도 논리학의 일반성은 규범적 일반성이다. 논리학은 그것이 그것의 주제와 상관없이 사고 자체의 규범적 표준을 제공한다는 뜻으로 일반적이다(MacFarlane[2002], 35).

그러므로 논리학을 특수 과학과 구분해 주는 일반성은 그것이 제공하는 표준을 적용할 때의 일반성이다. 논리 법칙이 특수 과학의 법칙보다 더 일반적인 이유는 전자는 "우리가 사고할 수 있기 위해 어떻게 사고해야 하는지 보편적으로 규제"하지만, … 후자는 특정 영역에서 어떻게 사고해야 하는지 규제한다는 점에서 다르다(MacFarlane[2002], 37-38).

이 설명은 몇 가지 점에서 리켓츠의 설명보다 장점이 있다. 먼저 그것은 논리 법칙이 고유한 내용을 표현한다는 사실과 충돌할 이유가 없어 보인다. 논리 법칙이 고유한 내용을 표현한다고 해서 그런 법칙이 추리나 판단에서 규범의 역할을 할 수 없다는 사실은 도출되지 않는다. 또한 특정 대상이나 속성에 관해 말하는 법칙이 있다는 사실은 그런 법칙이 사고의 규범이 될 수 없음을 함축하지 않는다.

하지만 이런 장점에도 불구하고 나는 그 설명이 프레게의 논리적 일반성 개념에 대한 적절한 설명이라고 생각하지 않는다.

첫째로 이 설명은 법칙의 서술성과 규범성에 대한 프레게의 생각과 배치된다. 그는 논리 법칙의 서술성과 규범성의 관계를 설명할 때, 언제나 후자가 전자에서 유래한다고 말하지, 거꾸로 말하지 않는다. 말하자면 우리가 논리 법칙을 따라 사고할 때 오류에 빠지지 않는다는 신념은 그 법칙이 실제로 성립한다는 사실에 근거한다. 따라서 논리 법칙이 갖는 규범적 필연성은 그에 상응하는 서술 법칙의 **진리**에 근거하는 것이지, 그 반대가 아니다.[20]

둘째로 논리 법칙이 갖는 일반성이 그것의 규범적 특징에서 유래한다는 맥팔레인의 생각 역시 프레게의 생각과는 거리가 멀다. 오히려 프레게는 일반 법칙의 진리 자체가 판단이나 주장에 필연성을 부여한다고 생각한다. 이 점을 이해하려면 우선 그의 필연성 개념을 이해해야 한다. 그는 필연성이나 가능성 등의 양상 범주를 문장의 내용으로 간주하지 않는다. 이런 개념들은 분석성이나 선천성 등의 개념과 마찬가지로 언제나 진리의 정당성 근거와 관련된다. 다시 말해 그는 어떤 진리가 필연적이라는 주장을 그것이 참이기 위한 근거에 대한 주장으로 이해한다. 그는 『개념 표기』에서 필연 판단을 그 판단의 근거가 **법칙**임을 암시하는 것으로 설명한다.[21] 이런 점에서 보면 그에게 필연성의 원천은 참인 법칙 자체이다. 말하자면 추리의 전제로서 참인 법칙은 언제나 우리에게 그에 알맞은 결론의 진리를 받아들일 것을 요구한다. 그런데 일반성이 어느 법칙이나 공통으로 갖는 특징이라는

---

20 NS, 139.

21 BS, 4절.

점을 염두에 둔다면,[22] 사실 맥팔레인의 논리적 일반성 설명은 설득력을 잃고 만다. 왜냐하면 참인 [일반] 법칙 자체가 그 법칙에 따라야 할 규범적 필연성을 부여한다면, 논리 법칙의 일반성을 설명하기 위해 규범적 필연성에 다시 호소해야 할 이유가 없기 때문이다.[23]

3. 표현의 적용 범위와 진리의 지배 범위

3.1. 표현의 적용 범위

리켓츠나 맥팔레인이 프레게의 논리적 일반성 개념을 제대로 포착하지 못한 이유는 그에게 일반성이 언제나 일반적 **적용 가능성**을 의미한다는 사실에 충분히 주의를 기울이지 못했기 때문이라고 생각한다. 프레게는 산수 법칙을 논리 법칙으로 여길 수 있는 주요 이유로서 산수 법칙의 포괄적인 적용 가능성을 들었다.[24] 이런 포괄적 적용 가능성이 산수를 논리학으로 여길 만한 동기가 되려면, 이미 논리학도 포괄적인 적용 가능성을 갖는 과학이라는 사실이 전제되어야 한다. 따라서 논리적 일반성을 다른 과학의 일반성과 구별하려 할 때도, 우리는 무엇보다 논리 법칙이 그처럼 포괄적으로 적용 가능한 이유에 주의를 기울여야 한다.

더밋은 리켓츠와 마찬가지로 프레게의 논리적 일반성을 설명하기 위해

---

22 그는 『기초』에서 선천적 진리를 최종 근거로서 개별 사실이 아니라 [일반] 법칙에 근거하는 진리로 규정한다. GL, 3절. 따라서 프레게에게 선천적 진리는 모두 필연성을 갖는다.

23 Burge(2005), TTR, 369.

24 KS, 103.

논리적 명제가 주제 중립적 용어만으로 표현될 수 있다는 사실에 호소한다.

> 따라서 암묵적으로 가정된 논리적 명제의 특징은 그것이 보편적 적용을 갖는
> 용어들—… 이후의 용어 사용에 따른다면 '주제 중립적" 용어들'—만 포함한다
> 는 것이다(Dummett, FPM, 24).

하지만 그의 설명은 주제 중립성이 무엇을 의미하는지 분명히 할 뿐
아니라 그것을 일반적 적용 가능성과 직접 관련짓는다는 점에서 리켓츠의
설명보다 낫다. 그는 논리적 표현의 주제 중립성을 다음과 같이 설명한다.

> 프레게가 고려한 논리적 개념(notion)과 다른 개념의 유일한 차이는 그런 개념
> 이 어떤 특정 지식 영역에 제한되어 있지 않고 적용 가능한 주제에 아무런 제한
> 이 없다는 데 의존한다(Dummett, FPM, 44).

나는 우선 어떤 표현이 "적용 가능한 주제에 제한이 없다"는 것이
프레게에게 무엇을 의미하는지 고찰한 후에, 더밋의 논리적 명제 개념이
적절한 것인지 고찰할 것이다.

우리는 통상적으로 "술어 F가 대상 a에 적용된다"는 말을 F가 a에
대해 참이라는 뜻으로 사용한다. 하지만 이런 뜻의 술어의 적용 개념은
논리적 표현의 일반적 적용 가능성에 대한 프레게의 견해를 설명하는
데는 적절하지 않은 것 같다. 우리는 예컨대 논리적 술어의 일반적 적용
가능성을 모든 대상에 대해 참이나 거짓이 될 수 있다는 뜻으로 이해할
수 없다. 왜냐하면 앞에서 본대로 프레게는 [알맞은 유형의] 모든 술어에
대해 그런 요구를 하기 때문이다. 그렇다고 해서 우리는 그것을 모든 대상에

대해 참이 된다는 것으로 이해할 수도 없다. 왜냐하면 그 경우 프레게가 논리적 술어로 간주하는 "ξ≠ξ"는 어느 영역에도 적용될 수 없을 것이기 때문이다.

사실 우리에게 필요한 것은 "술어 F가 대상 a에 적용된다"는 말의 뜻이 아니라 "술어 F의 적용 범위가 영역 D에 제한된다" 혹은 "술어 F는 영역 D의 사물들에만 적용 가능하다"는 말의 뜻을 설명하는 일이다. 만약 우리가 그런 말의 뜻을 적절히 설명할 수 있다면, 논리적 표현의 일반적 적용 가능성이 무엇을 의미하는지도 설명할 수 있을 것이다.『산수의 기초』 24절에는 이 문제와 관련하여 아주 흥미로운 대목이 등장한다.

> 만일 외부 사물에서 추상화한 성질이 뜻의 변화 없이 사건, 표상, 개념에 그대로 옮겨질 수 있다고 한다면 그것은 정말 놀라운 일일 것이다. 그렇다면 바로 그것은 마치 녹는 사건, 파란 표상, 짠 개념, 질긴 판단이라고 말하는 것과 마찬가지일 것이다(GL, 24절).

여기서 프레게는 산수의 술어의 적용 범위가 경험적 술어의 적용 범위보다 더 넓다는 것을 보이기 위해 그 둘을 비교하고 있다. 그런데 예컨대 "ξ는 표상이고, ξ는 파랗다"는 복합술어에 관해 말하는 것이 어떤 뜻에서 놀라운 일인가?

우선 그 술어가 문법적으로 잘못 구성된 것이기 때문은 아닐 것이다. 술어에 대한 그의 구문론적 기준으로 볼 때 그것을 제대로 구성되었다고 간주하기에 무슨 문제가 있는지 알기 힘들다. 그렇다고 그 술어가 무의미하기 때문인 것 같지도 않다. 왜냐하면 "ξ는 표상이다"와 "ξ는 파랗다"가 각각 어떤 개념을 나타낸다면, 그런 복합술어의 내용을 이해하는 데 어려움이 없어 보이기 때문이다. 더구나 그의 논점은 그 술어가 아무 대상에 대해서도 참도 거짓도 아니라는 데 있지도 않을 것이다. 왜냐하면 만약 그렇다면 그것은 "ξ는 표상이다"나 "ξ는 파랗다"가 그의 의도와는 달리 명확한 경계를 가지지 않는다는 것을 의미하기 때문이다.[25] 그리고 문제되는 것은 그 술어가 모든 대상에 대해 거짓이라는 점도 아닐 것이다. 왜냐하면 그는 같은 책에서 모든 대상에 대해 거짓이 된다는 것은 과학적으로 쓸모없음을 의미하는 것이 아니라 오히려 과학적으로 유용함을 강조하였기 때문이다.[26]

프레게는 여기서 '파란' 같은 표현과 달리 수 표현들은 관찰 불가능한 사물들에도 적용될 수 있음을 보이려 한다. 따라서 그의 논점은 예컨대 "이 관념은 파랗다"는 문장이 "ξ는 파랗다"는 술어의 부적절한 적용 사례라는 데 있는 것 같다. 그런데 무슨 이유에서 그는 그 술어가 잘못 적용되었다고 간주하는가? 그는 바로 이어서 이렇게 말한다.

본성적으로 감각적인 것이 비감각적인 것에 나타난다는 것은 불합리하다(GL, 24절).[27]

여기서 그는 "ξ는 파랗다"는 술어를 사용할 줄 아는 사람이면 누구나

---

25 개념의 경계가 명확해야 한다는 그의 요구가 『기초』 시기에는 그리 엄격하지 않다는 이유에서 이에 반대하는 사람이 있을지도 모른다. 그러나 그는 이미 『기초』 이전에도 같은 생각을 가지고 있었다. WB, 163-164.

26 GL, 74절.

27 여기서 '…는 불합리하다'는 독일어 "Es ist ungereimt"의 번역이다. 오스틴의 번역 "It does not make sense…"는 무리 없는 번역이긴 하지만, '뜻이 없다' 혹은 '의미가 없다'는 뜻으로 오해될 소지가 있다.

알고 있을 어떤 뻔한 사실들을 염두에 두고 있을 것이다. 앞의 인용문은 예컨대 "이 표상은 파랗다"는 문장을 거짓으로 만들어 주는 원리가 있음을 암시할 뿐 아니라 그 원리를 부정하는 것은 터무니없는 일임을 암시하고 있다. 다시 말해 "ξ는 파랗다", "ξ는 표상이다"라는 두 술어를 사용할 줄 아는 사람은 누구나 다음 사실을 당연하게 여길 것이다.[28]

- 파란 것은 다 색을 가진다.
- 색을 가지는 것은 모두 외적으로 관찰 가능하다.
- 표상은 다 외적으로 관찰 불가능하다.

이 때문에 그는 "ξ는 파랗다"는 술어가 모든 표상에 대해 거짓임을 당연하게 여길 것이고, 그 술어를 표상 영역에 적용하는 일을 터무니없는 일로 여길 것이다.

이것이 프레게의 생각을 옳게 반영한 것이라면, 우리는 술어의 적용 범위가 특정 영역에 제한되어 있다는 것을 그 술어를 다른 영역에 사용할 수 없다는 뜻으로 이해해서는 안 될 것이다. 오히려 그것은 해당 영역에 관해 서술해 주는 어떤 **진리들**이 있고, 우리가 그런 **진리를 인식할 때 그 술어를 다른 영역에 적용할 필요가 없다는 것을** 안다는 뜻으로 이해되어야 할 것이다.[29]

---

28 프레게의 다음 언급을 주목할 필요가 있다: "공간적 술어는 표상에 적용될 수 없다. 표상은 또 다른 표상의 오른쪽에 있지도 않고, 왼쪽에 있지도 않다"(GL, 61절).

29 이런 점에서 프레게에게 술어의 적용 범위란 술어가 생산적으로 적용 가능한 범위로 이해되어야 할 것이다. 여기서 우리는 그가 정의의 생산성(fruitfulness)을 적합한 정의의 한 요건으로 여겼음을 주목할 필요가 있다. GL, 70절. 프레게가 속한 19세기 수학의 연구에서 생산적 적용이 얼마나 중요하게 여겨졌는지 이해하려면 Tappenden(2006) 참조.

우리는 술어의 적용 범위가 특정 영역에 제한되어 있다는 것이 무엇을 의미하는지 살펴보았다. 이제 술어의 적용 범위가 특정 영역에 제한되어 있지 않다는 것이 무엇을 의미하는지 살펴보자. 이것을 이해하려면 과학 이론 내에서 술어들이 차지하는 상대적 지위에 관한 프레게의 생각을 먼저 살펴보아야 한다.

프레게가 염두에 두는 이상적 과학 이론에서는 술어들 혹은 술어가 나타내는 개념들 사이에 인식적 질서가 있다. 예컨대 기하학에서 우리는 선이 무엇인지 모르면 각이 무엇인지도 모르고, 평행 관계가 어떤 것인지 모르면 방향이 무엇인지도 모른다.[30] 그에 따르면 우리가 어떤 술어를 정의할 때 그것이 나타내는 개념보다 인식적으로 앞서는 개념의 술어에 의해 정의해야 한다.[31] 이처럼 어떤 과학 이론에서 개념들 사이의 인식적 질서가 정의에 의해 반영되면, 그 과학의 술어들은 개념들의 인식적 지위에 따라 크게 두 부류로 나누어진다. 그 하나는 분석 가능해서 더 기초적인 다른 술어에 의해 정의 가능한 파생적 술어이다. 다른 하나는 너무 단순해서 분석할 수 없고 정의할 수 없는 원초적 술어이다.

우리 논의에 중요한 점은 파생적 술어는 파생적 진리를 표현하는 데에만 사용될 수 있지만, 원초적 술어는 해당 이론의 파생적 진리뿐 아니라 근본 원리를 표현하는 데에도 사용될 수 있다는 것이다.[32] 이 때문에 우리는 근본 원리가 참이라는 것을 인식할 때 원초 술어가 나타내는 개념이 무엇인지도 알게 된다.[33] 이런 이상적 과학 이론에서는 주어진 술어에 대한 지식은

---

30 KS, 50; GL, 64절.

31 GL, 64절.

32 KS, 104-105.

33 GL, 65절. 여기서 프레게는 "동일성 법칙들은 분석적 진리이며, 동일성 개념 그 자체로부터 도출될

그보다 더 기초적인 술어에 대한 지식에 의존할 것이고, 결국 어느 파생적 술어에 대한 지식이든지 원초 술어에 대한 지식에 의존할 것이다. 이런 의존 관계는 술어의 적용 범위에 대해서도 마찬가지로 성립한다. 어떤 파생적 술어에 대해서든 그 적용 범위를 알고자 한다면, 우리는 해당 술어가 표현하는 파생적 진리의 인식만 아니라 궁극적으로 근본 원리의 인식도 필요로 한다. 반면 어떤 술어의 적용 범위도 그보다 더 기초적인 술어의 적용 범위를 넘지 못할 것이고, 어느 파생적 술어의 적용 범위도 원초 술어의 적용 범위를 넘지 못할 것이다.

이제 우리는 술어의 적용 범위가 특정 영역에 제한되어 있지 않다는 것이 무슨 의미인지 말할 수 있다. 프레게는 논리학에서도 술어가 나타내는 개념들 사이에 인식적 우선의 원리가 성립한다고 보았다.[34] 이 점에서 보면 논리학 내에서도 공리를 표현해 주는 원초 술어 이외에는 상대적인 뜻의 일반적 적용 가능성을 갖게 된다. 한편 다른 과학은 그 과학에 속하는 근본 원리 이외에도 논리 법칙들을 기초로 삼지만,[35] 논리학이 기초로 삼는 원리들은 논리적 공리뿐이다. 이 때문에 논리적 술어의 적용 범위는 논리학의 진리에만 제한받을 뿐, 다른 과학의 진리에는 제한받지 않는다. 이런 점에서 논리적 술어는 다른 과학의 술어와 달리 그 적용이 특정

수 있다"고 말한 후에 라이프니츠의 동일성 대치율을 인용한다. 그는 바로 이어서 "나 자신은 이것을 동일성에 대한 설명으로 채택한다"고 말한다. 그러므로 "동일성 개념 자체에서" 다른 원리들이 따라 나온다는 말은 그가 논리학의 공리로 삼은 동일성 대치율로부터 따라나온다는 말로 이해되어야 할 것이다.

34 예컨대 수 개념보다는 동수성 관계가 인식적으로 더 앞서고, 동수성 관계보다는 1-1 대응 관계가 인식적으로 더 앞선다. GL, 70절; Gg I, 3.

35 예컨대 기하학은 기하학의 공리 이외에도 논리 법칙들을 기초로 삼을 것이고, 물리학은 물리학의 근본 원리들 이외에도 기하학의 원리들 및 논리 법칙들을 기초로 삼을 것이다. 아래 3.2 "진리의 지배 범위"에 대한 논의 참조.

영역에 제한되지 않는다고 말할 수 있다.

앞의 논의에 비추어 볼 때 논리적 술어와 비논리적 술어의 차이는 다음과 같이 규정될 수 있다. 비논리적 술어의 적용 범위는 특정 영역에 제한되어 있다. 이 사실은 그 술어가 속하는 과학의 진리들 및 논리학의 진리들에 의해 결정된다. 반면 논리적 술어의 경우 적용 범위는 논리적 진리들에 의해서만 결정된다. 이 때문에 논리적 술어의 적용 범위는 논리학 내에서는 상대적으로 제한되지만, 논리학 이외의 분야에서는 아무런 제한이 없다. 나의 이런 설명이 옳다면, 논리적 진리가 일반적 타당성을 갖기 때문에 논리적 표현도 일반적으로 적용 가능한 것이지, 더밋이나 리켓츠의 주장처럼 논리적 표현이 주제 중립적이기 때문에 논리적 진리가 일반성을 갖는 것은 아니다.

3.2. 진리의 지배 범위

이렇게 해서 우리는 다시 원점으로 돌아온 셈이다. 하지만 우리 논의에 소득이 없었던 것은 아니다. 적어도 프레게의 논리적 일반성을 논리적 어휘의 특징에 호소해서 설명해서는 안 된다는 것을 알게 되었다. 그러면 이제 우리가 할 일은 프레게가 논리 법칙에 부여하는 일반성이 무엇을 의미하는지 밝히는 일이다.

우선 우리 문제와 관련하여 두 가지 오해를 제거할 필요가 있다. 첫째로 어떤 논리적 진술이 포괄적으로 적용된다고 말할 때, 프레게는 그 진술이 "어떤 대상들에 대해서나 참이 될 수 있음"을 의미하지 않는다는 것이다. 둘째로 그는—참인지 거짓인지 결정되지 않은— 명제 자체에 관해 그것의 적용 범위를 문제 삼지 않는다는 것이다. 더밋은 다음과 같이 말한다.

프레게의 견해에서 보면 명제들은 적용 가능성의 범위에 따라 달라진다. [적용 가능성의] 범위의 크기는 방금 고찰한 두 특징—즉, 명제가 후천적이냐, 종합적이고 선천적이냐 아니면 혹은 분석적이냐 하는 명제의 양상적 지위 그리고 명제를 표현하는 데 어떤 어휘가 필요한가 하는 것—에 대응해서 두 차원에 따라 측정될 수 있다. 이 중 둘째 차원은 명제가 성립하는 실재의 영역에 관계된다. 즉, 명제는 물질적 대상들에 대해서만 참일 수도 있고 혹은 더 일반적으로 시간-공간적 대상들에 대해서만 참일 수도 있고 혹은 모든 대상들에 대해 상관없이 참일 수도 있다(Dummett, FPM, 43).

여기서는 두 가지 점을 주목할 필요가 있다.

첫째로 논리적 명제는 여기서 모든 대상에 대해 참일 수 있는 명제로 규정되었다. 그러나 프레게가 이런 식의 논리적 명제 개념을 가졌는지 의문이다.[36] 만약 어떤 명제가 물질적 대상들에 대해서만 참일 수 있다면, 그것은 비물질적 대상들에 대해서는 참일 수가 없는가? 만약 그렇다면 그런 진리 개념은 프레게가 반대하는 모형론적 개념으로 빠져들 수밖에 없을 것이다. 프레게는 어떤 명제가 참이라면 단적으로 참이라고 간주하지, 영역에 따라 참일 수도 거짓일 수도 있다고 생각하지 않는다.[37]

둘째로 앞의 인용에서 더밋은 참인 명제들을 분류하는 것이 아니라 명제들 자체를 분류하고 있다. 논리적 명제를 어휘의 주제 중립성에 의해 설명하는 더밋에게는 이런 식의 이해가 불가피할 것이다. 왜냐하면 논리적 명제의 일반성이 어휘의 주제 중립성에 달려 있다면 거짓인 명제라 할지라도

---

36 GL, 86절. 프레게는 산수 법칙들이 외부 세계에 관한 연구에 포괄적으로 적용된다는 사실을 인정하면서도, 그 법칙들이 외부 세계의 사물들에 대해 성립한다는 것을 부정한다. 바로 아래 직접 인용 참조
37 KS, 303-304.

일반적 적용 가능성을 가질 수 있을 것이기 때문이다. 그러나 프레게가 거짓인 명제도 일반적으로 적용 가능하다고 생각했는가? 그렇지 않은 것 같다. 다음 프레게의 언급은 이 점과 관련하여 중요하다.

> 모든 산수 원리는 비록 도출된 것이긴 하지만 논리 법칙일 것이다. … 수 법칙은 원래 외부 사물에 적용 가능하지도 않다. 수 법칙은 자연법칙이 아니다. 그러나 수 법칙은 외부 세계의 사물들에 대해 성립하는 판단들에 적용될 수 있다. 수 법칙은 자연법칙들의 법칙이다. 수 법칙은 자연 현상들 사이의 관계를 주장하는 것이 아니라, 판단들 사이의 관계를 주장한다. 그리고 판단에는 자연법칙도 포함된다(Gl, 87절).

여기서 프레게는 산수 법칙이 포괄적으로 적용 가능하다는 것이 무엇을 의미하는지 분명히 하고 있다. 그에 따르면 산수 법칙은 외부 세계의 **사물들**에 적용되지 않는다. 그러나 이것은 산수 법칙이 외부 세계의 사물들에 관한 **논의**에 적용되지 않는다고 말하는 것이 아니다. 산수 법칙은 외부 세계의 사물들에 대해 참이나 거짓이 되는 자연법칙이 아니라, 그런 사물들에 관한 판단이나 추리에 적용되는 법칙이다.

그렇다면 산수 법칙이 외부 세계에 관한 논의에 적용될 때 그것은 정확히 무슨 역할을 하는가? 산수 법칙이 외부 세계에 관한 "판단들 사이의 관계"를 주장한다는 것은 무슨 의미인가? 더밋은 이와 관련하여 아주 적절한 지적을 하고 있다.

> 왜 프레게는 수학의 식이 적용되기 위해서 그것이 사상을 표현해야 한다고 생각하는가? 그가 수학의 정리의 적용을 연역 추리의 사례라고 간주하기 때문

이라는 점은 명백하다. 사상으로부터만(참인 사상, 즉 프레게에 따르면 사실로부터만) 추리할 수 있다. 어떤 결론의 진리를 사상도 아니고 표현된 것도 아닌 것으로부터 추리한다고 말하는 것은 무의미할 것이다(Dummett, FPM, 256).

더밋의 지적처럼 프레게는 아무 사상(Gedanke)도 표현하지 않는 명제는 적용될 수 없다고 생각했다.[38] 그 이유는 바로 수학의 정리를 적용한다는 것은 문제되는 논의에서 그것을 추리의 전제로 사용한다는 것이기 때문이다. 그런데 더밋 자신이 인정하듯이, 프레게는 추리의 전제가 언제나 참이어야 한다고 주장한다.[39] 이 때문에 그는 귀류법도 거짓 명제를 전제로 삼는 추리로 이해하지 않는다. 그렇다면 프레게에게는 일반적 적용을 갖는 거짓 명제란 있을 수 없다. 왜냐하면 명제의 적용이란 그것을 추리의 전제로 삼는 것이고, 추리는 거짓 전제를 허용하지 않기 때문이다.[40]

이 논의에서 우리는 두 결론을 얻을 수 있다. 첫째로 프레게는 적용 범위에 따라 명제들을 분류할 때 참인 명제들만 문제 삼는다. 둘째로 그에게 어떤 참인 명제가 특정 영역에서 일반적으로 적용된다는 것은 그 영역에 관한 논의에서 추리의 전제로 사용될 수 있음을 말하는 것이다. 그런데 추리의 결론이 참이기 위해 그 전제가 참이라는 데 의존한다는 점에서, 우리는 결론이 전제의 지배를 받는다고 말할 수 있다. 프레게는 이런 뜻에서 참인 명제 P가 영역 D를 적용 범위로 가질 때 P가 D를 지배한다고 말하곤 한다.[41] 그에게 참인 명제의 적용 범위란 그것이 지배하는 범위이다.

---

38 Gg II, 91절.
39 KS, 319; NS, 220, 264.
40 이 문제에 관한 최근의 논란을 보려면 P. Garavaso(2005), 170-172; 최원배(2006), 108-109 참조.
41 프레게는 진리 P는 영역 D를 지배한다(P beherrsche D)라는 뜻으로 "P는 D에 대해 타당하다"(P

이제 프레게가 참인 명제들의 지배 범위를 어떻게 분류하는지 살펴보자. 그는 참인 명제의 지배 범위를 크게 세 영역으로 나누었다.[42] 첫째 영역은 경험적 현실의 영역으로서 우리는 그 영역의 사물들에 지각을 통해 접근할 수 있다. 둘째 영역은 공간적 상상력의 영역으로서 우리는 그 영역의 사물에 공간적 직관을 통해 접근할 수 있다. 셋째 영역은 사고 가능한 것들의 영역으로서 우리는 그 영역에 사고를 통해 접근할 수 있다.

우리는 이 구분에서 각 영역이 서로 분리되어 있지 않다는 점을 주목할 필요가 있다. 첫째 영역은 둘째 영역에, 둘째 영역은 셋째 영역에 포함되어 있다. 따라서 경험적 현실의 영역에는 지각을 통해서만이 아니라 직관과 사고를 통해서도 접근할 수 있고, 공간적 상상력의 영역에는 공간적 직관만이 아니라 사고를 통해서도 접근할 수 있다. 따라서 경험적 현실을 지배하는 진리들은 공간적 상상력의 영역을 모두 지배하지는 못하지만, 후자의 영역을 지배하는 진리들은 전자의 영역도 모두 지배한다. 그리고 공간적 상상력을 지배하는 진리들은 사고 가능한 것들의 영역을 모두 지배하지는 못하지만, 후자의 영역을 지배하는 진리들은 다른 두 영역까지 모두 지배한다.

우리 논의를 위해서는 이 세 영역을 서로 분리된 세 영역으로 다시 나누어 보는 일이 필요하다. 첫째 영역은 **경험적 현실의 영역**이고, 둘째 영역은 공간적 상상력의 영역에서 경험적 현실의 영역을 제외하고 남는 부분이다. 그리고 셋째 영역은 사고 가능한 것들의 영역에서 공간적 상상력의 영역을 제외하고 남는 부분이다. 우리는 둘째 영역을 **순수 직관의 영역**으로, 셋째 영역을 **순수 사고의 영역**으로 부를 수 있을 것이다.

---

gilt für D)고 말한다. 그리고 어떤 진리의 지배 영역(das beherrschende Gebiete)이라는 뜻으로 "타당성 범위"(die Giltigkeitgrenze)라는 말을 쓰기도 한다. GL, 1, 14절.

42 Gl, 14, 24절.

프레게는 공간적 상상력의 영역을 기하학의 진리들의 지배 범위와 동일시하며, 사고 가능한 것들의 영역을 논리학의 지배 범위와 동일시한다. 그리고 그는 순수 직관의 영역에 순수 기하학의 영역이, 순수 사고의 영역에는 순수 논리학의 영역이 상응한다고 생각했다.[43] 따라서 논리 법칙은 사고 가능한 어떤 영역의 논의에서나 추리의 전제로 사용될 수 있다. 반면 기하학의 법칙들은 공간적 직관의 영역에 관한 논의에서만 추리의 전제로 사용될 수 있고, 물리학의 법칙들은 경험적 현실에 관한 논의에서만 추리의 전제로 사용될 수 있다. 따라서 논리 법칙은 **가능한 모든 주제의 추리에서 전제** 역할을 하고, 이런 뜻에서 최대의 일반성을 갖는다. 프레게는 다음과 같이 말한다.

나는 논리 법칙을⋯ 참인 것의 법칙으로 이해한다. ⋯ 참인 것의 법칙은⋯ 우리 사고의 원천일 수는 있지만 그것으로 대체될 수는 없는 영원한 기초에 기반을 둔 경계석(Grenzstein)이다. 그리고 그런 경계석이기 때문에, 참인 것의 법칙은 우리 사고가 진리에 이르려 할 경우 척도를 제시해 준다⋯(Gg I, xvi).

만약 형이상학이나 심리학처럼 그 자체가 논리학의 근본법칙을 필요로 하는 학문들이 논리학에 필요하다고 한다면, 나는 그것을 오류의 확실한 징표라고 생각한다.⋯[그런 근본법칙이 아니라면] 모든 것이 근거를 두는 원래의 기반은 도대체 어디에 있는가?(Gg I, xix)

---

43 프레게는 분명히 순수 기하학의 영역과 순수 논리학의 영역에 대한 생각을 갖고 있었다. 예컨대 그는 시간 개념은 순수 기하학의 영역에 속하지 않는다는 점을 강조하였다. KS, 117n. 그리고 논리주의 기획의 한 가지 목적은 바로 산수의 영역이 순수 논리학의 영역에 포함된다는 것을 정당화하려는 것이었다.

4. 논리적 진리, 분석적 진리 그리고 논리주의

4.1. 진리의 지배 범위에 대한 인식

프레게에게 논리 법칙은 사고 가능한 어느 영역이나 지배하는 진리이다. 그렇다면 주어진 일반적 진리가 논리 법칙인지 아닌지 어떻게 아는가? 마지막으로 우리는 이 물음에 답할 것이다. 이 물음에 대답하기 위해 우리는 더 이상 그의 분석성 규정에 의존할 수 없게 된다. 왜냐하면 그 규정은 논리적 일반 법칙이 무엇인지 알려졌음을 전제하기 때문이다.[44] 우선 우리는 그가 어떤 명제가 참인가 아닌가 하는 물음을 그 명제가 무슨 근거에서 참인가 하는 물음과 구별했음을 주목할 필요가 있다.

이 판단들 중에서 더 복잡한 판단들을 더 단순한 판단들로부터 도출하는 것이 더 적합할 것이다. 그런 도출은 그 판단들을 더 확실히 하기 위해서가 아니라— 이 일은 대부분 불필요하다— 판단들 상호 간의 관계를 드러내기 위한 것이다. 우리가 단지 그 법칙들을 아는가 하는 것은 어떤 법칙들이 다른 법칙들 안에 함께 제시되어 있는 방식을 아는가 하는 것과는 분명히 다르다(BS, 13절).

이 구분은 그의 증명 개념과 관련이 있다. 그에게 어떤 명제를 증명하는

---

[44] 이 점에서 『기초』 3절의 분석성 정의가 논리학의 근본법칙의 분석성 여부에 대해 대답해 주지 않는다는 주장은 문제가 있다. 왜냐하면 프레게는 "분석적 진리"란 말을 증명되는 진리에만 적용되는 것으로 간주할 가능성이 충분히 있기 때문이다. TTR, 389 참조. 내가 "추상 대상과 논리적 대상"에서 프레게에게 논리적 진리와 분석적 진리의 외연이 같다고 한 말은 수정되어야 할 것 같다. 아래의 논의에서 좀 더 분명해지겠지만, 논리학의 공리 이외의 모든 논리적 진리는 분석적인 것으로 간주될 수 있다는 것이 그의 견해에 더 가까운 것 같다. 박준용(2005), 1절 참조.

한 목적은 그것이 **참이라는 것을 보이는** 일과 관련되어 있다. 예컨대 어떤 산수 명제의 진리를 보이는 이유는 "명제의 진리를 모든 의심에서 벗어나게 하려는 데" 있을 수도 있고, 단지 "귀납에 의한 확인보다 증명을 선호하기" 때문일 수도 있다(GL, 2절). 그러나 다른 이유도 있다.

> 이전에는 자명한 것으로 여겨지던 많은 것들이 이제는 증명이 필요하게 되었다. 이런 식으로 타당성의 범위가 처음으로 확립된 경우가 여러 번 있었다(GL, 1절).

증명이 왜 명제의 타당성 범위를 확립해 주는가? 이것은 프레게가 염두에 두는 증명의 또 다른 목적과 관련되어 있다. 우리는 어떤 명제가 참이라는 것을 알게 됨으로써 그것이 타당성을 갖는다는 것, 즉 적용 가능하다는 것을 확신할 수 있다. 하지만 우리는 그것만으로 그 명제의 **타당성 범위가 어디까지 미치는지** 알 수가 없다. 반면 어떤 명제가 무슨 근거에서 참인지 아는 것은 그것이 갖는 타당성의 범위를 아는 것을 포함한다.

따라서 우리는 주어진 명제가 어떤 종류의 증거를[45] 갖는지 알게 될 때만, 즉 그것이 갖는 증거가 논리적인 것인지, 직관적인 것인지, 아니면 경험적인 것인지 결정할 때만 그것의 타당성 범위에 관해 알 수 있다. 간단히 말해 프레게의 생각은 진리의 인식론적 본성이 그것의 타당성 범위를 결정한다는 것이다.[46] 그러므로 어떤 명제가 사고 가능한 모든

---

45 나는 여기서 "증거"라는 말을 경험적 확인을 위한 증거에 한정해서 사용하지 않고 명제가 참임을 보증해 주는 것이라는 뜻으로 넓게 사용한다.

46 여기서 "결정"이란 말은 우리가 증명에 의해 주어진 진리의 타당성 범위를 인식한다는 말이지, 그 진리의 타당성 범위가 증명에 의해 비로소 정해진다는 말이 아니다. 나의 지식으로는 어떤 진리의 증명과 그 진리의 타당성 범위 간의 관계를 처음 주목한 사람은 타펜덴(J. Tappenden)이다.

영역에서 타당한 것처럼 보일지라도, 그것의 진리가 직관에 의존해서 정당화된다면 직관 가능한 것의 영역에서만 타당한 것으로 간주된다.

다음에 나오는 계열들에 관한 복잡한 문장들은 계열들에 대한 어떤 식의 직관으로부터 도출 가능한 모든 유사한 것들보다 일반성에서 훨씬 능가한다. 따라서 우리가 계열에 대한 직관적 표상을 기초로 제시하는 것이 적합하다고 간주하고 싶다면, 그렇게 해서 얻은 문장들은 여기서 제시한 것과 동일한 말로 표현되었을지라도 그와 똑같은 만큼의 것을 거의 진술할 수 없다는 사실을 명심해야 한다. 왜냐하면 그 명제들은 그 명제들이 근거하고 있는 특수한 직관의 영역에서만 타당성을 지닐 것이기 때문이다(BS, 23절).

4.2. 논리학의 근본법칙의 인식

앞에서 본대로 프레게가 염두에 두는 과학 이론에서는 진리의 인식론적 본성은 전제가 무엇인지 밝히는 것만으로는 충분히 결정되지 않는다. 왜냐하면 그런 이론에서 파생적 진리의 인식론적 본성은 결국 근본법칙(공리)의 인식론적 본성에 의존할 것이기 때문이다. 따라서 우리는 주어진 진리의 전제를 알았더라도, 다시 이 전제에서 최초 전제로까지 소급하지 않으면 안 된다.

따라서 이제 문제는 논리학의 공리가 그 밖의 과학의 공리와 인식론적 본성이 어떻게 다른가 하는 것이다. 프레게는 유난히도 이 물음에 대해 직접적으로 답변하는 경우가 아주 드물다. 이 때문에 아마 어떤 사람은

Tappenden(1995), III절; Tappenden(2006), 118 참조.

그 질문에 적극적으로 대답하는 일은 불가능하고 논리 법칙의 규범적 역할에 의지해서 소극적으로 대답하는 수밖에 없다고 생각할지 모른다. 왜냐하면 증명 불가능한 논리 법칙을 무슨 권리로 받아들이는가 하는 물음에 대해 프레게는 "우리가 사고를 혼란에 빠뜨리고 모든 판단을 폐기하고 싶지 않다면" 논리 법칙을 인정해야 한다는 것 이외에 다른 대답이 있을 수 없다고 말하기 때문이다.

> 우리는 왜 그리고 무슨 권리로 어떤 논리 법칙을 참으로 인정하는가 하는 물음을 논리학은 그 논리 법칙을 다른 논리 법칙으로 환원함으로써만 대답할 수 있다. 그런 환원이 가능하지 않다면, 논리학은 아무 대답도 줄 수 없다. 우리가 논리학으로부터 눈을 돌린다면, 다음과 같이 말할 수 있다. "우리는 우리 자신의 본성과 외부 상황에 의해 판단을 내릴 수밖에 없다." 그리고 만약 우리가 그렇게 한다면, 이 법칙—예컨대, 동일성의 법칙—을 거부할 수가 없다. 우리가 우리의 사고를 혼란에 빠뜨리고 결국 우리의 모든 판단을 폐기하려 하지 않는다면, 우리는 그 법칙을 인정하지 않을 수 없다. 나는 이런 견해와 다투지도 그 견해를 지지하지도 않을 것이다(Gg I, xvii).

하지만 이 맥락에서 프레게가 대답하려는 물음은 우리의 물음과 서로 다르다는 사실을 주목해야 한다. 여기서 그는 논리 법칙의 진리 자체를 의심하는 사람을 상대하고 있다. 그가 보기에 이런 회의가의 잘못은 자신의 의심이 합당하기 위해서도 논리적 원리에 의존해야 한다는 사실을 모른다는 데 있다. 이런 회의가에게 대응하는 방법은 "네 정신이 이상하지 않다면 논리 법칙을 거부할 수 없다!"고 말하는 것이다. 반면 우리 물음은 이런 회의가의 물음과 전혀 다르다. 우리는 논리 법칙의 진리를 의심하지 않는다.

우리가 묻는 것은 "논리학의 근본법칙이 참인가 아닌가?"가 아니라, "논리학의 근본법칙이 참이라는 것을 우리가 어떻게 아는가?" 혹은 "논리학의 근본법칙을 예컨대 기하학의 근본법칙과 어떻게 구분하는가?"이다.

프레게는 우리 물음에도 회의가의 경우와 같은 식으로 대답할 수 있을까? 전혀 그렇지 않다. 사실 앞의 논의 맥락에서 프레게는 논리 법칙에 대한 심리주의자나 자연주의자들의 견해를 논박하는 것을 일차적 목표로 삼았을 뿐이다. 반면 우리 물음의 맥락은 산수 법칙에 대한 칸트주의자의 견해와 관련되어 있다. 칸트주의자에 대응해서 그가 논리주의를 정당화하려면, 논리학의 공리와 다른 과학의 공리가 인식론적 본성에서 어떻게 다른지 말해 주어야 한다. 이 물음에 대답하지 못한다면, 그가 산수 법칙들을 논리 법칙으로 환원한다 해도 산수가 기하학과 다른 과학이라는 것은 정당화할 수 없을 것이다. 사실 프레게는 우리 물음에 대해 완전히 침묵한 것이 아니다. 그는 "논리학은 진리인 판단의 근거들에만 관심을 둔다"고 말하면서도, 동시에 다음과 같이 말한다.

> 그러나, 도대체 우리가 진리들을 인정한다면, 이것만이 유일한 종류의 정당화일 수는 없다. 만일 판단들이 어떤 정당성을 요구한다면, 어떤 다른 것에 정당성이 근거하고 있는 판단들이 있어야 한다. 그리고 여기에 인식론의 과제가 있다 (NS, 3).

이제 우리는 근본법칙의 인식에 대해 다음 두 물음을 구별할 필요가 있다.

● 우리는 한 과학의 근본법칙이 참인지 아닌지 알 수 있는가?

● 만약 그것이 가능하다면, 우리는 그것이 논리적으로 참인지 아닌지 어떻게 아는가?

우선 프레게가 첫째 물음에 대해 부정적인 대답을 했다고 하자. 그러면 우리는 그것에 의존하는 명제들의 진리도 알 수 없게 될 것이다. 이 경우 그 과학의 법칙이 성공적 적용에 의해 확인된다 해도, 그것은 그 법칙이 참이라는 것을 보증해 주지는 못한다. 왜냐하면 성공적 적용에 의한 확인은 법칙이 참이라는 것을 시사하는 것일 뿐이기 때문이다. 프레게에 따르면 우리가 아직 그 법칙과 관련된 모순에 마주치지 않았다는 것은 "경험적인 확실성 이상에 도달할 수 없고", 그것은 "우리가 마침내 전체 건물을 무너뜨릴 모순에 마주칠 가능성"을 배제할 수가 없다(GL, ix). 그러므로 그가 한 과학의 근본법칙이―적어도 원리상으로라도― 우리에게 알려질 수 없다고 생각했다는 것은 그리 합당해 보이지 않는다.

우리가 한 과학의 근본법칙이 참이라는 것을 알 수 있다 해도 우리는 그것을 다른 명제에 근거해서 알 수는 없다. 만약 그렇다면 그 법칙은 더 이상 근본법칙이 아닐 것이고, 우리의 증명은 엄밀한 것이 아닐 것이다. 우리는 프레게에게 근본법칙이 증명될 수 없을 뿐 아니라 증명이 필요하지도 않다는 것을 주목할 필요가 있다. 왜 증명이 필요 없는가? "그것의 진리를 의심할" 필요가 없기 때문이다.

이로부터 거짓인 공리가 없다는 것이 따라나온다. 그리고 우리가 어떤 사상 (Gedanke)의 진리를 의심한다면 그것을 공리로 받아들일 수 없다는 것도 따라나온다. 왜냐하면 그 경우 그 사상은 거짓이어서 공리가 아니거나, 그렇지 않다면 그것은 참이지만 증명이 필요하기 때문에 공리가 아니기 때문이다(NS, 221-222).

증명이 필요 없는 진리에 대해 우리가 아무런 인식 근거를 가지지 않는다는 것은 합당하지 않다. 왜냐하면 그 경우 우리는 그것이 참이라는 것도 알지 못할 것이기 때문이다. 그런데 근본법칙은 파생적 법칙의 경우처럼 다른 진리에서 그 인식 근거가 드러나지는 않으므로, 그 법칙 자체 안에 그것의 인식 근거가 드러난다는 것 이외에 다른 가능성은 없을 것 같다. 다음 언급은 이것이 프레게 자신의 생각임을 보여준다.

> 공리는 진리이므로, 거짓으로 주장된 어느 사상도 공리로 인정될 수 없다. 또한 다른 진리와 독립되게 참임이 인식될 수 있다는 것은 공리 개념의 일부이다(NS, 183).

그러므로 근본법칙은 그것이 참이기 위한 증거를 그 스스로 우리에게 드러내며, 우리는 그런 증거를 인식함으로써 그것이 참임을 알게 된다는 것이 그의 생각이라고 결론지을 수 있다.[47]

이제 둘째 물음으로 넘어가 보자. 프레게는 어떤 이론의 근본법칙이 논리적으로 참인지 아닌지 어떻게 알 수 있다고 생각했는가? 이 물음에 대답하려면 지식의 원천에 대한 프레게의 견해를 고려해야 할 것이다. 그에 따르면 세 종류의 지식의 원천이 있다: 감각 지각, 시-공간적 직관 및 논리적 능력 혹은 순수 개념적 사고. 논리적 능력이란 넓게 말해 사고 능력에 속할 것이다. 사고 능력은 판단에 이르는 능력과 추리 능력으로

---

[47] 나의 지식으로는 이 점을 가장 설득력 있게 논증한 사람은 제시온이다. Jeshion(2001), 3절 참조.

분류될 수 있다. 어떤 명제가 참이라는 판단에 도달하기 위해 우리는 두 과제를 수행해야 한다. 우선 그 명제의 뜻을 파악해야 하고, 다음으로 그것의 진리를 인정해야 한다. 그의 견해에서 보면 명제의 뜻은 그것이 진리-조건이 성취되었다는 사상(Gedanke)을 말하므로, 명제의 뜻을 파악하는 일은 그것의 진리-조건을 파악하는 일을 포함한다.[48] 다음으로 명제가 참임을 인정하기 위해서는 그런 진리-조건이 실제로 성취되었음을 확인해야 한다. 그러면 우리는 어떤 명제가 참이라는 판단에 도달하는 데 무슨 능력이 필요한가? 프레게에게 판단 기능 자체는 어느 경우에나 동일하며 순수 사고 능력에 속한다. 반면 명제의 진리-조건을 파악하는 일이나 그 조건이 성취되었는지 확인하는 일에 필요한 능력은 진리-조건의 특징에 따라 달라질 것이다.

그러면 어떤 근본법칙이 논리적으로 참인지 아닌지 어떻게 아는가? 프레게에 따르면 한 과학의 근본법칙은 그것이 참이기 위한 증거를 스스로 드러낸다. 따라서 우리는 다음 두 물음에 대답해야 한다.

- 주어진 근본법칙이 참이라는 증거는 무엇으로 이루어지는가?[49]
- 그 법칙이 참이라는 판단에 이르기 위해 우리에게는 무슨 능력이 필요한가?

우리는 이미 한 명제가 참이라는 판단에 이르는 데는 그 진리-조건의 파악 및 그 조건의 성취 확인이 필요함을 보았다. 따라서 첫째 물음은

---

48 Gg I, 32절.

49 우리는 이런 증거를 그 법칙을 실제로 **참으로** 만들어 주는 것과 혼동하지 않도록 주의해야 한다. 프레게의 견해에서는 어떤 명제든 그것을 참으로 만들어 주는 것은 객관적 세계 자체, 즉 프레게의 용어로 말하면 "지시체들의 세계"이다.

이렇게 대답할 수밖에 없을 것이다. 그 증거는 문제의 근본법칙의 진리-조건을 파악하고 그 조건이 실제로 성취되었는지 확인함으로써 우리가 얻는 것이다. 둘째 물음의 대답은 근본법칙의 인식론적 특징에 따라 달라질 것이다. 예컨대 기하학의 근본법칙의 경우, 진리-조건의 파악 및 그 조건의 성취 확인에는 논리적 능력만 아니라 시간-공간적 직관도 필요할 것이다.[50] 반면 논리학의 근본법칙의 경우 진리-조건의 파악 및 그 조건의 성취 확인에는 감각이나 직관의 도움이 필요 없고 순수 개념적 사고만으로 충분할 것이다.[51]

이제 우리는 프레게의 논리적 진리 개념을 인식론적 특징에 따라 일반적으로 규정할 수 있다. 그에 따르면 논리적 진리는 두 종류로 나누어진다. 하나는 증명 불가능하지만, 오직 순수 개념적 사고만으로 그것의 진리를 확인할 수 있어서 증명이 필요 없는 진리이다. 다른 하나는 정의와 첫째 종류의 논리적 진리로부터 연역 가능한 진리이다. 그러므로 [논리적] 정의에 대한 지식과 증명에 대한 지식이 순수 개념적 사고만으로 알려질 수 있다면, 논리적 진리는 간단히 순수 개념적 사고에 의해 우리에게 알려지는 것으로 규정할 수 있다. 이미 우리는 프레게의 논리학에서 파생적 술어의 정의는 궁극적으로 원초 술어에 의해 의존하며, 원초 술어는 근본법칙을 표현하는 데 사용된다는 것을 보았다. 따라서 논리학의 근본법칙의 진리조건을 파악

---

50 증명 불가능한 경험적 명제의 경우, 그것의 진리-조건을 파악하고 그 조건이 성취되었는지 확인하는 데는 논리적 능력이나 시간-공간적 직관만 아니라 감각 지각도 필요할 것이다.

51 프레게는 『법칙』만 아니라 『표기법』에서도 그 자신의 공리에 대한 견해와는 어긋나게 마치 공리들이 참임을 추론에 의해 증명하려는 것처럼 보인다. Gg I, 18-20절; BS, 14절 참조. 그러나 나의 설명이 옳다면, 그 절차는 공리들의 참을 증명하는 것이 아니라, 공리의 진리조건만 파악해도 공리의 진리가 자명하게 드러난다는 것을 보이는 것으로 이해되어야 할 것이다. 『법칙』 I권 서문에서 그가 공리 V에 대해 보인 의구심 또한 그 공리가 다른 공리들과는 달리 그 진리가 자명하게 드러나지 않는다는 데 기인할 것이다. Gg I, vii 참조.

하는 데 순수 개념적 사고만으로 충분하다면, 논리학에서는 정의에 필요한 지식 또한 순수 개념적 사고만으로 충분히 얻을 수 있을 것이다. 또한 그가 "빈틈없는 증명"이라고 부르는 것은 순수 논리적 연역을 의미한다. 따라서 증명에 필요한 지식 또한 순수 개념적 사고만으로 충분히 얻을 수 있을 것이다. 따라서 프레게의 논리적 진리는 다음과 같이 규정될 수 있다.

● 명제 A는 논리적 진리이다 ↔ A는 참이고, 그것이 참이라는 것은 순수 개념적 사고만으로 우리에게 알려질 수 있다.

4.3. 분석적 진리와 논리주의

이제 논의를 정리해 보자. 프레게에게 논리 법칙은 가능한 모든 추리의 전제 역할을 한다는 뜻에서 최대의 일반성을 갖는다. 이 때문에 논리학은 가장 일반적인 과학이다. 다른 한편 논리 법칙은 그 진리가 순수 개념적 사고만으로 우리에게 알려질 수 있다. 이 점에서 논리 법칙은 순수 사고의 영역에 속하며, 논리학은 기하학이나 경험과학으로부터 독립된 과학이다.

프레게는 진리의 타당성 범위가 그것의 인식론적 본성에 따라 결정된다고 보았다. 어떤 명제의 진리를 순수 사고만으로 알 수 있다면, 우리는 그 진리가 사고 가능한 모든 영역을 지배한다는 것도 알 수 있다. 왜냐하면 순수 사고의 영역에 속하는 진리는 사고 가능한 영역 전체에 적용 가능하기 때문이다.

이 논의에 비추어 볼 때 우리는 프레게의 논리주의가 두 측면을 가진다는 것을 알 수 있다.

첫째로 산수 진리가 분석적 진리라는 것은 논리 법칙과 논리적 정의로 부터 순수 논리적으로 연역 가능한 진리라는 것이다. 이것은 다시 산수 진리가 순수 사고로만 알려진다는 것,[52] 산수가 순수 사고의 영역에 속한다는 것이다. 반면 기하학이나 물리학의 진리는 순수 사고 이외에도 직관이나 관찰에 호소해야 알려진다. 이 점에서 논리주의는 산수가 직관이나 관찰에 의존하지 않는 과학이라는 것, 즉 기하학이나 물리학으로부터 독립된 과학이라는 주장이다.

둘째로 산수가 논리학의 일부라는 것, 산수가 더 발전된 논리학이라는 것은 산수가 논리학이 갖는 일반적 적용 가능성을 공유한다는 것이다. 이는 다시 산수 법칙은 논리 법칙과 마찬가지로 어떤 영역에 관한 논의에서나 전제로 사용될 수 있음을 말한다.

우리 논의는 프레게 논리주의의 두 특징 사이의 관계를 다음과 같이 드러내 준다. 우리는 산수가 순수 사고의 영역에 속하는 과학이라는 것을 알게 됨으로써 산수의 일반적 적용 가능성도 알게 된다.[53] 따라서 산수 진리의 분석성을 논증하는 것은 산수 진리의 일반적 적용 가능성도 논증하는 셈이다.

---

52 이 때문에 산수의 진리가 분석적이라는 것을 옹호한 후에 프레게는 『산수의 기초』 마지막 부분에서 다음과 같이 말한다: "산수에서 우리가 다루는 대상들은… 이성에 직접 주어지는 것이며, 이성은 그 대상들을 자신의 소유로서 완전히 통찰할 수 있다"(GL, 104절).

53 따라서 나는 프레게에게 산수 진리의 분석성이 그 논리적 일반성을 함축하지 않는다는 더밋의 주장을 받아들이지 않는다. FPM, 43 참조.

5장
논리주의와 논리상항의 의미*

1. 들어가는 말

1.1. 신프레게주의 논리주의

흔히 논리주의는 수학의 개념을 논리적으로 정의할 수 있고, 수학의 진리를 논리적으로 증명할 수 있다는 주장으로 이해된다. 논리주의가 철학적 의의를 갖는 이유는 논리학이 전통적으로 누려온 인식적 지위와 관련되어 있다. 왜냐하면 우리 지식 중에서 경험에 의존하지 않고 선천적으로 인식 가능한 것이 있다면, 그것은 무엇보다 논리학의 원리나 방법일 것이기 때문이다. 만약 논리학이 이런 뜻의 선천적 과학이라면, 논리주의가 옳을 경우 수학의 진리 역시 선천적으로 인식 가능할 것이다.

오늘날 수학의 모든 영역에 관해 이런 주장을 하는 경우는 많지 않다. 반면 수학의 분야 중에서 적어도 수론에 관한 우리의 지식은 논리학의

* 이 논문은 2012년 정부(교육과학기술부)의 재원으로 한국연구재단의 지원을 받아 수행된 연구임 (NRF-2012-S1A5A8024253).

지식과 마찬가지로 선천적이라는 주장하는 사람들이 있다. 크리스핀 라이트와 밥 헤일은 이런 제한된 형태의 논리주의를 주장해 왔다. 그들에 따르면 프레게가 일찍이 『산수의 기초』에서 제시한 추상적 대상의 도입 원리에 의존할 때, 적어도 자연수, 무한 기수 및 실수 등에 관한 우리 지식은 논리학의 지식 및 수 개념에 관한 선천적 설명으로부터 비롯된 지식으로 간주할 수 있다.

이들의 논리주의가 주목을 받게 된 것은 오늘날 '프레게 정리'라고 불리는 것—즉, 2단계의 고전적 논리학[1] 내에서 '흄 원리'(Hume's Principle)라고 불리는 한 원리로부터 데데킨트-페아노의 자연수이론 공리들이 증명 가능하다는 것—의 재발견과 관련되어 있다. 라이트와 헤일은 흄 원리는 논리학의 공리나 정리는 아니지만 기수 개념의 선천적인 설명으로 간주될 수 있으므로, 프레게의 정리에 근거할 때 자연수론의 공리들이나 그 정리들에 대한 우리의 지식은 선천적 지식의 자격을 갖는다고 생각한다.

지난 몇십 년간 라이트와 헤일이 주장하는 논리주의가 정말 수론에 관한 우리 지식의 선천성을 충분히 보증해 줄 수 있는지에 관해 많은 논의가 있어 왔다. 논란의 핵심은 흄 원리를 비롯해서 그와 유사한 다음의 형식을 공유하는 추상 대상의 도입 원리들—즉, 추상화 원리들—의 논리적 지위와 관련되어 있다.

$$\forall \alpha \forall \beta [\Sigma(\alpha) = \Sigma(\beta) \leftrightarrow \alpha \approx \beta]$$

---

1 여기서 '고전적 논리학'이라는 말은 오늘날의 표준적 논리학을 말하지 않는다. 오늘날 표준적인 논리학의 식들은 집합론을 배경 이론으로 삼아 해석된다. 반면 프레게의 경우 집합은 근원적인 논리적 유형이 아니며, 논리학의 문장들은 대상 및 각 차원의 개념이나 관계에 의해 해석(지시)이 주어진다. 라이트와 헤일 역시 이 점에서 프레게를 따르고 있다. 여기서 '고전적 논리학'이라는 말은 논리학의 고전적 법칙들 및 그 적용 방식에 대해 비판적인 구성주의, 서술주의에 대비해서 쓴 말이다.

여기서 α ≈ β는 임의의 대상들 혹은 개념들 α, β 사이의 동치 관계이고, Σ(α)나 Σ(β)는 그런 대상이나 개념에 의해 도입되는 추상 대상이다. 그러므로 추상화 원리는 임의의 대상이나 개념들 α, β 사이에 어떤 동치 관계가 성립할 경우, α와 β에 의해 도입되는 추상 대상은 똑같다는 것을 말한다. 잘 알려진 대로 프레게는 『산수의 기초』에서 선들 사이의 평행 관계에 의존해서 선의 방향들을 도입하였고, 개념들 사이의 동수 관계에 의존해서 개념의 기수들을 도입하였다.[2] 흄 원리는 바로 기수들을 도입하는 추상화 원리이다. 정확히 말해 흄 원리는 임의의 두 개념 F, G 아래 속하는 대상들 사이의 1-1 대응 관계가 존재할 때(그리고 그때만) F의 그 기수는 G의 그 기수와 똑같다는 것을 말한다. 'F의 그 기수'를 'NxFx'로 표시하면, 흄 원리는 아래와 같이 표현된다.

$$\forall\Phi\forall\Psi[Nx\Phi x = Nx\Psi x \leftrightarrow \exists R(\Phi\ \text{1-1}R\ \Psi)][3]$$

프레게가 그의 『산수의 근본법칙』의 논리학의 공리로 도입하고 흄 원리의 증명의 토대로 사용한 근본법칙 V는 러셀에 의해 모순에 빠진다는 사실은 알려져 있다. 그런데 근본법칙 V 역시 추상화 원리의 형식을 갖고 있다. 그 원리는 임의의 두 개념 F와 G 아래 똑같은 대상들이 속할 때(그리고 그때만) F의 그 외연은 G의 그 외연과 같다는 것을 말한다. 'F의 그 외연'를 'ExFx'로 표시하면, 근본법칙 V는 아래와 같이 표현된다.

---

2 Frege(1884), 63-67절 참조.

3 나는 아래에서 'Φ', 'Ψ' 등의 그리스 문자를 술어변항으로, 'F', 'G' 등의 라틴 문자를 술어기호로 구분해서 사용한다. 그러므로 예컨대 'NxΦx'는 기수연산자나 그런 연산자의 도식이지만, 'NxFx'는 기수 단칭용어이다.

$$\forall\Phi\forall\Psi[\mathrm{Ex}\Phi x = \mathrm{Ex}\Psi x \leftrightarrow \forall x(\Phi x \leftrightarrow \Psi x)]$$

라이트와 헤일은 추상화 원리를 연산자 'Σ(⋯)'에 대한 일종의 암묵적 정의(implicit definition)로 간주하자고 제안한다. 'Σ(⋯)'는 빈자리에 대상 표현이나 개념 표현이 들어갈 때 그 결과로 대상 표현을 산출하는 함수 표현이다. 그러므로 라이트와 헤일의 제안은 추상화 원리를 함수 표현 'Σ(⋯)'의 의미를 그 원리의 문맥 안에서 설명하는 원리로 간주하자는 것이다. 물론 근본법칙 V가 보여주듯이, 이런 정의가 언제나 성공한다는 보장은 없다. 하지만 암묵적 정의란 언제나 어떤 주어진 이론에 새로운 용어를 도입하는 일에 관여하므로, 그 이론에 적합하게 적용되기 위해 갖추어야 할 어떤 조건을 요구한다. 라이트와 헤일은 그런 조건을 적절하게 규정할 때, 근본법칙 V처럼 부적합한 추상화 원리는 배제하고 적합한 추상화 원리는 수용할 수 있는 그런 기준도 제시할 수 있다고 믿는다. 나아가 2단계 논리학 이론에 도입되는 흄 원리가 그런 기준을 만족한다면, 그들은 프레게 정리를 이용해서 자연수론의 선천적 인식 가능성을 보이는 데 성공할 수 있으리라 기대한다.

1.2. 논문 주제와 범위

라이트와 헤일은 "암묵적 정의와 선천성"(2000)에서 추상화 원리가 관련된 이론에 성공적으로 적용되기 위한 몇 가지 필수 조건을 제시하였다. 에반스에게서 비롯된 일반성의 조건, 추상화연산자의 도입 및 제거 원리 사이의 조화 조건, 새로 도입되는 단칭용어들의 지시체를 함부로 가정해서는 안 된다는 조건 그리고 추상화 원리가 첨가되는 이론 내에서 모순이 생기지 않는다는 조건 혹은 추상화 원리는 그런 이론에 대해 보수적이라는 조건 등이다. 그리고 그들은 흄 원리가 이런 조건들을 만족하는 암묵적 정의임을 보이려 했다.

라이트와 헤일의 이런 시도에 대해 이후 여러 논란이 이어지고 있다. 이 글에서 나의 관심은 두 가지다. 첫째 관심은 라이트와 헤일의 논리주의 기획에 적합하면서도 그들의 암묵적 정의 모델이 갖는 약점을 극복할 대안이 가능한가 하는 데 있다. 나는 그런 대안으로서 흄 원리를 그것이 도입되는 논리학 이론에서 일종의 논리적 추리규칙으로 삼는 방안을 검토하려 한다. 둘째 관심은 라이트와 헤일이 제시한 암묵적 정의의 조건들이 서로 어떤 관계를 갖는가 하는 것이다. 나는 이런 조건들이 최근 증명론적 의미론에서 제안된 논리적 추리규칙의 적합 조건들과 어떤 관계를 갖는지 규명하려 한다.

나는 다음 순서로 논의를 진행한다. 2절에서는 먼저 라이트와 헤일이 제시한 암묵적 정의 모형의 주요 특징을 요약한 후, 그런 모형이 갖는 난점을 지적한다. 3절에서는 추상화 원리를 추리규칙으로 삼는 방안을 검토한다. 특히 라이트와 헤일의 일반성 조건 및 규칙들 간의 조화 조건이 무슨 의의를 갖는지 검토한다. 4절에서는 추리규칙으로 간주된 흄 원리와 근본법칙 V의 차이를 규명한 다음, 이를 바탕으로 흄 원리를 논리적 추리규칙으로 간주할 수 있는지 검토한다. 마지막으로 논리주의 기획을 정당화하려면 흄 원리를 라이트-헤일 모형의 암묵적 정의보다는 논리적 추론규칙으로 간주하는 것이 더 낫다고 주장한다.

2. 암묵적 정의와 참의 약정

2.1. 라이트와 헤일의 암묵적 정의

라이트와 헤일의 암묵적 정의 개념을 정확히 이해하려면, 우리는 암묵적 정의의 목적과 역할을 이론의 맥락 내에서 고찰하는 것이 좋다. 왜냐하면 암묵적 정의란 언제나 어떤 이론에 새로운 용어를 도입하는 일이기 때문이다. 우리가 수학이나 과학의 어떤 이론 T에 새로운 용어 'S'를 도입하려 한다고 하자. 이 경우 분명히 다른 두 도입 방식이 존재한다. 하나는 T 안에 'S'의 의미를 설명할 말이 충분한 경우이고, 다른 하나는 그런 말이 충분하지 않은 경우이다. 전자의 경우 보통 'S'의 의미는 명시적인 방식으로 정의된다. 다시 말해 'S'와 똑같은 의미를 갖는 말을 정의항으로 삼아 'S'의 의미를 확정한다. 반면 후자의 경우 그런 말이 존재하지 않으므로, 보통 'S'를 구성 요소로 포함하는 어떤 참인(혹은 우리가 그렇게 약정한) 문장의 맥락 내에서 암묵적으로 'S'의 의미를 설명한다.

암묵적 정의는 명시적 정의와 두 가지 점에서 중요한 차이를 갖는다. 첫째 이론 T에서 제시된 명시적 정의는 T에서 원리상 없어도 되는 절차이다. 왜냐하면 피정의항 'S'를 대신할 말이 이미 T에 있기 때문이다. 반면 암묵적 정의는 피정의항 'S'를 대신할 말이 T 안에 존재하지 않는 경우에 제시되므로, 이론 T를 확장하려 할 때는 원리상 없어서는 안 되는 절차이다. 둘째 명시적으로 정의된 용어 'S'의 지시체는 정의 이후 곧바로 고정된다. 왜냐하면 'S'의 의미는 정의항의 의미와 똑같으므로, 그 지시체 역시 다를 수가 없기 때문이다. 반면 암묵적 정의의 경우 새로운 용어 'S'의 의미는 고정되더라도 그 지시체는 고정되지 못할 수 있다. 왜냐하면 용어 'S'는 그것과 똑같은 의미를 갖는 다른 말에 의해 정의된 것이 아니므로, 용어 'S'가 의미를 갖는다는 것은 그것의 지시체가 존재한다는 것을 보장하지 못하기 때문이다.

라이트와 헤일이 고려하는 암묵적 정의는 무엇보다 수학이나 과학 이론 내의 원초적 용어에 대한 (다른 말에 의해 명시적으로 정의될 수 없는 용어의) 정의이다.[4] 원초적 용어를 도입하는 데 사용하는 문장을 정의 원리라고 하자. 이 정의 원리에 의해 기존 이론 T에 적합한 암묵적 정의가 주어지려면, 몇 가지 요건이 만족되어야 한다. 첫째로 정의 원리는 피정의항의 뜻이 충분히 고정되도록 설명해 주어야 한다.[5] 둘째로 정의 원리는 자유롭게 참으로 약정될 수 있어야 한다. 다시 말해 정의 원리를 참으로 약정하기 위해 사전에 어떤 대상, 개념 및 관계의 존재를 별도로 입증하는 부담을 가져서는 안 된다. 셋째로 정의 원리는 그것이 도입되는 이론 T의 다른 원리들과 충돌해서는 안 된다. 라이트와 헤일은 암묵적 정의가 이런 요구를 만족시키기 위해 필요한 적합 조건으로서 다음 네 조건을 제시한다.

첫째로 피정의항 'S'가 이론 T의 문장들 내에서 어떤 역할을 하는지 알아야 한다.[6] 라이트와 헤일의 이 조건은 에반스에게서 유래했다는 점에서 에반스 일반성 조건이라 부를 수 있다.

둘째로 다수의 정의 원리에 의해 피정의항 'S'가 이론 T에 도입될 경우, 정의 원리들이 'S'에 일관된 뜻을 부여한다는 뜻에서 서로 조화로워야 한다. 라이트와 헤일은 여기서 논리학이나 수학의 기호를 도입하는 원리와 제거하는 원리 사이의 조화 개념을 모형으로 삼는다.[7]

---

4 Hale & Wright(2001), 125.

5 Hale & Wright (2001), 126.

6 Hale & Wright(2001), 134-135.

셋째로 정의 원리의 참은 이론 T에서 입증되지 않은 대상, 개념 혹은 관계의 존재를 미리 전제하거나 정의 원리에 의해 그런 존재를 직접 산출해서는 안 된다. 왜냐하면 암묵적 정의 역시 말의 의미를 설명하는 것이므로, 말의 의미 설명만으로 말의 지시체가 존재하게 만드는 것은 허용하기 힘든 일이기 때문이다. 라이트와 헤일은 이런 정의 원리에 의존하는 암묵적 정의를 '주제넘은'(arrogant) 정의라고 부른다.[8]

넷째로 정의 원리는 이론 T 내에서 모순을 초래해서는 안 된다.[9] 정의 원리 P가 T 안에서 모순을 초래한다면, P는 T의 모든 문장을 참으로 만드는 셈이다. 왜냐하면 모순으로부터 모든 문장이 논리적으로 따라나오기 때문이다. 이 때문에 P가 이론 T 자체 내의 논리적 추론을 보존한다는 뜻에서 T에 대해 보수적이라면, P를 T에 새로 첨가하더라도 모순이 발생하지 않는다. 라이트와 헤일은 정의 원리 P는 이런 뜻에서 기존 이론 T에 대해 보수적이어야 한다고 요구한다.[10]

2.2. 흄 원리와 기수함수의 존재

라이트와 헤일은 추상화 원리를 추상화연산자에 대한 암묵적 정의로 고려하자고 제안한다. 물론 그들은 모든 추상화 원리가 앞의 조건들을 만족시킨다고 주장하지 않는다. 그들의 제안은 앞의 조건들을 적합한 추상

---

7 Hale & Wright(2000), 136-137.

8 Hale & Wright(2009b), 467-468.

9 Hale & Wright(2000), 132.

10 보수성에 관한 정확한 형식화 및 이와 관련된 형식적 문제들에 관해서는 Wright(1999), 부록 A; Linnebo(2009), 1-2절 참조.

화 원리와 그렇지 않은 추상화 원리의 구분 기준으로 삼자는 것이다. 그 경우 흄 원리처럼 그들의 논리주의 기획에 핵심적인 역할을 하는 추상화 원리를 선천적으로 수용 가능한 정의 원리로 간주할 수 있게 되리라는 것이다. 이와 함께 흄 원리에 대해서는 앞에 제시된 암묵적 정의 일반에 대한 적합 조건 외에 다음의 다섯 번째 조건이 부가된다. 흄 원리를 이해하는 데 그리고 그 원리에 의존해서 자연수이론의 진리들을 인식하는 데 어떤 식의 경험이나 시공간적 직관에도 의존해서는 안 된다.

라이트와 헤일은 "암묵적 정의와 선천성"에서 흄 원리가 앞에 제시한 다섯 가지 조건을 만족한다는 것을 보이고자 하였다. 이후 흄 원리가 각 조건을 만족시키는지에 대해 다양한 논란이 제기되었고, 라이트와 헤일 역시 이에 대응하여 최근까지 자신들의 견해를 옹호하였다. 나는 앞에 제시된 조건 중 세 번째 조건을 제외한다면, 그들이 대응은 대체로 받아들일 만하다고 생각한다.[11] 내가 문제 삼는 조건은 암묵적 정의가 주제넘은 정의여서는 안 된다는 것이다. 그 조건에 따르면 흄 원리는 기존 이론 T 내에서 입증되지 않은 대상, 개념 및 관계의 존재를 전제하거나 혹은 흄 원리에 의해 그런 존재를 (직접) 산출해서는 안 된다. 흄 원리는 기수연산자의 의미를 고정하는 것이지만, 그 원리를 기초로 기수들의 존재가 이론 T에 새로 도입된다. 이 점에서 우리는 흄 원리와 관련해서 문제의 조건이 요구하는 바를 두 가지로 구분할 수 있다.

(1) 흄 원리의 참이 기수들의 존재를 부당하게 전제하거나 산출해서는 안 된다.

(2) 흄 원리의 참이 기수함수의 존재를 부당하게 전제하거나 산출해서는 안 된다.

---

11 다른 조건들에 대해 내가 이런 긍정적 평가를 하는 이유는 아래 3절 이하의 논의에서 더 분명해질 것이다.

흄 원리가 첫 번째 조건을 만족시킨다는 주장에 대해 많은 비판이 있었으나, 나의 견해로는 그런 비판이 설득력 있는 것으로 보이지 않는다. 흄 원리를 수용하는 이론 T에서 기수들의 존재 주장 '∃y(NxFx = y)'가 참이 되려면, 먼저 1차 술어 'F'에 대한 흄 원리의 사례 왼편의 동일성 주장 'NxFx = NxGx'가 어떤 개념 G에 대해 참이 된다는 것이 전제되어야 한다. 그런데 이 주장의 참은 어떤 뜻에서도 흄 원리나 그 사례에 의해 직접 정당화되지 않는다. 도리어 그 주장은 흄 원리 사례의 오른편 동치 주장 '∃R(F 1-1$_R$ G)'가 참인지에 달려 있다. 결국 흄 원리의 참 여부와 기수들의 존재 여부는 다른 문제이다. 그러므로 흄 원리가 조건 (1)을 만족하지 못하는 것으로 보기는 힘들다.

반면 조건 (2)의 경우는 사정이 다르다. 흄 원리가 참이라고 하자. 흄 원리는 참이므로, 그 안에 나오는 기수연산자의 지시체, 즉 기수함수의 존재를 우리는 존재일반화에 의해 직접 연역할 수 있다. 그러므로 우리는 흄 원리의 참을 약정함으로써 다음 문장의 참을 직접 정당화할 수 있다.

(1) ∃Σ∀Φ∀Ψ[ΣxΦx=ΣxΨx ↔ ∃R(Φ 1-1R Ψ)]

하지만 어떤 사람은 흄 원리가 기수연산자의 뜻을 고정해 준다는 데 반대하지 않으면서, (1)의 참은 받아들이지 않을 수 있다. 어떤 용어가 갖는 뜻은 그것이 나타나는 문장이 어떤 경우에 참이 되는지 말해주는 조건의 일부일 뿐이다. 그러므로 기수연산자가 뜻을 갖는다고 해서 흄 원리를 만족하는 그런 기수함수가 존재한다는 것은 따라나오지는 않는다. 그런데 흄 원리의 참은 바로 기수함수의 존재를 정당화해 주므로, 흄 원리를 참으로 약정하는 일은 정의만으로 함수의 존재를 산출하는 부당한 절차라고 주장할 수 있다.[12] 도리어 (1)의 참을 받아들이지 못하는 사람은 참으로 약정할 만한 문장은 흄 원리가 아니라 조건문 (2)라고 주장할 수 있다.

(2) $\exists\Sigma\forall\Phi\forall\Psi[\Sigma x\Phi x=\Sigma x\Psi x \leftrightarrow \exists R(\Phi\ 1\text{-}1R\ \Psi)] \rightarrow \forall\Phi\forall\Psi[Nx\Phi x=Nx\Psi x \leftrightarrow \exists R(\Phi\ 1\text{-}1R\ \Psi)]$

이 때문에 라이트와 헤일은 흄 원리의 참에 의해 직접 기수함수의 존재를 정당화하려 하지 않는다. 대신 그들은 흄 원리에 의한 기수연산자의 뜻을 이해하는 것만으로도 기수함수의 존재를 의심할 여지가 사라진다는 것을 보이려 한다. 이를 위한 그들의 논증은 두 구분에 근거한다. 첫째로 단칭용어의 뜻과 지시체 사이의 관계는 함수 표현을 포함한 그 밖의 표현들의 뜻과 지시체 사이의 관계와 다르다는 것이다. 단칭용어는 뜻이 주어진다 해도 그것이 지시하는 대상이 존재하지 않을 수 있다. 반면 술어는 대상들에 대한 그것의 적용 조건이 주어지면, 예외적인 경우가 아니면[13] 그것이 포함된 문장의 진리치를 결정하는 값이 주어진다. 라이트와 헤일은 기수연산자의 경우도 술어의 경우와 근본적으로 다르지 않다고 생각한다. 그들은 기수연산자처럼 더 이상 분석할 수 없다는 뜻에서 단순한 함수 표현과 기술 함수처럼 분석 가능한 복합적인 함수 표현을 구분한다. 그들에 따르면 후자의 경우 그 복합성 때문에 일반적으로 함수값으로서 대상과 논항 사이의 어떤 관계—유일하게 만족함—를 전제한다. 반면 그들은 기수연산자는 단순해서 함수값으로서 기수와 논항으로서 개념 사이에 어떤 관계—예컨

---

12 Boolos(1997), 251 참조.

13 "x는 홍길동보다 키가 더 크다"처럼 지시체 없는 용어를 포함하는 술어는 (적용 조건을 갖지 않는 것으로 간주할 필요는 없으나) 지시체는 갖지 않는다.

대 기수가 됨—도 전제할 필요가 없다고 주장한다. 그런데 그들에 따를 때, 함수값과 논항 사이의 어떤 관계를 전제하는 경우가 아니면, 함수 표현의 뜻이 충분히 설명되었을 때 함수의 존재에 대한 의심의 여지가 존재하지 않는다. 흄 원리에 의해 기수연산자의 의미가 충분히 설명되면, 기수함수의 존재에 관한 의심은 더 이상 설득력이 없다는 것이다.[14]

나는 이 논증에 중요한 약점이 있다고 생각한다. 기수연산자의 단순성으로부터 기수함수의 존재를 의심할 여지가 없다는 결론에 이르는 라이트와 헤일을 추론을 수용한다고 해보자. 그 경우 우리는 외연함수의 존재도 의심해서는 안 될 것 같다. 왜냐하면 외연연산자는 원소 관계에 의존해서가 아니라 근본법칙 V에 의해 도입되는 단순한 표현이므로, 함수값과 논항 사이의 어떤 관계—예컨대 외연이 됨—에도 의존하지 않을 것이기 때문이다. 그러나 외연함수의 존재 주장은 러셀 술어의 외연이 존재하지 않는다는 사실에 의해 직접 반박되는 것으로 보인다.[15] 물론 이는 기수함수의 존재 여부에 아무 영향도 주지 않는다. 그러나 이는 적어도 함수 표현이 단순하다는 데서 그것이 지시하는 함수의 존재에 대한 합리적 의심의 여지가 사라진다는 라이트와 헤일의 추론에 설득력이 없다는 것을 보여준다.

나의 반론은 사실 라이트와 헤일의 프로그램에 심각한 영향을 주는 것은 아니다. 단지 흄 원리를 기수연산자의 의미 설명으로 받아들이는 일과 기수함수의 존재를 부정하는 일이 양립 불가능하지 않다는 것을 보여줄 뿐이다. 반면 우리는 라이트와 헤일처럼 흄 원리의 참을 약정하기

---

14 Hale & Wright(2009a), 8-9절; Wright(2012), 125-130 참조.

15 라이트와 헤일은 추상화 함수를 전체함수로 간주한다. 따라서 그런 함수가 존재한다면, 각 논항에 대해 유일한 값이 존재해야 할 것이다. 그러나 러셀 술어의 외연이 존재한다는 가정으로부터 모순이 도출되므로, 외연함수는 전체함수가 아니라는 사실이 따라나온다. 이는 결국 외연연산자가 지시체가 없다는 것을 입증하는 것이다.

위해 사전에 기수함수의 존재를 증명해야 한다고 요구할 수는 없다. 흄 원리의 참을 약정하기 위해 기수함수의 존재를 사전에 증명해야 한다고 해보자. 이는 흄 원리의 참을 수용하기 위해 그것의 존재일반화에 해당하는 (1)의 참을 먼저 증명하라는 말이다. 그런데 (1)이 증명되었다면, 누구도 부정하기 어려운 (2)의 참에 따라 흄 원리는 곧바로 증명된다. 이는 흄 원리가 더 이상 참으로 약정될 이유가 없다는 것을 말한다. 이미 참이라는 것이 증명된 원리를 왜 다시 참으로 약정해야 하는가? 결국 흄 원리의 참을 약정하기 전에 기수함수의 존재를 입증하라는 요구는 암묵적 정의 절차 자체를 거부하는 데 지나지 않는다.

암묵적 정의 절차 자체를 거부하려 하지 않는다면, 우리는 두 가지 일을 구분해야 할 것이다. 흄 원리를 암묵적 정의 원리로 도입하기 위해 참으로 약정하는 일은 그 원리를 다른 원리에 근거해서 정당화하는 일과 다르다. 그러면 우리는 무슨 권리로 흄 원리를 참으로 약정하는가? 라이트와 헤일은 (i) 흄 원리가 참이 아니라고 믿을 이유가 없고, (ii) 흄 원리는 기수에 관한 논의의 근본 원리이고, (iii) 아무 약정에도 의존하지 않고 흄 원리를 정당화하려는 시도는 결국 무한 퇴행에 빠질 수밖에 없다는 점을 근거로 삼는다. 그들은 이 경우 우리가 약정에 의해 흄 원리의 참을 수용할 권리(entitlement)를 갖는다고 주장한다.[16]

---

16 Wright 2004, 190; Hale(2007), 114-127 참조.

3. 추리규칙으로서 흄 원리

3.1. 추리규칙과 암묵적 정의

나는 흄 원리를 암묵적 정의 원리로 간주하려는 라이트와 헤일의 시도가 근본적으로 잘못된 것이라고 생각하지는 않는다. 또한 논리학이나 수학 이론에서 어떤 식의 암묵적 정의 절차에도 의존하지 않고 이론을 확장하는 일은 불가능하다고 믿는다. 다만 라이트와 헤일이 의존하는 암묵적 정의 모형은 그들이 의존하는 뜻과 지시의 의미론적 원리들과 잘 어울리지 않는다고 생각한다. 라이트와 헤일이 그들의 추상화 이론을 정당화할 때 마주치는 어려움은 추상화 원리의 참의 수용과 추상화연산자의 의미 설명을 개념적으로 분리해서 다룰 여지가 없다는 데서 유래되는 것으로 보인다.

흄 원리를 암묵적 정의의 원리로 간주하려 할 때 어려운 점 역시 마찬가지다. 참의 약정이 기수연산자의 지시체 고정 문제와 관련될 때, 우리는 지시체의 존재를 참의 약정에 앞서 만족되어야 할 조건으로 이해하기 쉽다. 그러나 이는 흄 원리를 참으로 약정하는 일을 불필요하게 만든다. 반면 기수연산자의 지시체의 존재와 무관하게 흄 원리의 참을 약정하는 일은 프레게의 합성 원리를 쓸모없게 만드는 것으로 보인다. 왜냐하면 흄 원리가 참이라면, 이미 기수연산자는 지시체를 가져야 하기 때문이다. 그러므로 라이트와 헤일의 프로그램이 성공하려면, 기수연산자의 뜻을 설명하는 일과 흄 원리의 참을 받아들이는 일을 (적어도 개념적으로) 분리해서 다룰 여지를 가져야 할 것 같다.

흥미로운 점은 라이트와 헤일이 암묵적 정의 원리들 사이의 조화를 성공적인 정의의 조건으로 삼는다는 데 있다. 특히 그들은 흄 원리를 기수연산자에 대한 일종의 추리규칙으로 간주하는 경우를 고려하고 있다. 2단계 논리학 내에 1차 술어에 대한 적절한 대입 원리가 주어져 있다고 하자. 그러면 우리는 흄 원리에서 1차 술어에 대한 전칭양화사를 제외한 나머지 부분을 임의의 대입 가능한 술어에 대한 도식으로 간주할 수 있다. 그러면 'Φ'와 'Ψ'를 1차 술어 도식으로 삼을 때, 문제의 도식은 다음의 두 조건적 식으로 구성된다.

(1) $\exists R(\Phi\ 1\text{-}1R\ \Psi) \rightarrow Nx\Phi x = Nx\Psi x$

(2) $Nx\Phi x = Nx\Psi x \rightarrow \exists R(\Phi\ 1\text{-}1R\ \Psi)$

흄 원리는 (1)과 (2)가 모든 1차 술어에 대해 성립한다는 것을 말하므로, 우리는 (1)과 (2)를 일종의 추리규칙으로 전환하는 일을 고려할 수 있다. 즉, (1) 대신 '$\exists R(\Phi\ 1\text{-}1_R\ \Psi)$' 형식의 전제에서 '$Nx\Phi x = Nx\Psi x$' 형식의 결론을 허용하는 규칙과 (2) 대신 '$Nx\Phi x = Nx\Psi x$' 형식의 전제에서 '$\exists R(\Phi\ 1\text{-}1_R\ \Psi)$' 형식의 결론을 허용하는 규칙을 고려할 수 있다. 그러면 첫째 규칙은 기수연산자를 포함하는 진술을 결론으로 얻을 수 있게 해주고, 둘째 규칙은 기수연산자를 포함하는 전제에서 그 연산자가 없는 결론을 얻게 해준다는 점에서, 각각 기수연산자 도입 및 제거규칙으로 간주할 수 있다.

$$\text{[NI]} \quad \frac{\exists R(\Phi\ 1\text{-}1_R\ \Psi)}{Nx\Phi x = Nx\Psi x} \qquad\qquad \text{[NE]} \quad \frac{Nx\Phi x = Nx\Psi x}{\exists R(\Phi\ 1\text{-}1_R\ \Psi)}$$

최근 라이트는 이런 규칙들을 일종의 (넓은 뜻의) 추리규칙으로 삼는 일을 고려한다. 아마 그는 2단계 논리학에 기수연산자에 대한 암묵적 정의로서 흄 원리의 참을 약정하는 대신, 이처럼 앞의 두 규칙을 기수연산자에 대한 암묵적 정의로 받아들이는 일을 고려하는 것으로 보인다.[17] 그러나 아직 그가 앞의 규칙의 역할을 어떤 식으로 이해하는지는 분명하지 않다. 하지만 우리는 이처럼 기수연산자의 도입 및 제거규칙을 추리규칙으로 간주하는 일이 흄 원리 자체의 참을 약정하는 암묵적 정의 방식과 어떤 차이를 가지는지 검토하는 일은 가치가 있다. 왜냐하면 겐첸, 포퍼 등에게서 유래한 전통에 따를 때, 추리규칙들은 그 안에 등장하는 논리적 기호들의 의미를 어떤 뜻에서 정의하는 것으로 간주될 수 있기 때문이다. 특히 더 기초적인 다른 기호들에 의해 명시적으로 정의될 수 없는 원초적인 논리기호들의 경우, 추리규칙들이 하는 역할은 그런 규칙의 전체 맥락 내에서 관련된 기호의 의미를 암묵적으로 정의해 주는 것으로 간주되어 왔다. 이 점에서 앞에 제시된 기수연산자에 대한 규칙들도 기수연산자의 의미를 암묵적으로 정의해 주는 것으로 간주할 수 있지 않을까?

우선 두 장점이 있다. 첫째로 우리는 기수연산자의 뜻을 설명하기 위해 흄 원리를 참으로 약정할 필요가 없다. 우리는 다만 앞의 규칙들이 기수연산자에 부여한 뜻에 따를 때, 어떤 종류의 추론이 허용되는지 관심을 갖는다. 둘째로 우리는 앞의 규칙들이 기수연산자에 뜻을 부여한다는 것은 받아들이지만, 기수연산자가 지시체를 갖는다고 가정하지 않는다. 그러므로 프레게의 합성 원리와 충돌되게 흄 원리의 참의 수용과 기수연산자의 지시체의 부재 가능성을 동시에 고려해야 하는 난점에 빠질 염려가 없다. 이렇게

---

17 Wright(2012), 117-121 참조.

해서 추상화연산자의 뜻을 설명하는 일과 추상화 원리의 참을 받아들이는 일을 개념적으로 분리해서 다룰 여지를 가질 수 있는 것으로 보인다.

3.2. 구문론적-의미론적 유의미성

기수연산자를 추리규칙들에 의해 2단계 논리학에 도입한다고 할 때 사전에 갖추어야 할 두 가지 조건이 있다. 먼저 우리는 기수연산자가 구문론적으로 어떤 역할을 하는지 알아야 한다. 다음으로 우리는 기수연산자의 뜻이 어떤 경우에 정합적으로 이해될 수 있는지 알아야 한다.

먼저 첫 번째 조건부터 보자. 기수연산자는 동일성 문맥 내에서 주어진다. 만약 기수연산자가 적절한 술어와 결합되었을 때 형성되는 단칭용어가 동일성 문맥에서 하는 역할을 모른다면, 우리는 기수연산자를 문법적 단위로 고려할 줄도 모르는 것이다. 그러므로 우리는 기수연산자의 문법적 역할을 이해하기에 앞서 이미 동일성 기호의 문법적 역할도 이해하고 있어야 한다.

또한 기수연산자의 뜻을 이해하려면 그 전에 우리는 도입규칙의 전제로 주어지는 개념들 사이의 1-1 대응 관계의 존재 주장을 이해할 수 있어야 한다. 그런데 이는 그런 주장을 표현하는 논리적 어휘들이 문법적으로 어떤 역할을 하는지 이미 이해했음을 전제한다. 그러므로 기수연산자의 뜻을 이해하기에 앞서 2단계 논리학의 어휘들, 즉 문장결합사, 1단계 양화사 및 2단계 양화사의 역할을 이해해야 한다. 결국 우리는 동일성 기호를 포함해서 2단계 논리학의 원초적인 논리기호들의 역할을 모두 이해하고 있어야 한다.

다음으로 기수연산자의 역할을 이해하려면, 그런 연산자가 술어와 결합되어 단칭용어를 형성한다는 것 그리고 단칭용어가 동일성 문장의 맥락에서 양편 어디에나 나타날 수 있음을 이해해야 한다. 이는 임의의 술어 'F', 'G'에 대해, 'NxFx = NxGx' 형식의 진술만 아니라 'NxFx = y' 형식의 진술도 문법적으로 유의미하다는 것을 이해한다는 것을 말한다.

이미 지적했듯이 기수연산자의 뜻을 이해하려면 2단계 논리학의 원초적인 논리기호들의 뜻도 이해하고 있어야 한다. 그런데 우리는 논리학의 원초적인 논리기호들의 뜻도 그것을 지배하는 추리규칙들에 의해 암묵적으로 정의된다고 간주하므로, 우리는 기수연산자에 관한 추리규칙을 제시하기 전에 이미 2단계 논리학의 논리기호들에 대한 추리규칙들이 주어져 있다고 간주해야 한다. 그러면 다른 논리기호들에 대한 추리규칙이 제시되었을 때, 기수연산자의 도입 및 제거규칙을 제시하는 것으로 우리는 기수연산자의 뜻을 이해하기에 충분한가? 두 의문이 있을 수 있다.

첫째로 기수연산자의 도입 및 제거규칙 자체는 임의의 술어 'F', 'G'에 대해 'NxFx = NxGx' 형식의 진술의 뜻은 설명해 주지만, 임의의 단칭용어 'a'에 대해 'NxFx = a' 형식의 진술의 뜻은 설명해 주지 않는 것으로 보인다. 그런데 예컨대 우리가 이미 확립된 'NxFx = NxGx' 형식의 진술에서 '∃y(NxFx = y)' 형식의 진술의 도출을 가능하게 하는 존재 도입 규칙을 허용하려면, 그런 진술의 의미를 이해해야 하는 것으로 보인다. 이것은 기수연산자의 뜻을 충분히 이해하지 못했음을 의미하는 것 아닌가? 그렇지 않다. 'a'가 단칭용어라면, 이미 동일성 기호에 관한 추리규칙 및 'a'의 역할에 대한 이해에 따라, 다른 단칭용어 'b'에 대해 'b = a' 형식의 진술이 어떤 뜻을 갖는지 알 것이다. 그러므로 'NxFx = a' 형식의 진술의 뜻을 이해하기 위해 더 필요한 일은 'NxFx' 형식의 표현이 단칭용어 역할을 하기 위해 필요한 조건을 이해하는 일이다. 그런 조건은 '∃Φ(NxΦx =

y)'에 의해 주어진다. 다시 말해 'NxFx'가 단칭용어 역할을 할 필요충분조건 은 'F'가 술어 대입규칙이 정한 적절한 술어라는 것으로 충분하다는 것이다. 그 결과 'NxFx = a' 형식의 진리는 (i) 어떤 술어 'G'에 관해, 'NxGx = a'가 참이 될 수 있는지[18] 그리고 (ii) 그 경우 'NxFx = NxGx'가 참인지에 달려 있을 것이다.[19]

둘째로 기수연산자를 추리규칙에 의해 설명하는 일은 표준적 논리기호 를 추리규칙에 의해 설명할 때와는 중요한 차이점이 있다. 기수연산자 도입규칙을 앞에서처럼 제시할 때, 기수연산자는 규칙의 결론에서 주 연산 자로 나타나지 않고 언제나 동일성 진술의 맥락에서 나타난다는 것이다. 이 때문에 우리가 동일성 기호에 관한 설명을 전제하지 않는 한, 흄 원리를 기수연산자에 관한 추리규칙으로 삼을 수는 없을 것 같다. 그런데 만약 우리가 2단계 논리학 이론에 어떤 추리규칙에 의존해서 새로운 용어를 도입하려 할 때, 도입규칙이 이미 다른 기호의 설명을 전제하는 식으로 제시되어서는 안 된다고 요구한다면, 흄 원리를 정당한 추리규칙으로 간주 할 가능성은 사라진다.[20] 하지만 새로 도입되는 어느 용어에 대해서나

---

18 이것은 바로 프레게가 『산수의 기초』에서 제기한 줄리어스 시저 반론이 해결되어 있어야 함을 말한다. Frege(1884), 66-67절 참조. 이 문제에 대한 라이트와 헤일의 해결 방안은 Hale & Wright(2001), 335-398에 나와 있고, 그들의 해결 방안의 한 발전은 박준용(2009)에 나와 있다.

19 트루먼은 흄 원리를 추리규칙으로 간주할 경우, 'NxFx = a' 형식의 단칭진술의 의미만 아니라 내부 형식조차 이해할 수 없다고 주장한다. 이런 그의 주장은 추리규칙으로서 흄 원리가 기수연산자를 암묵적으로 정의하는 것이 아니라 'NxFx = NxGx' 형식의 진술의 의미를 암묵적으로 정의하는 것이라는 주장에 근거한다. 그는 이런 식의 정의를 '문장형식의 정의'(sentential definition)라고 부른다. Trueman(2014), 3-4절 참조. 그러나 문제는 라이트나 헤일뿐 아니라 테넌트 등의 논리주의 자들도 트루먼 식의 정의를 고려한 적이 없다는 데 있다. 또한 트루먼은 기수연산자의 의미를 정의하는 일이 이미 동일성 기호를 포함하여 2단계 논리학의 논리상항들의 의미가 이미 정해져 있음을 전제한 다는 사실도 간과하고 있다.

20 이는 테넌트처럼 기수연산자를 'NxFx = n' 형식의 문맥 안에 도입하려 할 경우에도 마찬가지다. 동일성 기호에 대한 설명이 미리 주어져 있음을 전제하지 않는 한, 그런 형식의 진술의 의미를 이해할

이런 요구를 해야 하는지 의문이다. 이 경우 다른 개념에 의존하지 않는 한 충분히 이해할 수 없는 어느 용어도 추리규칙에 의해 그 의미가 설명될 수 없다는 것을 말한다. 그러나 모든 표준적인 논리기호를 그런 식으로 도입할 수 있는가 하는 데에도 논란이 있을 뿐 아니라, 그런 제한을 만족시킬 때 얻을 특별한 이점이 무엇인지도 분명하지 않다.[21] 그 경우 다른 기호의 의미 설명에 의존해서 도입된다는 뜻에서 파생적인 모든 기호를 추리규칙에 의해 도입하는 일을 배제해야 할 것이다. 그리고 이런 제한을 두어야 할 특별한 이유가 없는 한, 흄 원리를 기수연산자에 관한 추리규칙으로 삼는 일에 근본적 제한은 없는 것으로 보인다.

3.3. 도입 및 제거규칙의 조화

반면 어떤 용어든지 추리규칙에 의해 그 의미를 적절히 설명할 수 있는 것은 아니다. 잘 알려진 것처럼 다음 프라이어의 결합사 'tonk'에 관한 규칙들은 그것이 도입하려는 결합사의 뜻을 제대로 설명해 준 것인지 의심스럽다.

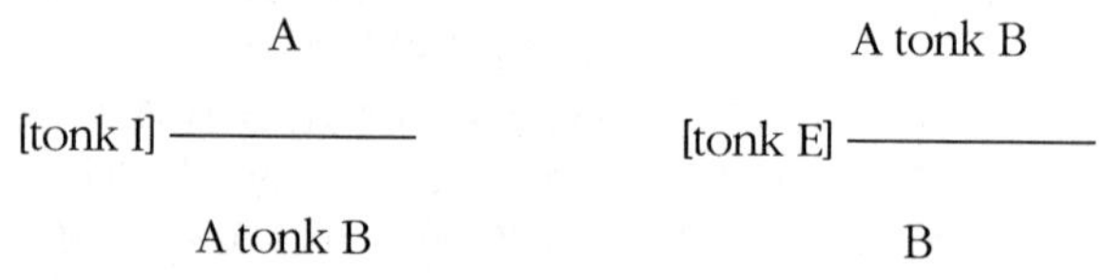

$$[\text{tonk I}] \ \frac{A}{A \text{ tonk } B} \qquad\qquad [\text{tonk E}] \ \frac{A \text{ tonk } B}{B}$$

방안도 사라진다. Tennant(2007), 1-3절 참조.

21 예컨대 직관주의적 부정기호는 모순기호 '⊥'의 이해를 전제하지만, 부정기호를 논리기호로 간주해서는 안 될 특별한 이유는 없는 것으로 보인다. 나아가 논리기호 일반에 대해 그 설명을 위해 다른 기호의 설명에 의존해서는 안 된다고 제한하는 일은 설득력이 없다. Milne(2002), 4절; Milne (2007), 5절 참조.

이런 규칙을 배제하기 위해 흔히 적절한 추리규칙의 조건으로서 정형화 조건이나 보수성 조건이 제시되곤 한다. 왜냐하면 'tonk'에 관한 규칙들은 정형화 가능하지도, 보수적이지도 않다는 사실이 잘 알려져 있기 때문이다. 하지만 우리 논의와 관련해서 중요한 사실은 그 규칙들은─정형화 가능성이나 보수성보다 훨씬 더 약한(혹은 다른) 뜻에서도─ 서로 조화롭지 못하다는 것이다.

어떤 연산자가 두 추리규칙에 의해 도입될 때 두 규칙이 연산자에 부여하는 뜻이 다르다면, 우리는 두 그 연산자가 정합적인 뜻을 갖는다고 볼 수 없을 것이다. 'tonk' 도입 및 제거규칙은 이런 뜻에서도 조화롭지 못하다. 그 이유를 이해하기 위해 도입규칙과 제거규칙이 일반적으로 어떤 조건을 만족시킬 때 조화로운지 살펴보자. 만약 우리가 도입규칙이 그것에 의해 도입되는 새로운 기호에 의미를 부여한다고 간주한다면, 제거규칙은 도입규칙이 부여한 것과 다른 뜻을 갖도록 제시되어서는 안 될 것이다. 이는 추론에서 도입규칙이 문제의 기호에 부여한 추론적 역할 이상을 제거규칙이 그 기호에 허용해서는 안 된다는 것을 의미한다. 그런데 도입규칙과 제거규칙이 문제의 기호에 부여하는 이런 추론적 역할 간의 조화 개념은 제거규칙이 가져야 할 어떤 보편적 형식에 의해 구체화될 수 있다.

연산자 'K'가 존재한다고 하고, 이 연산자에 다음 도입규칙을 제시한다고 하자.

A1, … , An
─────────────
B(K)

이 경우 'K'에 부과된 그 역할 이상을 부과하지 않는 제거규칙을 제시하려면, 우리는 제거규칙에 의해 'B(K)'를 도입하는 그 근거 'A1', … , 'An'들로부터 도출할 수 있는 **어느 결론이든 그리고 그런 결론만** 제거규칙에 의해 얻을 수 있어야 한다. 그렇다면 제거규칙은 일반적으로 다음 형식을 가져야 한다.

$$B(K) \qquad\qquad A1 \Rightarrow C, \cdots , An \Rightarrow C$$

$$\overline{\qquad\qquad\qquad\qquad\qquad\qquad\qquad\qquad\qquad}$$

$$C$$

(여기서 'A $\Rightarrow$ C' 형식의 표현은 'A'로부터 'C'가 추론된다는 것을 말한다.) 리드는 어떤 연산자에 대한 도입 및 제거규칙이 이런 일반적 형식에 맞게 제시되었을 때, 그런 규칙들이 일반화된 제거상의 조화(Generalized Elimination Harmony)를 갖는다고 한다.[22] 예컨대 연언결합사의 도입규칙과 그에 대한 제거규칙의 일반형식은 다음과 같다.

$$A, B \qquad\qquad\qquad A \& B \qquad A \Rightarrow C, B \Rightarrow C$$

$$[\&I] \ \overline{\qquad\qquad} \qquad [\&GE] \ \overline{\qquad\qquad\qquad\qquad\qquad}$$

$$A \& B \qquad\qquad\qquad\qquad C$$

도입규칙에서 우리는 'A'와 'B' 모두가 주어져야 'A & B'를 얻을 수

---

[22] 리드는 이런 뜻의 조화 개념이 정형화나 보수성과 다르다는 것 그리고 어떤 연산자의 도입규칙을 그 연산자의 정의로 간주할 수 있다는 겐첸의 생각은 정형화나 보수성이 아니라 일반화된 제거상의 조화에 의해 가장 잘 해명될 수 있음을 보인다. Read(2000), 1-2절 참조.

있으므로, 제거규칙은 'A'나 'B'에서 추론할 수 있는 어느 결론 'C'든지 그리고 그런 결론 'C'만 허용해야 할 것이다. 이제 우리가 아는 연언 제거규칙을 고려해 보자.

$$
[\&E] \quad \frac{A \,\&\, B}{A} \qquad\qquad \frac{A \,\&\, B}{B}
$$

첫 번째 제거규칙은 'A & B'에서 'A'의 추론을 허용하고, 두 번째 제거규칙은 'A & B'에서 'B'의 추론을 허용한다. 그러므로 일반적 제거 형식의 전제가 말하는 대로 'A'에서 'C'로의 추론이 가능하고, 'B'에서 'C'로의 추론이 가능할 때, 우리는 어느 규칙에서나 'C'를 얻을 수 있다.

선언결합사의 경우 도입 규칙이 다음 두 규칙에 의해 주어진다고 하자.

$$
[\vee I] \quad \frac{A}{A \vee B} \qquad\qquad \frac{B}{A \vee B}
$$

첫째 규칙은 'A'만으로도 충분히 'A ∨ B'에 이를 수 있고, 둘째 규칙은 'B'만으로도 충분히 'A ∨ B'에 이를 수 있음을 말한다. 그러므로 제거규칙은 첫째 규칙의 근거 'A'가 주어지든 혹은 둘째 규칙의 근거 'B'가 주어지든, 각 근거로부터 얻을 수 있는 어느 결론 C든 그리고 그런 결론 C만 얻을 수 있게 해주어야 한다. 그러므로 제거규칙의 일반적 형식은 바로 우리가 아는 선언제거규칙과 일치한다.

$$[\vee GE] \quad \cfrac{A \vee B \qquad\qquad A \Rightarrow C,\ B \Rightarrow C}{C}$$

이 규칙은 'A'가 근거로 주어지면 'A'로부터 'C'의 추론 가능성이 주어져 있을 때 'C'로의 추론이 가능하게 해주고, 'B'가 근거로 주어지면 'A'로부터 'C'의 추론 가능성이 주어져 있을 때 'C'로의 추론이 가능하게 해준다. 그 밖의 문장결합사, 동일성 기호 및 양화사 등의 표준적 논리기호에 대한 제거규칙들은 모두 이런 식으로 도입규칙과 조화를 이루는 일반 형식에 맞게 제시 가능하다.[23]

이제 'tonk'-도입 규칙에 알맞은 제거규칙이 어떤 형식을 가져야 하는지 보자. 'tonk'-도입규칙에서 'tonk'가 하는 역할은 'A'에서 'A ∨ B'를 가능하게 하는 왼편 선언도입규칙에서 선언기호 '∨'이 하는 역할과 다르지 않으므로, 'tonk'-제거규칙은 다음 형식을 가져야 한다.

$$[\text{tonk-GE}] \quad \cfrac{A\ \text{tonk}\ B \qquad\qquad A \Rightarrow C}{C}$$

이는 'A tonk B'의 근거로 주어진 'A'로부터 추론할 수 있는 어느

---

23 리드는 Read(2000)에서 귀결계산 형태의 고전논리학의 주요 연산자들의 도입 및 제거규칙 사이의 조화를 입증하고, Read(2010)에서는 자연연역 형태의 도입 및 제거규칙 사이의 조화를 입증한다. 또한 Read(2004)에서 동일성 기호에 대한 도입 및 제거규칙을 조화롭게 제시하는 방안을 제안하였고, Kremer(2007)에 의해 수정 제안이 이루어졌다.

결론 'C'든지 그리고 그런 결론 'C'만 허용해야 한다는 것을 말한다. 그런데 'tonk'-제거규칙은 'A'로부터 추론할 수 어느 결론 'C'나 허용하지만, 그런 결론 'C'만 허용하는 것은 아니다. 왜냐하면 'tonk'-제거규칙은 'A'로부터 추론 가능한 'C'만 아니라 어느 결론이나 허용하기 때문이다. 이는 결국 'tonk'-제거규칙은 'tonk'-도입규칙이 'tonk'에 부여하는 역할과 다른 역할을 부여한다는 것을 말한다. 다시 말해 우리는 'tonk'-제거규칙은 'tonk'-도입규칙이 문제의 연산자에 부여한 그 뜻을 전제하는 것으로 간주할 수 없다. 우리는 이런 뜻에서 'tonk' 규칙들은 문제의 연산자에 정합적인 뜻을 부여하지 못한다고 간주할 수 있다.

3.4. 연산자 뜻 설명의 기준

일반적 제거규칙 개념은 어떤 연산자에 관한 암묵적 정의로 의도된 추리규칙들에 대해 그 의도가 제대로 성취되는지 테스트할 기준을 제공하는 것 같다. 특히 그 개념은 라이트와 헤일이 보수성과 다른 것으로 간주한 암묵적 정의들 사이의 조화 개념을 구체화하는 것 같다. 왜냐하면 그들이 요구하는 것은 바로 도입규칙에 의해 연산자에 부여된 추론적 역할을 제거규칙이 보존해야 한다는 요구에 해당하기 때문이다.[24] 그런 요구가 만족되지 않을 때 생기는 우려는 정확히 두 규칙이 해당 연산자에 부여하는 뜻이 다를 수 있다는 데 있다. 그런데 만약 일반적 제거규칙 개념에 맞게 규칙들이 제시되지 못한다면, 두 규칙에 의해 해당 연산자에 부여되는

---

24 라이트와 헤일은 보수성은 만족하지만 서로 조화되지 않는 도입규칙과 제거규칙의 사례로서, 도입규칙이 전칭양화사와 같지만 제거규칙에서 도출되는 결론이 도입규칙이 근거로 삼는 전제를 제한하는 경우를 든다. Hale & Wright(2000), 136-137.

뜻 역시 다를 수 있게 될 것이다. 그러므로 우리는 이런 뜻에서 주어진 도입규칙에 적절하게 제거규칙이 제시되었는지 여부를 두 규칙에 의해 부여된 뜻이 정합적인지 여부를 평가하는 기준으로 삼을 수 있다.

이제 우리의 관심은 라이트와 헤일의 추상화 원리들을 추리규칙들로 전환할 때, 그런 규칙들은 추상화연산자의 뜻을 정합적으로 설명해 주는 것으로 간주할 수 있는가 하는 데 있다. 이를 위해서는 적어도 그런 규칙들은 일반적 제거규칙 개념에 따라 서로 조화를 이루어야 할 것이다. 먼저 2단계 논리학 내에서 모순을 초래하는 근본법칙 V를 추리규칙으로 전환하는 경우를 고려해 보자.

$$[EI] \quad \frac{\forall x(\Phi x \leftrightarrow \Psi x)}{Ex\Phi x = Ex\Psi x} \qquad\qquad [EE] \quad \frac{Ex\Phi x = Ex\Psi x}{\forall x(\Phi x \leftrightarrow \Psi x)}$$

그런데 외연연산자 제거규칙의 일반 형식은 다음과 같다.

$$[EGE] \quad \frac{Ex\Phi x = Ex\Psi x \qquad \forall x(\Phi x \leftrightarrow \Psi x) \Rightarrow C}{C}$$

외연연산자 도입규칙에서 $Ex\Phi x = Ex\Psi x$의 근거는 $\forall x(\Phi x \leftrightarrow \Psi x)$이다. 그러므로 외연연산자 제거규칙은 $\forall x(\Phi x \leftrightarrow \Psi x)$에서 추론 가능한 결론을 그리고 그런 결론 C만 허용해야 한다. 그런데 외연연산자 제거규칙은 $Ex\Phi x = Ex\Psi x$에서 $\forall x(\Phi x \leftrightarrow \Psi x)$ 자체의 추론을 허용하므로, $\forall x(\Phi x$

↔ Ψx)에서 추론 가능한 결론을 그리고 그런 결론만 허용하게 된다. 결국 외연연산자 제거규칙은 일반적 제거 형식에 잘 들어맞는다.

이 사실은 외연연산자 도입 및 제거규칙은 'tonk' 도입 및 제거규칙과 달리 일반적 제거규칙 개념에 맞게 서로 조화롭다는 것을 보여준다. 여기서 우리 논의와 관련해서 두 가지 중요한 결론에 도달하는 것 같다. 첫째로 앞에서 본대로 일반적 제거규칙 개념에 맞지 않게 도입 및 제거규칙이 주어질 경우, 두 규칙이 연산자에 부여하는 뜻이 일치하는 것으로 보기 어렵다. 그러므로 외연연산자의 도입 및 제거규칙은 'tonk' 규칙들이 그런 방식으로 외연연산자에 서로 다른 뜻을 부여하는 것으로 간주해서는 안 된다. 둘째로 기수연산자에 대해 제시된 도입 및 제거규칙은 외연연산자 규칙들과 이 점에서 다를 이유가 없다. 왜냐하면 기수연산자의 도입의 근거로 주어진 동치 관계는 기수연산자 제거의 결과로 얻는 바로 그 동치 관계라는 점에서 외연연산자의 규칙들과 다를 바 없기 때문이다. 나아가 이 점에서 보면 라이트와 헤일이 암묵적 정의 원리로 고려했던 어느 추상화 원리도 사정이 다르지 않다. 왜냐하면 우리가 흄 원리를 두 추리규칙으로 전환했던 것과 마찬가지 방식으로 어느 추상화 원리에서든 해당 추상화연산자의 도입규칙과 제거규칙을 일반적 제거규칙 개념에 맞게 얻을 수 있을 것이기 때문이다. 그렇다면 흄 원리나 근본법칙 V를 포함하여 라이트와 헤일의 추상화 원리 일반은 모두 일반적 제거규칙 개념에 맞게 해당 연산자의 뜻을 조화롭게 설명해 주는 추리규칙들로 전환할 수 있는 것으로 보인다.

여기서 한 가지 자연스런 물음이 떠오른다. 우리가 본대로 일반적 제거규칙의 개념에 맞게 도입 및 제거규칙이 제시될 수 없다면, 해당 연산자가 정합적 뜻을 갖는 것으로 보기 어렵다. 그렇다면 어떤 연산자에 대해 일반적 제거규칙의 개념에 맞는 도입 및 제거규칙을 제시하였을 때, 그런 연산자는 정합적 뜻을 갖는 것인가? 그렇지 않다고 할 만한 경우가 하나 있다. 애초에 도입규칙에 의해 주어진 해당 연산자의 설명만으로 우리가 그 연산자의 뜻을 이해할 수 없는 경우다. 어떤 연산자의 뜻은 바로 그것이 포함된 문장의 진리조건이 무엇인지 (그 문장 안에 포함된 다른 말들의 뜻과 함께) 우리에게 알려준다. 그러므로 어떤 연산자를 도입하는 규칙은 근거로 주어진 문장(도식)의 진리조건을 이해하고 해당 연산자가 나타나는 문맥을 이해할 때, 그런 문장의 진리조건이 무엇인지 우리에게 알려줄 수 있어야 한다. 이는 바로 우리가 앞에서 논의한 구문론적-의미론적 유의미성 조건들에 맞게 해당 연산자의 도입규칙이 제시되어야 한다는 것을 말한다. 그러므로 구문론적-의미론적 유의미성 조건이 만족되도록 어떤 연산자의 도입규칙이 제시될 경우, 그 연산자에 대한 제거규칙이 일반적 제거규칙 개념에 맞게 제시된다면, 우리는 더 이상 그 연산자가 정합적 뜻을 갖는다는 것을 부정하기 어렵다.

이 논의로부터 우리가 추상화 원리들에 대해 얻을 수 있는 결론은 다음과 같다. 라이트와 헤일의 추상화 원리들은 구문론적-의미론적 유의미성 조건을 만족한다면, 어느 경우에나 추상화연산자에 정합적 뜻을 부여하는 것으로 간주되어야 한다. 왜냐하면 추상화 원리들을 추상화연산자에 대한 추리규칙들로 전환할 경우, 제거규칙은 도입규칙이 연산자에 부여한 것과 다른 뜻을 부여할 여지가 없기 때문이다. 아마 이런 결론에 대해 근본법칙 V처럼 모순을 초래하는 추상화 원리가 어떻게 외연연산자에 정합적 뜻을 부여한다고 주장할 수 있는가 하고 물을 수 있다. 이 물음에 대답하기 전에 먼저 외연연산자 규칙들과 'tonk' 규칙들 사이의 차이를 분명히 하는 것이 좋다. 'tonk'-도입규칙이 'tonk'에 구문론적으로 혹은 의미론적으로 잘못된 방식의 뜻을 부여하는 것 같지 않다. 왜냐하면 'tonk'-

도입규칙은 선언도입 규칙과 같은 형식을 갖고 있으므로, 선언도입규칙이 선언결합사에 잘못된 뜻을 부여한다고 주장하지 않는 한 'tonk'-도입규칙도 'tonk'에 잘못된 뜻을 부여한다고 보기 어렵기 때문이다. 반면 'tonk'-제거규칙은 일반적 제거규칙 개념에 맞게 제시되지 않았으므로, 우리는 두 규칙이 'tonk'에 서로 다른 뜻을 부여했다고 해야 한다. 그런데 외연연산자 규칙들은 외연연산자에 서로 다른 뜻을 부여하지 않는다. 이 경우 외연연산자들에 대해 남는 문제는 도입규칙에 의해 주어진 외연연산자의 설명만으로 우리가 그 연산자의 뜻을 이해할 수 있는가이다. 다시 말해 우리가 외연연산자 도입규칙을 통해 그 외연연산자의 뜻을 이해할 때, 그런 연산자를 포함하는 문장들의 진리조건을 충분히 이해하게 되는가 하는 것이다. 아마 어떤 사람들은 이를 부정하고 싶을지 모른다. 왜냐하면 근본법칙 V가 모순을 초래한다는 것은 애초에 외연연산자가 모순된 뜻을 갖기 때문 아닌가? 그러나 이런 생각은 직접적으로 반박된다. 왜냐하면 프레게 자신이 지적한 것처럼 근본법칙 V에서 오른편 상호 종속 관계로부터 왼편의 외연 동일성으로 나아가는 추론은 여전히 타당하기 때문이다.[25] 애초에 모순된 뜻을 갖는 연산자에 관한 규칙이 어떻게 타당한 추론을 허용하는가? 그러므로 우리는 외연연산자 도입규칙이 그 연산자가 나타나는 문장의 진리조건을 잘못 설명한다고 주장할 만한 다른 근거가 주어지지 않는 한, 우리는 외연연산자 규칙들이 그 연산자에 충분히 정합적 뜻을 부여한다고 간주할 수 있다.[26]

---

25 프레게는 러셀 술어의 외연의 존재 가정으로부터 모순이 도출되는 과정을 검토한 후, 그의 외연도입 원리인 근본법칙 V의 오른편으로부터 왼편으로의 조건문이 문제가 아니라 왼편으로부터 오른편으로의 조건문이 문제라고 결론짓는다. Frege(1903) 부록 참조. 이에 관한 해설을 보려면 Boolos(1997), 252 참조.

26 리드는 이른바 거짓말쟁이 규칙처럼 모순을 초래하지만, 조화로운 도입 및 제거규칙의 사례를 들어,

4. 흄 원리의 논리적 지위

4.1. 흄 원리와 기수연산자의 뜻

앞의 논의는 우리에게 추상화 원리의 논리적 지위에 대해 라이트와 헤일이 했던 것보다 더 명확하게 평가할 여지를 마련해 주는 것으로 보인다. 라이트와 헤일이 제안한 여러 적합 조건은 사실 각 조건이 추상화연산자의 뜻을 설명하는 데 관련된 것인지, 아니면 추상화연산자의 지시체 혹은 추상화 원리의 참에 관련된 것인지 분명하지 않다. 이는 라이트와 헤일이 모델로 삼는 암묵적 정의 개념이 추상화 원리의 참의 약정과 추상화연산자의 뜻의 설명을 개념적으로 구분해서 다루기 어렵게 만드는 데서 유래된 것으로 보인다. 하지만 추상화 원리를 추론규칙으로 전환하면, 우리는 그 원리의 참 여부에 관여하지 않고 추상화연산자의 뜻의 설명 조건을 다음과 같이 제시할 수 있는 것으로 보인다.

(1) 도입규칙은 추상화연산자의 구문론적 역할에 맞게 주어져야 하고, 그 연산자가 포함된 문장의 진리조건을 이해할 수 있게 주어져야 한다.

(2) 제거규칙은 도입규칙이 추상화연산자에 부여한 구문론적 역할 및 의미론적 역할이 달라지지 않게 주어져야 한다.

그런 규칙들로부터의 모순 도출 가능성은 규칙들 사이의 비정합성을 함축하지 않는다고 주장한다. Read(2000), 140-142; Read(2010). 그러므로 리드의 사례에서 모순은 도입규칙 자체에서 비롯된 것으로 보아야 할 것이다. 반면 나의 논의에 따를 때 외연연산자 도입규칙은 외연연산자에 모순적인 뜻을 부여하지 않는다는 점에서 리드의 사례와 다르다. 도리어 외연연산자 제거규칙이 어떤 1차 술어에 적용될 때, 즉 러셀 술어에 적용될 때 모순을 초래한다. 그러므로 외연연산자 규칙들이 초래하는 모순은 그 규칙들이 도입되는 이론이 어떤 1차 술어를 허용하는가 하는 것과 관련되어 있다.

라이트와 헤일이 제안한 에반스의 일반성 조건은 바로 앞의 조건 (1)을 다른 식으로 표현한 것으로 보이며, 그들이 보수성과 구별해서 제안한 암묵적 정의 원리들 사이의 조화 조건은 바로 앞의 (2)의 조건을 다른 식으로 표현한 것으로 보인다. 그런데 나의 견해로는 라이트와 헤일의 추상화 원리 중에서 앞의 두 조건을 만족하지 못하는 사례는 존재하지 않는다. 그리고 앞의 두 조건이 추상화 원리가 추상화연산자에 정합적 뜻을 부여하기에 충분하다는 주장을 받아들이면, 우리는 라이트와 헤일의 어느 추상화 원리든 추상화연산자의 뜻을 충분히 설명해 준다고 결론지을 수 있을 것이다.[27]

4.2. 흄 원리와 기수연산자의 지시체

나의 이런 결론은 어느 추상화 원리든 참이라든가 혹은 추상화연산자의 지시체를 고정해 준다는 것을 함축하지 않는다. 사실 이 점이 우리 논의에서 아주 중요하다. 나는 암묵적 정의가 주어진 이론에 대해 보수적이어야 한다는 조건이나 그 이론에서 모순을 초래해서는 안 된다는 조건 혹은 주제넘게 피정의항의 지시체를 전제해서는 안 된다는 조건 모두 피정의항 의 지시체와 관련된 조건이라고 생각한다. 헤일과 라이트가 의존하는 뜻과 지시 이론의 관점에서 보면, 어떤 표현이 뜻을 갖는다는 사실은 그 표현이 지시체를 갖는다는 것을 (일반적으로는) 보증하지 못한다. 특히 우리가 앞에서 본 것처럼 추상화연산자 같은 함수 표현은 온전한 뜻을 갖는 경우에도

---

27 트란치니는 조화로운 도입 및 제거규칙이 모순을 초래할 수도 있다는 사실은 규칙들 사이의 조화가 도입되는 연산자의 뜻은 보존하지만, 지시체는 보장하지는 못한다는 사실을 보여준다고 생각한다. Tranchini(2014), 3절 참조.

전체함수를 지시하지 못할 수 있다. 그런데 거꾸로 보면 어떤 표현이 지시체를 갖지 않는다는 것은 그 표현이 뜻을 갖지 못한다는 것을 (일반적으로는) 함축하지 않는다. 왜냐하면 어떤 함수 표현이 전체함수를 지시하지 못한다고 해서 반드시 그 표현이 임의의 주어진 논항에 대해 언제나 유일한 값을 가질 기준 자체가 제시될 수 없는 것은 아니기 때문이다.

이런 생각이 옳다면 우리는 흄 원리와 근본법칙 V 사이의 논리적 지위의 차이를 좀 더 분명히 할 수 있다. 우선 두 가지 공통점이 두드러진다. 첫째로 추론규칙으로 전환된 근본법칙 V는 흄 원리와 마찬가지로 관련된 연산자의 뜻의 설명 조건을 충분히 만족한다. 그러므로 우리는 근본법칙 V가 흄 원리와 마찬가지로 외연연산자의 뜻을 정합적으로 설명하는 것으로 간주할 수 있다.[28] 둘째로 추론규칙으로 전환된 근본법칙 V는 흄 원리와 마찬가지로 관련된 연산자의 지시체를 부당하게 전제하지도, 그런 연산자로부터 얻는 단칭용어의 지시체를 부당하게 전제하지도 않는다. 왜냐하면 두 원리 모두 참으로 약정된 것이 아니라 관련된 연산자의 뜻을 설명하는 규칙으로 제시된 것이기 때문이다. 이 두 가지 점에서 근본법칙 V와 흄 원리는 전혀 다르지 않다.

반면 근본법칙 V는 흄 원리와 중요한 차이를 갖는다. 근본법칙 V는 그것을 추리규칙으로 전환하더라도 어떤 이론에서는 명백히 모순을 초래한다. 그런데 앞서 언급한 것처럼 모순에서는 어느 문장이든 연역 가능하므로, 그 추리규칙은 문제의 이론에서 보수적이지 않다. 반면 흄 원리는 애초에

---

28 라이트와 헤일은 "암묵적 정의와 선천성"(2000)에서 근본법칙 V가 기수연산자에 정합적인 뜻을 부여하지 않는다고 생각했다. Hale & Wright(2000), 132. 하지만 최근에 따르면 그들은 애매하긴 하지만 근본법칙 V가 기수연산자에 정합적인 뜻을 부여한 것으로 간주할 수도 있다고 생각하는 것 같다. Hale & Wright(2009b), 469.

그 원리와 양립 불가능한 원리를 갖는 이론에 도입되지 않는 한,[29] 어느 이론에서도 모순을 초래한다는 증거는 없다. 그리고 흄 원리는 그런 이론에 대해 보수적이다. 이는 근본법칙 V와 흄 원리가 도입하는 연산자들의 지시체에 관해 중요한 결론에 도달할 수 있게 해주는 것으로 보인다. 근본법칙 V를 추리규칙으로 전환할 경우, 외연연산자를 이미 지시체를 갖는 1차 술어에 적용한 결과 우리가 얻는 외연용어 중에는 지시체를 갖지 않는 것이 있다. 그러므로 이 경우 외연연산자는 전체함수를 지시하지 않는다. 그런데 라이트와 헤일처럼 추상화연산자의 지시체로서 전체함수를 고려할 때, 외연연산자는 지시체를 갖지 않는다고 결론지어야 한다. 반면 흄 원리를 추리규칙으로 전환할 경우, 기수연산자와 결합하여 명백히 지시체를 갖지 않는 것으로 드러난 사례는 없다.[30] 그러므로 우리는 추리규칙에 의해 그 뜻이 설명된 기수연산자가 아무 함수도 지시하지 않는다고 할 특별한 이유도 존재하지 않는다.

　　우리는 근본법칙 V가 어떤 이론에서 모순을 초래한다는 사실 때문에,

---

29 이런 단서가 필요한 이유는 불로스, 라이트 및 웨어 등에 의해 흄 원리와 양립 불가능한 여러 추상화 원리가 제시될 수 있다는 사실이 밝혀졌기 때문이다. 라이트는 유한한 정의역 내에서만 성립하는 이른바 '골치거리 원리'(Nuisanse Principle)를 제시하였는데, 그는 그 원리가 해당 연산자의 뜻을 충분히 설명한 것으로 간주해야 하는지, 그런 뜻이 정합적인지에 관해 명확한 태도를 보이지 않는다. 다만 그는 그 원리가 흄 원리와 달리 기존 이론에 대해 약한 뜻에서 보수적이지 못하다는 점을 들어 암묵적 정의의 적합 조건을 만족시키지 못하는 것으로 간주한다. Wright(1997), 6-9절 참조.

30 이에 대해 두 반론이 있을 수 있다. 첫째로 'x는 빨갛다'처럼―혹은 'x는 x와 같다'처럼― 별도의 동일성 기준을 갖지 않는 1차 술어와 기수연산자가 결합될 때 지시체 없는 단칭용어가 형성된다는 것이다. 그러나 이는 애초에 그것을 만족하는 대상들을 1-1로 대응시킬 가능성 자체가 없는 경우이므로, 기수연산자의 지시체 존재에 직접 영향을 주는 것으로 간주하기 힘들다. 둘째로 'x는 서수이다'처럼 동일성 기준은 존재하지만, 그것을 만족하는 대상들의 범위가 무한정 확장 가능한 술어의 경우 지시체 없는 단칭용어가 생긴다는 것이다. 이 경우 문제는 해당 단칭용어가 지시체를 갖지 않기 때문이 아니라 지시체를 결정하는 일이 우리 인식의 범위를 벗어나 있다는 것이 문제이다. 두 경우 모두 기수연산자의 지시체의 존재를 부정할 만한 근거가 되는지 의문이다. 이 문제에 대한 대응을 보려면 Hale(2000), 6절 참조.

근본법칙 V와 흄 원리의 차이를 지나치게 과장해서는 안 된다. 왜냐하면 근본법칙 V는 그것이 도입되는 어느 이론에서나 모순을 초래하는 것은 아니기 때문이다. 잘 알려진 것처럼 근본법칙 V는 프레게의 1단계 논리학에 대해 무모순적이다. 또한 최근의 보고에 따르면 근본법칙 V는 2단계의 서술적 논리학에 대해서도 무모순적이다. 이는 근본법칙 V의 경우 비서술적인 고전적 2단계 논리학에 도입될 때만 모순을 초래한다는 것을 말해준다.[31]

그런데 우리가 근본법칙 V를 추론규칙으로 전환할 때 이 사실은 무슨 의의를 갖는가? 근본법칙 V가 어떤 이론에 대해 무모순일 경우, 라이트와 헤일의 기준에 따라 보수적이지 않을 특별한 이유는 없다. 그런데 어떤 원리 P가 기존 이론에 대해 보수적이라면, 우리는 P가 그 이론 내의 추론에서 진리보존적 역할을 한다고 간주할 수 있다. 그렇다면 외연연산자의 도입 및 제거규칙은 고전적인 2단계 논리학에서는 진리보존적 역할을 하지 못하지만, 서술적 2단계 논리학이나 1단계 논리학에서는 여전히 진리보존적인 역할을 하는 것으로 간주될 수 있다.[32]

반면 흄 원리를 추리규칙으로 전환하여 비서술적 2단계 논리학에 도입할 때, 우리는 기수연산자의 도입 및 제거규칙이 그 이론 안에서 진리보존적 역할을 하지 못한다는 근거를 찾기 힘들다. 도리어 우리는 2단계 논리학 이론만으로 모순이 초래되지 않는 한, 기수연산자의 도입 및 제거규칙이

---

31 Linnebo(2009), 3.4 참조.

32 아마 1단계 논리학, 2단계 서술적 논리학 및 2단계 비서술적 논리학에서 근본법칙 V가 적용되는 술어의 범위가 다르므로, 하나의 근본법칙 V가 각 이론에 도입된 것이 아니라 서로 다른 세 원리가 도입된 것이라고 생각할지 모른다. 하지만 나는 근본법칙 V를 추리규칙으로 전환할 때, 1차 술어 변항의 적용 범위에 대한 규정은 개개의 추리규칙 자체가 하는 것이 아니라 1차 술어 변항의 범위에 대한 별도의 규정이 하는 것으로 보는 옳다고 생각한다. 왜냐하면 해당 이론에서 1차 술어 적용 범위의 규정에 제한을 받는 것은 외연연산자에 대한 추론규칙만이 아니기 때문이다. 다시 말해 동일성 기호, 1단계 양화사 및 2단계 양화사는 모두 1차 술어 적용 범위의 규정에 제한을 받는다.

그 이론 안에서 진리보존적 역할을 한다는 것을 받아들일 만한 좋은 근거를 가진다. 왜냐하면 추리규칙으로 전환된 흄 원리를 이용해서 2단계 논리학 내에서도 프레게 정리를 증명할 수 있다는 사실을 부정하기 어렵기 때문이다. 이 경우 흄 원리가 2단계 논리학에 대해 보수성을 갖는다는 것은 추리규칙으로서 흄 원리가 2단계 논리학 내의 추론에서 진리보존적 역할을 한다는 것을 보이기에 충분할 것이다. 따라서 추리규칙으로 간주된 근본법칙 V와 흄 원리의 차이를 우리는 아래와 같이 두 가지로 정리할 수 있다.

(3) 외연연산자 도입 및 제거규칙은 고전적인 2단계 논리학에서 외연연산자의 지시체를 고정하지 못한다. 반면 기수연산자 도입 및 제거규칙이 고전적 2단계 논리학에서 기수연산자의 지시체를 고정하지 못한다고 주장할 근거는 없다.

(4) 외연연산자 도입 및 제거규칙은 고전적인 2단계 논리학 내의 추론에서 진리보존적인 역할을 하지 못한다. 반면 기수연산자 도입 및 제거규칙이 고전적 2단계 논리학 내의 추론에서 진리보존적인 역할을 하지 못한다고 주장할 근거는 없다.

4.3. 흄 원리와 진리보존성

이런 두 차이는 우리 논의와 관련해서 무슨 의의를 갖는가? 우리는 아직 흄 원리를 전환하여 얻은 기수연산자 도입 및 제거규칙 자체의 논리적 지위에 관해 언급하지 않았다. 라이트와 헤일은 흄 원리를 기수연산자의 의미에 대한 선천적인 설명으로 간주하며, 이런 설명과 프레게 정리에 의존해서 자연수이론에 대한 우리의 지식의 선천성을 정당화할 수 있다고 믿는다. 그런데 기수연산자 도입 및 제거규칙에 의존할 때, 우리는 이미 라이트와 헤일이 주장한 그만큼은 자연수이론에 대해 주장할 수 있지 않을까? 왜냐하면 흄 원리를 기수연산자의 의미에 대한 선천적인 설명으로 간주하는 사람은 기수연산자 도입 및 제거규칙이 기수연산자의 의미에 관한 선천적인 설명임을 부정하기 어렵기 때문이다. 또한 라이트 자신이 수행한 것처럼, 흄 원리를 전제로 삼는 프레게 정리의 증명이 기수연산자 도입 및 제거규칙에 의존해서 수행될 수 있음을 부정할 수 없다.

반면 우리는 라이트와 헤일이 했던 주장보다 더 강한 주장을 할 수는 없는가? 이는 앞에 지적한 근본법칙 V와 흄 원리의 차이 (3)~(4)를 고려할 때 자연스럽게 떠오르는 물음이다. 우리가 본 바에 따르면 추리규칙에 의해 도입된 연산자가 지시체를 갖는가 하는 문제는 그런 규칙이 문제의 연산자를 도입하는 그 이론에서 진리보존적 역할을 하는가 하는 문제와 근본적으로 다르지 않은 것 같다. 그런데 근본법칙 V가 고전적인 2단계 논리학에서 진리보존적 역할을 하지 못한다는 것은 그 원리를 논리적인 원리로 간주하기에 근본적 결함을 보여주는 것으로 보인다. 왜냐하면 어떤 추리규칙이 논리적 추리규칙이 되기 위해서는 (어떤 뜻의) 적용의 보편성을 가져야 하는 것으로 보이기 때문이다. 그런데 추리규칙의 적용 목적은 무엇보다 그 규칙이 추론 내에서 진리보존적 역할을 하는 데 있으므로, 이런 목적을 달성하지 못하는 추리규칙은 논리적 추리규칙으로 간주하기 힘들 것이다. 반면 (3)~(4)에 언급된 대로 기수연산자 도입 및 제거규칙이 고전적인 2단계 논리학 이론에서 진리보존적 역할을 한다는 것을 부정하기 어렵다면, 우리는 흄 원리를 논리적 원리에서 배제해야 할 특별한 이유도 찾기 어렵다. 물론 라이트와 헤일은 흄 원리를 논리적 진리로 간주하지 않고, 다만 기수연산자의 선천적인 설명으로 간주한다. 하지만 기수연산자의 도입 및 제거규칙은 논리적 추리규칙으로 간주하는 데 어떤 근본적 난점이 있는 것으로 보이지 않는다. 그 이유를 간략히 지적하겠다.

첫째로 흄 원리가 고전적인 순수 2단계 논리학에 대해 보수적이라는 사실이 주어지면, 흄 원리가 논리적인 추리규칙으로 간주되기 위해 만족해야 할 또 다른 조건이 있는지 의문이다. 아마 누군가 우리가 도입한 기수연산자 도입 및 제거규칙이 그것들이 도입되는 어느 이론에서나 진리보존적 역할을 하지 않는 한, 그런 규칙들을 논리적인 것으로 간주할 수 없다고 주장할지 모른다. 하지만 어떤 추리규칙이 논리적이기 위해 만족시켜야 할 조건을 이렇게 강하게 규정하는 한, 어느 추리규칙도 논리적 추론규칙이 될 수 없다. 왜냐하면 예컨대 모순적 이론에서는 어떤 추리규칙도 진리보존적 역할을 할 수 없으므로, 그런 이론에 도입된 어느 추리규칙도 논리적인 것으로 간주될 수 없기 때문이다. 이는 추론규칙마다 그것을 도입하는 이론에 일정한 제한이 주어져야 함을 말해준다. 그런데 우리가 본대로 기수연산자의 이해는 2단계 논리학의 다른 연산자들의 이해를 전제한다. 이는 기수연산자를 도입하는 어느 이론이든 이미 고전적인 순수 2단계 논리학 이론을 전제한다는 것을 말한다. 그런데 기수연산자 도입 및 제거규칙이 이런 2단계 논리학 이론에 대해 보수적이라면, 그런 규칙들이 없는 2단계 논리학 이론이 진리보존적일 때 그런 규칙들만 새로 첨가한 2단계 논리학 내의 추론은 진리보존적이다. 이제 추리규칙으로서 흄 원리가 관련된 어느 이론에서나 진리보존적 역할을 하는가 하는 문제는 그 원리만 새로 첨가한 고전적인 2단계 논리학 이론의 진리보존적 확장이 일반적으로 가능한가 하는 문제일 뿐이다.

둘째로 고전적인 순수 2단계 논리학 이론에 흄 원리를 추리규칙으로 첨가한다고 하고, 이 이론을 진리보존적으로 확장하는 데 무슨 제한이 있는지 고찰해 보자. 그런데 이런 이론을 확장한다는 것은 바로 기수에 관해 말할 필요가 있는 분야에 그 이론을 적용한다는 것을 말한다. 왜냐하면 기수에 관해 말할 필요가 없다면, 우리는 흄 원리를 포함하는 논리학 이론을 필요로 하지 않을 것이기 때문이다. 그러나 이는 흄 원리가 앞에서 지적한 뜻의 적용 보편성을 갖지 않는다는 것을 말하지 않는다. 왜냐하면 프레게가 지적했듯이 우리 지식의 어느 분야의 추론에서나 기수에 관한 진술은 적용 가능성을 갖기 때문이다. 더 정확히 말해 우리는 수학이나 과학의 어느 분야에서나 해당 분야의 종류 개념 아래 속하는 대상들의 개수에 관해 말할 수 있다. 그런데 우리는 어떤 종류 개념 F 아래 속하는 대상들의 개수에 관해 말하는 "F인 대상이 n개 있다"는 형식의 진술을 "F의 그 기수 = n" 형식의 동일성 진술로 변경할 수 있다. (여기서 'F'는 기수가 부여될 수 있는 임의의 종류 술어를 나타내고, 이탈릭체의 'n'은 수 형용사를, 고딕체 'n'은 흄 원리를 기초로 명시적으로 정의된 숫자들을 나타낸다.) 그런 변경이 가능할 때, 우리는 자연수이론의 대상으로서 (유한) 기수를 임의의 종류 개념 아래 속하는 대상들의 개수를 결정하는 데 사용할 수 있다. 이 점에서 다음 동치 진술의 참은 자연수이론의 정리들의 보편적 적용 가능성을 보여준다.

F인 대상이 n개 있다 ↔ F의 그 기수 = n

그런데 라이트가 보인 것처럼, 이 동치 진술은 2단계 논리학 내에서 흄 원리를 전제로 삼아 연역 가능하다.[33] 이는 최소한 흄 원리를 수학이나 경험과학의 어느 이론에 적용할 때나 진리보존적 역할을 할 수 있음을

---

33 Wright(1999), 부록 B 참조.

보여준다. 그렇다면 추리규칙으로서 흄 원리는 수학이나 과학 이론에서 보편적 적용 가능성을 갖고 2단계 논리학 이론의 어떤 적절한 확장에서나 진리보존적 역할을 할 수 있다. 이 경우 흄 원리가 논리적 추리규칙이 아니라고 할 근거를 어디서 찾을 수 있을지 의문이다. 그러므로 흄 원리를 추리규칙으로 간주할 경우, 라이트와 헤일이 의도한 것보다 더 강하게 그런 규칙을 논리적 규칙으로 간주할 길이 열린다.

5. 나오는 말

이제 논의를 정리해 보자. 우리는 앞에서 흄 원리를 암묵적 정의로 간주하려 할 때 어떤 단점이 있는지 살펴보았다. 흄 원리를 암묵적 정의로 삼는 일은 두 가지 어려움을 초래하는 것으로 보인다. 첫째로 흄 원리는 동치 관계에 의해 추상 대상들을 도입하는 추상화 원리이다. 흄 원리는 추상화 원리가 성공적인 암묵적 정의가 되기 위해 갖추어야 할 주요 조건을 거의 다 만족하지만, 정작 그것이 설명하고자 하는 피정의항의 지시체의 존재는 참의 약정과 함께 전제되는 것으로 보인다. 이 점 때문에 흄 원리의 참을 의심하는 사람들은 여전히 흄 원리를 참으로 약정하는 일이 정당하지 않다고 생각한다. 둘째로 라이트와 헤일은 기수연산자 같은 함수 표현의 지시체의 존재 문제는 단칭용어들의 지시체의 존재 문제와 달리 뜻을 설명하는 것으로, 이미 충분히 해결되는 것으로 생각하는 것 같다. 하지만 우리가 본 바에 따르면 함수의 존재 문제는 술어의 지시체로서 개념의 존재 문제와 달리 단칭용어의 지시 문제와 분리할 수 없는 것으로 보인다. 이 때문에 함수 표현의 뜻이 충분히 설명되었다 해도, 그것이 지시하는 함수의 존재 문제는 여전히 열려 있는 것으로 보인다. 그래서 기수함수가 존재하지 않는다고 믿을 충분한 이유가 없다는 라이트와 헤일의 주장은 받아들일 만하지만, 여전히 그들의 주장의 신뢰성 여부는 우리가 흄 원리를 참으로 수용하느냐 마느냐 여부에 의존하게 만드는 것으로 보인다.

반면 흄 원리를 추리규칙으로 간주할 때, 우리는 이런 난점에서 벗어날 수 있는 것으로 보인다. 흄 원리를 기수에 관한 추론에 사용되는 추리규칙으로 삼을 때, 우리는 흄 원리를 참으로 약정하는 것이 아니라 단지 기수연산자가 뜻하는 바를 암묵적으로 설명해 주는 원리로 간주한다. 이 경우 우리는 기수연산자의 지시체의 존재를 전제하거나 정당화해야 할 필요도 없다. 다만 기수연산자 도입규칙이 기수연산자의 뜻을 충분히 설명해 주고 제거규칙이 그런 뜻에만 의존한 추론을 허용한다는 것을 알면 된다. 우리가 본대로 흄 원리만 아니라 추상화 원리들 일반은 이런 뜻에서 추상화연산자의 뜻을 충분히 설명해 준다. 반면 근본법칙 V의 사례가 보여주듯이 어느 추상화 원리나 추리규칙으로 전환한다고 해서 추상화연산자의 지시체의 존재를 보증하는 것은 아니다. 추상화연산자가 지시체를 갖는가 하는 문제는 그 연산자의 도입 및 제거규칙이 관련된 어느 이론에서나 진리보존적 역할을 하는가 하는 문제로 전환된다. 흄 원리는 고전적인 순수 2단계 논리학 이론에 도입되고 그런 이론에 대해 보수적이므로, 그런 이론 내의 추론이 진리보존적이라면 흄 원리 역시 그 이론 내에서 진리보존적 역할을 한다. 결국 흄 원리를 유일한 새로운 추리규칙으로 포함하는 고전적인 2단계 논리학 이론이 진리보존적으로 확장 가능하다면, 기수연산자의 지시체 역시 고정될 수 있을 뿐 아니라 흄 원리를 논리적 추리규칙으로 간주하는 일도 가능한 것으로 보인다. 그런데 문제의 진리보존적 확장 가능성은 흄 원리를 추리규칙으로 삼는 2단계 논리학 내에서 기수의 보편적 적용을 지배하는 동치 원리를 증명하는 것으로 충분한 것으로 보인다. 이에 나는 라이트와 헤일이 흄 원리를 추리규칙으로 삼을 경우, 흄 원리를 논리적 원리로 간주하는 데 근본적 장애는 없다고 생각한다.

| 제2부 |

프레게와 메타이론

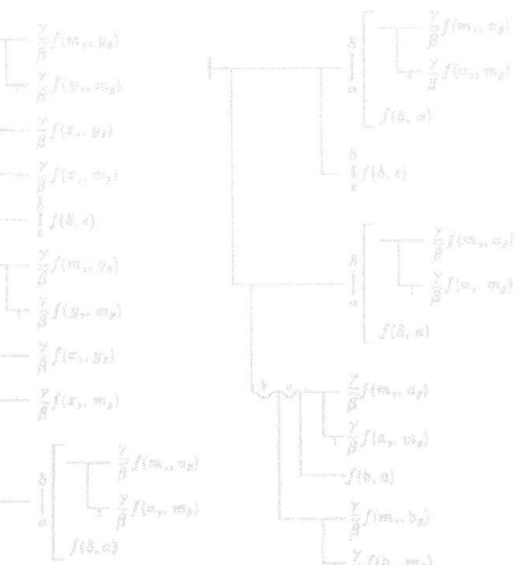

머리글

제2부에 수록된 논문들은 크게 보아 모두 마찬가지 작업을 수행하고 있다. 그것은 프레게 당대의 이론이나 후대의 이론을 프레게의 유형론적 논리학 내에서 재구성한 후, 그 이론들의 논리적 지위를 이해하는 일이다. 나는 프레게의 유형론 및 뜻 이론을 간략하게 해설한 후, 이를 배경으로 삼아 각 논문이 다루는 내용을 차례대로 해설할 것이다.

프레게의 논리학은 서술의 차원과 유형에 따라 언어 표현들 사이에 어떤 계층이 존재하고, 그 지시체들 사이에도 어떤 계층이 존재한다는 것을 전제하고 있다. 이 계층은 문장과 그 지시체로서 진리치의 핵심 역할에 의존하고 있다. 문장 "영수는 철수의 형이다"가 진리치를 갖고 있을 때, 그 문장 안에 특정 대상을 지시하는 단칭용어 '영수'가 나타난다면, 우리는 그 문장을 대상 영수에 관해 무언가 서술하는 것으로 이해할 수 있다. "ξ는 철수의 형이다"처럼 어떤 특정 대상에 대해 서술하는 데 사용되는 술어를 1차원의 1항 술어라고 한다. 프레게는 1항 술어가 지시하는 것을 개념이라고 한다. 따라서 1차원의 1항 술어는 1차원의 개념을 지시하는 것으로 간주된다. 반면 "영수는 철수의 형이다"의 경우처럼, 어떤 문장 안에 나타나는 두 단칭용어가 서로 다른 대상을 지시할 때, 우리는 그 문장을 '영수'가 지시하는 그 대상이 '철수'가 지시하는 그 대상에 대해 어떤 관계를 갖는지 서술하는 것으로 이해할 수 있다. "ξ는 ζ의 형이다"처럼 어떤 특정 두 대상이 어떤 관계를 갖는지 서술하는 데 사용되는 술어를 1차원의 2항 술어라고 한다. 프레게는 2항 술어가 지시하는 것을 관계라고 한다. 따라서 1차원의 2항 술어는 1차원의 관계를 지시하는 것으로 간주된다.

우리는 어떤 문장에서 특정 대상에 관해 말하는 것이 아니라 대상이 갖는 속성이나 대상들 사이의 관계에 대해서도 말할 수 있다. 예를 들어 "영수는 철수의 형이고, 철수는 중학생이다"라는 문장이 참이라고 할 때, 우리는 그것으로부터 "영수는 어떤 중학생의 형이다" 같은 문장을 추론할 수 있다. 그런데 "영수는 어떤 중학생의 형이다"라는 문장은 영수에 관해 말하는 문장으로 간주할 수도 있지만, '중학생'처럼 대상이 속하는 종류 개념이나 '형'처럼 대상들 사이에 성립하는 관계에 대해 말하는 것으로 간주할 수도 있다. 예컨대 그 문장은 종류 개념으로서 중학생에 대해 "영수는 어떤 φ의 형이다"라는 서술을 하는 것으로 간주할 수도 있고, 형이라는 관계에 대해 "영수는 어떤 중학생의 ψ이다"라는 서술을 하는 것으로 간주할 수도 있다. 프레게는 이처럼 1차원의 특정 개념이나 특정 관계에 대해 서술하는 데 사용되는 술어를 2차원의 1항 술어라고 부른다. "영수는 어떤 φ의 형이다"에서 우리가 어떤 문장을 얻기 위해서는 1차원의 1항 술어를 채워야 하는 반면, "영수는 어떤 중학생의 ψ이다"에서 우리가 어떤 문장을 얻기 위해서는 1차원의 2항 술어를 채워야 한다. 말하자면 2차원의 술어는 어떤 논리적 유형의 술어를 논항으로 삼는지에 따라 구분된다. 한편 "고래는 다 포유동물이다" 같은 문장은 서로 다른 두 종류 개념 '고래'와 '포유동물'에 관해 말하는 것으로 간주할 수 있는데, 그 경우 우리는 "$\varphi1$은 다 $\varphi2$이다" 같은 2차원의 2항의 술어를 얻는다. "영수는 어떤 φ의 형이다"와 "영수는 어떤 중학생의 ψ이다"는 각각 1차원의 종류 개념과 1차원의 관계를 논항으로 갖는 2차원의 1항 개념을 지시체로 갖는 반면, "$\varphi1$은 다 $\varphi2$이다"는 1차원의 두 종류 개념을 논항으로 갖는 2차원의 2항 관계를 지시체로 갖는다.

단칭용어와 상응해서 그것의 지시체로서 대상이 존재하는데, 이런 뜻에서 단칭용어와 그에 상응하는 대상은 프레게의 차원 이론의 가장 낮은 차원을 형성한다. 그리고 1차원의 1항 술어와 상응해서 그 지시체로서 1차원의 개념이 존재하고, 1차원의 2항 술어와 상응해서 그 지시체로서 1차원의 관계가 존재한다. 다음으로 2차원의 1항 술어와 상응해서 그 지시체로서 2차원의 개념이 존재하고, 2차원의 2항 술어와 상응해서 그 지시체로서 2차원의 관계가 존재한다. 1차원의 술어는 특정 대상이나 여러 대상에 관해 서술하는 반면, 2차원의 술어는 특정한 1차 개념이나 1차 관계 혹은 여러 1차 개념이나 1차 관계에 관해 서술한다. 2차원의 개념이나 관계에 관해 서술하는 문장이 있다면, 그 문장의 술어는 3차원의 술어가 될 것이고 3차원의 개념이나 관계를 지시할 것이다. 예를 들어 우리는 "고래는 다 포유동물이다"라는 문장으로부터 "어떤 (1차원의) 개념 F에 대해, F는 다 포유동물이다"라는 문장을 추론할 수 있는데, 우리는 이 문장을 1차원의 개념 '포유동물'에 대해 말하는 문장으로 간주할 수도 있다. 하지만 우리는 그 문장을 "φ는 다 포유동물이다"라는 2차원의 개념에 관해 말하는 문장으로 간주할 수도 있는데, 이 경우 문장의 술어는 "어떤 (1차원의) 개념 F에 대해, $\mathcal{M}(F)$"는 3차원의 1항 술어이며, 그 술어는 3차원의 개념을 지시한다.

프레게는 언어 표현과 그에 상응하는 지시체의 계층만 고려한 데 그치지 않는다. 그는 언어 표현의 지시체와 별도로 그 표현이 갖는 뜻을 고려한다. 프레게는 언어 표현의 뜻을 그 표현의 지시체에 대한 우리의 지식과 결부시킨다. 그는 문장이 갖는 뜻을 '사상' 혹은 '사고 내용'이라 부르는데, 어떤 문장이 표현하는 사고 내용 안에는 그 문장이 어떤 경우에 참이 되는지 알 수 있게 해주는 내용(진리조건)이 포함되어 있다고 한다. 그리고 그는 문장 안에 포함되어 있는 말의 뜻은 문장의 진리조건에 기여하는 것이라고 한다. 그러므로 우리는 언어 표현의 뜻을 지시체에 대한 지식을 표현함으로써 문장의 진리조건에 기여하는 것으로 간주할 수 있다. 프레게는 언어 표현이 갖는 뜻의 차원을 고려함으로써 문장의 참 혹은 거짓 여부의 결정 방식을 설명하는 데 머무르지 않고, 문장의 참을 인식하는 방식에 따라 문장의 인식적 가치를 분류하는 방안도 제시한다. 어떤 문장의 참을 인식하는 데 그 문장에 나오는 말의 뜻을 이해하는 것으로 충분할 수도 있지만, 말의 뜻을 이해하는 것만으로 충분하지 않고 그 참을 확인하기 위해 시공간적 직관이나 감각 지각에 의존해야 할 때도 있다. 다시 말해 어떤 문장의 참이 감각 지각에 의존하는 후천적인 참인지 아닌지, 후천적 지각에 의존하지 않는 선천적인 참일 경우 그 참이 공간적 직관에 의존하는 비논리적인 진리인지 아닌지는 결국 문장에 등장하는 말의 뜻을 이해함으로써 문장의 진리조건을 이해하는 것으로 충분한지 아닌지에 달려 있다.

프레게의 논리 개념과 메타이론적 관점

장 반 헤이예누어트 이래 19세기 후반 논리학은 부울, 지본스, 슈뢰더 등에 의해 발전된 논리 대수와 프레게, 페아노, 러셀 등에 의해 발전된 논리학의 두 흐름으로 분류하는 일이 일반적이었다. 헤이예누어트는 이 두 흐름의 논리학의 주요 차이를 논리학을 서로 다르게 해석 가능한 계산 체계로 간주하는 관점과 고정된 해석을 가진 보편언어로 보는 관점으로 분류한다. 헤이예누어트와 이후의 버톤 드레벤, 워렌 골드파브, 토마스 리켓츠 등은 프레게의 논리학에 대한 견해를 '보편주의적 논리관'으로 부르고, 그런 관점에서는 메타이론적 연구가 가능하지 않다고 주장한다. 나는 이 글에서 그들의 주장이 설득력이 없음을 논증한다. 나는 그런 주장을 다음 둘로 나누어 고찰한다. (1) 프레게의 논리학은 가장 보편적인 과학이므로 메타이론적 논의를 허용하지 않는다. ⑵ 프레게의 논리 이론은 이미 해석된 이론이므로 메타이론적 논의를 허용하지 않는다. 나는 어떤 메타이론적 논의도 우리로 하여금 보편과학으로서 프레게 논리학 밖으로 나가길 요구하지 않는다는 사실을 근거로 ⑴이 설득력이 없음을 논증한다. 그리고 보편과학으로서 프레게의 유형론적 논리학은 서술 차원에 관한 이론을 통해 어떤 단계의 과학 이론에 대해서든지 메타이론적 관점을 제공한다는 사실을 근거로 ⑵ 역시 설득력이 없음을 논증한다. 마지막으로 프레게식의 유형론적 메타이론이 20세기 초의 메타이론 연구에 실질적인 영향을 주었음을 보인다.

모형론적 논리적 귀결과 논리상항

20세기 후반 알프레드 타르스키, 아브라함 로빈슨 등에 의해 모형론적 의미론이 발전하였고, 논리학 분야에서도 공리이론의 기본 어휘의 해석은 모형론적 의미론에 의해 제시하는 일이 일반화되었다. 이에 따라 논리적 진리, 논리적 귀결 등 논리학의 기본 개념 역시 모형론에 따라 설명하는 일이 일반화되었다. 모형론에서는 "식 S가 식의 집합 Γ의 원소들의 논리적 귀결"이라는 말을 "Γ의 모든 원소들을 참으로, S를 거짓으로 만들어 주는 모형은 존재하지 않는다"는 말로 정의한다. 존 에치멘디는 이 정의가 우리가 직관적으로 갖고 있는 논리적 귀결 개념, 즉 "Γ의 모든 원소들이 참일 경우 S도 반드시 참이다" 혹은 "Γ의 모든 원소들이 참이면서 S가 거짓인 경우는 불가능하다" 같은 말의 의미를 제대로 반영하고 있지 못하다고 비판한다. 모형론적 귀결 개념이 갖고 있는 외연적 특징은 직관적 논리적 귀결 개념이 갖고 있는 양상성이나 진리보존성 인식을 제대로 포착하고

있지 못하므로, 에치멘디는 두 개념은 외연적으로도 일치하지 않는다고
한다.

셔어는 타르스키의 논리적 귀결 정의가 개념적으로나 외연적으로 적합
한 설명이라고 믿는다. 셔어는 모스토프스키의 동형 구조 내의 불변적인
것으로서 일반화된 양화사 개념 그리고 자신의 모형 이론에 근거해서
그 믿음을 정당화하려 하였다. 이 글에서 나는 직관적 논리적 개념이 갖는
양상적 특징이나 인식적 특징을 셔어가 제대로 반영하는지 검토한다. 논리
적인 것이 동형 구조 내의 불변적인 것이라는 셔어의 생각은 논리적 귀결의
형식적 특징을 보이기에 충분하다는 점을 인정한다. 반면 용어의 의미를
외연적으로 환원해서 다루려는 셔어의 방안은 빈 술어의 문제를 제대로
다루기에는 아주 부적합하다는 것을 보인다. 이에 따라 결국 셔어는 논리적
으로 필연적인 진리들과 그 밖의 진리들을 구별하는 데 실패할 수밖에
없다는 것을 보인다. 이는 모형론적 의미론이 갖고 있는 외연적 특징은
논리적 귀결 개념에 대한 기존의 양상적 이해나 인식적 이해에 비해 중요한
결함이 있음을 드러내 준다.

프레게와 힐버트 — 메타이론적 증명

데이비드 힐버트의 『기하학의 기초』(1899)는 현대 기하학의 분수령이
된 작품이다. 힐버트는 그 책에서 연결, 순서, 평행, 합동 및 연속의 다섯
부류의 공리들을 제시하였는데, 이 공리들 중 어느 한 공리 $\mathcal{A}$를 제외하고
$\mathcal{A}$의 부정을 함축하는 다른 공리 $\mathcal{B}$를 첨가하는 방식으로 다양한 공리이론을
제시한다. 힐버트는 각 공리이론이 만족시켜야 할 최소 조건으로서 공리들
및 그 논리적 귀결들 사이에 모순이 존재해서는 안 된다는 조건을 제시하고,

주어진 공리이론의 공리들이 모두 참이라는 것을 보일 수 있는 모델을 해석기하학을 이용해서 제시한다.

프레게는 힐버트의 책을 접한 후 공리 · 정의 및 메타이론적 증명과 관련된 힐버트의 견해에 이의를 제기하였고, 힐버트는 이에 대해 자신의 견해를 해명하는 답장을 보냈다. 프레게는 힐버트의 견해를 비판하는 다른 편지를 보냈으나, 힐버트는 더 이상 대응하지 않았다. 프레게는 기하학의 기초에 대한 힐버트의 견해에 대해 비판적으로 검토하는 글을 1903년에 제출하였고, 이에 대한 알빈 코르셀트의 논평에 대한 답글을 1906년에 제출하였다.

프레게와 힐버트 논쟁을 바라보는 기존의 해석들은 대체로 두 사람의 견해 차이가 무엇인지, 두 사람의 견해 중에 어느 견해가 설득력이 있는지 등의 문제에 치중하여 왔다. 나는 프레게와 힐버트 논쟁에 대한 두 편의 논문에서 기존 해석에서와는 달리 그 논쟁을 "프레게가 힐버트의 논의를 그의 유형론적 논리학 내에서 어떻게 재구성하는가" 하는 관점에서 고찰하고, 그런 고찰을 토대로 삼아 프레게가 최종으로 힐버트의 작업에 대해 어떻게 평가했는지를 규명하려 하였다.

첫 번째 논문은 힐버트의 메타이론적 증명에 대한 프레게의 해석을 다룬다. 나는 공리이론의 어떤 공리 $\mathcal{A}$가 그 이론의 다른 공리들로부터 논리적으로 독립되어 있다는 것을 다른 모든 공리는 성립하지만 $\mathcal{A}$는 성립하지 않는 모델을 제시함으로써 보이려 하는 힐버트의 방법에 대한 평가를 두 부류로 나누어 평가한다. (1) 하나는 힐버트처럼 공리이론을 구성하고 있는 공리들을 참인 문장이 아니라 힐버트 식의 특징적 조건으로 간주하는 경우이고, (2) 다른 하나는 프레게처럼 공리이론을 구성하고 있는 공리들을 참인 문장으로 간주하는 경우이다. 이 두 경우의 차이에 따라 힐버트의 방법에 의해 해당 이론의 어느 공리가 다른 공리들로부터 논리적으로 독립되어 있음을 보이는 방법이 성공적인지에 대한 평가 역시 두 경우로 나누어 평가해야 한다. (1) 하나는 그런 방법으로 힐버트 식의 특징적 조건으로서 공리가 이론 내의 다른 공리적 조건들로부터 독립되어 있다는 것을 보일 수 있는지 그리고 (2) 다른 하나는 그런 방법으로 프레게 식의 참인 문장으로서 공리가 이론 내의 다른 공리들로부터 독립되어 있다는 것을 보일 수 있는지 여부이다. 나는 첫 번째 논문에서 프레게는 힐버트가 (1)의 독립성을 보이는 데 성공했다고 평가했지만, 그것이 (2)의 독립성을 보이는 것으로 생각하는 것은 아주 잘못이라고 평가했다는 것을 보인다. 그리고 프레게가 (1)의 독립성을 보이는 힐버트의 방법을 반대하지 않았음을 보이기 위해 힐버트 모형 구성이 모두 실수 해석학이나 복소수 해석학에서 진행된다는 사실을 거론한다. 왜냐하면 프레게 논리주의 관점에서 보면 실수 해석학이나 복소수 해석학은 모두 논리학의 분과에 해당하므로, 힐버트의 메타이론적 증명은 모두 그의 유형론적 논리학 내에서 수행 가능한 작업에 해당되기 때문이다.

힐버트의 프레게 비판 — 암묵적 정의

프레게와 힐버트 사이의 논쟁에 대한 두 번째 논문은 힐버트가 『기하학의 기초』에서 언급한 정의 방법과 연관되어 있다. 힐버트는 그 책 제1장 다섯 부류의 공리를 제시하는 곳에서, 기하학의 기본용어로서 '점', '직선', '평면' 같은 종류용어 그리고 "x가 y위에 놓여 있다", "x는 y와 합동이다", "x가 y와 z 사이에 있다" 같은 관계용어들이 공리들에 의해 정의된다고 언급한다. 나는 피정의항이 프레게식의 참인 공리들에 나타나는 기하학 용어인지 아니면 힐버트식의 특징적 조건들에 나타나는 기하학 용어인지 살펴본 후, 어느 것으로도 해석하기 어렵다는 사실을 보인다. 그리고 프레게와 힐버트 사이의 편지 왕래에 대한 베르나이즈의 논평을 근거로 삼아, 힐버트가 실제로 정의하고자 한 것은 각 기본용어에 상응하는 고차원의 개념이라는 것을 보인다. 그리고 그런 고차원의 개념은 논리학 이론을 포함하고 있는 배경 이론의 기본 논리적 용어들에 의해 명시적으로 정의 가능한 파생적인 논리적인 개념임을 보인다.

힐버트 형식주의와 이념적 방법

'이념적 방법'에 대한 힐버트의 논의는 전기 힐버트 사상과 후기 힐버트의 사상을 연결하는 가교 역할을 한다. 이념적 방법이란 19세기 수학의 여러 분야에서 널리 사용되던 방법으로서, 예컨대 산수에서 기존에 존재하는 것으로 간주된 수들의 영역을 확장하여 아직 그 존재가 정당화되지 않은 새로운 수들을 도입하는 데 사용되기도 하고, 사영 기하학에서 기존에 존재하는 것으로 간주된 유클리드 대상들의 영역을 확장하여 아직 존재가 정당화되지 않은 새로운 사영적 대상들을 도입하는 데 사용된다. 힐버트는 '이념적 방법'을 형식적인 공리이론에 대한 무모순 증명 프로그램에도 적용시키는데, 나의 관심은 힐버트가 이 방법을 증명론 프로그램에 어떤 방식으로 적용하는가 하는 데 있다. 힐버트는 이념적 방법을 적용하는 두 방안으로서 발생적 방법과 공리적 방법이 있음을 지적하는데, 전기에서나 증명론 프로그램에서나 모두 공리적 방법을 이용한다. 나는 전기 힐버트에게서 이념적인 것과 현실적인 것의 구분은 형식적인 것과 내용적인 것의 구분이 아니라, 기존 이론의 관점에서 보았을 때 아직 그 존재가 정당화되지 않은 것과 정당화된 것 사이의 구분임을 보인다. 그리고 후기 힐버트에게서 그 구분은 여전히 형식적인 것과 내용적인 것의 구분이 아니라, 유한적 관점에서 보았을 때 아직 정당화되지 않은 (초한적인) 것과 정당화된 (유한적인) 것 사이의 구분임을 보인다. 그러므로 현실적인 것과 이념적인 것의 대립은 전기에서도 후기에서도 내용적인 것과 형식적인 것 사이의 관계를 말하지 않는다고 결론짓는다.

데데킨트 — 공리적 방법과 논리주의

힐버트는 수학 이론을 제시하는 방법으로서 공리적 방법을 발생적인 방법과 대비시킨다. 데데킨트의 수학 이론 제시 방법은 1854년의 저술에 묘사된 단계적 수 도입 방법으로 인해 발생적 방법 중 하나로 분류되어 왔다. 하지만 2004년에 출간된 힐버트의 기하학 강의집에서 힐버트가 데데킨트의 산수이론을 전제로 삼는다고 언급한다는 점 그리고 군이나 체 등의 대수적 개념을 도입하는 데데킨트의 묘사를 고려할 때 데데킨트의 수학 이론 제시 방법을 공리적 방법으로 분류할 수 있다는 견해도 제시되었 다. 윌프리드 지이크와 더크 슐림은 1870년대 초부터 1888년 『수는 무엇이고 무엇이어야 하는가?』를 출간할 때까지 데데킨트가 직접 적은 수고에 대한 면밀한 검토를 바탕으로 삼아, 데데킨트의 방법론과 관련된 두 가지 중요한 사실을 밝혀낸다. (1) 하나는 데데킨트는 수학 이론을 제시할 때 발생적 방법이 아니라 공리적 방법에 따른다는 것이고, (2) 다른 하나는 데데킨트는 처음에는 수학적 대상들이 인간에 의해 자유롭게 창조된다고 생각했으나, 1888년 『수는 무엇이고 무엇이어야 하는가?』를 출간하기 직전에 수학적 대상들이 아니라 수학적 개념이 자유롭게 창조된다는 생각으로 전환했다는 것이다.

데데킨트가 공리적 방법에 따라 산수이론을 제시했다는 데 대한 지이크와 슐림의 핵심 근거 중 하나는 힐버트가 참인 문장이 아니라 참도 거짓도 아닌 특징적 조건을 공리라고 부른다는 사실이다. 그런데 데데킨트는 오늘날 "데데킨트 – 페아노 공리들"로 불리는 것을 참인 명제들로 제시한 것이 아니라 '단순 무한체계'라는 개념을 구성하는 특징적인 조건들로 제시하였다. 그러므로 힐버트가 공리라고 부른 것을 데데킨트는 개념 혹은 개념을 구성하는 특징적 조건으로 불렀을 뿐, 두 사람의 방법론상 차이는 존재하지 않는다는 것이 드러난 셈이다. 그러면 데데킨트는 어떤 경로를 거쳐 '단순 무한체계' 개념의 제시에 이르렀을까 하는 물음이 데데킨트의 방법론을 이해하는 관건이 될 것이다. 윌프리드 지이크는 레베카 모리스와 함께 데데킨트의 개념 창조의 방법은 헤르만 로체가 제시한 새로운 추상화에 의한 개념 형성 방법을 따르고 있다고 주장한다.

나는 헤르만 로체의 추상화와 데데킨트의 추상화를 비교할 때 중대한 차이가 있음을 발견하였다. 그것은 로체의 추상화는 더 좁은 범위의 사물들의 집합에서 그것을 부분집합으로 갖는 더 넓은 사물들의 집합으로 나아가는 추상화인 반면, 데데킨트의 추상화는 특정한 구조에서 구조들의 집합으로 나아가는 추상화라는 것이다. 그리고 이 후자의 추상화야말로 지이크가 보이려 한 데데킨트 사상의 고단계적 특징을 제대로 반영한다고 생각하였다. 그리고 데데킨트가 특정 구조에서 고단계적 특징의 규정으로 나아가는 추론은 고단계 존재 일반화의 절차의 한 사례라는 것을 확인하고, 데데킨트의 공리적 방법의 핵심은 바로 더밋이 그렇게 강조했던 프레게 식의 복합 개념의 형성 방법의 한 사례에 해당한다는 것을 확신하였다. 이를 바탕으로 데데킨트 논리주의와 프레게 논리주의는 20세기 대부분의 경험주의적 논리주의자들과는 근본적으로 다른 사상을 공유하고 있다는 것을 밝힌다. 그것은 데데킨트와 프레게는 산수를 풍부한 적용 가능성을 갖고 있는 생산적인 과학으로 간주한다는 것이다.

데데킨트 — 논리적 추상화와 메타이론

데데킨트가 공리적 방법에 따라 산수이론을 제시했다는 사실을 확인한 후, 다음 작업은 데데킨트의 공리적 방법과 힐버트의 공리적 방법 사이의 관계를 확인하는 것이었다. 이 연구에서 나의 주요 물음은 (1) 데데킨트는 힐버트와 마찬가지로 특징적 조건들의 체계로서 형식적 공리이론이 수많은 내용적 공리이론을 거느린 것으로 간주했는가 하는 문제 그리고 (2) 힐버트 의 이른바 공리적 정의는 데데킨트의 '단순 무한체계' 개념의 정의처럼 명시적으로 제시될 수 있는가 하는 문제이다. 나는 먼저 힐버트와 베르나이 즈의 1934년 저술에 논의된 형식적 공리이론과 내용적 공리이론의 특징 규정에 근거해서, 데데킨트의 '단순 무한체계' 개념의 특징적 조건들의 체계는 형식적인 공리이론으로 이해할 수 있고, 특정 단순 무한체계에 형식이론을 적용한 결과 형성되는 이론은 바로 내용적 공리이론으로 이해할 수 있음을 보인다. 그리고 힐버트 기하학의 기본용어 '점'에 상응하는 고차원 의 개념으로서 '유클리드 기하학의 점 개념'에 대한 정의를 데데킨트의 '단순 무한체계' 개념의 정의와 유사하게 명시적으로 정의할 수 있음을 보인다.

다음으로 데데킨트가 대상들로서 수들을 자유롭게 창조할 수 있다는 생각을 버리고 '단순 무한체계' 같은 개념을 자유롭게 창조할 수 있다는 견해를 주장하게 되었다는 지이크와 슐림의 해석을 유지하려 할 때 해명하기 어려운 난문을 다룬다. 지이크와 슐림의 견해에 따르면 데데킨트는 더이상 모든 단순 무한체계가 공유하는 그런 속성만 갖는 대상들로서 자연수들을 새로 창조할 수 있다고 생각하지 않으므로, 어느 단순 무한체계의 원소들이든지 '단순 무한체계' 개념을 구성하는 네 특징적 조건을 만족하는 한 자연수로 간주할 수 있다고 생각하는 것이 자연스럽다. 그러나 『수는 무엇이고 무엇이어야 하는가?』의 출간 이후 하인리히 베버에게 보낸 편지에서도 데데킨트는 여전히 수들의 창조에 관해 언급하는 것으로 보인다. 나는 데데킨트가 왜 수들의 창조를 고려하는지 묻고, 그것은 형식적 공리이론의 특징적 조건들 이외의 어떤 다른 요소에도 의존하지 않고 수 개념을 고정하려는 데 있다는 것을 보인다. 그리고 이는 다른 논자들이 주장하듯 산수이론의 독립성을 고수하려 하기 때문이기보다는 도리어 보편적인 논리적 과학으로서 산수의 특징을 보이려는 데 목적이 있음을 보인다.

6장

프레게 논리 개념과 메타이론적 관점*

1. 머리말

프레게는 논리학을 보편과학으로 간주하였고, 논리학의 언어를 보편언어로 간주하였다. 논리학을 보편과학으로 보는 이유는 무엇보다 논리적 연역이 어느 과학에나 보편적으로 적용된다는 데 있다. 예컨대 유클리드 기하학에서는 정리의 증명을 위해 기하학에 특수한 원리들 이외에 논리 법칙을 전제로 삼고 논리적 연역 방법에 의존한다. 유클리드 기하학만큼 논리적 연역에 의존하지는 않는 과학이라 해도, 그 분야의 이론을 체계화하려 할 때 우리는 논리적 추론에 의존하지 않을 수 없다. 그런데 프레게에게 논리학은 이런 모든 논리적 추론의 토대가 되는 논리 법칙 및 논리적 추론 원리의 체계를 말하므로, 논리학은 어느 과학에나 논리적 추론의

---

* 이 논문은 2012년 정부(교육과학기술부)의 재원으로 한국연구재단의 지원을 받아 수행된 연구임 (NRF-2012-S1A5A8024253). 이 논문의 초고는 2015년 7월 10일 한국 논리학회에서 발표하였다. 나의 발표를 듣고 논평해 준 청중들에게 감사한다. 그리고 이 글을 읽고 논평해 준 익명의 심사위원들께도 감사한다.

토대로서 보편적으로 적용 가능한 과학으로 간주된다. 이런 점에서 프레게가 논리학의 주요 특징을 그 보편성에서 찾았다는 사실은 그리 놀라운 것이 아니다. 그는 논리적 증명 방법을 "사물들의 특수한 속성들을 무시하고 오로지 모든 인식이 근거를 두는 법칙들에 근거를 두는 방법"이라고 하고(BS, iii), 논리 법칙을 "사고의 모든 영역에 대해 타당성을 갖는 가장 일반적인" 법칙이라고 하고, 논리학을 "가장 일반적인 진리 법칙들의 과학"이라고 한다(PW, 128).

프레게가 논리학을 보편과학이라 생각했고 논리학의 주요 특징을 그 보편성에서 찾았다는 데 대해서는 해석가들 사이에 특별한 이견이 존재하지 않는다. 그러나 이는 사람들이 프레게가 논리학에 부여한 보편성을 같은 방식으로 이해한다는 것을 의미하지 않는다. 특히 논리학의 본성에 관한 프레게의 견해와 후대의 견해 사이의 관계에 대해서는 정면으로 상충하는 해석들이 존재한다.

어떤 사람들은 논리학에 대한 프레게의 견해를 이른바 '보편주의적 논리관'(the universalist conception of logic)으로 부르는데, 그들에 따르면 이런 논리관은 힐버트 이후 일반화된 논리학에 대한 메타이론적 연구를 허용하지 않는다. 왜냐하면 논리학은 가장 보편적인 과학이므로, 논리학 "밖에서" 논리학의 성질에 관해 논의하는 일은 불가능하기 때문이라는 것이다. 이에 따라 그들은 힐버트나 후대의 타르스키에 의해 수행된 메타이론적 작업은 프레게의 논리관에서는 허용할 수 없는 일이라고 한다.[1] 반면 다른 사람들은 프레게가 논리학의 주요 특징을 그 보편성에서 찾았다는 것을 부인하지 않지만, 그로 인해 그가 메타이론적 연구를 거부할 이유는

---

1 이런 견해는 『프레게에서 괴델까지』(1967)에서 헤이예누어트(van Heijennort)에 의해 처음 제시된 이후, 드레벤(B. Dreben), 골드파브(W. Goldfrab), 리켓츠(T. Rickett) 등에 의해 지지받아 왔다.

없다고 생각한다. 도리어 이들은 프레게가 타르스키만큼 논리학에 대한 의미론적 논의를 충분히 정교하게 수행한 것은 아니지만,『개념표기』나 『산수의 근본법칙』의 논의에는 후대 의미론적 논의의 맹아로 간주될 만한 메타이론적 논의가 존재한다고 주장한다. 나아가 그들은 프레게가 타르스키 처럼 논리적 귀결 개념을 명시적으로 정의하지는 않았으나, 이미 그런 견해를 가지고 있었다고 주장한다.[2]

나는 이 글에서 프레게 논리관이 메타이론적 연구를 허용하지 않는다는 주장이 설득력이 없음을 보이려 한다. 아래에서는 이런 주장을 하는 사람들 을 간단히 '메타이론 불가능론자'라고 부를 텐데, 나는 이들의 주장을 다음 둘로 나누어 고찰할 것이다. (1) 프레게의 논리학은 가장 보편적인 과학이므 로 메타이론적 논의를 허용하지 않는다. (2) 프레게의 논리 이론은 이미 해석된 이론이므로 메타이론적 논의를 허용하지 않는다. 나는 먼저 어떤 메타이론적 논의도 우리로 하여금 보편과학으로서 프레게 논리학 밖으로 나가길 요구하지 않는다는 사실을 근거로 (1)이 설득력이 없음을 논증한다. 다음으로 보편과학으로서 프레게의 논리학은 서술 차원에 관한 이론을 통해 어떤 단계의 과학 이론에 대해서든지 메타이론적 관점을 제공한다는 사실을 근거로 (2) 역시 설득력이 없음을 논증한다. 마지막으로 프레게식의 유형론적 메타이론이 20세기 초의 메타이론 연구에 실질적인 영향을 주었음 을 보일 것이다.

---

2 이런 해석은 더밋(M. Dummett)이 『프레게: 언어철학』(1972)에서부터 시작해서 프레게에 관한 일련 의 저술에 의해 발전시켜 왔고, 최근에는 스탠리(J. Stanley), 헤크(R. Heck), 타펜덴(J. Tappenden) 등이 이런 견해를 지지하고 있다.

2. 메타이론 불가능 논제

먼저 메타이론 불가능론자들이 어떤 근거에서 프레게 논리관에서는 메타이론적 관점이 허용되지 않는다고 주장하는지 살펴보자. 헤이예누어트와 드레벤의 말을 들어 보자.

> 프레게 및 러셀과 화이트헤드에게서 유래하는 논리학 전통—즉, 논리주의—에서는… 형식 체계의 완전성에 관한 물음은 생길 수 없었다.
> 프레게에게는 그리고 이후의 러셀과 화이트헤드에게는 각각의 명시적인 논리학의 정식화 안에서 고전 해석학 전체와 칸토어 집합론의 많은 부분을 포함하는 전체 연역 추론이 형식화되어야 했다. 그러므로 순수 양화 이론은 그들의 관심의 중심에 있지 않았을 뿐 아니라, 예컨대 완전성 문제 같은 메타 체계적 물음들은 유의미하게 제시될 수도 없었다. 논리학 전체를 바라볼 수 있는 관점은 고사하고 어떤 주어진 형식 체계를 전체로 개관할 수 있는 관점도 존재하지 않았다(van Heijenoort and Dreben[1986], 44).

말하자면 논리주의자들은 수학이 논리학이라는 것을 보이기 위해 논리학 체계 내에 고전 수학을 구성한 후 수학의 진리들을 논리학의 정리로 연역하는 데 관심을 가졌을 뿐이라는 것이다. 이 때문에 논리주의자들은 그 체계의 일부로서 양화 이론에 관한 별도의 논의에도 관심을 두지 않았을 뿐 아니라, 논리학에 대한 메타이론적 연구를 위해 "논리학 전체를 바라보는 관점"도, 어떤 "형식 체계 전체를 바라보는 관점"도 갖지 않았다는 것이다. 골드파브는 한 걸음 더 나아간다.

만약 그 체계가 보편적인 논리적 언어로 이루어져 있다면, 우리는 그 체계를 고찰하고 논의할 수 있는 외적 관점은 존재할 수 없다. 메타 체계적 고찰은 그저 바람직하지 않은 것이 아니라 부당하다(Goldfarb[1979], 353).

보편언어를 갖는 논리학 이론에 관해서는 메타적 관점의 논의는 아예 존재할 수 없는 부당한 관점이라는 것이다. 왜 그런가? 헤이예누어트와 골드파브에게서는 그 이유에 대한 설명을 듣기 어렵지만, 우리는 리켓츠에게서 다음 설명을 듣는다.

어느 설명이든 논리학의 원리에 의존할 것이다. 이런 식으로 최대로 일반적인 과학으로서 논리학은 모든 과학을 포괄하는 구도를 제공한다. 정당화 및 설명에 관한 프레게의 이해에 따를 때, 사실 논리학의 이런 최대 일반성 때문에 어느 다른 과학도 논리학에 알맞은 정당화나 설명을 제공할 수 없다(Ricketts [1996], 174).

프레게는 『산수의 근본법칙』에서 형이상학이든 심리학이든 논리 법칙을 정당화해 주는 역할을 할 수 없는데, 그 이유는 그런 분야의 논의 역시 논리 법칙들에 의존하지 않을 수 없기 때문이라고 한다. 리켓츠에 따르면 논리학에 관한 메타이론적 논의도 논리 법칙에 의존한다면 논리학을 정당화하는 역할을 할 수 없다는 것이다.

그러면 우리가 논리학 밖으로 나갈 수 없도록 만드는 특징으로서 논리학의 보편성은 무엇으로 이루어지는가? 그것은 무엇보다 양화문의 논의 영역과 관련되어 있다.

프레게의 기호언어의 보편성은 첫째로 양화 이론은 그 어휘 때문에 갖지만 명제계산은 갖지 않는 보편성이다. ⋯ 논리학의 보편성은 프레게 체계의 중요한 특징을 표현한다. 그 체계에서 개체변항을 구속하는 양화사들은 모든 대상을 범위로 삼는다. 잘 알려진 대로, 프레게의 경우 우주의 존재론적 구성원들은 대상들과 함수들로 나누어진다(van Heijenoort[1967], 325).

프레게에게⋯ 논리학은 무언가에 관한 것, 즉 모든 것에 관한 것이다. 논리 법칙은 내용을 갖는다. 논리 법칙은 우주의 논리적 요소들에 관한 가장 일반적인 진리들이다(Goldfarb[1979], 352-353).

말하자면 1단계 양화사는 모든 대상을 논의 영역으로 갖고, 2단계 양화사는 모든 (1차) 함수들을 논의 영역으로 갖는다는 것이다. 그러므로 1단계 양화사를 포함하는 논리 법칙이 논의 주제로 삼는 대상들 밖의 대상이란 존재하지 않으며, 2단계 양화사를 포함하는 논리 법칙이 논의 주제로 삼는 (1차) 함수들 밖의 (1차) 함수란 존재하지 않는다는 것이다. 반면 논리 법칙이 주제로 삼는 것이 존재하므로, 논리 법칙은 고정된 내용을 갖고 논리 법칙에 등장하는 모든 표현 역시 고정된 내용을 갖는다는 것이다.

프레게와 러셀에게는 논리학의 명제들은 아무런 비논리적 어휘도 갖고 있지 않다. 이런저런 값이 부여될 수 있는 자리 지키기란 존재하지 않는다. 모든 논리식은 고정된 의미를 가지고 있고, 어떤 기호를 재해석하는 일이란 없다(Goldfarb[1979], 352).

도식적 견해는 메타언어적이다. 논리학의 주장들은 도식이나 문장에 관한 주장들이므로, 논리학은 논의의 특징들에 관여한다. 이와 달리 보편주의적 견해에서는 논리학은 세계에 관한 법칙들을 산출함으로써 명확히 대상적 차원에 머물러 있다. 논리 법칙이 묘사하는 것은 언어현상이나 표상에 관한 것이 아니다(Goldfarb[2001], 28).

다양한 해석을 허용하는 논리적 도식 개념은 프레게의 사상에는 낯선 것이다 (Ricketts[1986], 76).

말하자면 프레게 논리학의 식들은 해석에 따라 서로 다른 값들이 부여될 수 있는 도식이 아니라 이미 고정된 뜻과 지시체를 가진 것으로 간주된다는 것이다. 다시 말해 프레게의 논리 이론은 이미 고정된 해석을 가진 체계라는 것이다. 그런데 도식들의 체계에 대해서는 그 밖에서 서로 다른 해석을 부여하는 메타적 관점의 작업이 가능하지만, 프레게의 논리 이론에 대해서는 그런 작업이 불가능하다는 것이다.

우리는 메타이론 불가능론자들의 주장을 둘로 요약할 수 있다. 첫째로 프레게의 논리학은 가장 보편적인 과학이므로 논리학 전체를 바라보는 메타적 관점이란 허용되지 않는다. 둘째로 프레게의 논리 이론은 이미 해석된 이론이므로 메타이론적 논의가 허용되지 않는다.

3. 보편과학과 메타이론

3.1. 메타이론적 관점의 의미

먼저 첫 번째 주장을 검토해 보자. 우선 메타이론 불가능론자들의 이른바 "논리학 전체를 바라보는 메타적 관점"이란 그것이 어떤 종류의 메타이론이 갖는 관점인지 그리고 그것이 대상으로 삼는 이론이 어떤 이론인지에 따라 다르게 이해될 수 있음을 주목해야 한다. 프레게에 따르면 어느 과학의 논의에서나 논리 법칙 및 논리적 추론 원리에 의존하지 않을 수 없다. 이 경우 아무런 논리학의 원리에도 의존하지 않고 논리학에 관해 논의하는 관점은 프레게에게 불가능한 관점일 것이다. 이에 따라 우리는 문제의 메타이론적 관점을 아래처럼 해석할 수 있다.

(1) 메타이론적 관점이란 아무런 논리적 원리에도 의존하지 않고 그 대상이론
에 관해 논의하는 것을 말한다.

하지만 이 경우 문제는 논리학에 대한 메타이론 중에서 아무런 논리적 원리도 사용하지 않는 것이 있는가 하는 데 있다. 메타논리학의 어떤 정리를 증명하려 할 때 우리는 논리적 원리에 의존하지 않을 수 없다. 그렇다면 (1)의 그 관점은 프레게만 받아들일 수 없는 관점이 아니라 어떤 메타논리학의 연구에서도 수용될 수 없는 관점이다. 따라서 프레게가 (1)을 받아들일 수 없다는 것은 그가 메타논리학의 연구를 거부할 이유가 되지 못한다. 그러므로 메타이론 불가능론자가 고려하는 관점이 (1)의 관점을 의미한다면, 이는 프레게에게 메타논리적 연구의 불가능성을 돌릴 근거가 되지

못한다.

다음으로 메타이론 불가능론자가 고려할 만한 메타이론적 관점은 형식화된 이론 체계를 조망하는 관점이다. 헤이예누어트는 대상이론을 형식화된 이론으로 간주하고 있고, 골드파브는 대상이론을 보편언어로 이루어진 논리학 이론으로 간주한다. 그리고 이들은 그런 이론을 전체로 개관할 수 있는 관점은 프레게에게 존재하지도 가능하지도 않았다고 주장한다.

(2) 메타이론적 관점이란 보편언어로 이루어진 형식화된 이론을 전체로 조망
    할 수 있는 관점을 말한다.

하지만 문제는 (2)의 관점이 프레게에게 없었을 가능성은 거의 없다는 것이다. 프레게는 『산수의 기초』에서 과학의 제1원리를 조망할 수 있어야 한다는 것을 이성의 요구로 간주한다(GL, 5절). 그리고 그는 이 요구를 만족시키기 위해 『산수의 근본법칙』에서 공리들 및 추리 원리들을 이론 전개에 앞서 미리 제시한다(Gg I, 47-48절). 그리고 그는 공리에 나타나는 원초용어들이 왜 모두 지시체를 갖는지, 그런 용어들로 구성된 모든 표현이 왜 지시체를 갖는지를 해명하려 한다(Gg I, 10, 29-31절). 그는 또한 왜 그의 공리들을 참으로 받아들여야 하고, 그의 추론 원리들을 왜 진리보존적인 것으로 받아들여야 하는지 해명하려 한다(Gg I, 14-17, 18-20절). 메타이론 불가능론자들은 『산수의 근본법칙』의 논리학 이론이 보편언어로 제시되어 있음을 부정하려 하지 않을 것이다. 그러므로 프레게의 이런 작업이 자신의 논리학 이론을 전체로 개관하는 일이 아님을 보이지 않는 한, 프레게에게 (2)의 관점이 존재하지 않았다는 그들의 주장은 설득력을 잃을 것이다.[3]

메타이론 불가능론자들이 메타이론적 관점으로 고려할 만한 또 다른

관점은 논리적 정당화에 관한 프레게의 견해와 관련되어 있다. 앞서 언급한 것처럼 프레게에 따르면 논리적 추론이 요구되는 곳에서 우리는 언제나 논리적 원리에 의존하지 않을 수 없다. 그러면 논리적 추론의 토대로서 논리 법칙이나 논리적 추론 원리는 어떻게 정당화되어야 하는가? 그에 따르면 논리 법칙 역시 논리적 연역에 의해 정당화하려 한다면 우리는 더 근본적인 논리 법칙 및 논리적 추론 원리에 의존하는 수밖에 없다. 그런데 이런 식으로 논리 법칙을 논리적 연역에 의해 더 근본적인 법칙으로 환원하려 할 경우, 우리는 더 이상 그런 방법으로 정당화할 수 없는 가장 근본적인 논리 법칙들에 이르게 된다. 그러므로 결국 우리는 논리적 연역에 의한 정당화 방법만으로는 모든 논리 법칙이나 논리적 추론 원리를 정당화할 수는 없다(Gg I, xv-xvii). 그런데 논리학 이론에 관한 어떤 메타적 관점의 논의가 모든 논리 법칙 혹은 논리적 추론 원리를 정당화할 것을 목표로 삼는다면, 프레게는 그런 관점의 논의를 거부하지 않았을까? 이 경우 메타이론 불가능론자는 다음의 관점을 그들이 고려하는 메타이론적 관점으로 간주할 만하다.

(3) 메타이론적 관점은 모든 논리적 원리들을 체계화한 논리학 이론을 대상으로 삼아 그 이론의 논리적 원리들을 정당화하려는 관점을 말한다.

---

3 메타이론 불가능론자들은 『산수의 근본법칙』의 논리 이론의 토대에 관한 프레게의 논의는 메타이론적 작업이 아니라 그의 논리학의 보편적 적용 가능성을 보이기 위한 "실험적" 작업일 뿐이라고 주장한다. van Heijenoort(1967), 326; Ricketts(2005), 230-231 참조. 그러나 나의 관점에서 보면 이런 주장은 프레게-러셀 식의 유형론 내에서 메타이론적 논의가 수행될 가능성을 전혀 고려하지 못한 데서 나온 편견에 불과하다. 최근의 논리학사 연구에 따르면 이런 주장과는 달리 20세기 초의 메타이론적 연구는 모형론적 관점에서만 아니라 유형론적 관점에서도 수행되었다. Schiemer & Reck(2013), 3-4절 참조. 그리고 아래 논의에서 분명해지겠지만, 후대의 유형론적 메타이론은 프레게식의 유형론적 메타이론에 직접적 영향을 받았다.

물론 프레게는 (3)의 관점을 받아들이지 않았을 것이다. 첫째로 프레게의 관점에서 보면 모든 논리적 원리를 남김없이 체계화하는 이론은 있을 수 없을 것이다. 그가 이상적으로 간주하는 공리적 체계화의 방법에 따를 때, 논리적 추론 원리들만 아니라 논리적 어휘의 유형 및 차원을 규제하는 원리들도 형식화된 논리 이론 내의 구성 요소가 아니기 때문이다. 둘째로 모든 논리적 원리를 체계화하는 이론이 있다고 해도, 그런 원리들을 정당화하는 일은 여전히 논리적 추론에 의존할 것이다. 그런데 그런 추론의 토대로서 논리 법칙 및 논리적 추론 원리는 메타이론에서도 여전히 정당화되지 않을 것이다.

하지만 우리는 프레게가 (3)의 관점을 받아들이지 않는다는 데서 그가 메타논리적 연구를 허용하지 않았다는 결론에 이를 수가 없다. 왜냐하면 (3)의 관점에서 수행되는 메타논리학의 연구가 있는지 의문일 뿐 아니라 메타논리학의 연구를 위해 (3)의 관점에 서야 할 이유도 없기 때문이다. 그런 관점에서가 아니라 단지 어떤 논리학 이론의 공리들 사이의 관계나 여러 논리학 이론 사이의 관계를 규명하려는 목적에서 수행하는 메타논리학 연구라면, 프레게는 그런 연구를 특별히 반대할 이유가 없다. 도리어 프레게로서는 그런 연구를 적극적으로 권장할 이유를 가지고 있다. 왜냐하면 논리학이 과학의 한 분야로서 메타논리학의 연구에 적용되지 않는다는 것은 보편과학으로서 논리학이 가져야 할 특징을 갖지 못한다는 것을 의미하는 것이기 때문이다. 이런 관점에서 보면 논리학은 그 보편적 적용 가능성 때문에 도리어 메타논리학의 연구에도 적용 가능해야 하고, 메타논리학의 연구 역시 논리적 추론에 의존할 수밖에 없으므로 그런 적용은 실제로 가능할 것이다.[4]

우리의 논의를 정리해 보자. 메타이론 불가능론자들의 이른바 논리학 전체를 바라보는 관점이 논리학의 원리에 의존하지 않는 관점이거나 모든 논리 법칙을 정당화하려는 관점이라면, 프레게는 그런 관점을 갖지 않았다. 그러나 논리학의 원리에 의존하지 않는 관점에 서지 않으면, 메타논리학 연구가 불가능한 것도 아니며 메타논리학의 연구가 반드시 모든 논리 법칙을 정당화하려는 목적에서 수행되는 것도 아니다. 그러므로 프레게의 관점에서 볼 때 메타논리적 연구가 원리상 불가능한 것은 아니다. 반면 그들이 문제 삼는 관점이 형식화된 논리 이론 전체를 조망하는 관점이라면, 프레게는 그런 관점을 가지고 있었다. 그리고 메타논리학의 연구가 그런 관점에 서서 논리 이론의 공리들 사이의 논리적 관계나 여러 논리 이론 사이의 논리적 관계를 고찰하는 연구라면, 프레게에게는 그런 연구를 거부할 이유가 없을 뿐 아니라 논리학의 보편적 적용 가능성을 고려할 때 도리어 실제로 가능한 일이라고 간주하였을 것이다. 그리고 『개념표기』나 『산수의 근본법칙』의 논리 이론의 토대에 관한 그의 논의는 그가 이런 식의 메타논리적 문제에 무관심하지 않았음을 보여준다.

3.2. 보편적 내용과 메타이론적 관점

앞의 논의는 적어도 논리학이 보편과학이라는 프레게의 생각이 그로 하여금 메타이론적 논의를 할 수 없게 만드는 것은 아님을 보여준다. 하지만 논리학이 보편적으로 적용 가능하다는 그의 생각 때문이 아니라 그의 논리 이론이 갖는 어떤 독특한 특징 때문에 그가 메타이론적 논의를 허용하기 어려운 것은 아닐까? 아마도 메타이론 불가능론자들은 그렇게 생각하는

---

4 유사한 논증이 Tappenden(1997), VI절에 제시되어 있다.

것 같다. 앞서 본 것처럼 그들은 프레게의 논리 이론에서 메타이론적 논의를 허용하기 어렵게 만드는 두 특징을 거론한다. 하나는 양화사의 논의 영역이 특수한 영역에 제한되어 있지 않고 해당 차원의 사물들 전체로 간주된다는 것이고, 다른 하나는 논리식이 기호의 서로 다른 해석을 허용하지 않는 고정된 내용을 갖는 것으로 이해된다는 것이다. 그렇다면 이제 문제는 양화사와 논리식에 대한 이런 견해가 실제로 후대의 논리 연구에서 일반화된 메타논리적 연구를 어렵게 만드는가 하는 것이다. 이 문제에 대해 제대로 대답하기 위해서는 우선 그들이 양화사와 논리식에 대한 프레게의 견해를 적절히 이해하고 있는지 검토할 필요가 있다.

메타이론 불가능론자들은 프레게의 관점에서 볼 때 영역에 제한 없이 (알맞은 차원의) 모든 사물에 대해 성립한다는 것이 논리 법칙만 갖는 특징인 것처럼 생각하는 것으로 보인다. 그러나 이는 프레게의 생각과는 거리가 멀다. 논리 법칙 안에 등장하는 양화사가 해당 차원의 모든 사물을 논의 영역으로 삼기 때문에 그 법칙이 영역에 제한 없이 성립하는 것으로 간주되어야 한다면, 예컨대 기하학의 법칙도 양화사의 논의 영역을 다르게 이해하지 않는 한, 해당 차원의 사물들의 모든 영역에서 성립하는 것으로 간주되어야 할 것이다. 그런데 논리 법칙과 달리 기하학의 법칙의 경우 양화사의 논의 영역을 다르게 이해해야 할 이유가 있는가? 그렇지 않다. 프레게는 어떤 술어든 과학 이론에서 적합하게 사용되려면 각 대상에 대해 그것이 참인지 아닌지가 결정되어 있어야 한다고 요구한다. 왜냐하면 어떤 술어에 대해 그런 결정이 전제되지 않으면, 그것이 나타나는 양화문의 진리치도 일반적으로 결정될 수가 없기 때문이다. 그런데 그런 요구는 논리 법칙에 나타나는 술어만 아니라 기하학의 법칙에 나타나는 술어도 마찬가지로 만족시켜야 하는 것이다. 이는 논리 법칙에 나타나는 양화사만 아니라 기하학의 법칙에 나타나는 양화사도 똑같이 해당 차원의 모든 사물을 논의 영역으로 삼는 것을 말해준다.5 이처럼 양화사의 논의 영역이 논리 법칙에서나 다른 과학의 법칙에서나 다르지 않다면, 이는 메타이론 불가능론자들의 주장과 관련해서 다음 사실을 함축한다고 할 수 있다. 만약 그들의 주장대로 양화사의 논의 영역에 대한 프레게의 생각이 메타논리적 연구를 불가능하게 만든다면, 그런 생각은 기하학이나 그 밖의 과학 일반에 대해서도 메타이론적 연구를 불가능하게 만들 것이다. 그러므로 이제 문제는 프레게가 메타논리학의 연구를 거부했는가가 아니라 그가 메타이론적 연구 일반을 거부했는가로 전환된다.

유사한 논의가 논리식이 고정된 내용을 갖는다는 프레게의 생각에도 적용된다. 프레게 논리학에는 두 부류의 기호밖에 존재하지 않는다. 한 부류는 그 자체로는 어떤 것도 지시하지 않지만 양화사와 결합될 때 유의미하게 사용되는 변항들이고, 다른 부류는 고정된 뜻과 지시체를 갖는 기호들이다. 그런데 변항은 논리 이론을 구성하는 식에서 언제나 (명시적으로 혹은 암묵적으로)6 양화사와 결합되어 있는 것으로 간주되므로, 전체 식은 언제나 특정 진리치를 갖는 사상(뜻)을 표현하는 것으로 간주된다.7 논리식이 언제나 고정된 뜻과 진리값을 갖는 것으로 이해되고 공리들은 언제나 참인 문장들이므로, 공리들로부터 정리로 나아가는 추론은 언제나 참인 문장들로부터 참인 문장으로 이행하는 절차로 간주된다. 그런데 이 사실은 단지 논리

---

5 이 점에서 논리 법칙의 고유한 특징을 양화사의 논의 영역에 대한 프레게의 견해에 근거해서 규정하려는 시도는 적절하지 않다. 박준용(2007), 2-3절 참조.

6 프레게는 후대에 자유변항에 부여하는 그런 역할을 논의할 때 이탤릭 문자를 사용하는데, 그의 이탤릭 문자는 일반적 사실을 표현하는 기능도 갖는다는 점에서 후대의 자유변항의 역할을 넘어선다. BS, 10-12절 참조.

7 프레게는 문장의 뜻을 "사상"(Gedanke, Thought)이라고 부른다.

이론을 구성하는 기호나 식에만 해당되는 것은 아니다. 예컨대 기하학 이론에 나오는 표현들도 모두 변항이 아니면 고유한 뜻과 지시체를 갖는 것으로 이해되고, 기하학의 진술 역시 고정된 뜻과 진리치를 갖는 것으로 이해된다. 기하학의 공리들로부터 정리로의 추론 역시 참인 문장들로부터 참인 문장으로 이행하는 절차로 간주된다. 그렇다면 만약 메타이론 불가능론자들의 주장대로 논리식이 고정된 내용을 갖는다는 사실이 메타논리적 연구를 불가능하게 만든다면, 기하학의 진술이 고정된 내용을 갖는다는 것도 기하학에 대한 메타논리적 연구를 불가능하게 만들 것이다. 결국 그들은 프레게에게 메타논리적 연구만 허용되지 않는 것이 아니라 메타이론 일반이 허용되지 않는다고 주장하는 셈이다.

나의 논의가 옳다면, 프레게에게 양화사의 논의 영역 및 형식언어 식의 내용에 대한 요구는 논리학에만 적용되는 것이 아니라 어느 과학에나 적용되는 일반적 요건이다. 그런데 메타이론 불가능론자들은 왜 이런 요구가 메타이론적 연구와 충돌한다고 생각하는가? 아마 그것은 후대 메타이론의 연구에서는 대상이론을 구성하는 식이나 양화사를 다르게 이해하고 있고, 이 점이 프레게의 경우와 달리 메타이론적 관점을 가능하게 해준다는 데 있을 것이다. 그렇다면 잠시 후대의 메타이론 연구에서 대상이론이 어떻게 이해되고 있는지 살펴보자.

오늘날 모형론에서 대상으로 삼는 이론을 고려해 보자. 그 이론의 언어를 구성하는 것은 식들인데, 이 식들은 네 종류의 기호로 이루어진다: (1) 진리함수적 문장결합사, 동일성 기호 등의 논리기호들, (2) 개체상항, 술어상항 및 함수상항 등의 비논리상항들, (3) 개체상항의 자리를 차지하고 양화사에 의해 구속되는 변항들 그리고 (4) 변항을 구속해서 양화문을 형성해 주는 양화사. 이런 기호들로 구성된 식들로부터 '공리'라고 불리는 식들이 선택되고 논리적 추론규칙이 제시될 때, 우리는 비로소 형식화된 이론을 얻게 된다. 모형론이 연구 대상으로 삼는 이 이론은 프레게가 자신의 논리학의 적용 대상으로 삼는 이론과 두 가지 점에서 중요한 차이를 보인다.

첫째로 모형론의 경우 대상이론은 구문론적 차원의 이론으로 이해되는 반면, 프레게의 경우 대상이론은 고유한 뜻과 진리치를 갖는 문장들의 체계로 간주된다. 모형론적 이론에서는 진리함수적 문장결합사나 동일성 기호 등의 논리기호들 이외에는 아직 아무런 의미를 갖지 않는 것으로 간주된다. 비논리상항은 아직 대상이나 집합을 나타내는 것으로 간주되지 않는데, 이는 어떤 뜻에서는 양화사의 경우에도 마찬가지이다. 양화사 및 변항의 장치는 어떤 집합이 논의 영역으로 주어지지 않는 한, 실제로 고정된 의미를 갖는 것으로 간주하기 힘들다.[8] 이는 이론을 구성하는 식들의 경우에도 마찬가지이다. 논의 영역을 설정해서 양화사에 의미를 부여하고 비논리상항에 논의 영역의 사물들로 구성된 집합, 함수 및 관계를 부여하지 않는 한, 식들은 아직 참도 거짓도 아니다. 나아가 어떤 식을 다른 식들로부터 연역하는 일은 오직 공리식과 추론규칙에 의존해서 수행되는 순수 형식적 절차이다. 반면 프레게의 경우 변항 이외의 모든 표현은 고유한 뜻과 지시체를 가지는 것으로 간주되며, 식들은 고유한 뜻과 진리치를 갖는 것으로 간주되고, 추론은 참인 식으로부터 참인 식으로 나아가는 절차로 간주된다.[9]

둘째로 모형론의 경우 식들에 관해 참이나 거짓을 말하기 위해서는 그리고 참이나 거짓인 진술들 사이의 논리적 귀결에 관해 말하기 위해서는

---

8 프레게 언어와 모형론 언어의 차이에 대한 자세한 해설을 보려면 Hodges(1986), 142-147 참조.

9 우리는 모형론적 대상이론이 모든 점에서 순수 구문론적 특징을 갖는다고 오해해서는 안 된다. 왜냐하면 대부분의 모형론적 연구에서는 양화사-변항 장치와 비논리상항 이외의 논리기호들은 모두 고정된 의미론적 값을 갖는 것으로 간주되기 때문이다. Hodges(1986), 142-147.

식들에 나오는 양화사-변항 장치 및 비논리상항을 서로 다르게 해석하는 일을 허용해야 한다. 어떤 집합 A를 양화사의 논의 영역으로 삼고 비논리상항에 A의 원소나 원소들로부터 구성된 집합들을 부여하는 함수 I가 주어질 때, 이론의 어떤 식 S가 구조 M = <A, I> 아래에서 성립하는지, 그렇지 않은지(혹은 M이 S의 모형인지 아닌지) 말할 수 있다. 그리고 식 S가 식들의 집합 K의 원소들의 논리적 귀결인지 아닌지는 K의 원소들의 모든 모형이 동시에 S의 모형인가 아닌가 하는 것으로 규정된다. 이런 절차는 양화사의 논의 영역으로 서로 다른 집합이 설정될 수 있고, 그로 인해 비논리상항들에도 서로 다른 해석이 주어질 수 있어야 가능한 일이다. 반면 프레게의 경우 양화사나 비논리상항에 대한 서로 다른 해석 절차란 존재하지 않는다. 양화사는 언제나 해당 유형의 사물들 전체를 논의 영역으로 삼는 것으로 간주되고, 비논리상항은 언제나 고정된 뜻과 지시체를 갖는 것으로 간주된다.

결국 모형론의 메타이론적 연구가 프레게의 경우와 다른 점은 구문론적 차원의 이론을 고려한다는 점 그리고 양화사나 비논리상항에 서로 다른 해석을 허용한다는 점에 있다. 그런데 메타이론 불가능론자들에 따르면 이런 견해는 논리대수 및 모형론의 전통에서 유래한 것이고 프레게의 관점에서 보면 허용될 수 없는 견해라는 것이다. 그리고 그런 견해에 의존하지 않는 한, 논리 이론 혹은 수학 이론 "밖에서" 그 이론에 관한 메타 연구를 수행할 수 없다는 가정이 더해지면,[10] 그들은 프레게에게 메타이론적 연구는 허용되지 않는다는 것을 이끌어 낼 수 있게 된다. 그렇다면 결국 우리에게 남은 문제는 구문론적 차원의 이론을 고려하지 않고 양화사나 비논리상항에 서로 다른 해석을 허용하지 않으면서도 논리 이론이나 수학

---

10 골드파브와 리켓츠는 비논리상항이나 양화사의 다양한 해석 가능성을 전제하지 않는 한, 메타적 관점의 논의가 불가능한 것처럼 주장한다. Goldfarb(2001), 27; Ricketts(2005), 231.

이론에 관해 메타 연구를 수행할 수 있는가 하는 점이다.

4. 유형론적 메타이론의 가능성

앞에서 보았듯이 프레게에게 메타이론적 관점이 불가능하다는 주장은 논리 이론만 아니라 모든 과학 이론에 대한 것으로 이해되어야 한다. 이와 관련해서 흥미로운 점은 최초의 본격적인 메타이론적 작업으로 간주되는 힐버트의 『기하학의 기초』(1899)의 공리이론에 관해 프레게와 힐버트 사이에 논란이 있었다는 것이다. 최근의 몇몇 사람은 힐버트의 공리이론이 모형론적 이론으로 간주되어야 한다고 주장하였는데, 반면 프레게는 그 이론을 자신의 유형론 안에서 재구성해서 이해하였다. 나는 힐버트 공리이론에 대한 두 해석을 비교할 때 메타이론에 관한 프레게의 견해를 더 낫게 이해할 수 있다고 믿는다.

4.1. 프레게의 힐버트 메타이론 재구성

힐버트는 그의 책에서 먼저 원초용어로서 '점', '선', '면' 등의 1항 술어, '위에 놓여 있음', '사이에 있음', '합동임' 등의 관계술어들을 도입한 후, 이런 용어들을 사용해서 (다섯 부류의) 공리들을 제시한다. 그는 공리들에 관해 두 가지 흥미로운 지적을 한다. 첫째로 공리들은 원초용어들이 나타내는 관계들을 설명해 준다는 것이다. 둘째로 공리들이 우리 직관에 기초적인 사실들을 표현한다는 것이다. 그는 공리들로부터 몇몇 정리를 연역한 후, 공리들이 서로 무모순이고 독립적임을 증명한다. 그는 공리들의 무모순을 증명하기 위해 공리들을 모두 만족시키는 체계들을 실수들로부터 구성하는 방법을 이용한다. 이 경우 원초용어들은 실수들로부터 구성된 체계들을 나타내는 것으로 간주되고, 그런 체계들에 대해 공리들이 모두 성립한다는 것을 보임으로써 공리들이 서로 모순되지 않는다는 것을 보인다.[11] 어떤 공리 A가 다른 공리들로부터 독립되어 있다는 것을 증명하기 위해, 힐버트는 실수들로부터 구성된 어떤 순서집합들의 체계에 대해 A는 성립하지 않지만 그 밖의 공리들은 모두 성립한다는 것을 보인다. 예컨대 그는 평행공리가 다른 모든 공리로부터 독립되어 있다는 것을 보이기 위해, 비유클리드 구면 기하학의 원리들을 모두 만족하는 순서집합들의 체계를 실수들로부터 구성한 후, 평행공리는 그런 체계에 대해 성립하지 않는다는 것을 보인다.

프레게는 힐버트의 논의가 원초용어와 공리의 역할에 관해 혼란을 야기한다는 점을 지적한다. 원초용어는 처음에는 공간적 대상들을 지시하는 것으로 간주되다가 나중에는 산수의 대상들을 지시하는 것처럼 간주되고, 공리들은 한편으로 직관의 사실들을 표현하는 참인 문장처럼 간주되지만 다른 한편으로 원초용어들의 의미에 대한 정의처럼 간주된다는 것이다. 과학 이론에서 참인 문장들만 공리로 삼을 수 있고 공리에 나타나는 원초용어들은 이미 지시체를 갖는 것으로 간주되어야 한다고 생각하는 프레게의 관점에서 보면 이런 지적은 당연해 보인다. 반면 모형론의 관점에서 보면 힐버트는 여기서 구문론적 차원의 이론에 대해 서로 다른 해석을 제시하는 것으로 간주할 수 있다. 말하자면 원초용어들은 서로 다른 해석에 대해

---

11 실수들로부터 모든 공리를 만족시키는 모형을 구성하는 방법은 힐버트의 『기하학의 기초』 9절에 나온다. 그는 먼저 대수적 실수들의 체계 Ω를 모형의 정의역으로 삼고, 이 정의역의 원소들로부터 원초용어들에 대한 해석을 부여한 후, 그 모형 안에서 완전성 공리 V-2 이외의 모든 공리가 성립한다는 것을 보인다. 다음으로 그는 Ω의 원소들로부터 연속체로서 실수 체계를 얻은 후, 이 체계를 정의역으로 삼는 모형에서 완전성 공리가 성립한다는 것을 보인다. Hilbert(1992), 29-32.

열려 있는 비논리상항으로, 공리들은 주어진 해석하에서만 비로소 참이 되는 식으로 간주할 수 있다는 것이다. 이 경우 공리들이 직관의 사실을 표현한다는 힐버트의 주장이나 무모순 증명이나 독립성 증명을 위해 그가 실수들로부터 구성된 체계에 호소하는 일은 공리들을 참 혹은 거짓으로 만들어 주는 해석을 제시하는 절차로 간주할 수 있다. 이렇게 이해할 때 기하학의 공리이론에 관한 힐버트의 메타이론적 논의는 현대 모형론의 메타이론적 실천을 개시한 것으로 간주할 만하다.[12]

우리 논의에서 중요한 점은 프레게가 힐버트의 논의를 소극적으로 반대하기만 한 것이 아니라 그의 논의를 자신의 논리학 안에서 적극적으로 재구성해서 이해하려 했다는 것이다. 우선 그가 힐버트의 원초용어의 역할을 어떻게 이해했는지 보자. 프레게의 관점에서 보면 어떤 표현이 서로 다른 여러 지시체를 갖는 일은 허용되지 않으므로, 힐버트의 원초용어는 지시체를 갖는 표현으로 간주될 수 없다. 그런데 변항 이외에는 모두 고유한 지시체를 갖는 표현으로 간주되므로, 힐버트의 원초용어의 역할을 프레게의 이론 안에서 수용하는 방안은 그것을 변항으로 간주하는 방법 이외에는 없다. 구체적으로 말해 힐버트의 '점', '선', '면' 등의 원초용어는 점들, 선들, 면들 같은 공간적 대상들에 대해 참인 1차원의 (1항) 술어들이 아니라 그런 술어들에 대한 변항으로 간주되어야 하고, '위에 놓여 있음', '사이에 있음', '합동임' 등의 원초용어는 공간적 대상들 사이에 성립하는 관계를

---

12 힐버트가 1899년 당시 그의 논의를 이런 식으로 이해했는지 논란이 있다. 데머풀로스는 이런 식의 해석에 찬동하며, 핼릿은 반대한다. 핼릿은 힐버트의 공리는 처음에는 유클리드적 대상들에 관해 말하는 것으로 간주되고, 원초용어들을 재해석함으로써 실수론의 대상들에 관해 말하는 것으로 전환 된다고 생각한다. 그는 이 점이 힐버트의 방법론을 프레게식의 재구성 방법과도 다르고 후대 모형론의 방법과도 다르게 만들어 주는 독특한 점이라고 생각한다. 나는 여기서 힐버트의 작업을 모형론적으로 재기술할 수 있다는 점만 지적하려는 것이다. Demopulos(1994), 2절; Hallett(2010), 3절; 최원배 (2009) 참조.

나타내는 술어가 아니라 그런 술어들에 대한 변항으로 간주되어야 한다는 것이다.

원초용어를 변항으로 간주할 경우, 힐버트의 공리들의 역할은 어떻게 이해되어야 하는가? 프레게는 그 경우 공리들은 더 이상 참도 거짓도 아닌 것으로 간주되어야 한다는 점에 주목한다. 왜냐하면 공리들 안에 나타나는 원초용어들은 그 자체로 더 이상 지시체를 갖는 표현이 아니므로, 공리들도 역시 그 자체로는 진리치를 가질 수 없기 때문이다. 힐버트의 공리들은 이제 문장이 되기 위해 대상들에 대해 참이 되는 1차원의 술어들을 변항 대신 채워야 하는 2차원의 관계 표현으로(러셀 식으로 말하면 2차의 명제함수식으로) 간주되어야 한다.[13] 왜 그런지 보기 위해 힐버트의 공리 II.1을 예로 들어 보자.

> (II.1) 점 B가 점 A와 점 C 사이에 놓여 있다면, 점 A, B, C는 어떤 선 위에 있는 세 개의 서로 다른 점이고, B는 C와 A 사이에 놓여 있다.

처음 볼 때 여기서 '점'과 '선'은 1항 술어이고, '위에 놓여 있음'과 '사이에 있음'은 2항 술어 및 3항 술어 역할을 하는 것처럼 여겨진다. 하지만 이제 우리는 그런 술어들을 모두 술어변항으로 간주해야 한다. 이를 분명히 하기 위해 F, G 및 H를 각각 (1차의) 1항, 2항 및 3항 술어에 대한 자유변항으로 사용하고, Φ를 1차 1항 술어의 구속변항으로 사용해 보자. 그러면 공리 (II.1)은 아래와 같이 표현된다.[14]

---

13 프레게는 이처럼 변항과 결합되어 있는 관계술어를 표식(Marke)이라고 한다. Gg I, 25-26절.
14 이런 식의 재구성 방법은 Frege(1984), 278-284에 나온다.

(1) $\forall x \forall y \forall z[((Fx \,\&\, Fy \,\&\, Fz) \,\&\, Hxyz) \rightarrow [\exists \Phi \exists w \{\Phi w \,\&\, (Gxw \,\&\, Gyw$

$\&\, Gzw) \,\&\, (x \neq y \,\&\, y \neq z \,\&\, z \neq x)\} \,\&\, Hxzy]]$

여기서 먼저 주목할 점은 F, G, H는 구속되어 있지 않은 자유변항인 반면, 나머지 표현들은 모두 고유한 의미를 갖는 논리기호들이라는 점이다. 그런데 F는 임의의 모든 (1차) 개념들을 그 범위로 갖는 변항이고, G와 H는 각각 임의의 모든 (1차) 2항 관계들 및 (1차) 3항 관계들을 그 범위로 갖는 변항이다. 그러므로 (1)은 임의의 개념, 임의의 2항 관계 및 3항 관계 등 1차원의 세 요소 사이의 논리적 관계를 표현하는 2차의 관계 표현이다. 이처럼 원초용어를 모두 그에 알맞은 유형의 변항으로 간주해서 힐버트의 공리들을 재구성할 때, 힐버트의 공리들은 모두 고차의 관계를 지시하는 표현들로 간주될 것이다.

힐버트의 공리들을 프레게 식으로 재구성해서 이해할 때, 힐버트가 연구 대상으로 삼는 공리이론은 더 이상 공간적 대상들에 대해 참이 되는 문장들의 체계가 아니라 그 자체로는 참도 거짓도 아닌 관계 표현들의 체계로 간주되어야 한다. 그러나 이 관계 표현들 자체는 모형론의 대상이론을 구성하는 식들과는 중요한 점에서 다르다. 그 관계 표현들은 아무런 비논리상항도 포함하고 있지 않을 뿐 아니라 그 안에 등장하는 모든 논리기호는 고유한 지시체를 갖는 것으로 간주되므로, 관계 표현들 역시 고유한 논리적 관계들을 지시하는 것으로 간주된다. 그러므로 프레게의 관점에서 볼 때 힐버트의 공리이론은 대상들이 갖는 다양한 성질들 및 대상들 사이에 성립하는 다양한 관계들에 적용될 수 있는 고차 (논리적) 관계들의 체계를 표현해 주는 것으로 간주된다.

힐버트의 이론을 이런 식으로 재구성할 때 우리는 힐버트의 메타이론적 작업이 프레게의 논리학 내에서 어떤 의의를 갖는지 좀 더 분명히 이해할 수 있다. 힐버트의 메타이론적 작업을 두 부류로 나눌 수 있다. 첫째로 그는 공리들로부터 논리적 연역을 통해 정리들을 증명한다.[15] 둘째로 그는 공리들이 서로 무모순이라는 것 그리고 공리들이 서로 독립되어 있다는 것을 보인다. 먼저 첫째 작업이 프레게 논리학 내에서 어떤 의의를 갖는지 보자. 공리들 및 정리들은 고차 관계 표현으로 간주되므로, 힐버트의 연역은 엄밀히 말해 고차 관계 표현들로부터 고차 관계 표현으로 나아가는 절차에 해당한다. 그런데 프레게는 참인 문장들로부터 참인 문장으로의 추론만 허용하므로 그런 절차를 합당한 논리적 추론으로 간주하지 않는다. 하지만 힐버트의 연역이 어떤 논의 영역에 대해서나 진리보존적인 추론으로 구성되어 있다면, 그런 추론을 프레게 논리학 원리들 내에서 재구성하는 일은 불가능하지 않다. 예컨대 힐버트가 어떤 공리들로부터 특정 정리를 그런 방식으로 옳게 연역해 내었다면, 프레게의 관점에서 보면 그것은 공리 관계 표현들을 전건으로 삼고 정리 관계 표현을 후건으로 삼는 조건식이 일반적으로 성립한다는 것을 보인 셈이다. 이 경우 우리는 물론 힐버트의 연역이 논리 법칙 및 논리적 추론 원리에 의존한다는 점을 고려해야 한다. 그러므로 프레게의 관점에서 보면 힐버트의 논리적 연역은 고단계 논리학의 법칙들을 전제로 삼고 논리적 추론 원리들을 이용해서, 공리 관계 표현들의 연언을 전건으로 삼고 정리 관계 표현을 후건으로 삼는 조건식이 일반적으로

---

15 정리의 증명은 힐버트 공리이론 내의 작업이긴 하지만, 증명의 결과는 공리들의 무모순성이나 독립성 증명의 전제로 직접 이용된다는 점을 주목해야 한다. 힐버트는 평행공리의 독립성을 증명하면서 이렇게 언급한다: "평행공리와 독립적으로 성립하는 정리들, 즉 유클리드 기하학과 비유클리드 기하학에서 모두 성립하는 정리들이 특별한 관심 대상이다. 가장 중요한 사례로서 르장드르의 두 정리가 제시될 텐데, 첫째 정리의 증명에는 I부터 III까지의 공리들 이외에 아르키메데스 공리 V.1이 필요하다"(Hilbert[1992], 33).

성립한다는 것을 보이는 일에 해당한다.[16] 예컨대 힐버트가 두 공리 $\Pi(F, G, H)$와 $\Sigma(F, G, H)$로부터 정리 $\Xi(F, G, H)$를 연역했다고 하자. (여기서 F, G, H는 앞에서처럼 임의의 1차 술어에 대한 자유변항이고, Π, Σ, Ξ는 임의의 1차 개념 혹은 관계들에 대해 서술해 주는 2차 관계 표현이다.) 그러면 힐버트가 그의 논리적 연역에 의해 확립하려 한 것은 아래 (2)와 같은 전칭문장의 참이다.

$$(2) \quad \forall \Phi \forall \Psi \forall \Omega \{ [\Pi(\Phi, \Psi, \Omega) \ \& \ \Sigma(\Phi, \Psi, \Omega)] \rightarrow \Xi(\Phi, \Psi, \Omega) \}.$$

힐버트의 논리적 연역이 옳고 프레게 논리학의 건전성을 가정할 경우, (2)는 고단계의 참인 진술이다. 만약 공리 및 정리를 표현하는 고차 관계 표현 Π, Σ, Ξ 안에 (1)의 경우처럼 아무런 비논리적 용어도 나타나지 않는다면, (2)는 고단계 논리학의 정리에 해당한다. 그러므로 프레게의 관점에서 보면 힐버트는 정리의 증명을 통해 수행한 일은 고단계 논리학의 발전 혹은 응용에 해당한다고 할 수 있다.[17] 프레게는 1900년 힐버트에게 보편 편지에서 이렇게 말한다: "내가 보기에 당신은 기하학을 공간적 직관과 완전히 분리해서 산수학 같은 순수 논리적 과학으로 전환하려는 것 같다"(PMC, 43).

다음으로 힐버트의 무모순 증명이나 독립성 증명은 프레게의 관점에서 어떻게 이해되어야 하는지 보자. 힐버트는 실수들로부터 구성된 순서집합들의 어떤 체계가 기하학의 공리들을 모두 만족시킨다는 것을 보임으로써

---

16 프레게는 힐버트 연역에 관한 이런 식의 재구성을 Frege(1984), 321-324에서 자세히 논하고 있다. 물론 이런 재구성을 엄밀히 수행하려면, 그가 『산수의 근본법칙』 1권 17절에서 제시한 이탤릭 문자를 이용한 추론 원리가 이용될 것이다. Gg I, 17절; Heck(2010), 367-371 참조.

17 논리학의 응용에 관한 프레게의 견해를 좀 더 일반적 차원에서 해설한 것으로서 Dummett(1991), 256-257의 논의 참조.

공리들이 서로 무모순임을 보였다. 그런데 이제 공리들은 단지 고차 관계 표현이므로, 힐버트가 한 일은 공리 관계식들이 지시하는 그 관계들 아래 모두 동시에 속하는 하위 개념이나 관계들의 체계를 제시한 것으로 간주되어야 한다. 예컨대 $\Pi(F, G, H, \cdots)$, $\Sigma(F, G, H, \cdots)$, $\Xi(F, G, H, \cdots)$, $\cdots$ 등이 힐버트의 공리들을 표현하고 $<A, B, \Gamma, \cdots>$가 그 공리를 만족하는 체계(의 표현)일 때, 힐버트는 $\Pi(A, B, \Gamma, \cdots)$, $\Sigma(A, B, \Gamma, \cdots)$, $\Xi(A, B, \Gamma, \cdots)$, $\cdots$ 등이 모두 참이라는 것을 보인 것이다. 프레게는 개념이나 관계가 비어 있지 않음을 보이는 것을 개념이나 관계가 모순되지 않음을 보여주는 것으로 간주하였다. 그러므로 힐버트가 한 일은 공리들이 표현하는 관계들이 서로 모순되지 않고 양립 가능하다는 것을 보인 셈이다.

힐버트는 평행공리가 다른 모든 공리로부터 독립되어 있다는 것을 보이기 위해, 다른 공리들을 모두 만족하는 순서집합들의 체계를 실수들로부터 구성한 후 평행공리는 그런 체계에 대해 성립하지 않는다는 것을 보였다. 그런데 이제 평행공리나 그 밖의 공리 모두 고차 관계 표현일 뿐이므로, 힐버트가 보인 것은 평행공리가 지시하는 관계 아래에는 속하지 않지만, 나머지 공리들이 지시하는 관계 아래에는 모두 속하는 하위 개념이나 관계들의 체계가 존재함을 보인 것이다. 예컨대 $<\Delta, \Theta, \Lambda, \cdots>$가 그런 체계를 나타낸다고 하고, $\Pi(F, G, H, \cdots)$가 평행공리이고 $\Sigma(F, G, H, \cdots)$, $\Xi(F, G, H, \cdots)$, $\cdots$ 등이 그 밖의 공리들이라고 하자. 이 경우 힐버트는 $\Pi(\Delta, \Theta, \Lambda, \cdots)$는 거짓이고, $\Sigma(\Delta, \Theta, \Lambda, \cdots)$, $\Xi(\Delta, \Theta, \Lambda, \cdots)$, $\cdots$ 등은 모두 참이라는 것을 보인 것이다. 그런데 여기서 논리적 건전성을 가정한다면, 힐버트가 한 일은 평행공리가 표현하는 조건은 다른 공리들이 표현하는 조건들로부터 논리적으로 연역될 수 없다는 것을 보인 셈이다. 왜냐하면 조건 Σ가 다른 조건들로부터 논리적으로 연역된다면, 다른 조건들을 참으로 만들어 주고 Σ는 거짓으로 만들어 주는 체계는 존재하지 않을 것이기 때문이다.

4.2. 프레게 유형론과 메타이론

이제 원래의 문제로 돌아가 보자. 메타이론 불가능론자들은 모형론적 대상이론과 프레게식의 과학 이론이 갖는 차이로 인해 프레게가 메타적 관점의 논의를 할 수 없는 것처럼 간주하였다. 하지만 우리가 본 바에 따르면 힐버트식의 메타이론적 논의는 후대의 모형론적 관점에서만 아니라 프레게의 관점에서도 수행될 수 있는 것으로 보인다. 이 일이 어떻게 가능한가? 앞서 본 것처럼 메타이론 불가능론자들은 식의 서로 다른 해석 가능성을 허용하지 않는 한 메타이론적 논의는 불가능한 것으로 간주하였다. 그리고 식의 서로 다른 해석 가능성은 서로 다른 비논리상항 해석 및 양화사 논의 영역 설정에서 비롯된다. 따라서 프레게 식의 메타이론이 실제로 가능한 이유를 해명하려면, 모형론적 메타이론에서 식의 서로 다른 해석을 통해 얻으려는 효과를 프레게식의 메타이론에서 어떻게 얻게 되는지 해명해야 한다.

먼저 힐버트 원초용어에 관한 프레게의 이해를 재고해 보자. 힐버트 원초용어들은 모형론의 관점에서는 비논리상항으로 간주되지만, 프레게의 관점에서는 변항으로 간주된다. 이 경우 비논리상항에 서로 다른 지시체를 부여함으로써 얻는 의미론적 효과는 프레게의 경우 사라지는가? 그렇지 않다. 우리가 어떤 해석에 의해 비논리상항에 속성이나 관계를 부여할 때 얻는 효과란 그것이 나타나는 식의 (해당 해석하의) 성립 여부를 확인할 수 있게 된다는 것이다. 그런데 프레게의 경우, 같은 효과가 고차식 안에 나타나는 자유변항 대신 이미 지시체를 갖는 하위 차원의 술어를 대입함으로써 얻어진다. 프레게식으로 재구성된 힐버트 공리들이 문제될 때 그런 공리에 나타나는 자유변항 대신 이미 지시체를 갖는 하위 차원의 술어를 대입하면, 우리는 참이나 거짓인 문장을 얻게 된다. 그러므로 공리에 나타나는 원초용어들에 대해 서로 다른 여러 해석을 제시함으로써 얻는 효과는 프레게의 경우 공리식 내의 자유변항 대신 (지시체를 갖는) 서로 다른 하위 차원의 술어들을 대입함으로써 충분히 얻을 수 있다.[18]

다음으로 양화사의 논의 영역에 관한 프레게의 이해를 재고해 보자. 모형론에서는 식의 해석을 위해 양화사의 논의 영역을 따로 설정하는데, 이는 그런 영역을 갖는 구조 내에서 양화식의 성립 여부를 말할 수 있게 하기 위한 것이다. 반면 프레게는 양화사의 논의 영역으로 해당 차원의 모든 사물을 고려하므로, 양화문은 해당 차원의 모든 사물에 관해 말하는 것으로 간주된다. 또한 이 경우 양화문은 어떤 제한된 영역에 대해서 참이나 거짓인 것이 아니라 단적으로 참이나 거짓인 것으로 간주된다. 따라서 프레게의 관점에서 보면 양화문의 참이나 거짓을 말하기 위해 양화사의 논의 영역을 따로 설정할 필요가 없다. 그러나 우리는 프레게의 경우 양화문이 어떤 제한된 영역에서 성립하는지 여부에 관해 말하는 일이 불가능하다고 생각해서는 안 된다. 왜냐하면 양화문 $\forall xFx$가 논의 영역 $D = \{x: Gx\}$를 가진 어떤 구조에서 참이 된다는 말은 프레게의 관점에서 보면 양화문 $\forall x(Gx \rightarrow Fx)$가 단적으로 참이라는 것에 지나지 않기 때문이다. 그러므로

---

18 프레게는 힐버트의 작업을 순수 형식 이론에 대한 해석과 연결시키는 코어셀트의 언급에 대해 이렇게 논평한다. "코어셀트 씨가 여기서 '다른 경험과 관계됨'과 '상호관계'라고 부르는 것은 분명히 그가 이전에 '해석하는 것'과 '해석'이라고 부른 것과 같고, 일반적인 것으로부터 특수한 것으로의 추론에 지나지 않는다"(Frege[1984], 324-325. 필자 강조).

모형론에서 해석마다 별도로 설정되는 논의 영역에 관해 수행되는 논의는 그 영역을 외연으로 갖는 술어가 주어지기만 하면 프레게의 경우에도 언제나 수행할 수 있다.

이는 프레게가 후대의 비논리상항 개념을 갖고 있지 않다는 사실이나 양화사의 논의 영역을 다르게 이해한다는 사실이 그가 메타이론적 논의를 수행하는 데 근본적인 장애가 되지 않는다는 것을 보여준다. 물론 이는 프레게식의 메타이론이 모형론적 관점의 메타이론과 다르지 않다는 것을 말하는 것이 아니다. 모형론적 메타이론은 대상이론에 관한 논의의 배경 이론으로서 논리학 및 집합론을 전제하지만, 프레게식의 메타이론은 배경 이론으로서 유형론을 포함한 고단계 논리학을 전제한다. 이 두 메타이론의 차이를 좀 더 선명히 드러내려면, 우리는 프레게식의 메타이론의 경우 대상이론에 대한 "메타적 관점"이 어떻게 확보되는지 보는 것이 좋다.

여기서 우리는 그의 유형론이 서술 차원에 관한 이론임을 기억할 필요가 있다. 프레게는 모든 유의미한 언어 표현에는 그에 알맞은 차원 및 유형의 지시체가 상응하는 것으로 간주한다. 가장 낮은 차원에는 고유 이름들과 그 지시체로서 대상들이 위치한다. 그다음 차원에는 대상들에 관해 말하는 데 사용되는 1차원의 술어들과 그 지시체로서 1차 개념이나 관계가 위치한다. (개념은 1항 술어의 지시체이고, 관계는 다항술어의 지시체이다.) 그다음 차원에는 1차원의 개념들이나 관계들에 관해 말하는 데 사용되는 2차원의 술어들과 그 지시체로서 2차 개념이나 관계가 위치한다. 그리고 그다음 차원에는 2차원의 개념들이나 관계들에 관해 말하는 데 사용되는 3차원의 술어들과 그 지시체로서 3차 개념이나 관계가 위치한다. 3차원 이상의 개념이나 관계에 관해 말할 필요가 있다면, 이론상으로는 더 높은 차원의 언어 표현 및 그 지시체들을 고려할 수 있다.

우리 논의를 위해서는 각 차원의 술어와 양화사의 관계를 이해하는 일이 중요하다. 프레게는 1단계 양화사를 2차 (1항) 술어로 간주하며, 2단계 양화사를 3차 (1항) 술어로 간주한다. 이에 따라 1단계 양화사는 1차 개념에 관해 서술하는 데 사용되는 것으로, 2단계 양화사는 2차 개념에 관해 서술하는 데 사용되는 것으로 간주된다. 그런데 임의의 1차 개념에 관한 1단계 전칭양화사의 서술이 참이 되는지가 결정될 수 있으려면, 그 개념을 지시하는 1차 술어 $\Phi(\xi)$가 각 대상에 대해 참인지 아닌지 결정되어 있어야 한다. 왜냐하면 1차 술어 $\Phi(\xi)$가 지시하는 그 개념에 관한 1단계 전칭양화사의 서술이 참이 된다는 것은 바로 1단계 전칭양화문 $\forall x\Phi(x)$가 참이라는 것, 즉 $\Phi(\xi)$가 모든 각 대상에 대해 참이 된다는 것을 말하기 때문이다. 유사하게 2단계 전칭양화문 $\forall \Psi M(\Psi)$이 참인지 일반적으로 결정 가능하려면, 2차 술어 $M(\varphi)$가 각 1차 개념에 대해 참인지 아닌지 결정되어 있어야 한다. 일반적으로 말해 n번째 ($n \geq 1$) 단계의 전칭양화문 $\forall \beta K(\beta)$가 참인지가 일반적으로 결정될 수 있으려면, 임의의 n차 술어 $K(x)$가 n-1차의 각 (대상 혹은) 개념에 관해 참인지 아닌지 결정되어 있어야 한다.[19]

이제 우리는 프레게의 유형론을 배경 이론으로 삼을 때 어떻게 메타적 관점의 논의가 가능하게 되는지 말할 수 있다. 서술 차원에 관한 그의 견해에 따를 때 일반적으로 n차 대상이나 개념에 관한 서술은 n+1차 술어에 의해 이루어진다. 그런데 우리가 논의 대상으로 삼는 논리 이론이 예컨대 1단계 이론이라면, 그 이론에서 이루어지는 서술은 대상에 관한 서술이나 특정한 1차 개념이나 관계에 관한 서술에 한정될 것이다. 이는 그 이론에 포함된 술어는 기껏해야 2차 술어에 한정된다는 것을 의미한다. 그러면

---

¹⁹ 서술의 유형과 차원에 관한 프레게의 견해를 좀 더 충분히 해설한 것으로서 Dummett(1981), 제2장 "차원의 계층"의 논의 참조.

1단계 이론에 관해 논의하는 일은 기껏해야 특정한 2차 개념이나 관계에 관해 말하는 일에 한정된다. 프레게의 관점에서 보면 그런 논의는 3차 술어에 의해 가능하다. 이 경우 2단계 양화사는 특정 2차 술어가 1차 개념들 일반에 대해 참이 된다는 것을 말해줄 것이다. 결국 1단계 이론에 관해 말하는 일은 프레게의 유형론 내에서는 2단계 이론 내에서 수행할 수 있다. 유사한 방식으로 2단계 이론을 대상이론으로 삼아 논의하는 일이 필요하다면, 그런 논의는 3단계 이론에서 수행될 것이다. 그러므로 보편과학으로서 프레게의 논리학은 임의의 어떤 n번째$(n \geq 1)$ 단계의 이론에 관해서든 메타적 관점에 서서 말할 수 있는 여지를 $n+1$번째 단계의 이론에 마련해 준다고 말할 수 있다.

프레게 논리학이 모형론과 상당한 차이를 갖고 있음에도 메타이론적 논의를 허용하는 이유는 결국 그의 유형론이 갖는 두 특징에서 비롯된다. 첫째로 프레게의 유형론은 이미 식의 서로 다른 해석에 상응하는 이론적 장치를 포함하고 있다. 식에 관해 참 거짓을 말하기 위해 식들의 체계 밖으로 나가서 식에 나타나는 기호에 지시체를 부여하는 대신, 프레게의 이론에서는 그런 기호를 더 높은 단계의 일반적 사실을 표현하기 위해 필요한 변항으로 보고 변항에 특정 지시체를 갖는 술어를 대입함으로써 참이나 거짓인 문장을 얻는다. 둘째로 프레게의 유형론은 각 단계의 대상이론에 관해 논의할 수 있는 메타이론적 장치를 상위 단계의 이론 안에 갖추고 있다. 모형론에서는 1단계의 대상이론에 관해 말하기 위해 그 이론 밖으로 나가 집합론과 논리적 원리에 호소하는 반면, 프레게의 경우 1단계의 대상이론에 관해 말하기 위해 2단계 논리학의 원리들에 의존한다. 이는 프레게의 유형론의 경우 메타이론은 언제나 대상이론을 자신의 하부 이론으로 포함하는 것으로 이해될 수 있음을 의미한다.

5. 프레게 메타이론의 의의

나의 논의가 옳다면, 프레게의 논리관은 메타이론적 관점의 논의를 불가능하게 만드는 것이 아니라 도리어 그런 논의를 가능하게 한다. 프레게는 논리 이론에 관한 메타적 관점의 논의를 하기 위해 그의 논리학 "밖으로" 나갈 필요가 없다. 왜냐하면 보편과학으로서 그의 논리학은 그 "안에" 각 단계의 논리 이론에 관해 논의할 수 있는 메타적 관점을 마련해 주기 때문이다. 또한 힐버트 공리이론에 대한 그의 논의에서 분명히 드러나듯이, 어떤 단계의 과학 이론에 관한 메타이론이란 그의 관점에서 볼 때 그다음 단계의 논리학 이론을 그 이론에 적용하는 일이다. 그리고 우리가 본 것처럼 후대의 모형론적 메타이론이 하려는 일을 프레게의 논리학 안에서 재구성하는 데 근본적 장애는 없다.

최근 메타이론에 대한 프레게의 견해를 둘러싸고 벌어지는 논의는 주로 그가 논리 법칙이나 논리상항의 범위를 한정할 만한 기준을 가졌는지, 그가 기하학의 공리들의 사이의 독립성 증명 가능성에 대해 근본적으로 의심했는지 등에 초점이 맞추어져 있다.[20] 그러나 나의 생각에 이런 논의는 어떤 결론에 이른다 해도 프레게 논리학의 응용으로서 메타이론의 가능성을 부정할 근거를 제공하지 못한다. 그 이유로서 두 가지 점만 지적하려 한다.

첫째로 힐버트 메타이론의 프레게식 재구성은 그의 유형론 안에서 논리학에 대한 그의 견해와 상충되지 않게 메타이론을 제시할 수 있음을 보여준다. 이는 앞서 본 관계 표현들의 체계로서 공리이론에 대해서만

---

20 프레게가 메타이론의 발전 가능성을 의심했는지에 관해서는 리켓츠와 타펜덴 간의 논란 및 타펜덴과 브랑슈 간의 논란 참조. Ricketts(1997); Tappenden(1997); Tappenden(2000); Blanchette (2012), 5장 참조.

아니라 참인 문장들의 체계로서 과학 이론에 대해서도 마찬가지이다. 프레게는 힐버트의 독립성 증명이 참인 문장이 아니라 단지 관계식으로서 간주된 평행공리에 적용되는 것임을 지적한 후, 참인 문장체계로서 공리이론과 관련된 독립성 증명 방법을 발전시킨다.[21] 그의 방법의 핵심은 단일한 보편언어 내에서 논리적 추론을 보존하는 어휘들의 교체 가능성을 보이는 일이다. 그는 이런 교체 가능성은 논리적 추론의 형식적 특징에 대한 일반적 기준을 전제하고, 다시 이 기준은 논리적 어휘의 범위 규정을 전제한다는 사실을 지적한다. 그러므로 논리상항 범위를 정할 기준이 주어지면, 참인 문장들의 체계로서 과학 이론에 관한 메타적 관점의 논의 역시 불가능하지 않다.[22] 물론 프레게는 논리상항의 범위를 정할 기준을 제시하지 않았지만, 이를 근거로 프레게식 메타이론의 불가능성을 주장하는 것은 거의 합당하지 않다. 왜냐하면 메타이론적 증명을 위해 논리 법칙의 형식적 특징과 논리상항의 범위 규정이 필요하다는 그의 통찰은 후대의 메타이론적 연구에서 실제 수행될 일을 예견한 것이기 때문이다. 힐버트는 그의 메타이론적 증명을 위해 논리 법칙의 형식적 특징을 전제해야 한다는 사실을 충분히 인식하지 못하고 있었다. 또한 논리 법칙의 형식적 특징을 규명하기 위해 논리상항의 범위를 규정해야 한다는 사실은 30년 후에야 타르스키에 의해 비로소 다시 인식되었다. 나아가 타르스키가 논리상항의 기준을 처음 제시한 것은 프레게의 메타이론적 논의 이후 60년이나 지나서였다.[23] 이런

---

21 Frege(1984), 333 이하 참조.

22 프레게식 메타이론에 필요한 논리상항의 범위에 대한 규정은 Antonelli & May(2000), 4-5절에서 시도되었다.

23 타르스키는 1936년 논리적 귀결에 관한 논문에서 논리적 귀결을 정의하려면 논리상항의 기준이 필요함을 밝혔고, 1966년 한 학술 발표에서 처음으로 클라인의 변환하의 불변 개념을 이용해서 논리상항의 기준을 제시한다. Tarski(2012), 188-191; Tarski(1986), 143-144 참조.

사실을 고려할 때 프레게가 논리상항의 기준을 제시하지 않았다는 것은 결코 그의 메타이론적 논의의 의의를 낮추어 볼 근거가 되지 못한다.

둘째로 20세기 초반 논리학사에 관한 최근의 보고에 따르면 프레게식의 유형론적 메타이론은 힐버트 자신의 메타이론적 연구만 아니라 카르납, 괴델 및 타르스키 등의 현대적 메타이론 연구에 실질적인 영향을 행사하였다. 무엇보다 주목할 만한 사실은 이들이 연구 대상으로 삼는 공리이론의 성격만 아니라 이들의 실제 메타이론적 연구 절차는 다음 몇 가지 점에서 후대 모형론의 경우보다는 프레게의 경우와 더 유사하다는 것이다. 첫째로 이들은 주어진 수학 이론을 공리적으로 재구성할 때 그 이론의 원초용어들을 모형론에서처럼 서로 다른 해석에 대해 열려 있는 비논리상항으로 간주하지 않고 도리어 프레게가 한 것처럼 자유변항으로 간주한다. 이 경우 수학 이론의 공리들은 모형론에서처럼 해석에 따라 참이나 거짓이 되는 도식들이 아니라 변항 대신 고정된 의미를 갖는 술어들을 대입함으로써 참이나 거짓이 되는 명제함수들로 간주된다.[24] 둘째로 연구 대상인 수학 이론의 공리들의 무모순성이나 독립성 등의 증명을 위해 그들이 실제로 수행하는 일은 후대의 모형론적 절차보다는 프레게식으로 재구성된 메타이론적 논의 절차와 유사하다. 그들은 주어진 공리이론의 원초용어들을 자유변항으로 교체하여 명제함수들의 체계를 얻고, 그 체계의 식들이 참이 되는 하위 차원의 개념이나 관계들의 체계를 제시하는 프레게의 재구성 절차를 그대로 재현하고 있다.[25] 셋째로 그들은 주어진 수학 이론의 공리들로부터 정리를

---

24 원초용어를 비논리상항이 아니라 자유변항으로 이해하는 방식은 1920년대에서 1940년대까지의 힐버트, 카르납, 괴델 및 타르스키의 메타이론적 논의에서 모두 나타나는 일반적인 현상이다. Bernays(1922), 95-96; Hilbert & Bernays(1934), 7; Carnap(1930), 303; Gödel (1929), 101; Tarski(1941), 113 참조.

25 카르납은 공리이론에 관한 그의 연구의 한 보고에서 다음과 같이 말한다: "이른바 공리 체계의 '원초

증명하는 절차를 순수 논리학 이론 내의 참인 진술을 확립하는 절차로 간주한다. 다시 말해 공리들 및 정리 안의 모든 원초용어를 자유변항으로 간주할 때, 그 정리를 증명하는 일은 공리들의 연언을 전건으로 삼고 정리를 후건으로 삼는 조건식의 일반적 성립 가능성을 확립하는 일로 간주된다. 공리이론 내의 증명에 대한 이런 관점 역시 힐버트의 기하학 이론 내의 증명에 대한 프레게의 이해와 일치한다.[26] 넷째로 이들은 주어진 대상이론에 대한 메타적 논의의 배경 이론으로서 집합론을 이용하기도 하지만, 프레게나 러셀 식의 유형론을 이용하기도 한다. 유형론을 배경 이론으로 삼을 경우, 이들은 대상이론을 형식화하는 데는 1단계 이론만 아니라 고단계 논리학 이론도 이용한다. 그리고 이 경우 양화사의 논의 영역은 별도로 주어지지 않고 해당 차원의 사물들 전체를 암묵적으로 전제하는 것으로 간주되거나 아니면 논의 영역이 주어지더라도 그것은 해당 차원의 사물들을 일정하게 제한한 것으로 간주된다.[27]

메타이론 불가능론자들은 프레게나 러셀의 논리주의 전통에서는 형식

개념'은(예를 들어 기하학에서 점, 선, 면 등의 집합들, 위에 놓여 있음, 사이에 있음 및 합동 등의 관계들은) 특정 개념들이 아니라 변항이고, 공리 체계의 응용에서 그런 변항들에 대해 서로 다른 경우에 서로 다른 개념들을 대입한다. 이에 따라 특정 공리만 아니라 (공리들의 연언으로서) 전체 공리 체계는 문장이 아니라 문장함수이다"(Carnap[1930], 303. 필자 강조). 그리고 괴델은 1단계 논리학의 완전성을 증명한 그의 유명한 논문에서, 1단계 이론 일반에 대한 무모순 증명을 보이는 일을 다음과 같이 설명하고 있다. "모든 응용된 1단계 공리 체계가 … 모형을 갖는다는 것 혹은 무모순이라는 것을 증명하려 한다면, 그 응용된 공리 체계로부터 이름들을 자유변항들로 그리고 함수상항들을 함수변항들로 교체한 결과 얻어지는 논리적 표현들의 체계를 고찰하는 것으로 충분하다. 이제 이 논리적 표현들의 체계가 만족가능하다면, 그 공리 체계도 만족가능하다"(Gödel[1929], 101. 필자 강조).

26 이 점에 관해서는 Hilbert & Bernays(1934), 7-9; Tarski(1941), 112-114 참조.

27 20세기 초 메타이론적 연구의 배경 이론으로서 유형론이 어떤 기여를 했는지 보려면 Schiemer & Reck(2013), 2-4절; Awodey & Reck (2002a, 200b) 참조. 이들에 따르면 카르납과 타르스키의 여러 의미론적 연구는 프레게나 램지 식의 단순 유형론에 많이 의존하고 있다. 양화사의 논의 영역에 대한 카르납 및 타르스키의 견해에 관해서는 Schiemer & Reck(2013), 5절; Mancosu(2006) 참조.

화된 이론으로서 대상이론은 체계화되었으나 메타적 관점의 의미론적 논의는 없었던 데 반해, 논리대수나 초기 모형론에서는 메타적 관점의 의미론적 논의는 있었으나 형식화된 이론으로서 대상이론은 체계화되지 않았다고 주장한다. 그들은 후대의 괴델, 타르스키 등의 메타논리 연구는 바로 형식화된 이론에 대한 논리주의의 견해와 초기 모형론의 메타적 관점을 결합한 데서 가능했다고 본다.[28] 논리주의 전통의 논리관에서 메타적 관점의 논의가 가능하지 않았다는 그들의 주장은 결국 20세기 초반 논리학 사에 대한 평가의 일환인 셈이다. 나는 논리주의 전통의 논리관과 논리대수 나 모형론적 전통의 논리관이 다르다는 것 그리고 후대의 메타이론적 논의가 크게 보아서 이 두 전통의 결합에 의해 발전되었다는 것을 부정하지 않는다. 하지만 논리주의 전통에 메타적 관점의 의미론적 논의가 없고 초기 모형론에는 형식화된 이론이 없었다는 식의 묘사는 20세기 초 논리학 사의 심각한 왜곡이라고 생각한다. 나의 논의에 따르면 도리어 후대의 메타이론은 프레게 같은 논리주의자들로부터 발전된 유형론적 메타이론과 집합론을 배경 이론으로 삼는 모형론적 메타이론의 상호 영향의 결과로 간주되어야 한다.

---

28 van Heijenoort(1967), 326-332; Goldfarb(1979), 352-354; Goldfarb(2001), 28 참조.

데 불과하다는 점에서 아무 차이가 없으므로, 타르스키에서 발전된 의미론이 논리적 귀결에 대해 어떻게 다른 설명을 할 수 있을지 알기 어렵다. 셔어의 답변은 바로 타르스키 식의 의미론에는 앞에 언급한 두 의미론의 공통점이 없다는 것이다. 첫째로 표준 논리학에서는 논리적 용어를 선택하는 일이 자의적이지 않고 일정하다는 것이다. 둘째로 표준적 논리학에서는 모형의 정의역은 미리 정해진 똑같은 현실적 세계가 아니어서 그 크기에서만 아니라 그것을 구성하는 대상들의 동일성에서도 가변적이라는 것이다.[12] 그리고 셔어는 바로 이런 차이 때문에 앞의 경우처럼 (1) 같은 부당한 추리를 논리적 귀결로 만들거나 (2) 같은 추론의 타당성 문제를 어떤 보편문의 실제적 진리 문제로 만드는 일이 불가능하게 된다고 한다.[13]

이제 문제는 셔어가 주장한 표준 의미론의 두 특징을 어떻게 구체화하는가 하는 것이다. 논리적 귀결 정의를 뒷받침하기 위한 셔어의 배경 의미론은 크게 두 부분으로 구성되어 있다. 첫째 부분은 이론의 토대에 해당하는 것으로서 해당 언어의 비논리적 용어들 및 이 용어들에 대한 의미값의 부여로 이루어진다. 이를 위해서는 물론 의미값으로서 개체, 속성 혹은 관계 등이 주어져 있어야 할 것이고, 이들의 집합으로서 모형의 정의역이 주어져야 할 것이다. 둘째 부분은 해당 언어의 논리용어들 및 그 용어들에 대한 의미값 부여로 이루어지며, 여기서 논리적 귀결이나 일관성 같은

---

12 Sher(1996), 666. 사실 해석적 의미론과 표준적 모형론에 이런 차이가 있다는 주장에 모두 동의하는 것은 아니다. 타르스키가 모형의 정의역을 가변적인 것으로 간주했는지 아니면 고정된 것으로 생각했는지에 대한 논란이 있을 뿐 아니라, 이른바 '논리학의 표준적 의미론'이 셔어가 주장하는 두 특징을 갖는 것인지에 대해서도 논란이 있다. 타르스키 모형 개념에 관한 최근의 논란을 보려면 최원배(2012) 참조.

13 (1)의 경우 셔어는 "타르스키"나 "x는 논리학자이다" 같은 말을 논리적 용어에서 배제하는 일이 될 것이고, (2)의 경우 집합론적 해석하에서 논리적 귀결의 필연성을 정당화하는 일일 것이다. 셔어가 이 일을 어떻게 하려는지는 아래에서 볼 것이다.

개념들이 정의된다. 첫째 부분은 의미론의 기초, 둘째 부분은 논리학에 고유한 부분에 해당한다. 셔어는 이 두 부분의 특징을 규정하기 위해 타르스키, 모스토프스키에게서 비롯한 변형하의 불변 개념을 이용한다.

우리는 셔어의 생각을 대략으로 이렇게 묘사할 수 있다. 어떤 뜻에서 첫째 부분의 요소로서 비논리적 용어 및 그에 부여되는 대상들은 가변적인 반면, 둘째 부분의 요소로서 논리상항 및 그에 부여되는 함수들은 불변적이다. 어떤 뜻에서 그런가? 먼저 셔어에 따르면 비논리적 용어에 특별한 것은 그런 용어들이 강한 의미론적 변화 가능성을 갖는다는 것이다. 말하자면 비논리적 용어는 어떤 독립된 의미도 갖고 있지 않고 모형들 안에서만 어떤 의미를 갖는 것으로 간주되는데, 주어진 모형 내에서 그런 용어의 의미는 지시 함수가 그 모형에서 그 용어들에 부여하는 값에 지나지 않는다.[14] 다른 한편 셔어에 따르면 비논리적 용어에 부여되는 대상들의 집합은 모형의 정의역으로서 그 크기가 다양할 뿐 아니라 정의역마다 속하는 원소들도 달라진다. 이에 따라 형식적으로 가능한 다양한 상황을 반영할 수 있다. 반면 셔어에 따르면 둘째 부분의 요소로서 논리상항에 특별한 것은 그 해석이 어느 모형에서나 변화하지 않는다는 데 있는 것이 아니라[15] 그것이 모형 체계 밖에서 해석된다는 데 있다. 다시 말해 논리상항의 의미는 특정 모형의 정의에 의해 주어지지 않고 모형의 전체 구도를 정의하는 데 사용되는 똑같은 메타이론적 장치의 일부로 주어진다는 것이다. 이처럼 논리상항의 의미가 체계 밖의 규칙에 의해 주어지기 때문에, 논리상항은 정식 집합의 귀납적 정의에서 '고정된 매개 변수' 역할을 하게 된다.[16]

---

14 Sher(1991), 47.
15 사실 양화사는 정의역의 크기나 정의역의 원소 동일성에 따라 외연이 달라진다.
16 Sher(1991), 49.

모형 장치를 어떻게 이해했는지, 논리상항과 비논리상항을 어떻게 구분했는지 그리고 마지막으로 모형론적 귀결 정의가 어떤 점에서 직관적 논리적 귀결 개념의 적합한 정의라고 주장했는지 요약할 것이다. 3절에서는 모형론적 귀결 정의가 적합한 정의라는 셔어의 견해를 비판적으로 검토한다. 여기서 셔어의 배경 의미론이 직관적 논리적 귀결의 필연성을 잘 설명하는지, 직관적 논리적 귀결의 선천적 인식 가능성을 반영하려 한 것인지 그리고 셔어의 이론에 근거한 논리적 진리 정의는 직관적 논리적 진리 개념의 특징을 잘 반영한 것인지 검토한다.[2]

2. 셔어의 모형론적 논리적 귀결 개념

2.1. 직관적 논리적 귀결의 본성

먼저 타르스키의 논리적 귀결 개념에 대한 정의는 이 개념에 대한 사전의 이해를 전제로 삼는다는 점을 강조할 필요가 있다. 그 정의의 정당성 논란은 이 사실이 전제될 때야 의의를 갖는다. 타르스키는 논리적 귀결 관계의 사전의 이해를 두 특징에 의해 규정한다. 하나는 논리적 귀결 관계가 필연적 관계라는 것이다. 즉, 어떤 문장 X가 집합 K에 속한 문장들의 논리적 귀결일 경우, K에 속한 문장들이 모두 참이면서 X가 거짓이 되는

---

2 이 글에서는 주로 셔어가 핸슨 및 고메즈-토렌테와 주고받은 논란들을 다룬다. 이 때문에 셔어의 논리상항 규정을 수정해야 한다고 비판하는 페퍼만, 본네이 등과의 논란은 다루지 않으며, 셔어처럼 동형 구조하의 불변 개념에 의존하지만 다른 조건을 첨가하는 맥카시나 맥기의 논의 역시 그 중요성에 걸맞게 다루지는 않는다. 이에 관한 논의는 별도의 작업이 필요하다.

경우는 불가능하다는 것이다. 다른 하나는 논리적 귀결 관계가 형식적인 관계라는 것이다. 즉, 문장 X가 집합 K에 속한 문장들의 논리적 귀결일 경우, 그 관계는 K에 속하는 문장들과 문장 X의 형식에만 의존하고 그 밖의 요소에는 의존하지 않는다는 것이다.

우리 출발점은 직관적 본성에 관해 고찰하는 일이 될 것이다. 임의의 문장 집합 K와 이 집합의 문장들로부터 따라나오는 문장 X를 고려해 보자. 일상의 직관의 관점에서 보면 집합 K의 모든 문장들이 참인데 동시에 문장 X가 거짓이 되는 일이 일어날 수가 없다는 것은 분명하다. 또한 여기서 문제되는 것은 논리적인, 즉 형식적인 귀결 관계이고 따라서 그 관계는 그것이 성립하는 문장들의 형식에 의해 완전하게 결정된다. … 이런 두 상황은 귀결 개념의 아주 특징적이고 필수적인 것이다.[3]

서어는 타르스키가 제시한 논리적 귀결 개념의 두 특징을 아래와 같이 정식화한다.[4]

● <u>필연성 조건</u>

만약 문장 X가 문장 집합 K의 논리적 귀결이면, X는 다음의 직관적 뜻에서 필연적이다. K의 모든 문장들이 참이고 X가 거짓인 경우는 불가능하다.

---

3 Tarski(1936), 414-415.
4 Sher(1991), 40; Sher(1996), 654.

- <u>형식성 조건</u>

만약 문장 X가 문장 집합 K의 논리적 귀결이면, 그 관계는 X와 K의 원소들 사이의 형식적 관계에만 의존해야 한다.

타르스키는 그의 1936년 논문에서 그의 정의가 이들 조건을 만족시킬 수 있음을 충분히 논증하지 않았다. 다만 그는 자신의 정의의 내용을 이해하는 사람은 누구나 논리적 귀결의 직관적 특징을 잘 반영하고 있음을 인정할 것이라고 주장하며, 그 정의에 의존할 때 "참인 문장들의 귀결은 반드시 참이고, 이에 따라 주어진 문장들 사이에 성립하는 귀결 관계는 이들 문장 안에 나타나는 비논리적 상항들의 뜻과 전적으로 무관하게 성립한다는 것도 증명할 수 있다"고 주장한다.[5] 셔어는 타르스키의 이 주장을 '타르스키 논제'라고 부른다. 셔어는 근본적으로 이 논제가 옳다고 생각하며, 모형 및 논리상항에 대한 타르스키의 견해를 적절히 발전시켜 두 조건 모두 만족된다는 것을 보일 수 있다고 생각한다.

- <u>타르스키 논제</u>

모형론적 논리적 귀결 정의는 직관적 논리적 귀결의 필연성과 형식성을 만족시키는 정의이다.

셔어는 필연성 조건에 관해 타르스키가 염두에 두는 증명은 다음과 같을 것이라고 추측한다.[6]

---

5 Tarski(1936), 417.
6 Sher(1991), 42.

X가 K의 논리적 귀결인 반면, X는 K의 필연적 귀결이 아니라고 가정하자. 만약 X가 K의 논리적 귀결이라면, 정의에 따라 X는 K의 모든 원소가 참인 모형들에서 참이다. 반면 X가 K의 필연적 귀결이 아니라면, 필연성 조건의 규정에 따라 K의 모든 원소가 참이고 X가 거짓인 경우가 직관적으로 가능하다. 그러나 이 경우에 K의 모든 원소가 참이 되고 X가 거짓이 되는 모형이 존재한다. 그러므로 모순.

논리적 귀결 개념에 대한 타르스키의 모형론적 정의를 받아들이면, 이 증명의 성립 여부는

(1) K의 모든 원소가 참이고 X가 거짓인 경우가 직관적으로 가능하다

는 것으로부터

(2) K의 모든 원소가 참이 되고 X가 거짓이 되는 모형이 존재한다

는 것을 이끌어 낼 수 있는지에 달려 있다. 셔어는 (2)의 성립 여부는 $\Sigma = \{K, \neg X\}$의 모든 원소가 참이 되는 모형이 존재하느냐의 여부에 달려 있으므로, 타르스키 정의가 필연성 조건을 만족시키기 위해서는 아래 가정을 정당화하는 일이 필요하다고 생각한다.[7]

---

7 Sher(1991), 42; Sher(1996), 656.

- **모형에 대한 가정**

  문장들의 집합 Σ의 모든 원소들이 참인 경우가 직관적으로 가능하다면, Σ의 모든 원소들이 참이 되는 (논리학 L에 대한) 모형이 존재한다.

다음으로 셔어는 타르스키의 모형론적 귀결 개념이 직관적 논리적 귀결 개념의 또 다른 특징으로서 형식적 특징을 만족시킬 수 있는지 고찰한다. 그녀는 먼저 논리적 귀결 관계에 있는 문장들의 형식에 관한 타르스키의 묘사를 검토한다.

또한 여기서 문제되는 것은 논리적인, 즉 형식적인 귀결 관계이고 따라서 그 관계는 그것이 성립하는 문장들의 형식에 의해 완전하게 결정된다. 그러므로 그 관계는 외부 세계에 관한 우리의 지식, 특히 집합 K의 문장들에서 혹은 문장 X에서 논의되는 그 대상들에 대한 우리의 지식에 결코 의존할 수 없고, 고려 중인 그 문장들 내에서 이런 대상들의 이름을 다른 대상들의 이름으로 교체하는 데 영향을 받지 않는다.[8]

셔어는 타르스키의 이런 묘사에 근거해서 귀결 관계가 갖는 형식적 특징을 세 가지로 규정한다.[9] 첫째로 논리적 귀결 관계는 관련된 문장들의 논리적 형식에 의존한다는 것이다. 셔어는 문장들의 논리적 형식은 타르스키의 모형론적 진리 개념의 정의에 따를 때 논리적 용어들에 의해 결정된다고 한다. 그러므로 결국 논리적 귀결은 해당 언어의 논리적 용어에 의존한다.

---

8 Tarski(1936), 414-415.

9 Sher(1991), 42-43.

둘째로 논리적 귀결은 그것을 결정해 주는 논리적 용어가 경험적인 것이 아니라는 뜻에서 경험적이 아니라는 것이다. 셋째로 논리적 귀결은 비논리적 용어가 지시하는 대상들의 교체에 영향을 받지 않는다는 것이다. 이런 특징들은 논리적 용어와 비논리적 용어의 차이에 달려 있으므로, 타르스키의 정의가 귀결 관계의 형식성을 만족하느냐 여부는 적절한 논리상항의 기준을 제시할 수 있느냐에 달려 있게 된다.

2.2. 모형과 논리상항

셔어의 전략은 크게 둘로 요약된다. 첫째는 모형 장치가 논리적 귀결의 필연성을 반영할 수 있게 의미론을 구성하는 것이고, 둘째는 논리적 귀결의 형식적 특징을 반영할 수 있게 적절한 논리상항의 기준을 마련하는 것이다. 둘째 작업은 이미 이전의 논리학의 발전에서 대부분 제시되었다. 수 양화사들이 고차술어라는 프레게의 견해를 발전시킨 모스토프스키는 양화사들 일반을 구조적 동형성을 이용해서 규정하였고, 타르스키 자신은 클라인의 기하학 분류 방법을 일반화하여 논리적 개념을 변형하의 불변성에 의해 규정하였다.[10] 셔어는 이들 생각을 받아들여 동형 구조하의 불변성을 논리상항의 핵심 특징으로 간주하며 논리적 귀결 개념을 위해 필요한 적합한 의미론 구성의 실마리로 삼는다. 셔어의 실마리는 바로 논리적인 것은 다양한 변형 가운데에서도 변하지 않는 구조에 있다는 생각이다.

---

10 논리적 귀결 정의 당시 타르스키는 논리적 용어와 비논리적 용어 사이의 구분 기준이 있는지 혹은 그런 명확한 구분이 가능한지에 대해 회의하였다. Tarski(1936), 418-419. 반면 그는 1966년 한 것으로 알려진 강연에서 "논의 우주의 모든 변형들하에서 불변인 개념들"을 논리적 개념으로 규정하자고 제안한다. Tarski(1986), 149-150. 타르스키의 논리적 개념에 관한 해설을 보려면 박우석(1998) 참조.

셔어가 이 생각을 어떻게 구체화하는지 보려면 먼저 논리적 의미론에 관한 셔어의 견해를 살펴볼 필요가 있다. 잘 알려진 대로 에치멘디는 표상적 의미론을 해석적 의미론과 구별하고 두 의미론에서 모형 개념이 다르게 이해되고 있음을 지적하였다. 그리고 그는 타르스키가 논리적 귀결을 정의할 때 의존하고 있는 의미론은 해석적 의미론이고, 타르스키에게 모형 개념은 언제나 해석적 의미론하의 모형으로 이해되었다고 주장하였다. 반면 셔어는 타르스키에게서 발전한 표준 논리학의 의미론은 해석적 의미론과 다르고 모형 개념 역시 해석적 의미론하의 모형과 다르다고 생각한다. 우선 논리적 귀결에 대한 다음 두 정의를 비교해 보자. (X와 K는 모두 같은 언어 L의 문장이고, 해석은 L의 어휘들에 의미값들을 부여한 결과이다.)

- <u>대입적 귀결 개념</u>
  X는 K의 논리적 귀결이다 iff L의 원초적 비논리적 용어에 대한 허용 가능한 대입 사례 중에서 K의 모든 문장들이 참인 동시에 X가 거짓인 경우는 존재하지 않는다.

- <u>해석적 귀결 개념</u>
  X는 K의 논리적 귀결이다 iff L에 대해 가능한 모든 해석 중에서 K의 모든 문장들이 참인 동시에 X가 거짓인 해석은 존재하지 않는다.

셔어는 앞의 정의들이 두 가지 공통된 특징을 갖는다고 주장한다. 첫째로 두 정의는 논리적 용어와 비논리적 용어의 구분을 전제로 삼지만, 두 정의가 배경으로 삼는 의미론에는 적절한 구분 기준이 주어져 있지 않는다는 것이다. 둘째로 두 정의에 나타나는 '참'은 모두 현실 세계에서 참으로 간주된다는 것이다. 대입적 정의를 적용할 때는 대입 결과가 실제로 참인지 확인하는 데 의존한다는 점에서, 해석적 정의를 적용할 때는 모형의 정의역이 현실적으로 존재하는 대상들의 집합으로 한정된다는 점에서 그렇다는 것이다. 그리고 이 두 특징은 아래와 같은 추론의 타당성 여부를 잘못 평가하게 만든다고 한다.[11]

(1) 타르스키는 폴란드인이다. 그러므로 타르스키는 논리학자이다.

(2) 타르스키는 폴란드인이다. 그러므로 코타르빈스키는 폴란드인이다.

첫째 특징은 부당한 추리 (1)을 논리적 귀결로 만들 수 있다. 왜냐하면 "타르스키"와 "x는 논리학자이다"가 L의 논리적 용어라면, (1)은 어느 정의에서나 논리적 귀결일 것이기 때문이다. 둘째 특징은 (2) 같은 추론의 타당성 여부를 상응하는 보편 양화문의 실제적 참 여부로 환원한다. (2)의 '타르스키', '코타르빈스키', 'x는 폴란드인이다'가 모두 비논리적 용어이고, 이들 용어를 각각 'a', 'b', 'Px'로 표현한다고 하자. 이때 추론 (2)의 결론이 전제의 귀결이라면 그때만 'Pa → Pb'는 어떤 허용 가능한 대입(혹은 해석)에서나 참일 것이다. 즉, (2)가 논리적 귀결인지 여부는 '$\forall F \forall x \forall y (Fx \rightarrow Fy)$'라는 보편 양화문이 실제로 참인지 여부에 달려 있다.

중요한 점은 셔어가 타르스키에게서 발전된 표준적 의미론은 대입적인 것도 해석적인 것도 아니라고 주장한다는 것이다. 그리고 그 결과 두 의미론이 안고 있는 문제가 표준적 의미론에서는 생기지 않는다고 한다. 사실 타르스키의 모형론적 정의는 앞의 해석적 정의와 '해석'을 '모형'과 바꾼

---

11 Sher(1996), 663-664.

7장
모형론적 논리적 귀결과 논리상항[*]

1. 머리말

타르스키에 따르면 어떤 문장들의 집합 X로부터 문장 K가 논리적으로 따라나온다는 것은 다음과 같이 정의된다.

- <u>논리적 귀결 정의</u>

  어떤 문장들의 집합 X로부터 문장 K가 논리적으로 따라나온다 iff X의 모든 문장들을 참으로, K를 거짓으로 만들어 주는 모형은 존재하지 않는다.

그리고 어떤 문장 X가 논리적 진리라는 것은 다음과 같이 정의된다.

- <u>논리적 진리 정의</u>

  문장 X는 논리적 진리이다 iff X는 모든 모형에서 참이다.

***

* 이 논문은 2011년 정부(교육과학기술부)의 재원으로 한국연구재단의 지원을 받아 수행된 연구임 (NRF-2011-32A-A00024).

이 정의가 옳은 정의인지에 관해 지난 몇십 년간 활발한 논란이 있었다. 타르스키의 이런 정의는 직관적인 논리적 개념을 실제로 적합하게 설명해 주고 있는지 그리고 정의항을 만족시키는 모든 귀결이나 진리는 직관적 논리적 귀결이나 논리적 진리로 간주할 수 있는지에 관해 논의되었다. 그리고 역사적인 인물로서 실제의 타르스키는 이런 정의에 등장하는 모형 개념을 어떻게 이해했는지, 모형의 정의역을 고정된 것으로 간주했는지, 아니면 가변적인 것으로 간주했는지가 논란이 되었다.

나는 이 글에서 타르스키의 생각을 여러 면에서 따르고 있는 셔어의 이론에 대해 살펴보려 한다. 셔어는 직관적 논리적 귀결 개념을 이해할 때나 논리적인 것과 비논리적인 것을 구분할 때나 타르스키에 많은 것을 의존한다. 셔어는 타르스키의 미완의 작업으로서 모형론적 귀결 정의의 정당성을 확립하는 일이 가능하다고 믿는다. 나는 셔어가 실제의 작업을 통해 얻은 견해가 어떤 것인지 그리고 그 견해가 원래 목적을 얼마나 잘 성취한 것인지 검토하려 한다.

나는 다음 순서로 논의를 진행한다. 2절에서는 셔어가 자신의 견해를 처음 체계화한 책 『논리학의 경계: 일반화된 관점』(*The bounds of logic: A Generalized Viewpoint*, 1991)과 이 견해를 좀 더 정교하게 제시한 "타르스키는 '타르스키 오류'를 범하였는가?"(Did Tarski commit 'Tarski's fallacy'?, 1996) 를 자료로 삼아 셔어의 견해를 재구성할 것이다.[1] 여기서는 셔어가 직관적 논리적 귀결 개념을 어떻게 이해했는지, 논리적 귀결을 정의하는 데 필요한

---

1 나의 견해로 이후 셔어의 저술 중 모형론적 귀결의 정당성과 관련된 것은 주로 다른 사람들의 비판에 대응해서 자신의 견해의 주요 논점을 변경시키지 않고 옹호하는 데 바쳐진다. 이런 저술들에 나타난 셔어 견해의 발전은 3절에서 밝힐 것이다. 셔어의 이론에 익숙한 사람은 2절을 건너뛰고 읽어도 좋을 것이다.

셔어는 논리상항의 의미를 그것에 부여된 함수와 동일시한다. 그러므로 결국 셔어 의미론의 하부 구조는 다양한 크기를 갖고 다양한 대상으로 구성된 정의역 및 상황마다 다양한 값을 부여받는 비논리 용어로 이루어져 있고, 상부 구조는 체계 밖의 규칙에 의해 주어진 함수들 및 각 함수에 의해 의미가 고정된 논리상항들로 이루어져 있는 셈이다.

이런 생각에 따를 때 논리적 용어와 비논리적 용어는 다음 두 가지 점이 두드러진다. 첫째로 셔어의 언어에 도입되는 비논리적 용어의 역할은 지시함수에 의해 부여되는 의미값을 갖는 데 지나지 않으므로, 그것의 도입 이전에 가지고 있다고 간주되는 말의 뜻이나 의미는 전혀 고려되지 않는다. 다시 말해 비논리 용어는 표현하려는 상황에 따라 다양한 값을 갖기 위한 틀에 지나지 않는다. 둘째로 논리적 용어의 의미는 그것에 부여된 함수이므로, 논리적 용어의 경우도 역시 그것이 어떤 뜻을 갖는가 하는 점은 전혀 고려되지 않는다. 논리적 용어는 그 외연에 의해 완전히 고정된다. 이런 뜻에서 셔어의 논리언어는 전적으로 외연적 언어이다.

셔어는 논리상항을 정의하기 위해 그것이 갖는 특징을 몇 가지로 요약한다. 먼저 논리상항은 동형 구조 내의 불변성을 갖는다. 그리고 논리상항이 이런 특징을 갖기 위해서는 우선 구조적 특징을 가져야 한다. 이에 따라 셔어는 개체를 값으로 갖는 이름은 논리상항에서 제외한다. 그리고 논리상항에서 말의 의미는 고려되지 않으므로 논리상항은 그에 상응하는 함수에 의해 전적으로 규정된다. 셔어는 여기에 모형과 관련된 두 특징을 첨가한다. 하나는 이 나타내는 함수는 모형에 대해 정의된다는 것이고, 다른 하나는 그 함수가 모든 모형에 대해 정의된다는 것이다. 셔어에 따르면 이 두 특징은 논리상항을 모형 장치와 연결시킴으로써 논리적 귀결의 정의가 가능한 모든 상황에 적용 가능하도록 해준다. 이런 생각에 근거해서 셔어는

진리함수적 결합사 이외의 논리상항들이 만족시켜야 할 기준을 아래와 같이 제시한다.[17]

A. 논리상항 C는 구문론적으로 1차 혹은 2차의 n항 술어나 함수 연산자(함수 표현)이다. (n은 양의 정수.)

B. 논리상항 C는 단일한 외연 함수로 정의되고 그 외연과 동일시된다.

C. 논리상항 C는 모형들에 대해 정의된다. 정의되는 각 모형 @에서 C에는 그것의 구문론적 범주에 상응하는 모형 @의 원소들의 구성물이 부여된다. 구체적으로 나는 C가 우주 A를 정의역으로 갖는 모형 @가 주어질 때 다음 사항들을 만족하도록 함수 f_c에 의해 정의되어야 한다고 요구한다.

(a) C가 1차 n-항 술어라면, f_c(@)는 A^n의 부분집합이다.

(b) C가 2차 n-항 술어라면, f_c(@)는 $B_1 \times \cdots \times B_n$의 부분집합이다. 여기서 i(C)가 C의 $i$th번째 논항일 때, 모든 $1 \leq i \leq n$에 대해, i(C)가 개체라면, $B_i = A$이고, i(C)가 n-항 술어라면 $B_i = P(A^m)$이다.

D. 논리상항 C는 (논리학의) 모든 모형들에 대해 정의된다.

E. 논리상항 C는 동형 구조하의 불변인 함수 f_c에 의해 정의된다. 즉, 다음 조건이 만족된다.

(a) C가 1차 n-항 술어이고, @와 @''가 각각 A와 A'를 우주로 갖는 모형이고, $\langle b_1, \cdots, b_n \rangle \in A^n$, $\langle b'_1, \cdots, b'_n \rangle \in A'^n$이고, 구조 $\langle A, \langle b_1, \cdots, b_n \rangle \rangle$와 $\langle A', \langle b'_1, \cdots, b'_n \rangle \rangle$가 동형이라면, $\langle b_1, \cdots, b_n \rangle \in f_c$(@)일 경우 그리고 그때만 $\langle b'_1, \cdots, b'_n \rangle \in f_c$(@'').

(b) C가 2차 n-항 술어이고, @와 @''가 각각 A와 A'를 우주로 갖는 모형이고,

---

17 나는 함수 표현에 관한 서어의 규정을 제외하였다. Sher(1991), 54-55 참조.

($1 \leq i \leq n$에 대해 B_i and B'_i가 (C.(c)처럼 규정될 때) $\langle D_1, \cdots, D_n \rangle$ $\in B_1 \times \cdots \times B_n$, $\langle D'_1, \cdots, D'_n \rangle \in B'_1 \times \cdots \times B'_n$이고, 구조 $\langle B_1 \times \cdots \times B_n, \langle D_1, \cdots, D_n \rangle \rangle$와 $\langle B'_1 \times \cdots \times B'_n, \langle D'_1, \cdots, D'_n \rangle \rangle$가 동형이라면, $\langle D_1, \cdots, D_n \rangle \in f_c(\textbf{@})$일 경우 그리고 그때만 $\langle D'_1, \cdots, D'_n \rangle \in f_c(\textbf{@}'')$.

이제 셔어는 논리적 용어와 비논리적 용어를 아래와 같이 정의한다.

● <u>논리적 용어의 정의</u>

C는 논리적 용어이다 iff C는 진리함수적 결합사이거나 (A)에서 (E)까지의 논리상항에 대한 조건을 만족한다.

● <u>비논리적 용어 정의</u>

$\{t_1, t_2, \cdots\}$는 타르스키 논리학 L의 원초적인 비논리적 용어의 집합이다 iff 모든 집합 A와 A 안에서 $t_1, t_2, \cdots$에 (그들의 구문론적 범주와 일치되게) 지시체들을 부여하는 모든 함수 D에 대해, A = $\langle A, D \rangle$를 만족하는 L에 대한 모형 A가 있다.[18]

셔어는 앞의 논리상항의 기준을 갖춘 논리학을 "일반화된 논리학"이라고 부른다. 왜냐하면 논리상항의 기준을 만족할 때 일반화된 양화사들 모두 논리상항으로 간주되기 때문이다. 이제 셔어가 모형론적 귀결 정의가 직관적 논리적 귀결의 필연성과 형식적 특징을 반영한다는 것을 어떻게 보이는지 살펴보자. 셔어는 형식적 특징에 관해 보이는 일은 어렵지 않다고

---

18 Sher(1991), 48.

생각한다.

조건 (E)는 형식성의 직관적 개념을 표현한다. 형식적이라는 것은 직관적으로 구조만 고려한다는 것이다. 모형론적 의미론의 구도 아래에서 논리적 귀결은 언어의 논리적 어휘에 의존한다. 논리적 용어의 형식성은 논리적 귀결이 경험적 증거에 의존하지 않도록 만들어 주고, 어느 주어진 우주에서도 대상들의 동일성을 구별하지 않게 해 준다. 그러므로 일반화된 논리학의 논리적 귀결은 타르스키의 뜻으로 볼 때 형식적이다(Sher[1991], 60-61).

셔어는 논리적 귀결의 필연성을 보이는 데는 앞에서 논의된 모형에 대한 가정을 일반화된 논리학에 대해 입증하는 것으로 충분하다고 생각한다: "문장들의 집합 Σ의 모든 원소들이 참인 경우가 직관적으로 가능하다면, Σ의 모든 원소들이 참이 되는 모형이 존재한다." 셔어는 일반화된 논리학의 어떤 체계 $\mathfrak{L}$을 가정하고, 이 체계에 대해 자신이 입증해야 할 주장을 아래와 같이 재정식화한다.

- 주장

    Φ가 L의 정식이면, L에 대한 Φ의 모든 가능한 외연은 L의 어떤 모형에 의해 표현된다. (여기서 문장의 외연은 진리치로 가정된다.)

이 주장에 대한 셔어의 증명은 귀납적으로 수행된다. (i) Φ원자적 정식인 경우 앞의 주장이 성립한다는 것을 보인다. (ii) Φ가 양화식 $(Qx)\Psi x$인 경우, 앞의 주장이 Ψx에 대해 성립한다고 가정했을 때 $(Qx)\Psi x$에 대해서도 성립한다는 것을 보인다. 셔어는 (i)의 증명을 아래와 같이 묘사한다.

Φ가 "Px"의 형식의 원자식이고 P는 비논리상항이라고 하자. P 및 다른 원초
비논리 용어들의 강한 의미론적 변화 가능성은 이런 용어들과 관련된 모든
가능한 상황들이 L에 대한 어떤 모형에 의해 표현되도록 만들어 준다. 그러므로
Φ에 대해 앞의 주장은 성립한다(Sher[1991], 60. 필자 강조).

(ii)의 경우 귀납적 가정에 따라 앞의 주장이 Ψx에 대해 성립한다고
가정하고 나면, 논리상항의 고정적 성격은 문제를 아주 쉽게 만들어 준다.
왜냐하면 이는 양화식 (Qx)Ψx에 앞의 주장이 성립하느냐의 문제를 Ψx에
앞의 주장이 성립하느냐의 문제로 줄여주기 때문이다.

이제 Φ가 "(Qx)Ψx"의 형식을 갖는다고 하고, Q는 양화사이고, "Ψ(x)"는…
자유변항 x를 갖는 식이라고 하자. 그리고 우리 주장이 "Ψ(x)"에 대해 성립한다
고 하자. Q는 논리상항이므로, 의미론적으로 고정되어 있다. 또한 그 고정된
해석은 형식적이다. … 그러나 형식적 속성들 및 관계들은 직관적으로 상황에
따라 변화하지 않는다. … 그러므로 "(Qx)Ψx"와 관련된 상황들의 변화 가능성
은 "Ψ(x)"와 관련된 상황들의 변화 가능성으로 환원된다. 그런데 "(Qx)Φx"가
외연 T/F를 가질 수 있다는 것은 "Ψx"가 $B \in fQ(A) \, / \, B \not\in fQ(A)$가 만족되도록
어떤 모형 A의 우주의 부분집합에 의해 표현가능한 외연을 가질 수 있다는
것이다. 그러나 귀납적 가정에 의해, L의 어휘와 관련된 Ψx의 모든 외연은 L에
대한 어떤 모형에 의해 표현된다. 그러므로 "Ψ(x)"가 필요한 외연을 가질 수
있다면, 이런 가능성을 실현하는 모형이 존재한다. 이 모형에서 "(Qx)Φx" 외연
은 T/F이다(Sher[1991], 60).

그러므로 셔어 논증의 정당성의 관건은 "원초적인 비논리상항의 강한

변화 가능성으로 인해 관련된 모든 가능한 상황들이 어떤 모형에 의해 표현될 수 있다"는 주장의 정당성에 달려 있는 것으로 보인다.

3. 모형론적 귀결의 적합성

3.1. 형식적 필연성

모형론적 귀결 정의가 적합하려면, 어떤 귀결 C가 직관적으로 타당할 때 그리고 그때만 C는 모형론적 귀결의 사례여야 할 것이다. 그러므로 모형론적 귀결 정의의 적합성이 입증되려면, 적어도 다음 두 논제가 성립해야 할 것이다.

(1) 어떤 귀결 C가 (직관적으로) 타당하다면, C는 모형론적 귀결의 사례이다.

(2) 어떤 귀결 C가 모형론적 귀결의 사례라면, C는 (직관적으로) 타당하다.

(1)에 대해 의심하는 사람은 많지 않다.[19] (1)을 입증하려면, 어떤 귀결 C가 모형론적 귀결의 사례가 아니라는 가정에서 C가 필연적이지 않다는 것을 보이면 된다. C는 모형론적 귀결의 사례가 아니라고 하자. 그러면 C의 전제가 참이고 그 결론이 거짓인 집합론적 모형이 존재한다. 그리고

---

[19] (1)에 대해서도 의문을 제기하는 사람은 에치멘디다. Etchemendy(2008), 278-279. 에치멘디는 (1)의 반례로 논리상항을 표준적인 경우보다 더 제한하는 경우를 예로 들고 있다. 그러나 이 문제는 결국 적절한 논리상항의 범위를 제시할 수 있다면 해소 가능한 것이라는 점에서, 심각하게 고려할 만한 것인지 의문이다.

이 모형의 정의역은 현실적 대상들의 어떤 비지 않은 집합일 것이다. 그러면 바로 이 현실적 대상들의 모임에 근거해서 C의 전제가 참이고 그 결론이 거짓이 되도록 해주는 비논리상항의 해석이 존재하게 된다. 이 해석에서 C의 전제는 참이고 결론은 거짓이므로 C는 타당하지 않다.[20]

두 논제 중 주로 문제되는 것은 (2)이다. 셔어는 에치멘디의 비판을 극복할 수 있다는 것을 보이기 위해 두 논증을 제시하였다. 하나는 일반적으로 받아들여지는 1단계 표준 논리학의 완전성에 근거한 논증이고, 다른 하나는 우리가 앞에서 본 그녀의 모형 개념에 근거한 논증이다. 첫째 논증은 셔어의 목적에서 볼 때 충분하지 않다. 왜냐하면 셔어는 표준적 논리상항들 이외에 수 양화사나 수량 양화사 등 이른바 "일반화된 양화사들"까지 논리상항으로 포함시키며, 이런 양화사들을 포함하는 논리적 귀결들은 1단계 표준 논리학의 범위를 넘어서기 때문이다.[21] 둘째 논증은 바로 이런 양화사들까지 논리상항으로 간주하는 셔어의 이른바 "일반화된 논리학"의 논리적 귀결들에 대한 것이다. 이미 본 것처럼 이 논증에서 입증해야 할 핵심되는 논제는 다음 주장이다.

(3) 형식적으로 가능한 상황마다 그에 상응하는 모형이 배경 이론 안에 존재한다.

그러므로 셔어에게는 논리적 가능성만큼 많은 모형을 확보할 수 있는지가 관건이다. 앞에서 본 대로 셔어의 실제 논증은 비논리적 용어의 가변성에 의존하고 있는데, 이 논증이 성공적인가에 대해 우선 두 가지 점에서 의심스

---

20 Hanson(1997), 400.

21 Sher(1991), 41; Sher(1996), 656-657.

럽다.

첫째로 모형의 다양성은 언어의 특징에서 나오는 것이 아니라 배경 이론에서 허용되는 존재 주장에서 나오는 것으로 보인다는 점이다. 그러나 셔어는 모형의 존재 주장의 정당성을 논리외적 용어들의 가변성이라는 언어의 특징에서 찾고 있다. 문제는 의미값이 충분히 많은가 하는 것인데, 셔어는 마치 의미값을 부여받는 말이 가변적이면 부여되는 의미값도 많아지는 것처럼 생각하는 것 같다. 둘째로 표준 집합론에서 허용 가능한 존재 주장은 제약 조건이 따른다. 그러므로 배경 이론을 집합론으로 삼고 있는 셔어로서는 집합론에서 허용 가능한 존재 주장의 한계에 관해 고찰해야 할 것이다. 그러나 셔어의 논의에서 이 이론에서 허용되는 존재 주장의 범위에 대한 고찰은 찾기 어렵다.

앞의 논제 (3)과 쌍을 이루는 것은 "모든 모형에 공통된 특징은 형식적으로 필연적이다"라는 것이다. 셔어는 이 논제가 성립하는지 고려하고서 묻는다: "어느 우연적 특징도 모든 모형에 공통된 것이 아니라는 것을 우리는 어떻게 아는가?" 셔어의 대답은 우리가 배경 이론으로서 적합한 형식이론을 갖고 있다면 그런 일은 일어나지 않는다는 것 그리고 그런 이론이 ZFC 이론이라고 한다. 그러나 ZFC 이론에서 그런 일이 일어나지 않는다는 것을 어떻게 아는가 하는 문제에 대해서는 더 이상 설명하지 않는다. 다만 아래와 같이 같은 주장을 반복할 뿐이다.

나의 견해에서 볼 때 형식적 가능성은 수학적 존재로 환원되고, 형식적 필연성은 수학적 일반성으로 환원된다. 즉, "Φ가 형식적으로 가능하다"는 것은 "Φ가 S에서 성립하는 그런 수학적 구조가 적어도 하나 있다"는 것으로 환원되고, "Φ가 형식적으로 필연적이다"라는 것은 "모든 수학적 (집합론적) 구조 S에 대해 Φ가 S에서 성립한다"는 것으로 환원된다(Sher[1996], 682).

그러나 셔어의 이런 주장에 대해서는 심각한 반론이 있다. 어떤 상황이 형식적으로는 가능하지만 집합론 안에 그에 대한 모형이 존재하지 않는 경우가 있을 수 있다. 그런 상황에서는 어떤 논증을 부당하게 만드는 비논리 상항의 해석이 어떤 가능 세계의 대상들의 모임에 근거해서 제시될 수 있는 반면, 그에 상응하는 모형은 존재하지 않을 수 있는 것이다. 핸슨은 다음과 같이 말한다.

불행히도 (9)는[22] 그리 쉽게 확립될 수가 없다. 바로 그 이유는 어떤 가능 세계의 대상들의 모임이 존재하고 이 모임에 근거한 비논리상항의 해석 중에서 이론 이전의 귀결과 관련해 어떤 논증을 부당하게 만드는 해석이 존재한다고 해도, 그 논증을 부당하게 만드는 모형 역시 존재한다는 것은 따라나오지 않는다는 데 있다. 주요 난점은 모형들이 집합론적 존재이고 그 정의역이 집합이라는 점이다. 그런데 이론 이전의 반례가 근거하고 있는 대상들의 모임은 너무 커서 집합이 될 수 없다는 것이다(Hanson[1997], 401).

예컨대 "x는 집합이다"(x is a set)라는 술어가 주어져 있다고 하자. 모든 집합들의 모임은 너무 커서 표준적 집합론 내에서 다시 집합(set)을 형성할 수가 없다. 반면 우리는 그런 술어가 나타나는 논증을 구성할 수 없는 것은 아니고, 그런 논증은 직관적으로 타당하거나 부당할 수 있다. 셔어가 이런 논증들을 그녀의 직관적 논리적 귀결의 사례의 후보에서 배제하지

---

22 앞의 (2)에 해당하는 논제, 즉 어떤 논증이 모형론적 귀결이라는 데서 그 논증이 직관적으로 타당하다는 것으로 나아가는 추리를 말한다.

않는 한, "x는 집합이다" 같은 용어에 의해 표현된 상황은 논제 (3)의 직접적인 반례가 될 것이다. 그리고 셔어가 이런 경우를 배제할 수 있는 특별한 이유를 제시할 수 있는지 불분명하다. 이런 반론이 보여주는 것은 셔어의 논증은 모형론적 귀결이 이론 이전의 논리적 귀결의 필연성을 제대로 반영한다는 것을 보이는 데 충분하지 않다는 것이다.

3.2. 선천적 인식 가능성

이제 모형론적 귀결이 타르스키가 제시한 형식적 조건을 만족시킨다는 것을 보이려는 셔어의 시도가 성공적인지 검토해 보자. 우리가 본대로 셔어는 직관적 귀결의 형식적 특징에 관한 타르스키의 설명에서 세 논제를 이끌어 낸다.

(1) 논리적 귀결 관계는 이들 논리적 용어의 구문론적-의미론적 특징에 의해 완전히 결정된다.
(2) 논리적 귀결의 전제나 결론에 나타나는 논리적 용어는 경험적인 것이 아니다.
(3) 논리적 귀결 관계는 관련된 대상들을 교체하는 데 영향을 받지 않는다.

셔어의 논리상항 기준은 대상들의 차이를 고려하지 않는 구조적 동형하의 불변에 의존한 것이므로, (3)을 잘 만족하는 것처럼 보인다. 반면 만약 셔어의 논리상항 기준을 만족시키는 어떤 용어가 경험적인 것이어서 그 용어의 의미를 인식하는 데 어떤 경험적 인식에 의존해야 한다면, 그런 용어를 포함하는 귀결은 (2)만 아니라 (1)도 만족하지 못할 것 같다. 핸슨은 그런 예로서 경험에 의존하지 않고는 그 외연을 결정할 수 없는 양화사를 제시한다.

예를 들어 n을 21세기 말까지 인간이 1마일을 몇 초에 달릴 수 있는지에 따라 정해지는 전체 초 수들 중의 최소수라고 하자. (여기서 초 단위 이하는 무시된다.) 이제 어떤 양화사가 크기가 $\geq n$인 정의역을 갖는 모형에서는 (대상들에 대한) 전칭양화사와 똑같이 작용하는 반면, 크기가 $< n$인 정의역을 갖는 모형에서는 존재양화사와 똑같이 작용한다고 하자. 이 양화사를 'Q*'라고 부르자. 'Q*'는 셔어의 의미론적 동형 조건을 만족하므로, 셔어의 설명에 따를 때 논리적 용어이다. 물론 'Q*'를 논리적 용어라고 부르는 일은 아주 이상해 보이긴 하지만 말이다. 이것이 얼마나 이상한지 알기 위해 다음 논증을 살펴보자:

(7) (Q*x) (개(x) → 검다(x))

    (Q*x) 개(x)

    ∴ (Q*x) 검다(x)

$n \geq 3$인 한, 논증 (7)은 반대 모형을 갖는다. 그러므로 (7)은 부당하다. 왜냐하면 우리는 21세기 말까지 어느 누구도 1마일을 3초보다 적은 시간 안에 달리지 못할 것임을(혹은 그런 적이 없음을) 알기 때문이다. 그러나 우리는 이 사실을 선천적으로 알지 못하며 선천적으로 알 수도 없다(Hanson[1997], 391-392).

Q*는 정의역의 원소 수가 n 이상인 경우 전칭양화사로 이해되고 n 미만인 경우 존재양화사로 이해된다. 그런데 추론 (7)의 양화사가 존재양화사일 때, 정의역의 원소가 두 개 이상인 경우 반대 모형을 구성할 수 있을 것이다.[23] 그러므로 n이 적어도 3 이상일 경우에는 앞의 추론에는

반대 모형이 있고, 이에 따라 앞의 추론은 부당하다고 해야 한다. 그러나 핸슨 지적대로 n이 3 이상이라는 지식은 경험에 의존하지 않고는 알 수 없는 것이다. 그런데 논리적 귀결 관계는 경험적 지식에 의존하지 않으므로, 어떤 추론이 타당하다면 우리는 그 타당성 여부를 경험적 지식에 의존하지 않고 알 수 있어야 한다. 그리고 모형론적 귀결 정의가 적합한 정의라면, 이 정의에 의해 어떤 추리가 논리적 귀결의 사례인지 아닌지 결정되었을 때 우리는 그 추리의 타당성을 경험적 지식에 의존하지 않고 알아야 한다. 그러므로 (7)은 모형론적 귀결 정의가 부적합하다는 것을 보여준다고 할 수 있다.

사실 이 반론이 셔어의 형식적 조건에 대한 반론이 되는지는 그리 분명하지 않다. 그 이유는 반례의 취지가 불분명해서가 아니라 셔어가 형식적 조건 중 하나로 제시한 (2)가 무엇을 의미하는지 불분명하기 때문이다. 셔어는 한편으로 논리적 용어가 경험적 용어가 아니어야 하고, 그런 용어에 의해 형식이 결정되는 논증도 경험적이 아니어야 한다고 주장한다. 하지만 다른 한편으로 논리적 용어는 그 외연과 동일시되며 논리적 용어의 의미는 그 외연 이외의 아무것도 아니라고 주장한다. 그런데 이처럼 어떤 용어의 외연과 구별되는 그 용어의 의미가 고려되지 않는다면, 그 용어에 대해 그것이 경험적이라거나 경험적이 아니라고 하는 것이 무슨 의미가 있는가? 셔어는 "논리상항 C는 단일한 외연 함수로 정의되고 그 외연과 동일시된다"는 것을 논리상항의 둘째 조건으로서 제시한 후, 이 조건에 대해 아래와 같이 논평한다.

---

23 Q*는 존재양화사로 이해되더라도, 정의역의 원소가 1개인 경우 (7)의 반대 모형은 구성할 수 없다. 왜냐하면 전제를 모두 참으로 해석할 수 있는 경우는 한 가지이고, 그 해석에서 결론은 참이기 때문이다.

조건 (B)는 논리 용어를 고정적인 것으로 만들어 준다. 각 논리 용어는 메타언어에서 고정된 의미를 가지고 있다. 이 의미는 변하지 않고 그 의미론적 정의에 의해 완전하게 드러난다. 말하자면, 타르스키 논리학의 관점에서 보면, 논리적 용어들에 대한 "가능 세계들"은 존재하지 않는다. 그러므로 "행성의 수"와 "9"는 논리적 용어로서는 구별 불가능하다. 만약 누군가 한 가능 "세계"에서 다른 가능 세계로 변화한다는 직관을 표현하고 싶다면, 그 용어를 비논리적 용어로 이해해야 한다. 반면 만약 누군가 그 용어를 논리적 용어로 사용하기로 작정한다면, 오직 그것의 외연만 문제되고, 이것은 "9"의 외연과 동일하다(Sher [1991], 56).

여기서 말의 의미에 대한 셔어의 생각은 통상적인 경우와 아주 다르다는 것을 명심해야 한다. 우리는 보통 "행성의 수"는 현실 세계에서 "9"와 같은 외연을 갖는다고 생각한다.[24] 그런데 우리는 만약 태양계의 행성이 어떤 가능 세계에서 현실 세계에서와 달리 배치되어 있다면, 그 세계에서는 "행성의 수"는 "9"와 다른 외연을 가질 수 있음을 인정한다. 그러므로 우리는 "9"는 논리적 용어의 후보로 고려할 테지만, "행성의 수"는 논리적 용어의 후보로 고려하지 않을 것이다. 왜냐하면 논리적 용어는 적어도 논리적으로 가능한 모든 가능한 상황에서 같은 외연을 가져야 할 것으로 보이기 때문이다. 그런데 이런 추론이 가능한 이유는 우리가 서로 다른 가능 세계를 상상할 때도 "행성의 수"라는 말의 의미를 똑같은 것으로 인식하고 있기 때문이다.

반면 셔어는 논리적 용어의 경우 그것의 의미나 뜻은 전혀 고려되지

---

24 여기서 나는 셔어처럼 태양계 행성의 수가 아홉 개 있다고 가정한다.

않는다. 나아가 어떤 용어를 논리적 용어로 사용하는가 아닌가는 전적으로 우리가 그렇게 하기로 하는가 아닌가에 달려 있다. 그래서 예를 들어 다른 가능 세계에서 "행성의 수"의 외연이 "9"의 외연과 다르다고 할지라도, 우리가 "행성의 수"를 논리적 용어로 사용하기로 했다면 그 말의 외연은 모든 가능 세계에서 "9"의 외연과 동일한 것으로 간주해야 한다. 그러나 이 경우 "행성의 수" 같은 용어를 "9"와 달리 경험적인 것으로 볼 이유도 사라지는 것으로 보인다. 그런데도 셔어는 여전히 "논리상항이 경험적 술어가 아니"라고 말하고 있다. 그러므로 이때 셔어가 사용하는 "경험적"이 라는 말은 핸슨이 의도한 것과는 다른 의미로 쓰고 있는 것으로 추측할 만하다. 그리고 이 추측을 지지할 만한 증거가 있다. 셔어는 어떤 용어가 자신의 논리상항의 기준을 만족한다고 할 때, 그것이 나타난 진술의 참이 선천적으로 인식되는지 아닌지, 그것이 나타난 추리의 귀결 관계가 선천적 으로 인식되는지 아닌지에 관심을 두지 않는다. 그리고 셔어는 자신의 논리상항 기준이 형식적 조건을 만족한다는 사실을 보이려 할 때, 그 기준이 어떤 모형에서도 논리상항으로 하여금 대상들의 동일성과 차이에 관여하게 만들지 않는다는 사실만 강조하고 있다.

사실 형식적 조건의 만족 여부를 둘러싼 셔어와 핸슨의 논란은 상당 부분 용어상의 혼란에 기인한다. 이런 혼란을 제거하기 위해 논리적 귀결의 비경험성과 관련한 다음 두 논제를 구별할 필요가 있다.

- **논리적 귀결의 선천적 인식 가능성**
  논리적 귀결 관계가 어떤 경우에 성립하는가 하는 데 대한 지식은 선천적으로 알려질 수 있는 지식이다.

- <u>논리적 귀결의 구조적 특징</u>

논리적 귀결 관계는 오로지 대상들의 형식적 성질 및 관계에 의해 정의되고, 비구조적인 성질이나 관계에는 의존하지 않는다.

선천적 인식 가능성이 직관적 귀결의 중요한 요소라고 할 만한 이유가 있다. 우리는 어떤 추리가 타당한 추리라면, 그 전제가 참이라는 지식만으로 별도의 확인 없이 결론의 참을 확신할 수 있다고 생각한다. 그리고 어떤 진술이 논리적 진리라면, 경험적 인식에 의존하지 않고 그것의 진리를 인식할 경로가 있다고 생각한다. 이런 이유에서 논리적 진리는 그 진리를 선천적으로 인식할 수 있는 대표적 사례로 간주되어 왔고, 논리학은 경험에 의존하지 않고 오로지 사고에만 의존하는 과학으로 간주되어 왔다. 그러나 셔어에 따르면 이런 특징은 논리적 귀결 개념에 필수적인 것이 아니다. 셔어는 핸슨과의 토론에서 자신이 염두에 두는 것이 논리적 귀결의 구조적 특징에 있음을 분명히 한다.[25] 그리고 셔어는 선천적 인식 가능성은 논리적 귀결이 갖추어도 좋을 조건일 수는 있으나, 논리적 귀결이 되기 위한 필수적인 조건은 아니라고 한다. 이는 귀결 관계가 경험에 의존하지 않고는 인식될 수 없는 논리적 귀결이 있을 수 있음을 인정하는 것이다.

3.3. 논리상항과 논리적 진리

셔어의 기준에 따라 어떤 논증이 모형론적 귀결의 사례로 간주되더라도 그 직관적 타당성이 선천적으로 인식되기 힘든 경우가 있다는 것은 셔어의

---

25 Sher(2001), 256 이하 참조. 이에 대한 대응으로 Hanson(2002), 250 이하 참조.

모형론적 귀결 개념에 대한 심각한 반론이 되지 못한다. 왜냐하면 셔어에 따를 때 선천적 인식 가능성은 논리적 귀결 개념의 필수적인 속성이 아니기 때문이다. 그러면 셔어의 견해에 따라 논리적 귀결의 필연성 이외에 그 구조적 성격을 만족하는 것으로 충분하다고 가정할 때, 모형론적 귀결의 사례는 모두 그런 속성을 갖는가? 이에 대해 회의적인 대답을 할 만한 이유가 있다. 왜냐하면 앞에서 본대로 모형론적 귀결이 필연성 조건을 만족한다는 것을 보이기 위한 셔어의 논증은 아직 입증되지 않은 전제에 의존하고 있기 때문이다. 아래에서는 이 가정을 의심할 만한 반례들을 고찰할 것이다.

맥카시는 셔어처럼 동형 구조하의 불변성을 논리상항의 주요 특징으로 인정한다. 그러나 그는 어떤 용어가 이 특징을 만족한다는 사실만으로는 그것을 논리상항으로 간주하기에 충분하지 않다고 생각한다. 왜냐하면 그가 보기에 어떤 용어는 그런 조건을 우연히 만족시킬 수도 있어서, 그런 용어가 나타나는 진술을 우연적으로 참인 것으로 만들 수가 있기 때문이다.

모스토프스키의 조건에 대한 명쾌한 진술은 일반화된 양화사의 외연이 동형성 아래에서 불변적이어야 한다는 것이다. ⋯ 그러나 이 제한 그 자체로는 그것을 만족시키는 어떤 양화 기호를 논리상항으로 만들어 주지 못한다. 예를 들어 L의 양화기호 Q를 고려하고, 이것이 영어로 "P라면, 어떤 ⋯, P가 아니라면, 모든 ⋯"이란 구로 번역된다고 하고, 여기서 P는 영어의 우연적 진리를 표현한다고 하자. Q는 외연으로 볼 때 어떤 (현실적인) 정의역에서든 $\exists$와 일치한다. 만약 Q가 논리상항으로 간주된다면, 식 (Qx)A(x)는 L에서 ($\exists$x)A(x)의 논리적 귀결이다. 우리가 가정한 대로 L에 대한 모형론적 함축 관계를 L에 대한 함축 관계 내에 편입시킨다면, A(x)를 무엇으로 선택하든지 상관없이 ($\exists$

x)A(x)는 (Qx)A(x)를 함축해야 할 것이다. 그러나 P가 성립하지 않지만 어떤 개체가 A(x) 아래 속하지만 모든 개체가 A(x) 아래 속하지는 않는다고 가정하기만 하면, 그런 일은 일어나지 않는다(McCarthy[1989], 411).

맥카시가 고려하는 양화사 Q의 문제는 그것의 외연이 현실 세계 내의 모든 정의역에서 존재양화사와 일치하지만, 그렇지 않은 상황을 가정하는 일이 불가능하지 않다는 데 있다. 이 때문에 논리상항을 정의하려 할 때, 동형 구조 아래의 불변성은 현실 세계의 모든 정의역에만 적용되어서는 안 되고, 서로 다른 임의의 가능 세계들의 정의역에까지 적용되어야 할 것이다. 그래서 우리는 예컨대 Q가 논리상항으로 간주되려면, 아래 조건을 만족시켜야 한다고 요구해야 한다.

- 임의의 모든 두 세계 w와 w#에 대해 그리고 임의의 두 술어 A, B에 대해, A의 w에서의 외연을 B의 w#에서의 외연으로 전체로(onto) 대응시키는 어느 동형 함수든지 (Qx)A의 w에서의 외연도 (Qx)B의 w#에서의 외연으로 전체로 대응시킨다(McCarthy[1989], 411).

이렇게 될 때 앞의 사례에서처럼 P가 w에서 성립하지만 w#에서는 성립하지 않고, A와 B가 x에서 원자적 술어들이어서 A의 w에서의 외연은 비지도 않고 보편적이지 않고 B의 w#에서의 외연과 동형일 경우, 이 조건은 그런 어느 두 세계 w, w#에 의해서도 만족되지 않게 될 것이고, Q는 논리상항에서 배제될 것이다. 맥카시는 어떤 표현이 이렇게 일반화된 뜻의 불변 조건을 만족시킬 때, 모든 가능성의 영역 M에서 "고정으로 불변"이라고 한다.

처음 볼 때 맥카시의 반례가 그와 마찬가지로 동형 구조하의 불변을 논리상항의 주요 특징으로 삼는 셔어의 논리상항 기준에도 반례가 될 것이라고 예상할 만하다. 왜냐하면 셔어는 집합론을 논리학의 배경 이론으로 삼고 있고, 통상 집합론의 구조들은 현실적으로 존재하는 대상들을 토대로 삼아 형성되는 것으로 간주되기 때문이다. 그러므로 셔어처럼 형식적 가능성을 수학적 구조의 존재로 환원할 때, 셔어의 배경 이론에서 표현 가능한 상황은 현실 세계의 상황에 한정되는 것으로 여기기 쉽다. 그러나 셔어는 맥카시의 반례가 자신의 논리상항 기준에는 적용되지 않는다고 주장하면서 아래와 같이 논평한다.

(32) (행성의 수 x)(Px & ~ Px).

아마도 맥카시는 이 문장이 사실상, 즉 행성의 수가 영보다 더 크다는 것이 사실이라는 이유에서 논리적으로 거짓이라고 말할 것이다. 그러나 우리 태양이 아무 위성도 갖지 않는 반사실적 상황에서는 (32)는 논리적으로 참일 것이다. 그러므로 "행성의 수 x"는 논리적 양화사 역할을 하지 못한다. 하지만 맥카시의 반론은 조건 (E)에 더해 조건들 (A)~(D)를 포함하는 나의 기준에는 영향을 주지 못한다. 조건 (B)는 논리적 용어가 (실제의) 외연과 동일시된다는 것을 진술하기 때문에, 메타이론에서는 논리적 용어의 정의가 고정되어 있다. 양화사로서 "행성의 수"와 "9"는 구별 불가능하다. 그들의 (실제) 외연은 모형들에 대해 하나의 동일한 형식적 함수를 결정하고, 이 함수는 정당한 논리적 연산자이다. 다른 세계에서는 다른 기술이 (그리고 가능하게 다른 기호가) 이 함수를 지시할 수 있다. 그러나 이것은 현재의 문제에 아무 관련이 없다. 기록된 것 (inscription)으로서 (32)는 서로 다른 세계에서 서로 다른 진술을 나타낼 수 있다. 그러나 논리적 진술로서 (32)는 모든 세계에서 동일하며 거짓이다. 이 때문에 논리학은—무제한적 논리학이든 어느 논리학이든— 세계들에 대해 불변적이다(Sher[1991], 64-65).

이 반론은 맥카시의 논점을 제대로 포착하지 못하고 있다. 맥카시의 관점에서 보면 "행성의 수"는 논리상항이 아니며, 이 때문에 (32)는 논리적 진리로도 논리적 거짓으로도 간주될 수 없다. 그러나 논의 영역을 현실 세계의 정의역에 대한 것으로 제한하고 나면, "행성의 수"는 그런 모든 상황에서 "9"와 같은 외연을 갖는 것으로 간주되며, 이 때문에 (32)는 우연적 거짓인데도 잘못되게 논리적 거짓으로 간주하게 된다는 것이다. 그러므로 맥카시의 논점은 이처럼 진술의 논리적 지위를 잘못 평가하게 만들지 않게 하려면, "행성의 수" 같은 표현을 논리상항으로 간주할 수 없도록 가능성의 영역을 현실 세계의 정의역에 대한 것으로 제한하지 말고 가능한 세계 일반의 정의역에 대한 것으로 확장해야 한다는 것이다.

셔어의 논의가 혼란스럽긴 하지만, 셔어가 상정하는 배경 이론은 단지 현실 세계의 정의역만 다루는 것은 아닌 것으로 보인다. 왜냐하면 셔어에 따르면 논리상항은 고정지시사이므로, 그 외연이 가능한 모든 세계에서 변하지 않아야 할 것이기 때문이다. 그러나 문제는 셔어가 배경 이론으로 삼는 것이 집합론이라는 데 있다. 이 이론에서는 다른 가능 세계의 대상이나 속성 혹은 관계에 관한 상황들을 표현하려 한다면, 그런 대상이나 속성 혹은 관계를 모형의 정의역의 원소들로 가정하는 것 이외에는 다른 방법이 없는 것으로 보인다. 그러므로 셔어가 자신의 배경 이론 안에서 다른 가능 세계의 대상이나 속성 혹은 관계에 관한 상황도 고려하려면, 그런 대상이나 속성 혹은 관계들을 포함하는 집합들을 모형의 정의역으로 인정해야 하는 것이다.

그러나 이 경우 셔어는 또 다른 반론에 마주치는 것으로 보인다. 만약 우리가 모형의 정의역으로서 현실 세계의 대상들의 집합만 고려한다면, "유니콘"은 "x≠x"와 동일한 외연을 갖는 것으로 간주되어야 한다. 왜냐하면 "유니콘"이 참이 되는 대상들이 현실 세계에 존재하지 않기 때문이다. 그러므로 (유니콘이 어떤 가능 세계에 존재할 뿐 아니라 그 대상이 모형의 정의역의 원소로 간주될 수 있다는 것을 인정하지 않는 한) "x≠x"를 논리상항으로 간주한다면, "유니콘" 역시 논리상항으로 간주해야 할 것이다. 그러나 이 경우 다음 진술을 논리적 진리로 간주해야 할 것 같다.[26]

(1) 유니콘은 존재하지 않는다.

왜냐하면 "¬∃x(x≠x)"는 셔어의 기준에 따라 논리적 진리이고, "유니콘"은 가정에 따라 "x≠x"와 모든 정의역에 대해 외연이 같기 때문이다. 그러나 (1)을 논리적 진리로 간주하는 일은 직관적인 논리적 진리 개념의 관점에서 볼 때 거의 합당해 보이지 않는다. 가능 세계에 관한 논의에 의존해서 말한다면, 진화 과정이 달라졌을 경우 유니콘인 대상들이 존재했을 수도 있으므로 (1)은 참이긴 하지만 우연적으로 참일 뿐이라고 해야 할 것이다. 또한 통상의 논리적 가능성 개념에 의존해서 말한다면, 유니콘이 되기 위한 생물학적 조건이 현실에서는 만족되지 않았지만 그런 조건이 만족된다는 가정으로부터 모순이 따라오는 것은 아니므로 (1)은 우연적

---

26 이 반례는 원래 고메즈-토렌테가 제시한 것이다. Gomez-Torrente(2002), 19. 고메즈-토렌테가 이 반론을 제시하였을 때는 셔어의 모형 이론에 대한 오해하에서 제시한 것이다. 이때 그는 셔어가 현실적으로 존재하는 대상들만 집합의 원소로 간주하는 것으로 전제하였다.

참이어야 할 것이다.

이 반론에 대응하려면 셔어는 (1)이 논리적 진리라는 것을 받아들이든가 아니면 어떤 다른 세계에 존재할지 모를 유니콘들을 자신의 배경 이론에서 모형의 정의역의 원소들로 받아들이는 수밖에 없다. 셔어는 둘째 방안을 선택하는 것으로 보인다. 왜냐하면 셔어에 따르면 그리스 신화도 원천적으로 논리학의 배경 이론에서 배제되는 것은 아니기 때문이다.

> 모형의 "총체", 논리적 용어의 정의, "(모형) A에서의 참"은 모두 이 배경 이론에 근거해서 결정된다. 표준 논리학에서 이 배경 이론은 ZFC이다. 하지만 현재 견해의 관점에서 보면, 이것은 본질적인 사항이 아니다. "타르스키" 의미론의 일반적인 구도에서 보면 형식적 구조에 대한 배경 이론이 필요하지만, ZFC(나 혹은 다른 특수한 이론)와 고정되게 연결된 것은 아니다. 반면 ZFC는 (상대성 이론, 그리스 신화 혹은 군이론과 달리) 이런 목적에 정당한 종류의 이론이다 (Sher[1996], 676. 필자 강조).

셔어는 상대성 이론이나 그리스 신화는 독립적으로는 ZFC와 달리 논리학의 배경 이론으로 적합하지 않지만, 원리상 그런 이론들이 배제되는 것은 아니라고 생각하는 것으로 보인다. 물론 이런 언급만으로 셔어가 유니콘들의 집합을 모형의 정의역으로 간주했다고 단정하기는 힘들다. 그러나 셔어는 또 다른 곳에서 허구적 대상들도 논리학의 모형의 정의역을 형성할 수 있다고 분명히 말하고 있다. 셔어는 표준적인 수학적 논리학의 의미론이 에치멘디에 의해 비판받는 해석적 의미론과 다른 점을 설명하면서 이렇게 말한다.

해석적 의미론에서는 어떤 언어에 대한 모든 모형이 동일한, 미리 정해진 우주
("현실적" 우주, 이것이 실제로 무엇이든지 상관없이)이다. 반면 수학적 논리
학에서는 주어진 언어에 대한 모형들은 우주의 크기에 따라 변할 뿐 아니라
그 원소들의 동일성에 관련해서도 변한다. (여기서 우주란 추상적 대상들, 물리
적 대상들, 허구적 대상들의 셀 수 있는 그리고 셀 수 없는 우주들의 전체 영역을
나타낸다.)(Sher[1996], 666. 필자 강조).

이처럼 추상적 대상들만 아니라 허구적 대상들도 모두 논리학의 배경
이론 내에서 모형의 정의역을 형성할 수 있다면, 유니콘들도 모형의 정의역
을 형성할 것이다. 이 경우 "유니콘"은 "$x \neq x$"와 외연이 다를 것이다.
왜냐하면 "$x \neq x$"는 어느 정의역에도 그것을 만족시키는 대상이 존재하지
않지만, 어떤 정의역에서는 "유니콘"을 만족시키는 대상이 존재하기 때문이
다. 그리고 이 경우 왜 (1)이 "$\neg \exists x(x \neq x)$"와 달리 논리적 진리가 아니라
우연적 진리인지는 어렵지 않게 설명할 수 있다. 즉, (1)을 거짓으로 만들어
주는 모형이 존재하지만, "$\neg \exists x(x \neq x)$"을 거짓으로 만드는 모형은 존재하
지 않는다는 것이다.[27]

셔어는 "유니콘" 같은 허구적 술어의 문제를 이처럼 모형의 정의역이
될 수 있는 집합에 허구적 대상들의 집합도 포함시킴으로 해결한다. 하지만
허구적 대상들의 집합도 모형의 정의역으로 허용할 수 있는지에 대해
반론이 없는 것은 아니다. 셔어는 필연성 같은 양상 개념에 대한 환원적
설명이 적합한지 가늠할 수 있는 척도 중 하나로 설명항의 단순성과 명확성
을 들며, 이 점에서 형이상학적 의미론에 의지하지 않고 표준 논리학의

---

[27] 셔어는 자신의 논문에서 "유니콘"이 자신의 기준에서 논리상항일 수 없다는 것을 길게 증명하고
있다. Sher(2003), 193-195.

집합론적 의미론에 의존하는 것이 더 정당하다고 주장한다.[28] 그러나 집합론의 표준적 실천에서 벗어나서 허구적 대상들의 집합을 허용하는 것은 스스로 피하고자 하는 형이상학적 난문들을 끌어들이는 것으로 보인다.[29] 하지만 모형의 정의역 안에 신화적 대상들을 허용한다 해도 문제가 다 사라지는 것은 아니다. 왜냐하면 신화에서 유래한 술어의 문제보다 다루기 더 힘든 사례들이 존재하기 때문이다. 고메즈-토렌테는 외연이 빈 또 다른 술어의 예를 들고 있다.[30] 유클리드 기하학에서는 정6면체나 정8면체는 존재하지만, 정7면체는 존재하지 않는다. 그러면 "정7면체"는 어느 가능 세계에서나 "x≠x"와 같은 외연을 가질 것이다. 왜냐하면 정7면체가 존재하는 세계를 상상하기 힘든 것으로 보이기 때문이다. 그러므로 셔어의 기준에 따를 때 "정7면체"는 논리상항으로 간주해야 하는 것으로 보이고,

(2) 정7면체는 존재하지 않는다

는 문장은 논리적으로 참인 문장으로 간주되어야 할 것 같다. 그러나 우리는 "정7면체" 같은 말을 논리상항으로 간주하지 않으며, (2) 같은 문장을 논리적 참으로 간주하지 않는 것으로 보인다.

---

28 Sher(1996), 660-661.

29 고메즈-토렌테에 따르면 표준 모형론에서 모형들은 현실적으로 존재하는 기본원소들로부터 구성된 집합론적 존재들로 이해되고 있고, 이런 암묵적 가정 없이는 모형론적 귀결 관계에 관한 최근의 철학적 논의는 이해 불가능하다고 한다. Gomez-Torrente(2003), 205. 에치멘디는 존재하지 않는 대상들로부터 구조를 형성할 수 있다는 생각은 그런 생각을 타르스키가 했다는 생각만큼이나 받아들이기 힘들다고 한다. 그는 허구적 대상들의 집합을 허용할 때, 허구적 대상들로만 구성된 구조들은 실제로 존재하는 대상들로 구성된 구조들처럼 존재하는 것인가 아니면 허구적인가 묻고 나서, 전자일 경우 집합론적 곡예를 하는 것이고, 후자일 경우 모형론적 실천을 수정해야 할 것이라고 비판한다. Etchemendy(2008), 286n.

30 Gomez-Torrente(2002), 19.

이 문제는 앞에서처럼 허구적 대상들을 모형의 정의역 안에 허용했던 것 같은 방식으로 해결하기 어려워 보인다. 왜냐하면 여기서 "정7면체"는 유클리드 기하학 내의 용어로 이해되었으므로, 유클리드 기하학의 원리들을 전제하면서 정7면체들이 존재하는 세계를 상상하기는 어렵기 때문이다. 셔어는 이 문제에 대해 가능한 경우를 세 가지로 들어 반론을 제기한다.[31] 첫째는 "정7면체"라는 말이 다른 기하학 체계에서 사용되는 경우이고, 둘째는 그 말이 유클리드 기하학 체계에서처럼 사용되는 경우이고, 셋째는 그 말이 기하학적인 대상들에 관해 사용되지 않는 경우이다. 그러나 첫째와 셋째 경우는 반론을 제기한 고메즈-토렌테의 의도를 단순히 빗나간 것에 불과하다. 예컨대 셔어가 하듯이 다른 기하학 체계 내에서는 정7면체들이 존재하고, 이에 따라 정7면체가 존재하는 세계를 상상할 수 있다고 주장하는 것은 문제 해결에 도움이 되지 못한다.[32] 왜냐하면 이는 애초 문제를 제기하는 사람이 전제하고 있는 "정7면체"라는 용어의 뜻을 무시하고, 그저 그 말을 다른 뜻으로 사용한 데 불과하기 때문이다. 셔어는 애초의 의도된 뜻의 "정7면체"라는 용어와 관련된 반론에 대해 아래와 같이 주장한다.

(b) 영어의 "정7면체"가 유클리드 공간의 2면적 표면에 제한되어 있고 우리는 $f^*_{정7면체}$를 모든 모형에서 공집합을 부여하는 경우. 이 경우 (재구성된) "정7면체"는 조건 (B)~(D)를 만족하지 않을 것이다. (B)~(D)는 "정7면체"의 정의가 L 내에서 의도된 의미, 즉 영어의 의미를 포착할 것을 요구한다. 그러나 "정7면체"를 $f^*_{정7면체}$에 의해 정의한다면, 이 요구를 어기게 된다.

---

31 Sher(2003), 195.

32 Gomez-Torrente(2003), 205.

왜 그런가? 왜냐하면 그 경우 "정7면체"의 의미는 영어의 "∅"의 의미와 동일하게 되거나 혹은 영어의 "자기와 같지 않은"의 의미와 동일하게 될 것이기 때문이다. 그러나 "정7면체"는 기하학적 개념이며, L 내에서 그것의 의미(가정에 따라 영어에서 그것의 의미) 그 자체는 비기하학적 개념으로서 L 내의 "∅"의 의미와 영어의 "자기와 같지 않은"의 의미와 아주 다르다 (Sher[2003], 195).

이 반론 역시 고메즈-토렌테의 의도를 빗나간 것이다. 첫째로 고메즈-토렌테가 의도한 뜻으로 보면 "정7면체"는 셔어가 끌어들이는 다른 기하학에서의 "정7면체"와도 그 의미가 다를 뿐 아니라 "∅"나 "자기와 같지 않은"과도 의미가 다르다. 그러나 의미의 차이는 반드시 그 외연의 차이를 함축하지 않는다. "정7면체"는 "∅"와 의미가 다를지라도 그 외연은 다르지 않다는 것이 고메즈-토렌데의 의도에 부합하는 것이다. 나아가 $f^*_{정7면체}$에 의해 "정7면체"의 외연을 "∅"와 동일하게 정의한다고 해도, "정7면체"의 의미가 "∅"의 의미와 같아지는 것은 아니다. 그러므로 셔어가 두 용어의 외연이 같으면 그 의미도 같다고 주장하려 하지 않는다면, 앞의 논의는 성립하지 않는다. 둘째로 셔어는 "의미"라는 말을 은연중에 이중으로 사용하는 것이 아닌지 의심스럽다. 일상 언어의 "정7면체"와 "자기와 같지 않은"이란 말의 의미 차이는 해당 언어에서 그 말들이 무슨 뜻으로 사용되는가에 따라 결정되는 것이지, 셔어가 생각하는 것처럼 단순히 그 말들이 어떤 논의 영역에서 사용되는가에 따라 결정되는 것이 아니다. 어떤 용어는 서로 다른 논의 영역에서 사용될 수 있고, 그 경우에도 같은 의미로 사용될 수 있다. 반면 $f^*_{정7면체}$에 의해 "정7면체"의 외연을 정의하고 그 결과 "∅"와 외연이 같다 해도, 두 용어의 의미가 같아야 할 필요는 전혀 없다. 왜냐하면 어떤 말의 외연을 정의할 때, 그 말의 뜻이 우리에게 알려주는 외연과 다른 외연을 지시하도록 정의하지 않는 한, 그 말이 원래 갖던 의미가 사라지는 것은 아니기 때문이다.[33]

아마도 셔어의 반론이 빗나가는 이유는 논리상항의 의미가 그 외연과 동일시된다는 자신의 약정을 그 약정의 정당성 여부를 묻는 논의에도 일관되게 적용시키려 하기 때문인 것으로 보인다. 그러나 이런 논의에서도 그 약정을 전제하는 것은 증명해야 할 것을 전제하는 것이다. 하지만 셔어의 논의가 안고 있는 문제는 단지 그녀의 논의의 불명확성이나 다른 견해의 왜곡된 묘사 같은 차원에 머물러 있지 않는 것 같다. 앞에서 본 것처럼 셔어의 배경 이론에서는 비논리적 용어의 역할이 "의미값 가짐"에 한정되고, 논리적 용어의 역할은 "외연을 고정적으로 지시함"에 한정된다. 그래서 셔어의 배경 이론에서는 논리적 용어든 비논리적 용어든, 용어의 외연과 구별되는 용어의 의미나 뜻에 관한 논의의 여지가 없는 것으로 보인다. 그러나 이런 이론은 순수 형식적 작업을 위해서는 적합할 수 있으나, 일상 언어로 표현되는 직관적 개념들을 다루는 데는 적합하지 않아 보인다. 그러나 문제는 셔어가 단지 형식적 작업을 하려는 것이 아니라 형식화된 논리 체계 내의 정의가 직관적 논리적 개념들을 잘 반영하고 있음을 보이려는 데 있다는 것이다. 이 경우에는 배경 이론 안에 비형식적 용어나 개념이 도입될 경우, 그런 용어의 의미나 뜻을 다룰 여지를 충분히 남겨 두어야 한다.[34] 만약 그렇지 않다면 우리는 논리적 추론이 갖는 중요한 특징으로서

---

33 고메즈-토렌테는 또 다른 문제로서 "남자 과부" 같은 빈 외연을 가진 술어를 예로 든다. 셔어는 이에 대해 별도의 대답을 하지 않는다. Sher(2003), 195-196. 쉽게 알 수 있듯이 "남자 과부는 존재하지 않는다"는 문장을 논리적 진리로 간주하는 일은 개념 정의에 의존하는 분석적 진리를 논리적 진리로 간주하는 일이다. 지면상 이 문제는 더 다루지 않는다.

34 셔어는 Sher(2003), 197에서 '정7면체'처럼 "x≠x" 같은 논리상항과 애초에 동의어가 아니면 논리학

그 다양한 적용 방식을 설명하기 힘들다. 그런 다양한 적용 방식을 단지 집합론의 구조적 특징으로 환원하고 마는 것은 한 문제를 또 다른 문제로 바꾸는 일일 뿐이지, 제대로 된 설명을 제공하는 것이 아니다.

4. 맺는말

나의 논의 결과는 둘로 요약할 수 있다. 첫째로 모형론적 논리적 귀결 정의를 정당화하기 위해 셔어는 직관적 논리적 귀결의 특징을 필연성과 형식적 특징으로 한정하였다. 반면 많은 논자들이 직관적 논리적 귀결의 핵심 특징으로 간주하는 선천적 인식 가능성은 셔어의 주요 관심사가 아니다. 둘째로 모형론적 논리적 귀결 정의가 적합하다는 것을 보이기 위한 셔어의 시도는 반만 성공한 것으로 보인다. 셔어의 논리상항의 핵심 특징으로서 동형 구조하의 불변성은 직관적 논리적 귀결의 형식적 특징을 적합하게 반영하는 것 같다. 반면 모형론적 정의가 직관적 논리적 귀결이 갖는 필연성을 잘 반영한다는 셔어의 주장은 입증되지 않은 전제에 의존하고 있다. 그리고 셔어는 논리학의 배경 이론에서 말의 뜻이나 의미에 관해 논의할 여지를 닫아 버림으로써 빈 외연을 갖는 술어의 문제를 제대로 다룰 수 없었고, 그로 인해 논리적 필연성을 갖는 것으로 간주하기 힘든 진리를 논리적 진리로 간주해야 하는 처지에 놓이게 되었다. 결론적으로

의 형식언어에 도입해서 논리상항으로 사용될 수 없다고 주장하고, 이에 근거해서 자신의 논리상항 기준이 "형식 체계 내의 그 사용에 관한 한 그리고 배경 언어 내에서 그 의미 보존에 개입하지 않는 한, 고메즈-토렌테 식의 비판에서 자유롭다"고 주장한다. 그러나 이런 반론은 현재 문제의 핵심이 논리 용어의 형식 체계 내의 사용 문제가 아니라 비형식적 맥락 내의 적용 문제라는 점을 여전히 놓치고 있다.

나의 관점에서 보면 셔어는 논리적으로 필연적인 진리와 그 밖의 진리를 구별하는 데 실패한 셈이다.

8장

프레게와 힐버트 — 메타이론적 증명*

1. 들어가는 말

힐버트의 메타수학은 지난 세기 논리학의 발전에 대단한 공헌을 하였다. 힐버트의 메타수학적 연구가 본격적으로 등장한 것은 흥미롭게도 기하학 분야였다. 『기하학의 기초』에서 힐버트는 기하학을 공리이론으로 제시하고, 이 이론의 공리들의 상호 무모순성 및 독립성을 보이고자 하였다. 이 작업은 주어진 이론 내에서 그 이론의 정리를 공리나 이미 증명한 다른 정리에 의존해서 증명하는 데 머무르지 않고, 이론 밖에서 그 이론의 공리나 정리들 사이에 어떤 논리적 관계가 성립한다는 사실을 보이려 한다는 점에서 새로운 일이었다. 이런 작업을 흔히 메타이론적 연구라고 한다. 이런 뜻에서 힐버트의 첫 번째 메타이론적 연구는 메타기하학의 연구였던 셈이다.

프레게는 힐버트의 메타기하학 연구 내용 및 방법과 관련해서 서신을

---

* 이 논문은 2015년 대한민국 교육부와 한국연구재단의 지원을 받아 수행된 연구임(NRF-2015 S1A5A8017241).

통해 힐버트와 논란을 벌였고, 이후 두 편의 논문 "기하학의 기초에 관하여 I"(1903)과 "기하학의 기초에 관하여 II"(1906)에서 힐버트의 견해를 비판적으로 검토하였다. 프레게가 힐버트와 논란을 벌인 주제는 크게 셋으로 분류할 수 있다. 첫째 문제는 공리이론 내에서 증명되지 않고 상정되는 공리들이 해당 이론 내에서 하는 역할이 무엇인가 하는 문제이다.[1] 둘째 문제는 기하학 이론의 공리들의 상호 무모순성 및 독립성에 대한 힐버트의 증명은 성공적인 것인가 하는 문제이다. 셋째 문제는 주어진 이론을 구성하는 공리들 사이의 상호 무모순성은 그런 공리들을 모두 만족시키는 체계의 존재를 논리적으로 함축하는가 하는 문제이다.[2]

이 문제들에 대한 프레게와 힐버트 사이의 논란은 한 세기를 훌쩍 넘긴 지금에도 여전히 논리철학 및 수학철학 분야의 논란거리이다.[3] 나는 이 글에서 둘째 문제로서 힐버트의 메타이론적 증명에 대해 프레게가 어떤 평가를 내렸는지 검토하려 한다. 처음 볼 때 이 문제에 대답하는 일은 쉬워 보인다. 왜냐하면 프레게는 리프만에게 보낸 편지에서 힐버트의 연구는 전체적으로 실패라고 주장하고, 쥬르당에게 보낸 편지에서 유클리드 "평행공리의 증명 불가능성은 증명될 수 없다"고 언급하기 때문이다.[4]

---

1 이 문제에 관해 박준용(2017), "프레게의 힐버트 비판 — 암묵적 정의" 참조.

2 이 문제에 관한 논의로는 Chihara(2004); Balnchette(2007); 최원배(2009) 참조.

3 예컨대 라이트와 헤일 등의 신프레게주의자들과 베나세라프, 샤피로 등의 구조주의자들 사이의 논란의 상당 부분은 프레게와 힐버트의 논란의 재현으로 이해할 만하다. Shapiro(1997); Shapiro(2005) 참조.

4 Frege(1980), 90, 183. 이 두 언급은 모두 힐버트가 '공리'라는 말을 이중으로 사용했고, 그 두 경우의 차이를 명확히 분간하지 못했다는 사실을 전제로 삼고 있다. 하지만 나는 프레게가 힐버트 메타기하학을 재구성하면서 두 경우를 명확히 구분했을 때, 힐버트 견해가 갖게 될 의의가 무엇인지 충분히 평가할 만한 위치에 있었다고 확신한다. 왜냐하면 프레게의 재구성은 매우 철저하여 1920년대 이후 힐버트와 베르나이즈의 메타이론적 논증 정식화에도 직접 영향을 주었다고 믿기 때문이다. 그리고 그런 재구성 결과 프레게가 한 평가는 우리가 그의 신랄한 비판으로 인해 흔히 갖게 되는 부정적인 것보다 훨씬

이런 사실은 많은 해석가들로 하여금 프레게는 힐버트의 메타이론적 증명이 성공하지 못한 것으로 평가한 것으로 간주하게 만들었다.[5] 하지만 나는 이런 해석들에 근본적인 의문을 가지고 있다. 그 이유는 다음과 같다.

힐버트는 분명히 그의 책에서 공리에 사실의 표현과 개념의 정의라는 두 역할을 모두 부여하고 있다. 그러나 프레게는 공리는 두 역할을 동시에 할 수 없다고 생각한다. 그는 전통적인 견해에 따라 공리는 증명되지 않지만 참인 문장으로 간주되어야 한다고 생각한다. 반면 그는 개념을 정의하는 것으로 이해된 힐버트 식의 공리란 더 이상 참인 문장으로 간주되어서는 안 된다고 생각한다. 만약 프레게의 구분을 받아들인다면, 우리는 힐버트의 작업을 두 가지 다른 방식으로 이해할 수 있다. 첫째 방식은 참인 문장들로서 공리들의 상호 무모순성 및 독립성 증명을 이해하는 것이다. 둘째 방식은 참인 문장이 아니라 참도 거짓도 아닌 문장형식으로서 공리들의 상호 무모순성 및 독립성 증명을 이해하는 것이다. 그러므로 힐버트의 메타이론 적 증명이 성공적인가 하는 문제는 다음 두 문제로 구분되어야 한다.

더 호의적이었다고 생각한다. 힐버트 및 베르나이즈 메타이론에 대한 프레게의 유형론적 재구성의 영향을 보려면 Hilbert & Bernays(1934), 1장; Bernays(1942); Bernays(1967) 참조. 베르나이즈 와 힐버트의 관계에 관해 보려면 박우석(2011) 참조. 유형론적 논리학에 대비되는 후대의 모형론적 논리학 이론이 제 모습을 갖춘 것은 흔히 주장되는 것보다 훨씬 늦은 지난 세기 후반이고, 지난 세기 전반기의 논리학 분야는 여전히 프레게 식의 유형론이 깊은 영향을 주었다. Hodges(1986); Reck & Schmeier(2013) 참조.

5 힐버트 메타이론에 대한 프레게의 평가를 부정적인 것으로 보는 견해는 대체로 두 부류로 나누어진다. 첫째는 프레게가 메타이론적 관점을 아예 갖고 있지 않아서 힐버트 식의 메타이론 자체를 불가능한 것으로 생각했다고 간주하는 경우이다. 이런 견해에 대한 해설 및 반박을 보려면 박준용(2015) 참조. 둘째는 프레게가 메타이론적 관점을 갖고 있지 않았던 것은 아니지만, 힐버트 식의 메타이론적 증명이 성공하지 못했다고 생각했다는 견해이다. 레스닉, 블랑셰트 등 주요 해석가들이 이에 속한다. Resnik (1974); Blanchette(1996) 참조. 이와 다른 견해로는 Tappenden(2000); Hodges(2005) 참조.

(1) 힐버트는 참인 문장들로서 공리들의 상호 무모순성 및 독립성을 증명하는
데 성공했는가?

(2) 힐버트는 문장형식으로서 공리들의 상호 무모순성 및 독립성을 증명하는
데 성공했는가?

나는 아래에서 두 사실을 보이려 한다. 첫째로 프레게는 힐버트가 하려던 일은 애초에 문장형식으로서 공리들 사이의 상호 무모순성 및 독립성을 증명하려는 것이었고, 힐버트는 이 일에 성공하였다고 생각하였다. 둘째로 프레게는 힐버트의 메타이론적 연구를 논리학의 가치 있는 발전으로 높이 평가하였지만, 특수 과학으로서 유클리드 기하학의 공리들 사이의 무모순성이나 독립성을 보이는 것으로 간주되어서는 안 된다고 생각하였다.

2. 메타이론적 증명의 대상

힐버트는『기하학의 기초』제1장에서 다섯 부류의 공리를 제시한다.[6] 만남공리들, 순서공리들, 평행공리들, 합동공리들 및 연속공리들이 그것이다. 논리적 어휘를 제외하고 공리에 등장하는 기본 어휘(혹은 원초용어)는 크게 두 부류로 나눌 수 있다. 하나는 '점', '선', '면' 같이 대상들의 종류를 나타내는 말이고, 다른 하나는 그런 대상들 사이에 성립하는 관계를 나타내는 '만남', '사이에 있음', '합동' 등의 말이다. 종류어휘는 모든 공리에 등장하는 반면, 관계어휘는 그렇지 않다. 만남공리에는 '만남' 어휘만 등장하

---

6 Hilbert(1899), 1장, 특히 1-3절 참조.

고, 순서공리에는 '만남'과 함께 '사이에 있음'이 등장하고, 합동공리에는 이들 어휘와 함께 '합동'도 등장한다. 그리고 평행공리와 연속공리에는 다른 공리에 이미 등장했던 어휘나 정의된 어휘들만 등장한다.

힐버트는 그 책 제2장에서 메타이론적 증명을 수행한다.[7] 먼저 그는 기본 종류용어에 대수적 실수들로 구성된 체계들을 내용으로 부여하고, 관계용어에 그런 체계들 사이의 적절한 관계를 부여할 때, 다섯 부류 공리 모두가 성립한다고 지적한다. 이 경우 다섯 부류의 공리는 대수적 실수들의 체계에 관한 진술들이므로, 기하학의 공리가 모순된다는 사실은 대수적 실수에 관한 이론의 원리들이 서로 모순된다는 사실을 보여준다고 한다. 다음으로 그는 평행공리가 나머지 공리들로부터 논리적으로 연역되지 않는다는 사실을 보이기 위해 다른 모든 공리는 성립하는데 평행공리는 성립하지 않도록 원초용어들에 또 다른 내용을 부여한다. 그리고 유사한 방법으로 합동공리 중 마지막 공리가 다른 모든 공리로부터 논리적으로 연역되지 않는다는 사실을 보이고, 연속공리로서 아르키메데스 원리가 다른 모든 공리와 독립되어 있다는 사실을 보인다. 힐버트는 평행공리, 합동공리 및 아르키메데스 원리가 다른 공리들로부터 독립되어 있다는 것을 보이기 위해 모두 실수 해석학의 대상들로부터 구성된 체계들 및 그런 체계들에 대해 성립하는 관계를 이용한다.

프레게는 공리들 사이의 무모순성이나 독립성을 보이는 힐버트의 방법에서 두 사실을 주목한다.[8] 첫째로 '공리'라는 말이 서로 다른 두 뜻으로 사용된다는 것이다. 힐버트는 1장 첫 부분에서 공리가 '우리 직관의 어떤

---

7 Hilbert(1899), 2장 9-10절 참조.
8 1899년 12월 27일자 프레게 편지 참조. Frege(1980), 34-38.

상호 연관된 근본적 사실'을 표현한다고 언급한다.[9] 반면 그는 원초적 관계들은 '공리에 의해 완전하고 정확하게 묘사'되고, 공리는 '사이에 있음', '합동' 등의 말의 내용을 정의해 준다고 한다.[10] 전자의 경우처럼 공리가 사실의 표현이라면, 공리는 이미 참인 문장이라는 것을 말한다. 반면 후자의 경우처럼 공리에 의해 그 안에 나오는 말의 의미가 정의된다면, 공리란 아직 의미를 갖지 않는 빈말을 포함하고 있는 문장형식에 지나지 않을 것이다. 왜냐하면 정의되기 이전의 말은 아직 의미를 갖지 않기 때문이다.

둘째로 프레게가 주목하는 사실은 공리들의 무모순성이나 독립성을 보이기 위해 힐버트는 공리에 나오는 원초용어들을 '직관적 사실'과는 무관하게 산수의 대상들로 구성된 체계들을 내용으로 갖는 것으로 간주한다는 것이다. 프레게의 관점에서 보면 어느 용어든 하나의 뜻만 가져야 하고 하나의 지시체만 가져야 한다. 왜냐하면 여러 내용을 갖는 용어가 추리에 나타날 때 논리적 추론 원리는 전제의 참을 결론에 이전시킬 수 없기 때문이다. 그러므로 그의 관점에서 보면 '직관적 사실'을 표현하는 공리가 갖는 용어는 산수 대상 체계에 관해 말하는 공리의 용어와는 겉으로 똑같이 표시되어 있다 해도 결코 같은 뜻을 갖지 않는다. 그리고 논리적 오류를 피하려면 적어도 같은 추론의 맥락 내에서는 그 두 부류의 용어는 서로 다른 기호로 표시되어야 한다.[11]

---

9 Hilbert(1899), 1절: "이들 공리는 다섯 그룹으로 배열될 수 있다. 각 그룹은 그 자체로 우리 직관의 어떤 상호 연관된 근본 사실들을 표현해 준다."

10 Hilbert(1899), 1절: "이런 관계들의 완전하고 정확한 묘사는 기하학의 공리들의 귀결로서 따라나온다." 3절: "이 그룹의 공리들은 '사이에 있음'이란 말이 표현하는 개념을 정의해 준다." 6절: "이 그룹의 공리들은 합동 혹은 재배치 개념을 정의해 준다."

11 Frege(1984), 277.

프레게는 힐버트의 논의를 일관된 것으로 이해하려면 참인 문장으로서의 공리와 문장형식으로서의 공리를 명확히 구분해야 한다고 생각한다. 직관적 사실을 표현하는 것으로 간주된 공리 혹은 산수 대상 체계에 관해 말하는 것으로 간주된 공리는 모두 참인 문장으로 고려된 것이다. 반면 원초용어의 정의로 간주되는 공리는 의미 없는 빈 기호를 포함하고 있는 문장형식으로 고려된 것이다. 이 두 공리 개념에 따라 힐버트가 고려하는 이론 역시 둘로 분류할 수 있다. 하나는 참인 문장들로서 공리들과 그로부터 연역된 정리들로 이루어진 체계로서 이론이다. 이런 참인 문장들의 체계로서 이론을 "해석을 갖는 이론" 혹은 "참인 이론"이라고 부르자. 다른 한 가지 종류의 이론은 문장형식들의 체계로서 이론이다. 예컨대 직관적 사실의 표현을 공리로 갖는 이론은 산수의 대상체계에 관한 이론과 다른 내용의 원초용어를 갖긴 하지만, 똑같은 내용의 논리적 어휘를 갖는다. 그리고 그런 공리들로부터 논리적으로 도출된 정리들 역시 원초용어를 제외하면 같은 논리적 어휘들을 가질 것이다. 그러면 두 이론의 참인 문장들은 정확히 같은 논리적 형식을 공유할 것이다. 그러면 우리는 이런 이론들이 공유하는 문장형식들을 고려할 수 있는데, 이런 문장형식들의 체계는 바로 두 이론 자체가 공유하는 논리적 구조에 해당할 것이다. 이처럼 여러 해석된 이론이 공유하는 논리적 구조로서 이론을 "형식이론"이라고 부르자.

우리가 주목할 점은 형식이론과 해석된 이론들 사이의 관계이다. 힐버트는 하나의 형식이론이 그 사례로서 무수히 많은 다양한 해석을 가질 수 있다고 생각한다.[12] 이 경우 힐버트의 다섯 부류의 공리를 모두 갖춘 형식이론으로서 유클리드 이론 역시 그 사례로서 무수히 많은 해석된 이론을 가질

---

12 힐버트 1899년 12월 29일자 서신 참조. Frege(1980).

수 있다. 그 사례이론 중에는 공간적 직관의 사실들의 체계로서 전통적인 뜻의 유클리드 기하학도 있고, 힐버트가 해석에 이용한 실수들의 체계에 관한 기하학도 있다. 프레게는 이런 상황을 다음과 같이 묘사한다.

> 앞의 논의에 따르면 유클리드 기하학은 더 포괄적인 체계, 무수히 많은 다른 특수한 사례들을—이런 말이 허용된다면 무수히 많은 기하학들을— 허용하는 체계의 한 특수 사례로 나타난다. 그리고 이런 기하학들 각각에는 (1차의) 점 개념이 존재할 것이고, 이런 개념들은 모두 똑같은 2차의 개념 안에 속할 것이다. 만약 우리가 '점'이란 말을 이 기하학들 각각에 사용하고 싶다면, 그것은 애매함을 초래할 것이다. 이를 피하기 위해 우리는 'A-기하학의 점', 'B-기하학의 점' 등처럼 기하학의 명칭을 첨가해야 할 것이다. 그리고 이런 관점에서 보면… 우리는 '그 평행공리'라고 말할 수 없을 것이다. 왜냐하면 서로 다른 공리마다 서로 다른 평행공리를 갖게 될 것이기 때문이다(Frege[1984], 284).

말하자면 한 형식이론의 서로 다른 모든 사례이론은 각각 상응하는 공리들, 상응하는 정리들을 갖는다. 하지만 사례이론마다 서로 다른 원초용어들을 가지므로, 공리나 정리는 문장형식은 같지만 문장으로서는 모두 서로 다르다. 이 경우 힐버트가 공리들 사이의 무모순성이나 독립성을 증명한다고 할 때, 그가 증명한 것이 어떤 이론의 공리들에 관한 것인지 문제된다.

힐버트는 9절에서 마치 유클리드 기하학의 원초용어에 새로운 내용을 부여해서 대수적 실수들의 체계에 관한 이론으로 전환한 것처럼 말한다.[13]

---

13 Hilbert(1899), 9절 참조.

하지만 프레게의 관점에서 보면, 힐버트는 형식이론의 변항 대신 대수적 실수들의 체계에 대한 용어를 넣어 새로운 해석된 이론을 얻은 셈이다. 그런데 이 이론은 유클리드 기하학과 달리 더 이상 공간적 대상들에 관한 기하학 이론이 아니라 대수적 실수들에 관한 산수의 이론이다. 그러므로 힐버트가 한 일은 유클리드 기하학에서 유래한 형식이론이 대수적 실수 체계에 의해서도 만족된다는 사실을 보인 것이다. 그런데 이 사실은 형식이론의 공리들의 상호 무모순성을 보인 것인가 아니면 유클리드 기하학의 공리들이나 대수적 실수들의 체계에 관한 이론의 공리들의 상호 무모순성을 보인 것인가? 프레게는 해석된 이론의 공리들 사이의 무모순성은 증명될 필요가 없다고 생각한다.

나는 다음과 같은 문장들을 공리라고 한다. 즉, 공리들은 참이긴 하지만, 그것들에 대한 우리의 지식이 논리적 원천과는 다른 원천, 즉 공간적 직관이라고 불리는 원천에서 유래하기 때문에 증명되지 않는 문장들이다. 공리들의 진리로부터 그것들이 서로 모순되지 않는다는 것이 따라나온다. 그러므로 다시 그것을 증명할 필요는 없다(Frege[1980], 43-44).

유클리드 기하학의 공리들을 고려하자. 이 공리들은 이미 직관의 사실을 표현하는 것으로서 모두 함께 참인 문장들로 간주된다. 그런데 왜 이처럼 이미 동시에 참인 문장들에 대해 새삼스럽게 동시에 성립할 수 있다는 것을 보일 필요가 있는가? 왜냐하면 어떤 문장들이 동시에 성립할 수 없다면, 그 문장들이 함께 참이 될 수도 없을 것이기 때문이다. 이는 결국 해석된 이론의 공리들에 관해서는 무모순성을 보이는 일이 필요하지 않다는 사실을 보여준다.

그러면 힐버트는 어떤 공리들 사이의 독립성을 보이려는 것인가? 힐버트는 10-12절에서 유클리드 공리, 여섯 번째 합동공리 및 아르키메데스 공리에 관해 그런 각 공리가 다른 공리들과 독립되어 있다는 사실을 보이려 한다. 그는 예컨대 유클리드 공리의 독립성을 보이기 위해 다시 해석기하학의 방법을 이용해서 유클리드 공리 이외의 다른 모든 공리는 만족하지만 유클리드 공리는 만족하지 않는 실수 체계가 존재한다는 사실을 보인다. 그런데 힐버트는 이 사실을 통해 유클리드 기하학의 평행공리가 그 기하학의 다른 공리들과 독립되어 있다는 사실을 보여주려 하는 것인가 아니면 형식이론의 평행공리가 그 이론의 다른 공리들과 독립되어 있다는 것을 보인 것인가? 프레게는 힐버트의 증명 대상이 형식이론의 공리들임을 분명하게 표명한다.

그러면 그 물음에 대한 힐버트 씨의 정식화는 어떻게 이해해야 하는가? 우리는 그것은 공리 전체가 아니라 정의되는 개념의 특징을 표현하는 공리 부분들에만 관여한다고 가정할 수 있다. 우리의 사례에서는 그 특징이 평행사변형과 서로 수직인 두 변을 가진다는 것이다. 만약 이 특징들이 서로 모순된다면, 이런 두 속성을 갖는 대상은 발견될 수 없을 것이다. 다른 말로 해서 직사각형은 존재하지 않을 것이다. 거꾸로 우리가 직사각형을 하나 제시할 수 있다면, 이는 그런 특징들이 서로 모순되지 않는다는 것을 의미한다. 그리고 이것이 대략 힐버트 씨가 그의 공리들의 무모순성을 증명하는 방법이다. 그러나 사실 이것 은 그 특징들 사이의 무모순 문제일 뿐이다. 독립성의 경우도 유사하다. 만약 어떤 대상이 첫째 속성을 갖는다는 사실로부터 그것이 둘째 속성도 갖는다는 사실이 일반적으로 추론될 수 있다면, 우리는 둘째 특징이 첫째 특징에 의존한 다고 할 수 있다. 이것이 대략 힐버트 씨가 그의 공리들의(더 정확히 말해 특징들 의) 독립성을 증명하는 방법이다(Frege[1984], 277).

예컨대 직사각형을 규정하기 위해 'x는 평행사변형'과 '서로 수직인 두 변을 가진다'는 두 특징을 이용한다고 하자. 우리는 두 특징을 모두 갖는 직사각형이 존재한다는 것을 보인다면, 두 특징도 서로 모순되지 않는다는 사실도 알게 된다. 유사하게 모든 평행사변형이 서로 수직인 두 변을 갖는 것은 아니라는 사실을 보일 때, 우리는 '서로 수직인 두 변을 가진다'는 그 특징이 '평행사변형'이라는 그 특징과 독립되어 있음을 알게 된다. 프레게에 따르면 이와 마찬가지로 힐버트는 참인 문장이 아니라 어떤 특징들을 표현하는 데 지나지 않는 문장형식들에 대해 그것들 사이의 무모순성이나 독립성을 문제 삼는다. 그러므로 프레게의 관점에서 보면 힐버트는 예컨대 참인 평행공리가 다른 참인 공리들로부터 독립되어 있음을 보이는 데 목적이 있는 것이 아니라, 형식이론의 공리로서 평행공리가 그 이론의 다른 공리들과 독립되어 있음을 보이는 데 목적이 있다는 것이다.

3. 메타이론적 증명의 본성

우리는 힐버트가 보이고자 하는 무모순성 및 독립성 등의 관계는 해석을 갖는 이론의 공리들 사이의 관계가 아니라 형식이론의 공리들 사이의 관계라는 것이 프레게의 견해임을 보았다. 이 절에서 나의 관심은 프레게가 힐버트의 메타이론을 어떤 이론으로 이해했는가 하는 데 있다. 이 문제에 대한 대답은 이 글의 최종 관심사로서 프레게가 힐버트 메타이론을 어떻게 평가했는가 하는 문제를 규명하는 데 전제가 된다는 점을 지적할 필요가 있다. 왜냐하면 프레게와 힐버트 사이의 논쟁에 대한 평가는 대체로 두 사람의 견해 차이에 대한 진단에 근거해 있기 마련인데, 나의 견해로는 그런 진단이 적절하지 않거나 시대착오적인 경우가 있기 때문이다.[14] 그런데 우리의 문제를 규명하는 데 중요한 점은 두 사람의 견해가 어떤 점에서 다른가 하는 데 있는 것이 아니라, 바로 프레게가 힐버트 메타이론을 어떤 이론으로 이해했는가 하는 데 있다는 것이다. 이에 대한 나의 답변은 프레게는 힐버트 메타이론을 그의 유형론 내에서 이해했고 고단계 논리학의 일부로 간주했다는 것이다. 이를 보이기 위해 아래에서 프레게가 힐버트 메타이론을 그의 유형론 내에서 어떻게 재구성하는지 고찰한다.[15]

우리는 먼저 문장과 문장형식의 프레게 식 구분을 더 자세히 검토할 필요가 있다. 프레게의 관점에서는 논리적인 추론에서 사용되는 기호는 크게 두 부류로 나누어진다. 하나는 고정된 뜻과 지시체를 갖는 상항이고, 다른 하나는 고정된 뜻도 지시체도 갖지 않지만 양화사와 결합해서 일반적 사실을 표현하는 데 사용되는 변항이다. 프레게에게는 맥락에 따라 서로

---

14 나는 여러 해석가가 주장하는 것에 비해 프레게와 힐버트의 견해 차이는 크지 않다고 생각한다. 나의 견해로는 두 사람의 차이를 실제 이상으로 두드러지게 보이게 하는 것은 두 가지 편견과 연관되어 있다. 하나는 『기하학의 기초』(1899) 당시 힐버트의 메타수학을 1920년대 이후에야 제 모습을 드러내는 만년의 유한주의적 증명론 프로그램의 시각에서, 이른바 '형식주의'(formalism)의 초기 단계로 이해하는 것이다. 나의 견해로는 후기 유한주의 프로그램은 철학적으로 보면 도리어 경험주의 나 칸트주의에 더 가깝고, 초기의 메타수학에 나타난 힐버트의 견해는 데데킨트 식의 구조주의적 논리주의에 더 가깝다고 생각한다. 둘째로 힐버트 및 코르셀트에 대한 프레게의 신랄한 비판이 공정하 지 않다고 생각하는 사람은 프레게가 힐버트 식의 메타이론에 무지했다고 전제하는 경향이 있다. 그러나 내 생각에 프레게는 힐버트 식의 이론에 당대 대부분의 수학자보다 익숙했다. 왜냐하면 최근 밝혀진 것처럼 힐버트의 이른바 '공리적 방법'은 이미 실수론 및 자연수론에서 데데킨트가 한 작업에 상당 부분 구체화되어 있고 프레게는 당대 누구보다 데데킨트의 산수이론에 익숙했기 때문이다. 힐버트 사상이 넓은 뜻의 경험주의적 경향을 갖게 된 이유에 관해서는 힐버트에 대한 헤르츠의 영향을 다룬 Corry(2004), 참조. 데데킨트와 힐버트 사이의 관계에 관해서는 Ferreiros (2009) 참조. 그리고 프레게가 데데킨트의 사상에 익숙했다는 사실에 관해서는 Frege(1893), 서론; Frege(1903), 3부 (d)절 참조.

15 이 절의 내용은 "기하학의 기초에 관하여 II"(1906), II장 논의에 대한 재구성이다. Frege(1984), 308-333 참조.

다른 지시체를 갖는 것으로 간주되는, 이른바 비논리상항이란 존재하지 않는다. 힐버트가 직관의 사실로 고려하는 다음의 만남공리를 보자.

(1) 모든 두 개의 서로 다른 점에 대해, 그 각각의 점과 모두 만나는 직선이 적어도 하나 있다.

여기서 기하학에 고유한 원초용어는 '점', '직선' 등의 종류용어와 '만남' 같은 관계용어이다. 프레게의 관점에서 보면 '점', '직선' 등의 종류용어는 특정한 대상들이 속하는 종류 개념을 지시하고, '만남' 같은 용어는 특정한 대상들 사이에 성립하는 관계를 지시한다. 이제 '점', '직선' 대신 변항 'X', 'Ψ'를 넣고, '만남' 대신 변항 'Σ'를 넣는다면, 우리는 다음의 문장형식을 얻는다.

(2) 모든 두 개의 서로 다른 X에 대해, 그 각각의 X에 대해 모두 Σ관계를 갖는 Ψ가 적어도 하나 있다.

우리는 프레게에게 이 문장형식이 결코 무의미한 것이 아님을 명심해야 한다. '점'이 특정 개념을 내용으로 갖고 '만남'이 특정 관계를 내용으로 갖듯이, (2) 역시 어떤 특정 내용을 갖는다. 그러면 (2)는 어떤 내용을 갖는가? 우리는 두 사실에 주목해야 한다.

첫째로 문장 (1)에서 (2)는 점, 직선 및 만남에 관해 무언가를 서술해 준다는 것이다. 그러나 (2)는 'a는 점이다', 'b는 선이다', 'a는 b와 만난다'에 서처럼 특정 대상들에 관해 서술하는 것이 아니라, 도리어 특정 대상에 관해 말해지는 내용으로서 점, 직선 같은 개념 자체에 관해 만남 같은 관계 자체에 관해 서술한다. 프레게는 전자의 경우처럼 특정 대상들에 관해 서술하는 술어를 1차 술어, 후자의 경우처럼 1차 술어의 내용으로서 개념이나 관계 자체에 관해 서술하는 술어를 2차 술어라고 한다. (2)는 두 개의 1차 개념과 한 개의 1차 관계에 관해 서술하는 2차의 관계술어이다. 프레게는 2차의 관계술어가 갖는 내용을 2차 관계라고 한다.

둘째로 (2)는 (1)에서 기하학에 고유한 용어를 모두 제거하여 얻은 것이므로 동일성 기호, (수확정) 양화사, 문장결합사만 포함한다. 그러므로 (2)를 프레게의 논리 언어로 번역하면 아래와 같다.[16]

$$(3) \quad \forall x \forall y \{[(Xx \,\&\, Xy) \,\&\, x \neq y] \to \exists z[\Psi z \,\&\, (\Sigma xz \,\&\, \Sigma yz)]\}.$$

(3)은 프레게의 관점에서 보면 논리적인 어휘만 포함하고 있다. 그러므로 (3)은 두 개의 1차 개념과 한 개의 1차 관계에 관해 서술하며, 그런 1차의 개념 및 관계에 대해 성립하거나 성립하지 않는 어떤 논리적인 2차 관계를 내용으로 갖는다.[17]

앞에서 본 것처럼 프레게는 힐버트의 증명을 형식이론의 공리들 사이에 성립하는 관계를 보이려는 것으로 이해했다. 그런데 우리 논의를 위해서 중요한 것은, 프레게는 무모순성이나 독립성 관계를 언어 표현으로서 공리들의 관계가 아니라 공리들의 내용으로서 고차 관계들 사이의 관계로 이해한다는 점이다.[18] 예컨대 아래 (4)를 보자.

---

16 프레게 자신은 존재양화사를 원초용어로 사용하지 않고 부정기호와 전칭양화사를 이용해서 존재 개념을 표현한다.

17 Frege(1980), 43-44.

18 프레게가 이런 뜻에서 개념들 혹은 관계들 사이의 무모순성에 관심을 가졌다는 사실은 분명하다. 『산수의 기초』, 94절 이하의 논의는 바로 개념들 사이의 모순과 개념들 아래 공통으로 속하는 대상

$$(4)\ \exists x \exists y\{[(Xx\ \&\ Xy)\ \&\ x \neq y]\ \&\ \neg \exists z[\Psi z\ \&\ (\Sigma xz\ \&\ \Sigma yz)]\}.$$

(4)가 앞의 (3)과 모순된다고 할 때, 우리는 모순관계가 (3)과 (4)에 나타나는 복합기호들 사이에 성립한다고 간주하는가 아니면 기호 내용으로서 2차의 관계들 사이에 성립하는 것으로 간주하는가? 프레게는 그 관계를 후자의 관계로 간주했음에 틀림없다. 왜냐하면 (3)과 (4)가 모순된다는 것은 기호들 자체의 특징이 아니라 기호 내용들의 특징에서 유래하는 것이기 때문이다. 아마 누군가 양화사나 결합사의 뜻이나 지시체를 고려하지 않고, 그런 기호의 사용 규칙에만 호소해서 두 식이 서로 모순된다는 것을 알 수 있다고 주장할지 모른다. 그러나 이것은 적어도 프레게의 견해는 아니다. 왜냐하면 프레게의 관점에서 보면 논리기호의 사용규칙이 논리 법칙의 참에 의존하는 것이지, 거꾸로 논리 법칙의 참이 기호 사용규칙에 의존하는 것이 아니기 때문이다.[19] 그리고 논리 법칙의 참의 인식은 논리 법칙의 진리조건의 인식을 전제하며, 이 진리조건의 인식은 법칙을 구성하는 논리기호의 뜻 인식을 전제한다.[20] 그러므로 프레게의 관점에서 무모순성이나 독립성을 소유하는 것은 문장형식으로서 공리들이 아니라 문장형식이 갖는 고차의 논리적 관계들 자체이다.

물론 프레게가 무모순성이나 독립성을 기호 내용들 사이의 관계로 이해했다는 사실이 힐버트 역시 무모순성이나 독립성을 같은 방식으로

의 존재 사이의 논리적 관계에 대한 논의이다. 그리고 『산수의 근본법칙 II』, 3부 2장 175절에서 프레게는 양가집합(Positival Class)의 정의 부분에서 정의를 구성하는 조건 중 하나가 다른 조건들과 논리적으로 독립되어 있는지를 직접 문제 삼는다. Frege(1884), 94절 이하; Frege(1903), 175절 참조.

19 Frege(1903), 3부 1장 (c)의 형식주의 산수이론 비판, 특히 89-92절 참조.

20 Frege(1893), 32절.

이해했음을 보증해 주지는 않는다. 그러나 여기서 우리의 관심은 프레게가
힐버트의 증명을 어떻게 이해했는가 하는 것이지, 힐버트가 실제로 그의
증명을 어떻게 이해했는가 하는 것이 아니다. 그리고 프레게가 힐버트의
증명을 문장형식 자체에 대한 것이 아니라 그것에 의해 표현된 논리적
관계들에 관한 것으로 간주했다는 사실은 힐버트 형식이론의 본성에 관한
프레게의 평가를 이해하는 데 매우 중요하다. 이와 관련해서 우리는 프레게
가 그의 비판에 맞서 힐버트의 형식이론을 옹호하고자 했던 코르셀트를
도리어 힐버트 형식이론을 왜곡하고 있다며 비판했다는 사실을 주목해야
한다.

코르셀트 씨는 하이네의 형식적 산수이론을 힐버트의 학설과 결합해서 공리를
그 안에 나오는 기호들의 사용규칙으로 이해하는 불행스런 생각을 갖고 있다.
이것은 제3의 공리 개념이다(Frege[1984], 296).

프레게는 힐버트의 논의가 일관되려면 문장형식으로서의 공리와 참인
문장으로서의 공리를 엄격히 구분해야 한다고 주장하였다. 그러나 그에
따르면 코르셀트가 힐버트 학설로 오인하고 있는 하이네 식의 형식이론에
나오는 공리란 앞의 두 공리와도 전혀 다른 제3의 것이다. 그곳에서 공리란
아무 의미 없는 도형에 지나지 않는다. 그러나 프레게는 힐버트의 형식이론
이 결코 무의미한 기호들을 가지고 수행하는 게임이 아니라고 생각한다.

그러나 내가 보기에 여기에 혼동이 존재하는 것으로 보인다. 빈 기호들을 가지
고 하는 게임이라는 비판은 분명히 어떤 형식이론에 대해서는 정당한 것이다.
하지만 그런 이론은 여기서 고려하는 종류의 일반적인 정리와는 근본적으로

다른 것이다. 왜냐하면 후자의 경우 우리는 언제나 뜻을 갖기 때문이다. 그러나 문제의 다른 형식이론은… 뜻이 때때로 난점을 야기하므로 아예 뜻을 삭제해 버린다. 물론 그렇게 해서 남는 것은 무의미한 기호이다. 그런 이론의 창시자는 그의 기호로 아무 사상도 표현하려 하지 않고 단지 어떤 규칙에 따라 그 기호를 가지고 놀고자 한다. 결국 여기서 문제되는 것은 진리일 수 없다. 여기서 '이론'이란 말은 아주 부적절하고, 우리는 그것을 '게임'이라고 말해야 한다. … 지금까지 우리가 형식이론이라고 부른 것은 아주 다른 것이다. 확실히 우리는 아무 의미도 없는 기호들을 사용하기도 하지만, 그 기호들도 역시 익숙한 방식으로 사상들을 표현하는 데 기여한다. … 코르셀트 씨는 전혀 다른 두 경우를 명확히 구분하지 못하므로 혼동하고 있다(Frege[1984], 326-327).

프레게는 힐버트의 형식이론과 기호 게임으로서 형식이론 사이의 두 가지 차이를 지적하고 있다. 첫째로 힐버트 형식이론은 그 자체로 보면 무의미한 기호로서 문자를 포함하고 있기는 하지만, 그 문자는 문장 안에서 참인 내용을 표현하는 데 기여한다. 그러므로 힐버트 형식이론은 결코 빈 기호를 가지고 하는 게임에 불과한 것이 아니다. 둘째로 힐버트 형식이론 안에 있는 문자는 바로 수학의 정리에 등장하고, 그런 정리는 일반적 사실을 표현한다는 점이다. 프레게는 대수학에서 문자 사용의 핵심 기능은 언제나 일반적 사실의 표현에 있다고 생각한다. 이에 따라 힐버트 형식이론은 그 자체로 보면 참도 거짓도 아닌 문장형식으로 구성된다 할지라도, 엄연히 참인 문장들로 구성된 이론 내에서 일반적 사실을 표현하는 데 기여한다는 것이다.[21]

---

21 여러 사람들이 프레게와 힐버트의 논리적 추론 개념의 차이를 의미론적 차원의 추론과 구문론적 차원의 추론 사이의 차이로 이해한다. 하지만 여기서 구문론적 추론 개념이 기호의 의미와 무관하게

프레게에 따르면 힐버트 형식이론의 공리들은 모두 고차의 논리적 관계를 표현한다. 그리고 그런 공리들은 그 자체로는 참도 거짓도 아니지만, 참인 일반적인 사실을 표현하는 데 기여할 수 있다. 그러면 그런 참인 일반적 사실을 표현하는 문장은 어느 이론의 문장인가? 물론 그것은 힐버트 형식이론일 수는 없다. 왜냐하면 형식이론은 참도 거짓도 아닌 문장형식들로만 구성되어 있기 때문이다. 여기서 힐버트는 단지 유클리드 기하학이 갖는 논리적 구조로서 형식이론을 제시하는 일 자체에 목적이 있는 것이 아니라 그 형식이론의 공리들 사이의 논리적 관계를 확립하는 데 목적이 있다는 것을 주목할 필요가 있다. 간단히 말해 형식이론은 힐버트의 연구 대상이 되는 이론이지, 그런 연구를 수행하기 위한 배경 이론이 아니다. 그러므로 만약 형식이론의 공리가 어떤 참인 일반적 사실을 표현하는 데 기여한다면, 그런 사실을 표현하는 문장 자체는 형식이론이 아니라 그 배경 이론으로서 메타이론의 구성 요소일 것이다.

우리는 여기서 프레게가 힐버트 형식이론의 공리들로부터 정리로의 이행을 해석된 이론 내의 정리의 연역과 엄격히 구분한다는 것을 주목할 필요가 있다. 해석된 이론 내에서 공리들로부터 정리를 연역하는 일은

유사 물리적 대상으로서 기호들에 대한 사용 규칙만으로 규정되는 추론을 의미한다면, 이는 힐버트가 『기하학의 기초』를 쓸 당시 그런 식의 추론 개념을 가졌다는 주장을 전제하는 셈이다. 그러나 그런 주장은 기하학의 추론에서 직관적 내용을 배제하려는 파쉬나 힐버트의 경향을 마치 논리적 추론을 순수 논리적 내용과도 전적으로 무관하게 순전히 기호들 사이의 이행으로 간주한 것으로 오해하는 것이다. 나는 이런 식의 오해가 논리적 추론을 비생산적인 것으로 축소해서 이해하는 논리 경험주의의 해석에 영향을 받은 것 아닌지 의심한다. 기하학의 추론에 관한 대표적인 논리 경험주의적 해석으로는 Nagel(1939) 참조. 파쉬의 기하학적 추론 개념에 관해서는 Pasch(1882), 12절 참조. 파쉬의 기하학 철학에 관해서는 Schlimm(2012) 참조. 프레게는 파쉬, 힐버트와 마찬가지로 수학에서 논리 법칙에 의존하지 않고 직관에 호소하는 증명을 추방하려 했지만, 자신의 견해만 아니라 힐버트의 견해도 무의미한 기호들 사이의 이행이라는 식으로 규정하지 않는다. 논리적 추론에서 뜻과 지시체의 역할에 관해서는 Frege(1903), 91-93절 참조.

참인 문장들을 전제로 삼아 결론으로서 정리가 참인 문장임을 증명하는 일이다. 반면 힐버트 형식이론에서 정리의 연역을 그런 식의 증명으로 간주할 수 없다. 왜냐하면 형식이론의 공리와 정리는 모두 참도 거짓도 아닌 문장형식에 지나지 않기 때문이다. 그러면 형식이론의 공리들로부터 정리로의 이행은 참인 문장의 증명으로서 논리적 연역에 아무 기여도 하지 않는 것인가? 그렇지 않다. 왜냐하면 형식이론의 공리나 정리가 메타이론의 사실을 표현하는 데 기여할 수 있듯이, 형식이론의 공리들로부터 정리로의 이행 역시 메타이론의 추론에 중요한 기여를 할 수 있기 때문이다. 왜 그런지 보기 위해 A1, … , An을 힐버트 형식이론의 공리들이라고 하고, 이런 공리들로부터 도출되는 것으로 간주되는 정리를 B라고 하자. 형식이론의 공리나 정리는 모두 변항을 갖고 있는 문장형식들이기에 변항 은 원초용어만큼 많이 있으므로, 문제의 공리들 및 정리는 다음과 같이 표현된다.

(5) A1(Φ1, … , Φ6), … , An(Φ1, … , Φ6).

(6) B(Φ1, … , Φ6).

힐버트 형식이론이란 바로 (5) 같은 공리들이나 (6) 같은 정리들로 구성된 조직에 지나지 않고, 형식이론의 내용은 그런 공리나 정리의 내용으로서 2차의 논리적 관계들의 조직에 지나지 않는다. 그러면 이런 2차의 논리적 관계들은 무슨 원리에 따라 조직되는가? 프레게는 그런 원리는 바로 형식이론의 공리들이 표현하는 2차의 논리적 관계들을 형식이론의 정리가 표현하는 2차의 논리적 관계와 연결시켜 주는 다음의 보편적인 논리 법칙이라고 생각한다.

(7) $\forall \Phi 1 \cdots \forall \Phi 6\{[A1(\Phi 1, \cdots, \Phi 6) \& \cdots \& An(\Phi 1, \cdots, \Phi 6)] \rightarrow B(\Phi 1, \cdots, \Phi 6)\}.$

이 원리는 더 이상 힐버트 형식이론 내의 구성 요소가 아님을 명심해야 한다. 이 원리는 힐버트가 형식이론의 공리 및 정리에 관해 확립하고 싶어 하는 메타이론적 사실에 해당한다. 그러므로 힐버트 형식이론이란 바로 (7) 같은 논리 법칙을 토대로 삼아 조직된 고차의 논리적 관계들의 조직인 셈이다.

그러면 형식이론의 공리들로부터 정리로의 이행은 메타이론의 논리적 추론에 어떤 기여를 하는가? 이에 대답하기 위해 우리는 (7) 같은 법칙을 확립하는 데 필요한 일이 무엇인지 물어야 한다. (7)은 고단계의 논리적 원리에 해당하므로 (7)이 참임을 보이는 일은 고단계의 논리학 내에서가 아니면 가능하지 않다. 그런데 프레게는 논리학 역시 공리적으로 조직되어야 한다고 생각하였고, 이미 『개념표기』 및 『산수의 근본법칙 I』에서 고단계의 논리학의 공리 체계를 지시하였다. 그리고 프레게는 논리학의 공리는 참인 문장이라고 간주한다.

그러므로 논리학의 공리 체계 내의 추론 역시 참인 문장에서 참인 문장으로 이행하는 일이다. 결국 프레게는 논리학의 공리들로부터 (7)을 연역하는 일을 참인 문장들을 전제로 삼아 참인 문장을 결론으로 이끌어 내는 논리적 추론으로 간주했을 것이다.

앞의 논의에서 우리의 원래 물음과 관련된 두 가지 중요한 결론이 따라나온다. 첫째로 프레게는 힐버트가 실제로 수행하는 논리적 추론은 형식이론 내에서 이루어지는 일이 아니라 메타이론에서 형식이론의 공리들 및 정리가 표현하는 논리적인 2차 관계들에 관해 이루어지는 일이라고 생각했다. 둘째로 메타이론적 추론은 참인 문장들로부터 참인 문장으로 이행하는 일이라는 점에서 해석된 이론 내의 논리적 추론과 결코 다르지 않다. 두 추론의 차이는 메타이론적 추론이 해석된 이론 내의 추론보다 한 단계 더 높은 차원의 추론이라는 데 있을 뿐이다. 프레게의 서술 계층의 차원을 고려한다면, 해석된 이론 내의 논리적 추론에서는 대상들에 관해 말하거나 1차 개념 혹은 1차 관계에 관해 말하는 문장들만 고려하는 반면, 메타이론적 추론에서는 2차 개념이나 관계에 관해 말하는 문장들도 고려한다고 할 수 있다.

앞의 논의가 옳다면 프레게는 힐버트의 메타이론을 그가 제시한 고단계의 논리학 이론이라고 간주했을 것이다. 그러므로 그는 힐버트의 메타이론적 증명 역시 고단계의 논리학 이론 내에서 수행되는 논리적 추론에 근거한다고 간주했을 것이다. 이 사실을 보이기 위해 프레게의 고단계 논리학 안에서 힐버트가 제시하는 메타이론적 증명이 어떻게 재구성되는지 보자. 앞에서 본대로 힐버트는 유클리드 기하학에 상응하는 형식이론의 공리들의 무모순성을 보이기 위해 유클리드 기하학의 원초 개념으로서 점, 선, 면에 상응하는 실수이론의 (1차의) 개념들과 원초 관계로서 만남, 사이에 있음, 합동에 상응하는 (1차의) 산수적 관계들을 제시한다. 힐버트가 제시한 1차의 개념들 및 1차의 관계들을 $\Gamma 1, \cdots, \Gamma 6$에 의해 표시하고, 형식이론의 공리들을 $A1, \cdots, An$이라고 하자. 그러면 프레게의 관점에서 볼 때 힐버트가 한 일은 $\Gamma 1, \cdots, \Gamma 6$의 존재를 전제로 삼아 다음 문장이 참이라고 주장하는 셈이다.

(8) $A1(\Gamma 1, \cdots, \Gamma 6) \, \& \, \cdots \, \& \, An(\Gamma 1, \cdots, \Gamma 6)$.

그런데 만약 (8)이 참이라면 (9) 역시 참이어야 한다.

(9) ∃Φ_1··· ∃Φ_6[A1(Φ_1, ··· , Φ_6) & ··· & An(Φ_1, ··· , Φ_6)]

우리는 (9)가 참일 경우 A1, ··· , An이 표현하는 2차의 논리적 관계들이 서로 모순이 아니라는 것을 이끌어 낼 수 있다. 왜냐하면 그 논리적 관계들이 서로 모순이 된다면, 그 관계들을 동시에 만족시키는 1차 개념들 및 관계들의 열은 하나도 존재하지 않을 것이기 때문이다.

앞서 본대로 힐버트는 유클리드 기하학에 상응하는 형식이론의 공리 중에서 평행공리는 성립하지 않는데 나머지 모든 공리는 성립하는 사례를 해석기하학의 방법을 이용해서 실수이론 내에서 제시한다. 형식이론의 그 평행공리를 C라고 하고, 다른 공리들을 A1, ··· , Am이라고 하자. 그러면 프레게의 관점에서 보면 힐버트가 한 일은 A1, ··· , Am이 표현하는 2차 관계들은 모두 성립하는 반면, C가 표현하는 2차 관계는 성립하지 않는 1차 개념들 및 관계들의 열을 제시하는 셈이다. 그런 열에 속하는 항들을 θ_1, ··· , θ_6로 표현하면, 힐버트가 하는 일은 다음 문장이 참이라고 주장하는 것이다.

(10) [A1(θ_1, ··· , θ_6) & ··· & Am(θ_1, ··· , θ_6)] & ─C(θ_1, ··· , θ_6).

이것은 어떤 뜻에서 형식이론의 공리 C가 A1, ··· , Am과 논리적으로 독립되어 있음을 보여주는가? 이는 두 사실에 근거한다. 첫째로 (10)이 성립한다는 데서 우리는 (11)을 추론할 수 있다.

(11) ∃Φ_1··· ∃Φ_6[[A1(Φ_1, ··· , Φ_6) & ··· & Am(Φ_1, ··· , Φ_6)] & ─C(Φ_1, ··· , Φ_6)}.

그런데 (11)은 다음 (12)의 부정이다.

(12) ∀ Φ1⋯∀ Φ6{[[A1(Φ1, ⋯ , Φ6) & ⋯ & Am(Φ1, ⋯ , Φ6)] → C(Φ1, ⋯ , Φ6)}.

둘째로 C가 A1, ⋯ , Am과 논리적으로 독립되어 있지 않다는 것은 바로 (11)이 논리적 정리라는 것을 말한다. 만약 (12)가 논리적 정리라면 (12)는 참이어야 하므로, (11)은 참이어서는 안 된다. 그러므로 (10)이 참이라는 것은 공리 C가 A1, ⋯ , Am과 논리적으로 독립되어 있지 않다는 것의 반박, 즉 C가 A1, ⋯ , Am과 논리적으로 독립되어 있음을 보이는 것이다.

앞의 메타이론적 증명에서 두 가지 주목할 만한 사실이 있다. 첫째로 (8)과 (10)은 바로 해석된 특수한 이론의 문장들이 동시에 참이라는 것을 말한다는 것이다. 둘째로 앞의 두 증명은 최종 결론에 도달하기 위해 각각 (8)과 (10)의 참을 전제한다는 데 있다. 따라서 (8)과 (10)이 참이 아니면, 두 증명은 성공할 수 없다. 그런데 우리 논의를 위해 중요한 점은 (8)로부터 (9)로의 추론, (10)으로부터 (11)로의 추론은 논리 법칙에 근거한 추론이지만, (8)과 (10) 자체의 참은 논리적으로 증명된 정리가 아니고, 그에 따라 (10)과 (11) 역시 논리적 정리가 아니라는 사실이다.

4. 프레게의 힐버트 메타이론 평가

이제 우리는 힐버트 메타이론에 관한 프레게의 평가가 어떤 것인지 규정할 수 있다. 프레게의 관점에서 보면, 힐버트 메타이론은 유클리드 기하학과 똑같은 뜻의 해석된 이론이다. 달리 말해 힐버트 메타이론은 힐버트 형식이론과는 근본적으로 다르게 참인 문장들의 체계이다. 반면 힐버트 메타기하학 이론은 유클리드 기하학과 두 가지 중요한 차이를 갖는다.

첫째로 프레게는 유클리드 기하학의 공리들을 공간적 대상들에 관해 일반적으로 성립하는 문장으로 간주했다.[22] 반면 힐버트 메타기하학 이론은 프레게의 관점에서 보면 결코 공간적 대상들에 관한 이론이 아니다. 왜냐하면 메타기하학 이론의 공리들은 바로 논리학의 공리들이고, 메타기하학에서 확립되는 원리들은 논리학의 정리들이기 때문이다. 프레게에게 따르면 유클리드 기하학은 타당성의 범위가 공간적 대상들에 제한되어 있는 특수 과학인 반면, 논리학은 타당성의 범위에 아무런 제한이 없는 보편과학이다. 이런 뜻에서 특수 과학으로서 유클리드 기하학과 대조적으로 힐버트 메타기하학은 보편과학에 속한다.

둘째로 프레게의 서술 차원의 계층에서 보면, 유클리드 기하학 내의 논리적 추론은 특정 대상들에 관해 일반적으로 성립하는 사실을 정리로 확립하려 하는 반면, 힐버트 메타기하학 이론의 추론은 1차 개념 및 1차 관계들에 관해 일반적으로 성립하는 사실을 정리로 확립하려 한다. 여기서 우리는 프레게가 왜 힐버트 메타기하학 이론을 산수와 유사한 논리적 과학으로 간주하는지 이해하게 된다.

> 내가 보기에 당신은 기하학을 공간적 직관과 완전히 분리해서 산수와 같은 순수 논리적 과학으로 바꾸고 싶어 하는 것 같다(Frege[1980], 43).

---

22 Frege(1884), 14절.

프레게는 기수에 관한 진술을 1차 이상의 개념에 관한 고단계 진술로 간주하고, 실수에 관한 진술을 1차 관계들에 관한 고단계 진술로 간주한다. 프레게가 논리학의 정리로 확립하려는 기수 동일성 원리 및 실수 동일성 원리는 2단계의 양화 진술이다. 프레게는 힐버트는 이와 유사한 방식으로 메타기하학적 진술을 고단계의 진술로 간주하고, 형식이론이 표현하는 고차 관계에 관한 2단계 양화 진술을 논리학의 정리로 확립하려 한다고 생각한다. 이런 뜻에서 힐버트 메타기하학 이론은 프레게의 관점에서 볼 때 유클리드 기하학 같은 특수 과학이 아니라 산수와 마찬가지로 논리학의 한 분과에 해당한다.

하지만 프레게가 힐버트의 메타기하학을 산수와 유비하는 데는 또 다른 이유가 있다. 앞에서 본대로 힐버트의 메타이론적 증명들은 모두 해석된 이론의 공리들의 참을 전제한다. 우리는 이런 공리들이 참이기 위해 무엇이 필요한지 고려해 보아야 한다. 예컨대 힐버트는 틀림없이 해석된 이론으로서 전통적인 유클리드 기하학의 공리들이 참이기 위해서는 원초 개념 아래 속하는 점들, 선들, 면들이 존재해야 하고, 이 대상들에 대해 공리들이 말하는 그런 식으로 만남, 사이에 있음, 합동 등의 관계들이 성립해야 한다고 생각했을 것이다. 그런데 힐버트는 그의 형식이론의 공리들 사이의 무모순성이나 독립성을 증명하기 위해 점들, 선들, 면들 같은 공간적 대상들의 존재에 호소하지 않는다. 도리어 그는 두 개의 실수로 구성된 순서열, 세 개의 실수로 구성된 순서열, 네 개의 실수로 구성된 순서열 그리고 이에 대해 정의된 산수적 관계들에 호소한다. 그런데 이런 실수들의 체계는 실수들 자체가 존재하지 않는 한 존재하지 않는다. 그런데 힐버트의 메타이론적 증명은 해석된 이론의 공리의 참을 전제하고, 실수들이 존재하지 않으면 실수들의 체계에 근거한 해석도 가능하지 않으므로,

실수들이 존재하지 않으면 힐버트 메타이론적 증명도 성공하지 못한다. 그러므로 힐버트의 메타이론적 증명은 결국 실수들의 존재한다는 가정하에서 힐버트 형식이론의 공리들이 서로 무모순이라는 것을 보이는 상대적인 성격의 증명이다.[23]

우리 논의를 위해 중요한 사실은 프레게는 바로 실수이론은 논리학의 한 분과라고 생각한다는 것이다. 그는 논리학의 공리들로부터 실수들의 동일성 원리를 증명할 수 있다고 생각하며, 이 원리로부터 실수들의 존재를 논리적 추론 원리에 의해 연역해 낼 수 있다고 생각한다. 이런 뜻에서도 실수이론은 유클리드 기하학과 다른 과학이다. 유클리드 기하학의 원초적인 대상들로서 점들, 선들, 면들 등은 논리학에 의해 그 존재를 증명할 수 있는 것이 아니다.[24] 반면 실수이론의 기초적 대상들로서 실수들은 논리학의 공리들로부터 논리적 추론 원리만 이용해서 그 존재를 증명할 수 있는 논리적 대상들이다.[25] 프레게의 이런 신념을 고려할 때 그는 힐버트의 메타이론적 증명을 실수들이 논리적 대상이라는 사실에 근거해서 고차 논리적 관계들 사이의 무모순성 및 독립성을 보이고자 하는 일로 보았을 가능성이 아주 높다. 그렇다면 프레게는 힐버트의 메타이론을 그가 산수에 대해 수행했던 논리적 연구를 기하학에서 유래한 논리적 구조들에까지 확대 적용한 것으로 간주했을 가능성이 높다.

하지만 프레게는 힐버트의 메타이론에는 두 가지 명백한 한계가 존재한다고 생각했다. 첫째로 앞에서 언급한 것처럼 힐버트의 증명은 모두 형식이

---

23 Hilbert(1900b), 1104-1105 참조.

24 『산수의 기초』에 따르면 기하학의 대상들의 존재는 공간직관에 의해 인식된다. Frege(1884), 13, 39-40절 참조.

25 프레게가 실수들의 존재를 정당화하는 방식을 보려면 Frege(1903), 159절 이하 참조.

론의 공리들을 모두 만족하는 개념들 및 관계들의 열이 존재한다는 데 의존한다는 것이다. 힐버트는 그의 증명을 완수하려면 다시 그런 열의 존재를 증명해야 하고, 이를 위해 실수들의 존재를 증명해야 한다. 그런데 힐버트는 실수들의 존재를 증명하기 위해 프레게처럼 논리학 내에서 실수들의 존재를 직접 증명하려 하지 않는다. 도리어 그는 실수들에 관한 공리이론을 다시 세우고 이 이론의 공리들로부터 모순이 따라나오지 않는다는 사실을 보임으로써 그런 공리들을 모두 만족하는 대상들의 체계가 존재한다는 것을 간접적으로 보이려고 한다.[26] 그러나 프레게는 이런 힐버트의 견해는 논리적 관계들 사이의 무모순으로부터 그런 관계를 만족하는 대상들의 체계의 존재를 이끌어 내는 부당한 추론에 의존하고 있다고 생각한다.[27]

둘째로 프레게가 힐버트 메타이론의 근본적 한계로 간주한 것은 공간적 대상들에 관한 특수 과학으로서 유클리드 기하학의 이론적 지위와 관련되어 있다. 우리가 앞에서 본대로 프레게는 힐버트가 해석된 이론의 공리들에 대해 무모순성이나 독립성을 보이는 것이 아니라고 생각한다. 도리어 힐버트가 의도한 것은 형식이론의 공리들, 더 정확히 말해 그런 공리들이 표현하는 고차의 논리적 관계들 사이의 무모순성이나 독립성의 증명이다. 우리가 앞에서 본대로 프레게는 실수들의 존재를 가정하는 한에서 힐버트가 이일을 성공적으로 수행했다는 데 대해 이의를 제기하지 않는다. 그리고

---

26 Hilbert(1900a), 1095; Hilbert(1900b), 1104-1105 참조. 힐버트가 실수이론의 공리들의 무모순을 무슨 방법으로 증명하려 했는지는 논란이 있다. 힐버트는 Frege(1903)의 부록으로 발표된 러셀 모순에 대한 프레게 분석을 본 이후 그가 1905년에 제시한, 이른바 유사 구문론적 증명 방법을 염두에 두고 있었는지 아니면 기존과 유사한 모형 제시 방법을 염두에 두고 있었는지 그리 분명하지 않다. 페레이로스는 데데킨트의 실수이론에 의존한 모형 제시 방법을 고려했을 것으로 추측한다. Ferreiros (2009), 5.2절 참조.

27 Frege(1980), 43-44.

프레게 자신은 실수들의 존재는 논리학 내에서 증명 가능한 것으로 간주하였다. 그러므로 프레게는 힐버트가 원래 목적한 바를 달성하지 못한 것은 아니라고 평가하는 셈이다. 반면 그는 힐버트가 한 일은 결코 해석된 이론, 특히 전통적인 뜻의 공간적 대상들에 관한 기하학의 공리들 사이의 무모순성이나 독립성을 보인 것이 아니라고 생각한다. 프레게는 리프만에게 보낸 편지에서 다음과 같이 말한다.

> 나는 유클리드 기하학의 공리들의 상호 독립성이 증명될 수 없다고 믿을 이유를 갖고 있다. 힐버트는 유클리드 기하학이 특수한 사례로 나타나도록 영역을 확장함으로써 그것을 증명하려 한다. 그리고 이런 확장된 영역에서 그는 사례를 들어서 무모순성을 보일 수 있는데, 그 일은 오직 그런 넓은 영역에만 가능하다. 왜냐하면 더 넓은 영역에서 모순이 없다는 사실로부터 우리는 더 좁은 영역 내의 무모순을 추론할 수 없다. 왜냐하면 모순은 바로 이런 영역의 제한과 함께 들어올 수도 있기 때문이다(Frege[1980], 91).

앞에서 본 것처럼 프레게는 힐버트가 유클리드 기하학이나 다른 해석된 이론의 공리들이 아니라 그에 상응하는 형식이론의 공리들 사이의 무모순을 증명하였다고 생각한다. 그리고 우리가 본대로 이 증명은 그에 상응하는 실수이론의 어떤 문장들이 참이라는 사실을 전제한다. 그런데 프레게에 따르면 형식이론의 공리들이 서로 무모순이라는 사실에서 우리는 그에 상응하는 유클리드 공리들이 서로 무모순이라는 사실을 논리적으로 추론할 수 없다. 왜냐하면 유클리드 기하학의 원초용어를 $\Delta 1, \cdots , \Delta 6$라고 하면, 그런 식의 추론은 앞에서 제시된 문장 (9)로부터 다음 (13)을 추론하는 일이기 때문이다.

(13) A1(Δ1, $\cdots$, Δ6) & $\cdots$ & An(Δ1, $\cdots$, Δ6)

이 추론은 명백히 부당하다. 우리는 공리식들 A1, $\cdots$, An을 만족하는 1차 개념들 및 관계열이 적어도 하나 있다는 데서, 그런 열이 바로 유클리드 기하학의 원초 개념들 및 관계들의 열이라고 추론할 수는 없기 때문이다. 그리고 우리는 실수이론의 어떤 문장들이 참이라는 사실로부터 유클리드 기하학의 상응하는 문장이 참이라는 사실을 이끌어 낼 수 없다. 왜냐하면 그런 식의 추론은 앞에서 제시된 문장 (8)에서부터 (13)을 추론하는 것이기 때문이다. 그러나 이런 추론은 Γ1, $\cdots$, Γ6가 표현하는 실수들에 관한 개념들 및 관계들이 공리식들 A1, $\cdots$, An을 만족하면 Δ1, $\cdots$, Δ6가 표현하는 공간적 개념들 및 관계들도 공리식들 A1, $\cdots$, An을 만족한다는 정당화되지 않은 전제에 의존하고 있다.

프레게는 힐버트의 독립성 증명 역시 형식이론의 공리들 사이의 관계에 관한 것이라고 생각하였다. 힐버트는 예컨대 유클리드 평행공리에 상응하는 형식이론의 공리 C가 그 형식이론의 다른 공리들 A1, $\cdots$, Am과 독립되어 있다는 사실을 보이기 위해 A1, $\cdots$, Am에 상응하는 실수이론의 문장들과 C의 부정에 상응하는 실수이론의 문장이 참이라고 전제한다. 그런데 우리는 C가 A1, $\cdots$, Am과 독립되어 있다는 사실로부터 그에 상응하는 유클리드 기하학의 평행공리가 유클리드 기하학의 다른 공리들과 독립되어 있다고 추론할 수는 없다. 왜냐하면 프레게에 따를 때, 그런 추론은 앞의 (11)로부터 아래 (14)를 추론하는 것과 다를 바 없기 때문이다.

(14) [A1(Δ1, $\cdots$, Δ6) & $\cdots$ & Am(Δ1, $\cdots$, Δ6)] & $\neg$C(Δ1, $\cdots$, Δ6).

그러나 그런 추론은 부당할 뿐 아니라, (14)는 앞의 (13)과 명백히 충돌한다는 점에서 문제가 있다. 왜냐하면 C($\Delta 1, \cdots, \Delta 6$)는 (13)의 연언지 중 하나이기 때문이다. 그런데 해석된 이론으로서 유클리드 기하학의 공리들은 참인 문장들이므로, (13)이 바로 그런 해석을 정당화하는 것이라면 (13)은 참이어야 한다. 그러므로 (14)는 참일 수가 없다.[28] 이 때문에 프레게는 (10)의 연언지로서 실수이론의 문장들이 참이라는 사실은 (11)이 참이라는 사실을 이끌어 내지만, 해석된 이론으로서 유클리드 기하학의 평행공리가 그 기하학의 다른 공리들로부터 독립되어 있는지 여부에 대해서는 아무것도 말해주지 못하는 것으로 간주한다.[29]

5. 나오는 말

이제 논의를 정리해 보자. 힐버트의 메타이론적 증명을 프레게는 성공적인 것으로 평가했는가 하는 물음은 힐버트 증명이 형식이론의 공리들에 관한 것인지 아니면 (공간적 대상에 관한 특수 과학으로서) 유클리드 기하학의 공리들에 관한 것인지에 따라 서로 다르게 대답되어야 한다. 프레게는 힐버트가 후자의 공리들이 아니라 형식이론의 공리들의 관계를 보이는 데 관심을 두었다고 생각했다. 그리고 프레게는 힐버트의 메타이론을 고단계 논리학의 가치 있는 발전으로 간주하였고, 힐버트가 하듯이 산수 모형의

---

28 Frege(1980), 44.

29 사실 프레게의 이 진단이 적절한지에 대해 논란이 있다. 왜냐하면 그가 "기하학의 기초에 관하여 II," III절에서 제시하는 참인 문장들 사이의 독립성 증명 방법에 따르면, 힐버트의 모형론적 증명은 프게의 증명 절차에서도 핵심 역할을 하는 것처럼 보이기 때문이다. Frege(1984), 333 이하 참조. 이 논란에 대해 나는 다른 글에서 논의하려고 한다.

존재를 이용해서 형식이론 내의 공리적 관계들 사이의 무모순성이나 독립성을 보이는 일이 가능함을 부정하지 않았다. 다만 순수 논리학의 일부로서 힐버트의 메타이론은 공간적 대상에 관한 특수 과학으로서 유클리드 기하학의 공리들의 참이나 상호 무모순을 보이는 데 무력하고, 유클리드 평행공리의 독립성을 보이는 데도 무력하다고 생각했다. 그러므로 지난 세기 벽두에 프레게 자신이 힐버트에게 한 다음 언급은 힐버트 메타이론에 대한 그의 평가에 대한 정확한 표현이다.

> 당신의 뷘헨 강연을[30] 보내준 데 대해 매우 감사한다. 내가 믿기로 그 강연에서 나는 당신의 계획이 무엇인지 조금 더 명확히 이해할 수 있게 되었다. 내가 보기에 당신은 공간적 직관으로부터 기하학을 완전히 분리하고 그것을 산수 같은 순수 논리학으로 바꾸고 싶은 것 같다. … 내 생각에 당신의 주요 논점은 유클리드 기하학을 더 높은 관점 아래 두고자 하는 것이다. 그리고 사실 공리들의 상호 독립성은 그것이 증명될 수 있는 한 이런 식으로만 증명될 수 있을 것이다. 그런 과제는 내 생각에 전통적인 뜻의 기초적인 유클리드 기하학의 공리들에 관한 것이라면 최대의 과학적 관심사가 될 만한 것이다. 만약 그런 과제가 임의로 세워진 문장들의 체계에까지 확장된다면, 일반적으로 훨씬 더 적은 과학적 중요성만 갖게 될 것이다. 유클리드 기하학의 공리들의 상호 독립성을 증명할 수 있는지에 대해 나는 내가 앞에서 지적한 의심 때문에 단언하려 하지 않는다. 그러나 당신이 설령 성공하지 못한다 해도, 유클리드 기하학을 더 포괄적인 이론의 특수 사례로 간주하는 당신 생각은 가치 있는 것이다 (Frege[1980], 43-44).

---

30 뷘헨 강연은 실수에 관한 공리들을 체계화한 Hilbert(1900a)를 말한다.

1. 들어가는 말

    수학의 여러 분야에서 이론을 체계화하려 할 때 익숙하게 사용하는 방법이 있다. 해당 이론에서 기초적인 것으로 여겨지는 참인 문장들을 선택한다. 이런 문장들을 공리라고 부른다. 공리로부터 논리적으로 도출되는 문장들을 정리라고 한다. 다음으로 공리들이 결정해 주는 수학적 구조가 (처음 염두에 둔 것과) 다른 대상체계에 의해서도 만족되는지 검토한다. 그 수학적 구조를 만족하는 대상체계들과 만족하지 못하는 대상체계들을 구분한다. 이런 체계화 방법에서 공리들은 핵심 역할을 한다. 그 이유는 연구 대상인 수학적 구조를 결정해 주기 때문이다. 이 경우 공리들은 그 안에 나오는 말이 수학적 구조 내에서 어떤 역할을 하는지 알려주므로, 공리들을 그런 말의 정의라고 부르곤 한다. 앞으로 이런 식의 정의를 "공리에 의한 암묵적 정의" 혹은 간단히 "공리적 정의"라고 부른다.[1]

---

[1] 암묵적 정의(implicit definition)란 어떤 문장 안에 나오는 말에 나머지 부분의 말의 의미를 부여하는 정의 방법이다. 반면 명시적 정의(explicit definition)는 이미 의미가 고정된 복합 표현을 단순한

19세기 후반의 수학에서 공리적 정의 방법을 분명히 사용한 사람은 흔히 데데킨트와 힐버트로 평가된다. 데데킨트는 실수 구조 및 자연수 구조를 규정하는 데 그 방법을 이용하였다. 힐버트는 그의 유명한 저술 『기하학의 기초』에서 유클리드 공간 구조를 규정하는 데 그 방법을 사용하였다. 프레게는 힐버트의 정의 방법에 대해 의문을 제기하였고, 프레게와 힐버트는 서신을 통해 공리, 정의, 이론 및 의미 등의 문제들에 대해 논란을 벌였다. 이후 프레게는 "기하학의 기초에 관하여"라는 명칭의 두 논문(1903, 1906)에서 힐버트의 방법이 갖는 의의와 한계를 비판적으로 검토하였다.

이 논문에서 나는 힐버트의 공리적 정의 방법에 대한 프레게의 비판을 검토하려 한다. 두 사람의 논란에 관해서는 이미 많은 논의가 있었다. 기존의 논의는 대체로 두 사람의 대립된 입장의 차이를 부각시키고, 두 입장 중에서 어느 것이 옳은가 하는 데 초점이 맞추어져 있다.[2] 반면 이 글에서 나의 관심은 이와 다르다. 나의 관심은 무엇보다 프레게가 힐버트의 견해를 그의 배경 이론 내에서 재구성하는 방식에 있다. 나는 그의 재구성 방식의 이해는 두 가지 점에서 아주 중요하다고 믿는다. 첫째로 프레게의

기호나 말로 대체하는 것이다. 공리적 정의란 여러 공리 안에 나오는 말에 그 말을 제외한 나머지 부분 전체가 갖는 의미를 부여한다는 점에서 암묵적 정의의 일종이다.

2 프레게와 힐버트의 논란에 관한 대표적인 논의로는 Resnik(1974); Blanchette(1996); Chihara (2004) 등이 있다. 이들 논의에 관한 평가로는 최원배(2009) 참조. 하지만 나의 견해로는 기존 논의는 대체로 두 사람이 논의 배경으로 삼는 이론적 맥락을 충분히 고려한 것으로 여겨지지 않는다. 이는 그들의 사상의 토양이었던 19세기 후반 수학의 변화에 대해 철학자들이 깊이 있는 연구를 하게 된 것이 그리 오래지 않다는 것 그리고 20세기 초중반의 주요 논리학자, 철학자로서 카르납, 괴델 및 타르스키 등이 그들에게 입은 영향에 관한 연구도 최근에야 본격적으로 이루어지기 시작했다는 데 기인하는 것으로 보인다. 이런 연구 결과들은 기존의 단순화된 평가를 여러 면에서 교정하고 있다. 우리 문제와 연관해서는 Hilbert(1899) 이전의 사상 발전을 보여주는 그의 기하학 강의록 Hilbert (2004)가 출간되었다는 것, 프레게와 힐버트의 공리적 방법을 조정하려 했던 카르납 초기의 원고 Carnap(2000)이 출간되었다는 사실이 중요하다. 두 사람과 관련한 연구로는 박우석(2011); 전영삼 (2008) 참조.

재구성은 1920년대 이후 힐버트 학파의 논리학 연구나 카르납, 타르스키 등의 논리학 연구에 직접적인 영향을 주었다는 것이다.[3] 둘째로, 아래 논의에서 분명해지겠지만, 프레게의 재구성은 암묵적 정의 절차 일반에 관한 프레게 사상을 이해하는 데 중요한 역할을 한다는 것이다. 이에 나는 아래에서 프레게가 힐버트의 공리적 정의 방법을 그의 배경 이론 내에서 어떻게 재구성하려 하는지, 그가 그렇게 재구성된 결과를 어떻게 평가하는지 면밀히 검토하려 한다.

먼저 힐버트가 기하학 이론의 공리에 부여하는 두 역할을 묘사하고, 힐버트와 프레게의 서로 다른 공리 이해 방식을 설명한다(2절). 다음으로 힐버트의 논의에 서로 다른 두 이론 개념이 있다는 것을 보인다. 하나는 해석을 갖는 보통의 기하학 이론이고, 다른 하나는 해석을 갖지 않은 형식적인 이론이다(3절). 다음으로 공리적 정의 방법에 대한 프레게의 반론을 검토한다. 공리적 정의를 해석된 이론 내의 용어 정의로 간주하는 경우와 형식이론 내의 용어 정의로 간주하는 경우로 나누어 검토한다. 나의 논의 결과는 힐버트의 공리적 정의의 피정의항은 두 경우 중 어느 경우에도 해당하지 않는다고 결론짓는다(4절). 다음으로 베르나이즈의 힐버트 해석을 검토한다. 이를 통해 공리적 정의의 피정의항은 보통의 기하학적 술어가 아니라 그런 술어를 구체적인 적용 사례로 갖는 고차의 술어라는 것을 보인다(5절). 마지막으로 힐버트가 의미를 고정하려고 했던 말은 사실 메타이론 내에서 명시적으로 정의된다는 것을 보일 것이다. 이를 근거로 힐버트가 암묵적 정의라고 간주했던 것은 사실 프레게의 관점에서 보면 논리적 개념에 대한 명시적 정의의 수단에 지나지 않는다고 결론짓는다(6절).

---

3 이것이 의심스러운 사람은 Frege(1906)에 나타난 프레게의 재구성 방식을 Hilbert & Bernays (1934) I부의 논의와 비교하는 것이 좋다. Reck & Schiemer(2013) 참조.

2. 공리의 두 역할

힐버트는『기하학의 기초』에서 다섯 부류의 공리를 제시한다. (1) 점들, 선들 및 면들 사이의 만남에 관한 공리들, (2) 선 위의 점들 및 면 위의 선들 사이의 순서에 관한 공리들, (3) 선들과 면들 사이의 평행에 관한 공리들, (4) 선형 도형, 평면 도형들 사이의 합동에 관한 공리들 그리고 (5) 선을 구성하는 점들, 면을 구성하는 선들 사이의 연속성에 관한 공리들이 있다. 그곳에서 힐버트가 하는 주요 연구는 이런 공리들 사이의 논리적 관계를 밝히는 일이다. 그가 고려하는 논리적 관계 중 가장 중요한 것은 공리들이 서로 양립 가능한 것인가 아니면 서로 모순되는가 하는 것이다. 그가 다음으로 고려하는 논리적 관계는 공리들이 서로 독립되어 있는가 아니면 다른 공리들에 의해 연역 가능한가 하는 것이다.[4]

힐버트는 공리들을 제시하면서 두 가지 흥미로운 언급을 한다. 첫째로 공리들은 우리의 공간적 직관이나 경험에서 유래한 사실들이라는 것이다.[5] 둘째로 그는 각 부류의 공리들은 그 안에 등장하는 주요 용어들의 의미를 정의해 주거나 설명해 준다는 것이다.[6] 프레게는 이 두 주장이 서로 양립될

---

4 Hilbert(1899)의 1장에서는 공리들을 제시하고, 2장에서는 공리들의 무모순성 및 독립성을 다룬다. 3장 이후에는 어떤 공리들을 제외할 때 어떤 정리가 증명 불가능한가 하는 문제 그리고 다섯 부류의 공리들이 유클리드에게서 유래한 고전적인 기하학의 원리들을 다루는 데 충분한가 하는 문제들이 다루어진다.

5 Hilbert(1899), 1절.

6 Hilbert(1899), 1장에서 3장까지 공리들을 제시하는 부분 참조. 예컨대 그는 이렇게 말한다: "정의: 세 개의 서로 구별되는 대상들의 집합을 고려하자. 첫 번째 집합의 대상들은 점이라고 하고 A, B, C, …로 표시하자. 두 번째 집합의 대상들을 선이라 하고 a, b, c, …에 의해 표시하자. 세 번째 집합의 대상들을 면이라 하고 α, β, γ, …에 의해 표시하자. 점들, 선들 및 면들은 서로 '만남', '사이에 있음', '합동' 등에 의해 지시되는 관계들을 갖는다고 간주하자. 그러면 이 관계들의 정확하고 완전한 기술은 기하학의 공리들로부터 따라나온다"(Hilbert[1899], 3).

수 있는지에 관해 의문을 제기한다. 먼저 첫째 주장에 따를 때 힐버트의 공리들은 공간 내의 대상들에 대해 성립하는 참인 진술들로 간주되어야 할 것이다. 그런데 참인 진술에 나타나는 말들은 이미 고정된 의미를 가지고 있어야 한다. 예컨대 "두 점 각각과 만나는 선이 적어도 하나 있다"는 공리에서 '점', '선' 등의 말은 특정한 종류의 공간적 대상들이 그 아래 속하는 개념을 나타내며, '만남'이란 말은 그런 대상들 사이에 성립하는 관계를 나타낸다. 반면 둘째 주장에 따르면 공리 안에 등장하는 주요 용어들은 공리에 의해 정의되기 전에는 의미를 갖지 않아야 할 것이다. 왜냐하면 어떤 말이나 기호를 정의한다는 것은 그 말에 그것이 원래 갖고 있지 않던 의미를 부여한다는 것이기 때문이다. 그러므로 프레게의 관점에서 볼 때 힐버트는 공리에 서로 양립하기 어려운 두 역할을 부여하고 있다. 공리가 참인 주장을 표현하는 것이라면, 그 안에 나오는 말은 이미 의미가 정해져 있어야 한다. 반면 공리가 그 안에 나오는 말의 의미를 설명하는 것이라면, 그 안에 나오는 말은 아직 의미가 정해져 있지 않아야 한다.[7]

힐버트는 프레게의 비판이 그의 견해에 대해 심각한 영향을 주는 것으로 간주하지 않는다. 도리어 그는 새로운 형태의 수학적 실천을 이해하지 못한 데서 나온 불필요한 문제 제기로 본다.[8] 그는 공리들을 사실로 받아들이는 것과 그 안에 나오는 용어의 내용을 고정된 것으로 간주하지 않는 것 사이에 아무런 모순도 존재하지 않는다고 생각한다. 공리들을 사실로 받아들이기 위해, 예컨대 우리는 점을 유클리드 전통의 "외연을 갖지 않는" 공간적 대상으로 이해할 필요가 없다.[9] 왜냐하면 우리가 점을 데카르트

---

7 1899년 12월 27일자 Frege의 서신; Frege(1980), 34-38; Frege(1984), 273-277 참조.
8 1899년 12월 29일자 힐버트의 서신; Frege(1980), 38-43.
9 Frege(1980), 39.

좌표평면 내에 있는 수들의 순서쌍으로 간주해도 공리들은 참일 수가 있기 때문이다. 공리들은 유클리드 전통의 어떤 공간적 직관에 의해 사실로 인정될 수도 있고, 해석기하학의 방법으로 그 참이 정당화될 수도 있다. 그런데 중요한 점은 서로 다른 방법에 의해 공리들의 참이 인정될 때 그 안에 나오는 말들의 내용도 달라진다는 것이다. 그러므로 우리는 공리들을 사실로 받아들이기 위해, 예컨대 '점'이란 말의 내용이 고정되어 있다고 간주할 필요가 없다. 도리어 애초부터 그 말의 내용을 어떤 것으로 고정하고 나면 우리는 공리들의 참을 받아들일 다른 방법들을 배제하게 된다. 이는 공리들을 다양한 영역에 다양하게 적용할 수 있는 길을 막게 될 것이다. 반면 우리가 공리들의 이런 다양한 적용 가능성을 허용하려면, 우리는 그 안에 나오는 말의 의미를 공리 안에서만 이해해야 한다.[10]

힐버트는 기호와 그것의 의미나 내용에 관해 프레게와 아주 다른 견해를 갖고 있는 것으로 보인다. 그는 공리 안에 등장하는 말의 내용은 고정되어 있는 것이 아니라 우리가 공리들을 어떤 방법에 따라 참으로 인정하는지에 따라 달라진다고 여기는 것으로 보인다. 공간적 직관에 의해 어떤 공리들을 받아들였을 때, 공리에 나오는 말들은 직관 안에 주어진 공간적 대상들이나 그 대상들 사이의 관계를 내용으로 갖는다. 반면 해석기하학의 방법에 따라 공리들이 참으로 인정되었을 때, 공리에 나오는 말들은 좌표평면 위의 수 좌표들 및 그 관계를 내용으로 갖는다. 공리들의 참을 정하는 이런 다양한 방법은 똑같은 공리들이 서로 다른 분야에 다양하게 적용될 길을 마련해 준다. 이런 다양한 적용이 가능하려면, 공리들 안에 나오는 말의 의미를 고정된 것으로 간주해서는 안 된다. 그 말들은 서로 다른

---

10 Frege(1980), 42.

내용이 부여될 수 있도록 열려 있어야 한다. 그런데 공리들 사이의 논리적 관계를 연구하려 할 때, 우리는 공리들 안에 나오는 용어가 어떤 특정한 내용을 가지고 있다고 미리 가정해서는 안 된다. 예컨대 우리가 어떤 이론에 새로운 원리 B를 공리로 첨가하려 하고, 새로 첨가되는 공리가 기존의 공리들 A1, … , An과 서로 양립 가능한지 알고자 한다고 하자. 이 경우 기존 공리들 및 새 공리 모두, 즉 공리들 A1, … , An, B 모두 동시에 참으로 인정하게 해주는 어떤 방법이 있고 그런 방법하에서 공리에 나오는 말들에 어떤 내용이 부여된다면, 그 사실은 바로 새로운 공리가 기존 공리들과 양립 가능하다는 사실을 보여주는 것이다. 이 경우 우리가 주어진 공리들이 참이 되도록 그 안에 나오는 말들에 어떤 특정 내용을 부여할 수 있다는 것은 미리 가정되는 것이 아니라 우리가 비로소 증명해야 하는 것이다. 이 때문에 어떤 이론의 공리들 사이의 논리적 관계를 연구하기 전에 그 공리들 안에 나오는 말의 내용이 미리 정해져 있는 것으로 간주되어서는 안 된다. 말의 내용은 해당 공리들을 참으로 수용하기 위해 우리가 어떤 방법에 의존하느냐에 달려 있는 것이지, 그런 방법과 무관하게 주어지는 것이 아니다.

이에 반해 프레게는 기호나 말이 어느 분야의 어느 이론에 등장하든지 고정된 하나의 내용을 가져야 한다고 생각한다. 예컨대 산수의 어떤 정리 "7 = 3 + 4"에 나오는 숫자들이나 더하기 기호나 등호는 기하학에서 사용할 경우에도 똑같은 내용을 가져야 한다. "임의의 두 선분 a, b에 대해, a가 단위 길이에 대해 갖는 비율이 3이고, b가 단위 길이에 대해 갖는 길이가 4일 때, a의 한 끝점을 b의 끝점과 곧게 연결해서 얻은 선분은 단위 길이에 대해 7의 비율을 갖는다"라는 기하학의 문장에서 숫자 '3', '4' 및 '7'은 실수이론의 정리에서 갖던 그 내용과 같은 내용을 가져야 한다. 왜냐하면 산수의 정리를 기하학적 정리의 전제로 삼을 경우, 두 정리에 모두 등장하는 똑같은 말이 서로 다른 내용을 갖는다면, 추론은 더 이상 타당하지 않을 것이기 때문이다.[11]

처음 볼 때 기호와 그 의미 혹은 내용에 관한 힐버트와 프레게의 견해는 화해하기 힘든 것으로 보인다. 이미 프레게는 하나의 기호에 오직 하나의 내용만 부여되는 이상적인 논리학의 언어를 제시하였다.[12] 그 언어에서는 어느 분야의 추론이든지 기호 내용의 유일성이 보존되어야 한다고 강조하며, 그런 식으로 기호를 사용하는 일이 가능하다는 것을 보여주려 하였다. 반면 힐버트는 같은 이론 내의 똑같은 말에 서로 다른 내용이 부여되도록 허용한다. 나아가 그는 이런 서로 다른 내용 부여의 가능성이야말로 어떤 이론의 공리들 사이의 논리적 관계를 연구할 때나 필수적인 것으로 간주한다.[13] 이런 두 사람의 견해 차이는 수학 이론이 무엇인지, 이론 내의 공리의 지위가 무엇인지에 관한 두 사람의 견해에도 반영된다. 프레게에게 수학 이론을 비롯해 과학 이론 일반은 참인 문장들의 체계이고, 공리란 이론의 근본 전제를 이루는 참인 문장이다. 정리는 공리들을 전제로 논리적으로 증명되는 참인 문장이다. 반면 공리는 다른 전제에 의해 증명되지 않고 그 자체로 참이 인식되는 문장이다. 논리학의 공리들은 순수 사고에 의해,

---

11 Frege(1903), Gg II, 91절 참조.

12 Frege(1879), BS, vi. 이곳에서 그는 자신의 논리학을 기하학에 직접 적용할 수 있음을 지적한다. 이 경우 논리학의 어휘는 기하학의 추론에서도 똑같은 내용을 가져야 할 것이다.

13 힐버트는 서로 다른 내용 부여 가능성에도 다른 말을 사용하려 하지 않는다. 이는 힐버트 못지않게 기하학에서 엄밀성을 추구한 파쉬나 프레게와는 상반된 태도이다. 파쉬는 그의 기하학 연구에서 원초용어로 사용되는 '점'과 이런 말들을 이용해서 정의되는 '점'이라는 말을 구분하기 위해 전자를 '본래의 점'이라는 말로 고쳐 부른다. Pasch(1882), 40-45 참조. 그리고 힐버트를 비판하는 프레게 논문 상당 부분은 힐버트의 용어 사용의 혼란을 정정하는 데 바쳐져 있다. Frege(1884), 273-277, 318 이하 참조. 그런데 흥미롭게도 힐버트는 프레게의 비판에도 자신의 용어 사용을 고수한다. Hallett(2012), 150-151에 번역되어 있는 1905년 힐버트 강연록의 내용 참조.

기하학의 공리들은 공간적 직관의 도움을 받아 그 참이 인식된다. 반면 힐버트에게 수학 이론은 서로 다른 여러 방법으로 그 참이 인정될 수 있는 공리들의 체계이다. 기하학 이론의 공리들은 공간적 직관에 의해 참이 인정될 수도 있지만, 산수의 방법으로 참이 인정될 수도 있다. 수학 이론을 구성하는 공리들은 그것들을 참으로 만들어 주는 어떤 방법하에서가 아니면 참도 아니고 거짓도 아니다. 이런 뜻에서 공리 체계로서 수학 이론은 서로 다른 방법에 따라 서로 다른 참인 문장들의 체계를 산출할 수 있는 추상적 형식이라고 할 수 있다. 이런 추상적 형식에 어떤 내용을 부여하느냐에 따라 특정한 영역에서 참인 문장들의 체계가 주어진다. 힐버트의 다음 언급은 이 사실을 분명히 보여준다.

> 그러나 모든 이론은 필연적 연관관계를 동반하는 기틀(도식)일 뿐이고, 기본적인 원소들은 우리가 좋은 어떤 방식으로도 생각할 수 있는 것이다. 만약 점들 대신에 내가 사물들의 체계로서 사랑, 법, 굴뚝 청소부의 체계를 생각한다면 그리고 나의 모든 공리들을 이런 사물들 사이의 관계로 가정한다면, 나의 명제들, 예를 들어 피타고라스 정리도 이런 사물들에 대해 성립한다.[14]

3. 해석된 이론과 형식이론

프레게와 힐버트가 '공리'라는 말을 다르게 이해한다는 사실은 우리 논의를 위해 중요하다. 프레게는 공리를 참인 문장으로 이해한다. 반면

---

14 Frege(1980), 42.

힐버트는 '공리'라는 말을 두 가지 뜻으로 사용한다. 첫 번째 뜻의 공리는 프레게와 마찬가지로 참인 문장이다. 예컨대 힐버트가 제시한 여러 부류의 공리들을 우리가 유클리드적 직관에 근거해서 이미 받아들였다면, 이때 그 공리들은 정확히 프레게가 뜻하는 참인 문장으로서의 공리이다. 두 번째 뜻의 공리는 아직 그 참을 어떤 방법으로도 받아들이지 않았든가 아니면 의도적으로 그 안에 나오는 말의 내용을 무시하고 그저 참이라고 가정된 문장이다. 이 경우 프레게처럼 실제로 참인 문장만 공리로 허용하게 되면 두 번째 뜻의 문장은 공리가 아니다. 엄격히 말한다면 둘째 뜻의 공리란 그 안에 나오는 말에 특정한 내용이 부여될 때 비로소 참이나 거짓이 되는 문장형식에 지나지 않는다. 그런데 프레게와 힐버트의 논란을 이해하려 할 때 중요한 점은 두 번째 뜻의 문장형식으로서의 공리란 프레게의 관점에서 보면 바로 술어에 지나지 않는다.[15] 왜 그런지 보기 위해 다음의 만남공리를 고려하자.

(1) 두 점 각각과 만나는 선이 적어도 하나 존재한다.

여기서 '점', '선' 등이 공간적 대상들 혹은 그런 대상들이 속하는 개념들을 나타내고, '만남'이 그런 대상들 사이의 관계를 나타낸다고 해보자. 이 경우 그 진술은 해당 대상들 및 관계에 대해 앞의 진술이 참이 되는지 아닌지 정할 수 있다. 반면 '점', '선' 및 '만남'에 아무 특정한 내용도 부여하지 않았다고 가정하면, 그 진술은 사실 참이나 거짓인 문장이 아니라 다음과 같은 문장형식에 지나지 않는다. [아래에서 'Φ', 'Ψ'는 1항 술어의 변항이고,

---

15 프레게는 전자의 의미의 '공리'라는 말을 유클리드적 의미의 공리라고 하며, 후자의 뜻의 힐버트식의 '공리'를 '사이비 공리'라고 부른다. Frege(1984), 318 이하 참조.

'Σ'는 2항 술어의 변항이다.]

(2) 두 Φ 각각에 대해 Σ의 관계를 갖는 Ψ가 적어도 하나 존재한다.[16]

프레게는 (1)과 (2)의 관계를 다음과 같이 설명한다. 점들이나 선들은 특정한 대상들이다. 어떤 특정한 점 a에 관해 "a는 점이다"라고 말하면, 이 문장에서 '점'이라는 말은 술어 역할을 한다. 그는 이처럼 대상에 관해 서술하는 술어의 내용을 1차 개념이라고 한다. 그리고 어떤 특정 점 a와 특정 선 b에 대해 "b는 a와 만난다"라고 말하면, 이 문장에서 '만남'이라는 말은 두 개의 대상에 대해 서술하는 역할을 한다. 그는 이처럼 여러 대상에 관해 서술하는 술어의 내용을 1차 관계라고 한다. 반면 앞의 문장 (1)은 겉으로 보기와는 달리 아무 특정 대상에 관해서도 말하지 않는다. 왜냐하면 그 문장 안에는 특정 대상을 나타내는 말이 없기 때문이다. 만약 그 문장이 무언가에 관해 서술한다면, 그것은 1차 개념으로서 점과 선 그리고 1차 관계로서 만남이라는 것이 프레게의 생각이다. 그러면 문장 (1)에서 그런 개념들 및 관계에 관해 서술하는 말은 어떤 것인가? 그것은 바로 문장 (1)에서 1차 술어 '점', '선' 및 '만남'을 빼버리고 남은 문장형식 (2)이다. 그러면 이 문장형식은 문장 (1)에서 1차 개념들 및 관계에 관해 무언가를 서술한다. 이 서술의 내용은 1차 술어들이 특정 대상에 관해 서술하는 것과는 근본적으로 다르다는 것이 프레게의 견해이다. 이 때문에 그는 대상에 관해 말하는 술어를 1차 술어, 1차 술어의 내용으로서 개념이나 관계 자체에 관해 말하는 술어를 2차 술어라고 한다. (2)는 바로 2차 술어에

---

16 이후 내가 하는 정식화는 프레게가 『기하학의 기초』 II, 2부에서 자세하게 수행하는 힐버트 이론의 재구성에 기반을 둔 것이다. Frege(1984), 318-324 참조.

해당한다. 그런데 그 술어는 한 개의 개념에 관해 말하는 것도 아니고 한 개의 관계에 관해 말하는 것도 아닌, 두 개의 개념과 한 개의 관계에 관해 말한다. 그러므로 그 2차 술어의 내용은 프레게의 견해에서는 2차의 (3항) 관계에 해당한다.[17]

프레게의 관점에서 보면 힐버트는 공리를 사실이라고 할 때는 (1) 같은 문장을 고려하고 있지만, '점', '선' 및 '만남'의 내용을 무시할 때는 (2) 같은 2차 술어를 고려한 데 지나지 않는다. 결국 힐버트는 두 가지 서로 다른 공리 개념을 가지고 있는 셈이다. 그런데 이론은 공리를 구성 요소로 갖고 있으므로, 힐버트는 두 가지 서로 다른 이론 개념을 가질 것이다. 예를 들어 보자. 힐버트는 앞의 (1)을 포함해서 일곱 개의 만남공리를 제시한다. 우리가 이런 공리들 모두에서 '점', '선', '면' 등의 말이 공간적 대상들이 속하는 개념을 나타내고, '만남'이란 말이 그런 대상들 사이의 관계를 나타낸다고 해보자. 그리고 그 경우 힐버트는 일곱 개의 공리가 참이 된다는 것은 인정했다고 해보자. 이때 A1, ⋯ , A7 각각을 만남공리라고 하면, 우리는 다음과 같이 공리의 연언을 고려할 수 있다.

(3) A1 & ⋯ & A7 (점, 선, 면, 만남).

여기서 오른편 괄호 안의 표시는 '점', '선', '면' 그리고 '만남'이 구체적 내용을 갖는다는 것을 나타낸다. (3)의 연언지는 각각 만남공리이고, (3) 자체는 만남에 관한 모든 공리의 연언이므로, 우리는 (3)을 만남이론의 공리라고 부를 만하다. 그런데 이제 그런 말들이 갖는 내용을 잠시 무시하자.

---

17 프레게 논리학의 언어 유형과 그에 상응하는 대상이나 개념 및 관계들의 차원에 관해서 보려면 Dummett(1980), 3장 참조.

그 경우 우리는 아래의 2차의 관계술어를 고려할 수 있다.

(4) A1 & ⋯ & A7 (Φ, Ψ, X, Σ).

(4)는 (2)와 마찬가지로 2차의 관계술어이지, 참인 문장이 아니다. 그러면 (4)를 공리로 갖는 이론은 (3)을 공리로 갖는 이론과는 근본적으로 다르다. 두 이론에서 공리들로부터 정리들로의 연역이 논리적 추론에 의해서만 수행된다고 하자. 그러면 (3)을 공리로 갖는 이론의 모든 정리는 공리와 마찬가지로 참인 문장들이다. 반면 (4)를 공리로 갖는 이론의 모든 정리는 공리와 마찬가지로 고차의 관계술어들이다. 예컨대 힐버트가 첫 번째 정리로 간주하는 "어떤 평면 위에 있는 두 직선은 기껏해야 하나의 점과 만난다"는 문장을

(5) B(점, 선, 면, 만남)

으로 표현해 보자. 힐버트의 논리적 추론이 옳다면, (4)에서 연역된 정리는 (5)가 아니라

(6) B(Φ, Ψ, X, Σ)

으로 표현되어야 할 것이다. 그러므로 (3)을 공리로 갖는 이론은 참인 문장들로 구성되어 있는 반면, (4)를 공리로 갖는 이론은 고차의 관계술어들을 구성 요소로 갖는다. 이런 뜻에서 힐버트에게 '이론'이란 말은 두 가지 서로 다른 뜻을 갖는다. 하나는 참인 문장들이 논리적 추론에 의해 조직되어

있는 체계이다. 참인 문장들의 체계로서 이론은 그 안에 나오는 말이 특정 내용을 갖도록 기호를 해석했다는 뜻에서 "해석된 이론"이라고 부를 수 있다. 다른 하나는 해석된 이론에 나오는 말의 특수한 내용을 무시하고 남는 고차의 관계술어들의 체계에 해당한다. 우리는 이런 고차의 관계술어들의 체계로서 이론을 "해석되지 않은 이론" 혹은 "형식이론"이라고 부를 수 있다.[18] (4)는 해석을 갖지 않은 이론의 공리이고, (3)은 이미 해석을 가진 이론의 공리이다.

해석을 가진 이론과 형식이론과의 논리적 관계는 무엇인가? 프레게는 힐버트의 형식이론이 "더 높은 관점" 혹은 "더 일반적인 관점"을 요구한다는 사실을 주목한다.[19] 형식이론이 더 높은 관점을 요구하는 이유는 구성요소로서 (4)나 (6) 같은 고차의 술어는 (3)과 (5) 같은 이론의 원초용어처럼 구체적인 대상들에 관해 서술하는 데 사용되는 것이 아니라, 도리어 그런 대상들이 갖는 속성이나 관계 자체에 관해 서술하는 데 사용되기 때문이다. 형식이론이 더 일반적인 관점을 요구하는 이유는 하나의 형식이론으로부터 해석에 따라 여러 이론을 얻을 수 있기 때문이다. 예컨대 우리는 (4)를 공리로 갖는 형식이론을 통상의 유클리드 기하학의 방법을 이용해서 공간적 대상들에 관한 이론을 얻을 수 있다. 반면 우리는 힐버트가 한 것처럼 해석기하학의 방법을 이용해서 수들의 순서쌍들에 관한 이론을 얻을 수도 있다. 그러면 하나의 형식이론은 서로 다른 여러 이론을 그것의 해석 사례들

---

18 후자의 이론은 후대에 '형식화된 이론' 혹은 간단히 '형식이론'이라고 불리는 것과 유사하다. 하지만 힐버트가 Hilbert(1899)에서 고려했던 이론은 1920년대 이후 고려한 내용을 완전히 무시하는 순수 구문론적 대상으로 구성된 형식이론과는 구분되어야 한다. 왜냐하면 초기 힐버트가 고려한 이론은 단지 문장이 갖는 내용에서 특수한 내용만 무시한 것이지, 나머지 부분의 내용까지 모두 무시하는 것이 아니기 때문이다. 문장형식 (2)는 결코 무의미하지 않다.

19 Frege(1980), 43-44.

로 갖는 반면, 이 해석된 이론들은 그 형식이론을 공통된 구조로서 공유한다.

형식이론과 그 사례이론 사이의 논리적 관계에 관한 연구를 후대에는 흔히 "메타수학"이라고 불렀고, 언제나 그 말은 힐버트와 그 제자들의 연구 방법과 연관되어 사용되었다. 힐버트 식 메타이론의 연구 대상은 형식이론과 그 사례이론들이다. 사례이론의 구성 요소는 참인 문장들이고, 형식이론의 구성 요소는 참도 거짓도 아닌 문장형식들이다. 그러면 메타이론 자체의 구성 요소는 참인 문장인가 아니면 문장형식들인가? 프레게는 힐버트 메타이론의 구성 요소는 참인 문장이어야 한다고 생각한다. 예컨대 그는 (4)를 공리로 갖는 형식이론의 공리로부터 정리 (6)을 연역하는 일은 바로 다음 문장의 참을 확립하려는 데 있다고 생각한다.

(7) $\forall\Phi\forall\Psi\forall X\forall\Sigma[(A1 \ \& \cdots \& \ A7 \ (\Phi, \ \Psi, \ X, \ \Sigma)) \rightarrow B(\Phi, \ \Psi, \ X, \ \Sigma)]$.

(4)로부터 (6)으로의 힐버트의 추론이 타당하다면, (7)은 고단계 논리학의 진리이다. 이 때문에 프레게는 힐버트의 메타이론적 연구를 논리학의 연구로 간주한다: "내가 보기에 당신은 기하학을 공간적 직관과 완전히 분리해서 산수와 같은 순수 논리적 과학으로 바꾸고 싶은 것 같다."[20]

---

20 Frege(1980), 43.

4. 프레게의 반론

4.1. 해석된 이론의 경우

앞 절에서 우리는 서로 다른 두 종류의 이론이 있음을 알았다. 한 가지 종류의 이론은 이미 해석이 주어져 있어 참인 문장들로 구성되어 있는 이론이고, 다른 하나는 그런 이론에서 해석을 무시한 형식적인 이론이다. 그리고 힐버트의 논의는 그가 서로 다른 두 종류의 해석된 이론을 고려하고 있음을 보여준다. 하나는 형식이론을 얻기 위해 특수한 내용을 제거하기 전에 주어져 있는 보통의 기하학 이론이고, 다른 하나는 형식이론과 서로 다른 해석된 이론들 사이의 관계에 관해 참인 진술을 하는 더 높은 차원의 메타이론이다.

힐버트는 공리가 그 안에 나오는 말의 의미를 정의해 준다고 한다. 여기서 '공리'란 어느 이론의 공리인가? 먼저 메타이론은 쉽게 제외할 수 있다. 힐버트는 메타이론의 공리를 제시한 적이 없기 때문이다. 그는 프레게와 달리 논리적 추론의 원리들을 명시해서 제안한 적이 없고, 그가 배경 이론으로 삼는 집합론의 원리들도 명시해서 제안하지 않았다. 그러므로 고려될 만한 후보는 형식이론과 그것을 얻기 전에 이미 주어진 기하학 이론이다. 이 기하학 이론은 분명히 해석을 가진 이론이다. 힐버트가 공리적 정의에서 염두에 두는 공리란 두 종류의 이론 중에서 어느 이론을 말하는가?

먼저 해석을 가진 대상이론의 경우를 보자. 이 경우 "각각의 두 점과 만나는 선이 적어도 하나 있다"는 공리는 이미 참인 문장으로 이해된다. 그런데 '점', '선', '만남'에는 모두 어떤 해석에 의해 이미 내용이 부여되었다. 반면 힐버트의 주장에 따를 때 앞의 공리가 정의에 의해 '점', '선', '만남'에 부여하는 그 의미는 해석에 의해 주어진 그 내용과 같은 것인가, 다른 것인가? 만약 정의에 의해 부여된 그 의미가 해석에 의해 부여된 그 내용과 같다면 이런 의문이 생긴다. 왜 해석에 의해 이미 내용을 갖는 말을 다시 정의할 필요가 있는가? 이 경우에는 정의가 쓸모없어 보인다.

반면 정의에 의해 부여된 그 의미가 해석에 의해 부여된 내용과 다르다면, 두 문제가 생기는 것으로 보인다.

첫째로 정의에 의해 부여된 그 의미가 무엇인지 불투명하다. 프레게는 이 때문에 "각각의 두 점과 만나는 선이 적어도 하나 있다"에서 해석에 의해 부여된 내용을 무시하면 '점', '선', '만남'이라는 말은 변항의 역할을 할 뿐이라고 생각한다. 그는 변항은 상항과 달리 독립적으로 고정된 의미를 갖는 말이 아니라고 생각한다. 도리어 변항은 '점', '선', '만남'이란 말의 논리적 유형만 고려한 자리 표시이고 양화사에 의해 구속되어 일반적인 사실을 표현하는 역할만 한다. 하지만 원래 문장은 '점', '선', '만남'을 구속하는 양화사는 없으므로, 해석에 의해 부여된 내용을 고려하지 않는 한 자리 표시 이외에 하는 역할이 없다. 그것은 그저 술어의 유형을 표시하기 위한 술어의 구성 요소일 뿐이다.

둘째로 공리에 의해 '점', '선', '만남' 등에 해석에 의해 주어진 내용과 다른 어떤 의미가 부여된다고 해도, 이 의미가 전자의 내용과 무슨 관계를 갖는지 불분명하다. 해석에 의해 부여된 내용으로서 특정한 점들의 집합, 선들의 집합 및 만남 관계 등과 공리에 의해 '점', '선', '만남'에 부여된 그 의미는 어떤 관계를 갖는 것인가? 프레게에게는 해석에 의해 '점', '선', '만남'에 부여된 것으로서 점 개념, 선 개념 및 만남 관계는 각각 그런 말의 지시체이고, 그런 말이 갖는 의미(뜻)는 이런 지시체에 관해 말하는 문장이 참이기 위한 조건의 구성 요소이다. 반면 힐버트의 경우 해석이란 개개의 공리에 별도로 내용을 부여하는 작업이 아니다. 공리이론 전체에 대해 그 이론의 원초용어들 모두에 한꺼번에 내용을 부여하는 일이다. 이 경우 각 용어와 그에 부여되는 내용이 직접 연결될 고리는 없어 보인다. 각 용어가 그에 부여되는 내용과 연결되기 위해 그것이 가져야 할 특징은 내용과 상응하는 논리적 유형 밖에는 없는 것 같다. 그렇다면 공리에 의해 용어에 부여된 그 의미는 도대체 무슨 역할을 하는 것인가?

4.2. 형식이론의 경우

힐버트의 공리적 정의에서 공리를 해석된 이론에 속하는 문장으로 간주할 경우, 공리에 의해 부여된 의미가 무엇인지 알 수 없다는 데 문제가 있다. 이는 우리가 공리적 정의에서 그가 고려한 공리가 해석되지 않은 형식이론의 공리일 가능성이 높다는 것을 보여주는 것으로 보인다. 하지만 이 경우 문제는 그 공리를 통해 정의하려는 말, 즉 피정의항이 무엇인지 알기 힘들다는 데 있다. 힐버트의 다음 언급을 들여다보자.

공리 대신에 당신이 좋은 대로 '특징적 속성'이라고 말할 수도 있다. 그러나 우리가 예컨대 '점들'에 대해 다른 정의를 찾고자 한다면, 아마도 외연 없음에 의해 바꿔 쓰기를 한다면, … 나는 그런 시도를 비생산적이고, 비논리적이고, 쓸모없는 일이기 때문에 거부한다. 이는 아무것도 없는 곳에서 어떤 것을 찾고 있는 것이다. 그 경우 전체 연구는 모호해지고 헝클어져서 숨바꼭질 놀이에 빠지게 될 것이다. 정의들(즉, 설명들, 정의들, 공리들)은 이론 구성을 위해 필요한 모든 것을 포함해야 할 뿐 아니라, 그런 것만 포함해야 한다. 당신의 뜻에서 보면 함께 정의를 구성하는 나의 설명들, 정의들 및 공리들의 분류는

자의적인 것이 포함되어 있긴 하지만, 나는 내 배열 방식이 일반적으로 유용하고 명확하다고 믿는다.[21]

힐버트가 여기서 구성하려는 이론은 해석되지 않은 이론임에 틀림없다. 왜냐하면 그는 해석을 통해서 이론 밖에서 주어지는 '점'에 대한 설명, 예컨대 유클리드 전통의 외연 없는 대상이라는 설명을 비논리적인 일로 거부하기 때문이다. 그러므로 기존에 어떤 해석이 주어졌던 이론에서 힐버트 식의 추상적인 이론을 얻기 위해서는 '점'에 부여했던 의미를 무시해야 한다는 것이다. 그리고 정의는 이론 구성에 필요하지 않은 모든 것을 배제해야 한다고 생각한다. 힐버트에 따르면 이런 배제 항목 중에는 공리의 진리에 호소하는 일까지 포함된다.[22]

힐버트 이론은 해석을 무시한 이론일 뿐 아니라 그것이 이전에 참으로 수용되었다는 사실도 고려하지 않는 이론이다. 왜냐하면 해석에서 부여되었던 내용도 그것이 참으로 간주되었다는 사실도 다 이론 자체의 내적 구성 요소는 아니기 때문이다. 만약 그런 이론에 나오는 용어가 어떤 의미를 갖는다면, 그 의미는 오로지 공리들이 그 용어에 부여하는 의미뿐이다. 그런데 힐버트는 다섯 부류의 공리를 제시하였고, '점', '선', '면' 등의 대상 종류용어는 여러 부류의 공리에 공통으로 등장하고, '만남', '사이에 있음', '합동', '평행', '연속' 등의 관계용어는 각 부류의 공리들을 도입할 때 함께 도입된다. 또한 앞에서 본 것처럼 각 부류의 공리는 다수이다.

---

21 1899년 12월 29일 Hilbert의 서신 초고; Frege(1980), 38-40 참조.

22 힐버트는 이렇게 말한다: "진리(?)에 호소해서 공리를 세운 다음 이것으로부터 그 공리가 정의된 개념들과 양립 가능하다고 추론하는 것이야말로 오류와 오해의 영원한 원천이다. 이것이… 내가 피하고자 했던 것이다"(Frege[1980], 40).

이 경우 '점', '선', '면' 등의 용어에 의미를 부여하는 것은 어떤 공리들인가?

유클리드 기하학, 비유클리드 기하학, 아르키메데스 기하학, 비아르키메데스 기하학에서 점은 각 경우에 다른 것이다. 개념이 한 번 완전하고 고유하게 고정되고 나면, 어떤 공리를 첨가하는 일은 전적으로 부당하고 비논리적이다 — 이런 잘못은 물리학자들이 아주 자주 저지른다. 그들은 연구 과정에서 새로운 공리를 연달아서 제시하며, 새로운 공리가 그들의 이전 가정과 충돌하는지 검토하지도 않고, 그들이 이전에 세웠던 공리들로부터 따라나온다는 사실과 모순된다는 것을 보이지도 않음으로써, 그들은 이론 연구에서 순전히 무의미한 일을 허용하곤 한다.[23]

여기서 힐버트는 아주 중요한 발언을 하고 있다. 왜냐하면 '점'은 그것이 나오는 이론마다 의미가 다르다. 그 이유는 물론 각 이론에 나오는 공리들이 다르기 때문이다. 유클리드 이론은 만남 · 순서 · 합동 · 평행 및 연속공리들 모두를 포함하고, 비유클리드 이론은 나머지 공리들은 그대로 두고 평행공리만 대체한 이론이다. 그리고 아르키메데스 이론은 나머지 네 부류의 공리는 그대로 포함하고 연속공리로서 아르키메데스 원리까지 포함한 이론이고, 비아르키메데스 이론은 아르키메데스 이론에서 아르키메데스 원리를 다른 공리로 대체한 이론이다. 그런데 '점'이란 용어는 이런 서로 다른 이론에서 서로 다른 공리에 등장하므로, 공리에 의해 '점'에 의미가 부여된다는 힐버트의 견해는 두 가지 중요한 주장을 함축한다.

---

23 Frege(1980), 40.

첫째로 '점'의 의미는 그 말이 나타나는 이론마다 달라진다.

둘째로 이론의 공리들은 한꺼번에 제시되어야 하므로, '점'의 의미는 이론 내에 서는 달라지지 않는다.

프레게는 힐버트의 정의 방식을 두 가지 점에서 반대한다. 첫째로 힐버트는 여러 공리가 예컨대 '점'의 의미를 정의해 준다고 주장할 뿐 아니라 그런 다수의 공리가 여러 용어를 한꺼번에 정의해 준다고 주장한다. 프레게는 이런 절차는 어느 용어의 의미도 고정하지 못한다는 점을 지적한다. 예컨대 만남공리들은 하나의 용어 '점'의 의미만 아니라 '점', '선', '면', 및 '만남' 등 여러 용어의 의미를 한꺼번에 정의해 주어야 한다. 그러므로 우리는 '점'의 정의항을 그 안에 '선', '면', 및 '만남' 등이 포함되어 있는 아래의 (8)로 간주해서는 안 된다.

(8) A1 & ⋯ & A7 (Φ, 선, 면, 만남).

왜냐하면 이런 정의는 순환적인 것이기 때문이다. 우리는 점이 무엇인지 알기 위해 선이 무엇인지 알아야 하고, 다시 선이 무엇인지 알기 위해 점이 무엇인지 알아야 한다. 반면 우리가 정의항을 앞 절의 (4) "A1 & ⋯ & A7 (Φ, Ψ, Χ, Σ)"로 간주한다면, 이는 또 다른 반론에 부딪친다. 프레게는 이런 식의 정의 절차를 미지수가 여럿인 방정식에서 해를 얻는 절차에 비유해서 비판한다.

'사이에 있음'에 관한 당신의 설명을 보면 문제는 더 심각하다. 왜냐하면 당신의 순서공리들은 그 의미가 아직 알려지지 않은 말로 '점'과 '선'도 포함하기 때문이다. 당신의 정의 체계는 여러 미지량을 가진 등식 체계와 유사하다. 그 경우 등식이 풀릴 수 있는지 미지량이 고유하게 결정될 수 있는지 의심이 남는다. 만약 그것들을 고유하게 결정하려면, … '점', '선', '사이에 있음' 각각을 하나하나 이미 알려진 것을 통해 설명하는 편이 나을 것이다.[24]

방정식 $5x - 2y + 3 = 0$의 경우 우리는 미지수 x, y에 단일한 값들을 부여할 수 없다. 왜냐하면 방정식을 만족하면서 x, y에 차례대로 부여할 수 있는 수 쌍이 단일하지 않기 때문이다. 반면 x나 y 중에서 어떤 것이 특정 값을 가질 경우 나머지 하나가 어떤 값을 가질지 알 수 없는 것은 아니다. 예컨대 y가 어떤 특정 값을 갖는다고 하고, 그 값을 a라고 해보자. 그러면 우리는 x는 어떤 고정된 값을 갖는다는 것을 알게 된다: $x = 2a - 3/5$. 그러므로 만남공리들이 '점'에 대한 정의 역할을 하려면, 그 정의항은 다음의 방식으로 제시되어야 할 것이다. ['Φ' 이외의 나머지 변항만 구속되었음을 주목할 것]

(9) $\exists\Psi\exists\mathrm{X}\exists\Sigma[\mathrm{A1} \; \& \; \cdots \; \& \; \mathrm{A8} \; (\Phi, \Psi, \mathrm{X}, \Sigma)]$.

그러나 여기서 분명해지는 것은 이것은 '점' 개념의 정의가 아니라는 것이다. 왜냐하면 (9)는 어떤 것이 점이기 위한 필요충분한 조건의 제시가 아니라 점 개념 자체가 갖는 속성을 제시하고 있다. 그런데 점 개념은 대상들이 갖는 1차의 개념이므로, 점 개념이 갖는 속성은 고차의 속성이다. 그러므로 (9)는 점 개념이 어떤 고차 속성을 갖는다고 말한 것뿐이지, 점 개념을 정의한 것은 아니다.

---

24 Frege(1980), 45.

프레게의 둘째 반론은 (9)가 점 개념에 어떤 속성을 부여하는 문장이라는 사실과 관련되어 있다. 프레게는 이것이 제대로 된 정의가 아니라는 것을 적나라한 예를 사용해서 설명한다.

당신의 정의가 주어질 때, 나는 나의 회중시계가 점인지 아닌지 결정하는 방법을 알지 못한다. 첫 번째 정의는 두 개의 점을 다루고 있다. 그러므로 그 공리가 나의 시계에 대해 성립하는지 내가 알고자 한다면, 나는 먼저 어떤 다른 대상에 관해 그것이 점이라는 것을 알아야 한다. 그러나 예컨대 나의 펜대에 관해 이 사실을 내가 안다 할지라도, 나는 여전히 나의 시계와 펜대가 선을 결정하는지 정하지 못한다. 왜냐하면 나는 선이 무엇인지 모를 것이기 때문이다.[25]

프레게에 따르면, 점 개념을 정의하려면 각 대상에 대해 그것이 점인지 아닌지 결정해 줄 기준을 제시해 주어야 한다. 힐버트의 정의가 적절하다면, 예컨대 프레게가 갖고 있는 그 회중시계에 대해서도 그것이 점인지 아닌지도 결정해 줄 것이다. 그러나 힐버트의 형식이론의 공리에 의해서는 그것을 결정할 수 없다. 따라서 힐버트의 정의는 적절하지 않다는 것이다.

아마 이런 반론에 대해 누군가는 프레게가 힐버트 형식이론에서 '점'이 더 이상 1차 개념 표현이 아니라는 사실을 간과하고 있다고 불평할지 모른다. 그 이론에서 '점'은 단지 서로 다른 여러 해석을 받아들일 도식문자에 지나지 않는다는 것이다.[26] 하지만 이런 반론은 힐버트의 정의가 일종의

---

25 Frege(1980), 45.

26 데머풀로스는 호지스를 따라 힐버트가 '점'이란 용어를 맥락에 따라 서로 다른 지시체를 갖는 비논리상 항으로 이해했다고 주장한다. Hodges(1986); Demopoulos(1994) 참조. 하지만 이런 견해는 헌팅턴이나 베블렌 같은, 이른바 약정주의자들에게 더 어울리는 해석으로 보인다. 왜냐하면 약정주의자들은 공리들을 순전한 가정으로 여기는 반면, 힐버트는 공리들이 직관에 의해 주어진 사실이라는

암묵적 정의로 제안되었다는 사실을 간과한 것이다. 우리는 『산수의 기초』
에서 프레게가 제안했던 암묵적 정의 절차가 힐버트 식의 정의와 공유하는
특징을 고려해 보아야 한다. 프레게는 다음 진술을 방향 개념의 정의로
제안한다.[27]

(10) 선 a의 (그) 방향 = 선 b의 (그) 방향 ↔ a는 b와 평행하다.

프레게는 이 문장이 '방향'이라는 말에 어떤 의미를 부여한다는 사실을
부정하지 않는다. 여기서 '방향'이라는 말은 애초에 어떤 의미를 갖는 것으로
간주되지 않는다. 도리어 '방향'이라는 말을 제외한 나머지 부분의 의미를
이해함으로써 그 말이 가질 의미를 정하는 것으로 간주된다. 힐버트 정의에
서도 '점'이란 말은 애초에 의미를 갖지 않고, 그 말을 제외한 앞의 (9)의
나머지 부분이 '점'이란 말에 어떤 의미를 부여하는 것으로 간주할 수
있다. 또한 두 경우에 대해 프레게는 아주 유사한 반론을 제시한다. 그는
(10)이 '방향'에 어떤 의미를 부여했음은 인정하지만, 그것을 '방향' 개념의
정의로 간주하지는 않는다. 그 이유는 바로 (10)이 각 대상에 대해 그것이
방향인지 아닌지 알려주지 않는다고 여기기 때문이다. 그곳에서 프레게는
(9)의 설명만으로는 영국이 지구 축의 방향인지 아닌지 결정할 수가 없음을
지적한다.

물론 (9)는 (10)과 두 가지 점에서 중요한 차이를 갖는다. 첫째로 (10)은
(9)와 달리 정의의 결과 새로 도입되는 대상들로서 방향들 사이의 동일성

점을 부정하지 않기 때문이다. Huntington(1902); Veblen(1903) 참조. 힐버트와 약정주의자들
사이의 차이에 관해서는 Corry(1996), 168-180 참조.

27 Frege(1884), 63-66절 참조.

기준이다. 반면 (9)는 점들 사이의 동일성 기준도 아니고 점 개념의 동일성 기준도 아니다. 도리어 점 개념이 갖는 속성의 표현이다. 둘째로 (10)에서 정의되는 말은 기하학의 공리 체계 내에서 파생적인 말이다. (10)은 이미 '선', '평행', '=', 정관사 등의 의미가 이미 알려져 있다고 간주한다. 반면 (9)의 '점'이란 말은 힐버트 공리이론에서 다른 말에 의해 명시적으로 정의되는 말이 아니라 원초용어에 해당하는 것이다.

이 두 차이는 매우 중요하다. 프레게는 원초용어의 의미를 공리이론 내에서 정의할 수 없다고 생각한다. 왜냐하면 그는 공리가 참인지 결정하기 전에 그 안에 나오는 말의 의미가 무엇인지 알아야 한다고 요구하기 때문이다. 그러므로 원리상 원초용어는 공리들이 참으로 인정되기 전에 이미 알려져 있어야 하는 것이다. 그래서 만약 우리가 원초용어의 의미에 관해 해명한다면, 그런 해명은 공리이론 내의 정의가 아니라 공리이론 밖에서 공리를 이해하기 위한 토대를 수립하는 일이다.[28] 그러므로 프레게는 원초용어 '점'의 의미를 정의할 수 있는데, 그 정의가 부적절해서 힐버트를 비판하는 것이 아니다. 프레게가 힐버트를 비판하는 이유는 이론의 토대 수립을 위해 마땅히 거쳐야 할 일로서 '점'의 의미 해명 작업을 하지 않기 때문이다.

그러면 '점'의 의미 해명 작업은 어떻게 수행되어야 하는가? 어떤 것이 점인지 아닌지 결정할 기준이 무엇인지 정의할 수는 없다 하더라도 '점'이란 말을 어떤 뜻으로 사용하는지 해명해야 한다는 것이다. 그런데 이 일에 필수적인 작업은 먼저 점들이 같은지 다른지 결정할 기준을 해명하는 일이다. 프레게는 『산수의 기초』에서 (10)이 방향 개념의 정의라는 사실은 부정했으나, 그의 최종 정의는 바로 (10)을 이용하고 있다. 그러므로 (10)은

---

28 Frege(1984), 300-301.

정의되는 방향 개념 아래 속하는 대상들의 동일성 기준이면서, 동시에 '방향'에 대한 명시적 정의의 핵심적인 요소이다. 왜냐하면 (10)으로 인해 방향들의 정체는 알려졌고, 그런 정체를 갖는 대상들이 그 밖의 다른 대상들과 어떻게 다른지 구별하는 일만 남기 때문이다. 그런데 (9)는 점들의 정체에 관해 아무것도 알려주지 않는 것 같다. (9)는 점들에 대해 그것들이 우리가 아직 모르는 어떤 부류의 대상들과 어떤 관계들을 갖는다는 것만 말한다. 그러므로 프레게의 불만은 '점'이란 말의 해명에서 요구되는 가장 중요한 일이 방기되었다는 것이다.[29]

5. 공리적 정의의 본성

힐버트의 입장에서는 여전히 프레게가 자신의 이론에 불필요한 요소를 끌어들이려는 것으로 보일 것이다. 왜냐하면 힐버트 이론을 명확하게 규정하려면 가장 먼저 해석에 의해 주어졌던 내용을 무시해 버려야 하기 때문이다. 하지만 그런 내용을 무시할 경우 그 말은 아직 아무 의미도 갖지 않는 변항에 지나지 않는다는 프레게의 비판에 마주칠 수밖에 없다. 공리에 나오는 개별적 용어 하나하나에 주목하는 한, 우리는 공리가 그 용어에 부여하는 의미가 무엇인지 알기 힘들다. 힐버트의 동료이자 후계자였던 베르나이즈는 메타이론 내에서 수행되는 힐버트 식의 공리적 정의를 아래와

---

29 최근 흥미롭게도 동일성 기준의 원리를 암묵적 정의로 간주하자는 라이트, 헤일 등의 제안에 대해 맥팔레인은 데데킨트-페아노의 자연수이론의 공리들 전체를 '0', '후자' 및 '자연수'의 암묵적 정의로 간주하는 것과 다를 바 없지 않은가 하는 반론을 제기하였다. 이런 견해는 분명히 힐버트 주장의 재현이다. Hale & Wright(2009) 참조.

같이 묘사한다.

그러나 힐버트의 공리적 방법은 공간적 직관의 제거 절차를 한 단계 더 수행한다. 여기서는 증명에서만 아니라, 공리 및 개념에서도 더 이상 공간적 표상에 의존하지 않는다. "점", "선", "면"은 세 종류의 대상의 이름으로만 사용되는데, 그 대상들에 관해서는 그것들이 고정된 특정 체계를 구성한다는 것 이외에는 아무것도 가정되지 않는다. 또 다른 특징 규정은 공리들을 통해서만 수행된다. "점 A는 선 a 위에 있다"나 "점 A는 점 B와 점 C 사이에 있다" 같은 표현들은 마찬가지로 보통의 직관적 의미와 연관되지 않을 것이다. 도리어 이 표현들은 단지 처음에는 어떤 특정되지 않은 관계들을 표시하고, 그런 표현들이 나타나는 공리들을 통해서만 **암묵적으로 그 특징들이 규정될 것이다.**[30]

베르나이즈의 묘사가 옳다면, 힐버트의 의도는 좀 더 분명히 드러나는 것 같다. 힐버트 식의 이론을 구성하기 위해 직관을 배제해야 하는 이유는 당시 해석학에서 일반적으로 통용되었던 것처럼 증명의 엄밀성을 얻으려는 데만 있는 것이 아니다. 힐버트는 다른 목적을 갖고 있는데, 그것은 유클리드 이론에서 문장들이 갖는 특수한 내용은 무시하고 논리적 관계만 남겨 두려는 데 있다. 그러면 순수 논리적 증명에 의해 확립된 문장들 사이의 연역적 조직과 함께 비논리적 내용은 모두 제외된 순수 논리적 구조만 남게 될 것이다. 이는 베르나이즈의 다음 언급이 확증해 주는 것으로 보인다.

이 견해에 따르면, 공리들은 결코 참이나 거짓이라 할 수 있는 판단들이 아니다.

---

30 Bernays(1922), 192.

공리들은 오직 전체 공리 체계에서만 뜻을 갖는다. 그리고 공리 체계 전체도 진리의 진술을 이루지 않는다. 도리어 힐버트의 뜻으로 공리적 기하학의 논리적 구조는 추상적 군론의 논리적 구조와 유사하게 순수 가설적인 구조이다. 만약 실재의 어딘가에 세 대상의 체계와 이 대상들 사이에 성립하는 특정 관계들이 존재하고, 그것들에 대해 기하학의 공리들이 성립한다면―이것은 대상들과 관계들에 적절한 이름이 부여될 경우, 공리들이 참인 진술로 전환된다는 것을 말한다― 기하학의 모든 공리들은 이런 대상들 및 관계들에 대해서도 성립한다. 그러므로 공리 체계 자체는 사실적인 것을 표현하지 않는다. 그것은 도리어 그 내적 속성에 따라 수학적으로 연구되어야 할 연관된 것들의 체계에 대한 가능한 형식을 나타낼 뿐이다.[31]

그러므로 힐버트가 얻은 것은 유클리드 이론의 논리적 구조이다. 하지만 여전히 논리적 구조 자체는 이미 내용이 삭제된 말에 어떤 내용도 새로 부여하지 않는다. 문제는 힐버트가 그의 정의의 대상, 즉 피정의항이 무엇인지 정확히 해명하지 못한다는 데 있다. 나중에 프레게와 힐버트 사이에 오간 서신을 본 후 이 점을 명확히 알게 된 베르나이즈는 다음과 같이 언급한다.

프레게의 두 반론의 요지는 같은 논점, 즉 근본 개념들을 (말하자면) 그 형식적 속성들에 의해 암묵적으로 정의하는 방법을 향해 있는 것으로 보인다. 이에 대해 우리는 암묵적 정의들이 제시되는 방식이 보통 그리 정확하지는 않고 오해의 소지가 있다는 데 대해서는 프레게에 동의할 수 있다. 그러나 그런 오해

---

31 Bernays(1922), 192.

는 추상 대수에서 사용되는 형식화의 방식에 주의를 기울일 때 피할 수 있다. 예를 들어 우리는 군 이론의 공리들은 "원소" 및 "합성"이라는 개념을 암묵적으로 정의한다고 말하는 것이 아니라, 군이 무엇인지 혹은 더 정확히 말해 어떤 개체들의 정의역과 그런 개체들에 대해 적용되는 2항 함수가 군의 원소들과 합성을 구성하기 위해 무슨 조건들을 만족시켜야 하는지 규정하는 것이다. 그러므로 우리는 힐버트 기하학의 공리들은 "점", "직선", "만남" 등의 개념들이 아니라 3차원의 유클리드 공간의 개념을 정의하는 것이고, 오로지 그와 관련해서 다른 개념들을 정의하는 것이다. 혹은 더 자세히 말해, 힐버트 공리들은 개체들로 이루어진 세 개의 정의역 및 그런 개체들에 관한 세 개의 논리적 함수가 어떤 3차원의 유클리드 공간의 점들, 직선들 및 면들과 만남, 사이에 있음 및 합동의 관계들을 구성하기 위해 어떤 조건을 만족시켜야 하는지 정식화하는 것이다.

이 관점은 앞에 언급한 대로 공리들 각각이 그 자체로 정의가 아니라, 공리들 전체를 포함하는 정의의 일부라는 힐버트의 설명과 일치한다.[32]

말하자면, 베르나이즈에 따르면 힐버트가 우선 고정하려는 것은 보통의 유클리드 기하학 내의 특정 개념이 아니라 유클리드 기하학으로부터 얻은 형식이론 내의 공리들 전체가 갖는 내용이다. 우리는 앞에서 (4)에 의해 만남 기하학으로부터 얻은 형식이론 내의 공리들 전체의 내용을 어떻게 표현할 수 있는지 보았다. 우리는 유사한 방식으로 베르나이즈가 고려하는 형식이론 내의 공리들 전체가 갖는 내용을 표현할 수 있다. 힐버트가 제시한 다섯 부류의 공리는 모두 A1, … , An으로 표시하고, 그런 공리에 나오는

---

32 Bernays(1942), 92-93.

'점', '선', '면' 등의 1항 술어를 F1, F2, F3으로 표현하고, '만남', '합동' 등의 2항 술어를 G1, G2로, 3항 술어 '사이에 있음'을 H로 표현한다고 하자. 그러면 예컨대 공간적 직관에 의해 보통의 유클리드 기하학은 다음처럼 표현된다.

(11) A1 & ⋯ & An (F1, F2, F3, G1, G2, H).

그러면 베르나이즈에 따를 때, 힐버트 형식이론의 공리들 전체가 갖는 내용은 아래와 같이 표현될 것이다.

(12) A1 & ⋯ & An (Φ1, Φ2, Φ3, Σ1, Σ2, Π).

(12)는 (11)을 공리로 갖는 이론의 논리적 구조이다. 그런데 우리가 본 것처럼 (12)의 변항들에는 서로 다른 해석에 의해 서로 다른 내용이 부여될 수 있고, 그에 따라 서로 다른 이론이 얻어질 수 있다. 그러면 보통의 유클리드 기하학만 아니라 서로 다른 해석을 갖는 다양한 이론들이 (12)를 공통의 구조로 가질 것이다. 베르나이즈는 그런 구조에 "3차원의 유클리드 공간 개념"이라는 이름을 붙인다.

이제 우리는 힐버트의 공리적 정의의 피정의항을 분명히 표현할 수 있다. 우리는 앞에서 (4)로부터 (9)를 얻었듯이, (12)로부터 다음 (13)을 얻을 수 있다.

(13) ∃Φ2∃Φ3∃Σ1∃Σ2∃Π[A1 & ⋯ & An(Φ1, Φ2, Φ3,, Σ1, Σ2, Π)].

(12)의 내용이 3차원의 유클리드 공간의 관계 구조라면, (13)의 내용은
무엇인가? 그것은 그런 관계 구조에서 첫 번째 나오는 1차 개념들을 모두
사례로 갖는 개념일 것이다. 그런 개념을 우리는 "3차원의 유클리드 공간의
점 개념"이라는 말로 표현할 수 있을 것이다. 이 말이 바로 우리가 얻고자
하던 피정의항이다. 이제 우리는 힐버트의 공리적 정의의 정의항과 피정의
항을 모두 고정한 것으로 보인다.

(14) Φ1은 3차원의 유클리드 공간의 점 개념이다 =df

∃Φ2∃Φ3∃Σ1∃Σ2∃Π[A1 & … & An(Φ1, Φ2, Φ3,, Σ1, Σ2, Π)].

(14)는 1차 개념의 정의가 아니라 2차 개념의 정의이다. "Φ1은 어떤
3차원 유클리드 공간의 점 개념이다"라는 말에서 'Φ1'은 특정 대상의
고유명사가 들어갈 수 있는 자리가 아니다. 그 자리에는 특정 공간의 점들이
속할 수 있는 점 개념의 표현, 즉 1차 술어가 들어갈 자리다. 그런데 프레게는
2차 개념을 정의하려면 각 1차 개념에 대해 그 개념이 문제의 2차 개념
아래 속하는지 아닌지 결정할 수 있는 기준을 제시해야 한다고 했다. 그러면
(14)는 그런 기준을 표현하는가? 그런 기준을 표현하기에 아무 문제가
없는 것으로 보인다. 왜냐하면 정의항에는 비논리적 용어가 나타나지 않기
때문이다. 그래서 만약 1단계 양화사, 2단계 양화사, 동일성 기호, 결합사
등의 논리적 어휘들이 명확한 경계를 갖는 내용을 표현한다면, (14)의
정의항도 명확한 경계를 가져야 할 것 같다. 다시 말해 (14)는 피정의항에
관한 필요충분조건을 제시한 것으로 보인다. 그런데 이 경우, 우리는 더
이상 (14)를 "암묵적 정의"라고 불러서는 안 된다. 그것은 필요충분조건을
모두 갖춘 명시적 정의이다. 결국 힐버트가 한 일은 정의를 제시한 것이

아니다. 그는 단지 형식이론의 공리들 전체에 의해 어떤 2차 관계를 표현했을 뿐이다. 이 2차 관계는 (14) 같은 2차 개념에 대한 명시적 정의에 도달하기 위한 수단일 뿐이다. 이 사실을 깨닫게 된 베르나이즈는 다음과 같이 말한다.

> 그러나 동시에 우리는 여기서 주의를 끄는 프레게 비판의 특징을 알게 된다. 이 포괄적 정의는 실제로 적절한 명시적 정의이고, 그것에 의해 정의된 그 개념은 2단계의 개념이다.[33]

6. 나오는 말

우리 논의를 정리해 보자. 힐버트의 논의를 오해하지 않으려면 전통적인 유클리드 기하학과 그 기하학의 논리적 구조로서 힐버트 형식이론을 혼동해서는 안 된다. 힐버트는 마치 유클리드 기하학의 원초용어가 형식이론의 공리들에 의해 암묵적으로 정의되는 것처럼 언급한다. 하지만 그가 하는 일은 유클리드 기하학의 원초용어를 정의하는 것도 형식이론의 원초용어를 정의하는 것도 아니다. 그가 실제로 하는 일은 메타이론 내에서 형식이론의 공리들 전체가 표현하는 추상적인 구조를 고정하는 일이다. 이 구조는 프레게의 관점에서는 고차의 관계에 해당한다. 이 고차 관계에 대한 술어는 1차 술어변항들을 하나만 남기고 구속할 때, 고차의 개념을 표현하는 술어로 전환된다. 그런데 흥미롭게도 이 고차 개념에 대한 술어는 프레게의 2단계 논리학 내에서 새로 도입된 말의 명시적 정의에 사용될 수 있다. 왜냐하면

---

33 Bernays(1942), 92-93.

이 고차 개념의 술어는 2단계 논리학의 원초용어들로 구성되어 있기 때문이다. 결국 힐버트의 공리적 정의 방법은 다음 두 단계로 수행된다.

첫째로 형식이론의 공리들 전체에 의해 고차의 관계 구조를 먼저 고정한다. 둘째로 그런 관계의 표현에 나오는 변항들을 하나만 남기고 모두 양화사에 의해 구속하여 고차 개념 표현을 얻는다.

하지만 이것은 정의가 아니다. 단지 정의항만 얻은 것이다. 실제의 정의는 다음 세 번째 단계에서 수행된다.

셋째로 고차 개념에 이전에 없던 새로운 말을 부여한다.

이것은 정확히 논리학의 원초용어에 의존해서 수행되는 명시적 정의이다. 반면 이런 정의 절차는 이미 해석을 갖고 있는 대상이론에 적용할 수 없다. 왜냐하면 해석에 의해 이미 원초용어에 내용이 부여되어 있으므로 다시 원초용어를 정의할 수는 없기 때문이다. 그러므로 힐버트의 방법을 어느 과학 이론에 적용하려 하든지, 공리에 의해 이론의 원초용어가 암묵적으로 정의되는 일은 일어나지 않는다. 그러므로 힐버트의 공리적 정의 방법이란 사실 파생적 용어의 명시적 정의를 얻기 위한 수단을 제공하는 데 지나지 않는다. 이는 결국 힐버트 식 암묵적 정의에 대한 프레게의 반론을 확증한 것으로 보인다. 이것이 프레게가 힐버트에게 전하고자 했던 생각일 것이다.

10장

힐버트 형식주의와 이념적 방법*

1. 들어가는 말

수학에 대한 힐버트의 사상은 흔히 "형식주의"라고 불린다. 이는 수학의 본성에 관한 힐버트의 사상을 오해하게 만드는 경향이 있다. 우선 그는 수학을 정해진 규칙에 따라 무의미한 기호들을 조작하는 게임이라고 생각한 적이 없다. 물론 그는 수학 이론을 그 자체로 무의미한 식들로 이루어진 형식 체계로 조직할 수 있고, 그런 식들을 미리 제시한 규칙에만 의존해서 다룰 수 있음을 부정하지 않았다. 그러나 이것으로부터 그가 수학이 그런 뜻의 형식적 게임이라고 간주했다는 것, 나아가 그가 모든 수학 연구를 그런 뜻의 형식적 조작이라고 간주했다는 것은 따라나오지 않는다.

오늘날 수학에 관한 힐버트의 사상을 앞에 언급한 뜻의 형식주의로 간주하는 경우는 드물다. 하지만 여전히 많은 사람들은 그의 수학 사상을

* 이 논문은 2007년 정부(교육인적자원부)의 재원으로 한국학술진흥재단의 지원을 받아 수행된 연구임 (KRF-2007-321-A00025). 힐버트의 공리적 방법을 주제로 함께 연구하고 나의 견해 형성에 도움을 준 박우석, 전영삼, 최원배, 이정민 선생님께 감사한다.

제한적인 뜻의 형식주의로 간주한다. 이들은 힐버트가 수학 전체를 형식적 게임으로 간주했다는 사실은 부정하지만, 그가 수학에 구체적 내용을 갖는 비형식적 부분만 아니라 아무 의미도 없는 형식적 부분도 있음을 인정했다고 생각한다. 나아가 힐버트가 비형식적 수학적 진술들은 진리치를 갖는 반면, 형식적인 수학의 식들은 의미나 진리치를 갖지 않고 도구적 의의만 갖는다고 생각했다고 그들은 주장한다. 말하자면 힐버트는 수학의 일부에 대해 도구적 견해를 가지고 있었다는 것이다.

힐버트에 대한 이런 도구주의적 해석은 1920년대에 힐버트가 구체화한 산수의 무모순 증명 프로그램, 즉 "힐버트 프로그램"이라 불리는 연구 기획에 대한 힐버트 자신의 설명에 근거를 두고 있다. 힐버트는 그 프로그램에서 산수의 무모순 증명 절차를 크게 두 부분으로 나눈다. 하나는 산수이론을 공리 체계로 형식화하는 일이다. 그는 이런 형식화된 체계 내에서 산수의 식들이 아무 의미도 갖지 않는 것으로 간주된다는 점을 분명히 밝힌다. 다른 하나는 이처럼 형식화된 이론의 공리들로부터 모순이 도출되지 않는다는 것을 보이는 일이다. 그는 이 작업이 형식화된 체계 내의 식이나 증명 자체를 연구 대상으로 삼는 수학, 즉 메타수학 내에서 이루어진다는 것 그리고 메타수학적 작업은 구체적 대상들에 대한 유의미한 진술들 및 그런 대상들에 관한 유한한 추론으로 이루어진다는 점을 분명히 밝힌다.

무모순 증명 절차에 대한 힐버트의 묘사만 보면 마치 그는 수학을 이질적인 두 부분으로 나누는 것처럼 보인다. 하나는 그 자체로는 아무 내용도 갖지 않는 식들, 주어진 규칙에 따라 형식적으로 조작되는 증명들로 이루어진 순수 형식적 수학이고, 다른 하나는 구체적 대상들에 대한 유의미한 진술들, 구체적 대상들에 대한 유한한 추론으로 이루어진 내용적 수학이다. 힐버트를 도구주의자로 이해하는 사람들은 그가 적어도 전자의 순수 형식적 수학에 대해서는 진리나 의미와 무관하게 도구적 의의만 갖는 것으로 이해했다고 해석한다.

나는 이 글에서 힐버트를 이런 식의 유명론적 도구주의자로 이해하는 것이 옳은지 검토하려 한다. 나의 논의는 주로 힐버트가 증명론 프로그램을 설명하기 위해 사용한, 이른바 "이념적 방법"과 관련되어 있다. 그는 유한적 추론에 의해 직접 정당화되는 수학 부분을 실재적인 혹은 현실적인 것으로 그리고 그런 식으로 직접 정당화되기 힘든 초한적인 수학 부분을 이념적인 것으로 비유한다. 이 비유는 바이어슈트라스, 데데킨트, 칸토르 등의 고전적 수학에 대해 힐버트가 최종적으로 어떤 견해를 가졌는지 이해하는 데 아주 중요하지만, 그가 발표한 저술들만 보면 그 비유를 통해 그가 의도한 바가 무엇이었는지 확인하기 그리 쉽지 않다. 그래서 한편에서는 힐버트가 무한적인 고전적 수학을 내용 없는 도구로 이해했다고 생각하는 반면, 다른 한편에서는 그가 고전 수학의 내용에 대해 완전한 신뢰를 보인 것으로 생각한다.[1] 내 견해로는 이런 의견 불일치는 상당 부분 힐버트가 그의 프로그램에 이념적 방법을 적용할 때 이용하는 여러 구분이 서로 어떤 관계를 갖는지 명확히 하지 않은 데 기인한다고 여겨진다. 이 글에서 나는 이 문제와 관련해서 그동안 충분히 주목되지 않은 힐버트의 저술을 검토함으로써 논란을 해소하는 데 기여하려 한다.

나는 다음 순서로 논의를 진행한다. 2절에서는 힐버트를 형식주의자나 유명론적 도구주의자로 보는 견해들을 간략히 묘사한 후, 그 견해들이

---

[1] 이 논란이 갖는 의의는 프라위츠와 만코수에 의해 잘 정리되어 있다. Prawitz(1993), 95; Mancosu (1998b), 159-160. 나는 인용된 저술의 페이지를 지적할 때 저술명은 적지 않고 인명과 출간 연도만 적는다. 해당 저술명은 참고문헌을 참조할 것. 그리고 힐버트 저술의 페이지 매김은 영역본이 있는 경우 영역본에 따른다.

전제로 삼는 논거들을 구체화한다. 3절에서는 이념적 방법에 관한 가장 자세한 논의가 전개되어 있는 1919~1920년 강연『자연과 수학적 인식』을 검토할 것이다. 이 검토를 기반으로 나는 이념적 방법 일반에 관한 힐버트의 생각은 이념적인 것을 도구적으로 이해하는 견해와 잘 어울리지 않는다고 주장할 것이다. 4절에서는 1922년 이후 힐버트 프로그램에 적용된 이념적 방법을 고찰한다. 이런 고찰을 기반으로 힐버트가 후기에도 이념적 방법에 대한 기존의 생각을 바꾼 것이 아니라고 주장할 것이다. 마지막으로 5절에서는 힐버트 프로그램과 관련된 주요 구분들로서 내용적인 것과 형식적인 것, 유한적인 것과 초한적인 것 그리고 현실적인 것과 이념적인 것 사이의 구분이 서로 어떤 관계를 갖는지 고찰할 것이다. 결론적으로 초한적 수학을 이념적인 것으로 간주하는 일이 힐버트의 수학 사상을 유명론적 도구주의로 간주하기 위한 근거로 여기기 힘들다고 주장할 것이다.

2. 힐버트 형식주의와 도구주의

수학에 관한 힐버트의 생각을 형식주의로 간주하는 것은 그의 생각을 도구주의로 간주하는 것과 아주 긴밀한 연관이 있다. 이 두 해석이 서로 어떤 관계를 갖는지 먼저 논의하는 것이 좋을 것이다. 간단히 말해 형식주의란 수학의 본성은 기호들의 조작이다라는 주장으로 이해할 수 있다. 이런 주장에 따를 때 수학은 일련의 기호들과 기호들을 다루는 규칙들에 지나지 않는다. 샤피로에 따르면 형식주의는 수학의 주제에 관한 주장으로 이해할 수도 있고, 수학적 실천의 성격에 관한 주장으로 이해할 수도 있다. 19세기 수학자였던 토마에나 하이네의 생각에 따르면 수학의 주제는 기호나 식의 의미나 내용이 아니라 기호들 자체이며, 수학이 하는 일은 기호들을 정해진 규칙에 따라 조작하는 일이다.[2] 이 두 주장을 받아들인다면 수학은 무의미한 기호들을 정해진 규칙에 따라 조작하는 게임처럼 여겨야 할 것이다. 이런 견해를 "게임 형식주의"라고 부르자.

힐버트는 게임 형식주의자인가? 샤피로는 적어도 힐버트 프로그램을 제안한 후기에는 제한적 뜻에서 그를 게임 형식주의자로 간주할 수 있다고 생각한다. 그는 힐버트가 수학을 크게 두 부분으로 나눈 것으로 생각한다. 하나는 유한적 관점하에 있는 수학으로서 "유한 산수"이고, 다른 하나는 그런 관점을 벗어나 있는 "이념적 수학"이다. 그에 따르면 힐버트는 유한 산수가 기호의 내용이 아니라 기호 자체를 대상으로 삼는다고 생각하며, 이념적 수학은 형식적 기호만 정해진 규칙에 따라 다룬다고 생각한다. 이런 점에서 샤피로는 힐버트를 형식주의자로 분류할 수 있다고 한다. 반면 샤피로는 힐버트가 두 가지 점에서 다른 게임 형식주의자와 구별된다고 생각한다. 첫째로 힐버트는 유한 산수는 기호 자체를 다루기는 하지만 기호들 사이의 관계에 대한 구체적 내용을 전달하는 내용적 수학으로 간주했다는 것이다. 둘째로 그는 이념적 수학은 단지 게임에 머무르지 않는 도구적 유용성을 가져야 한다고 생각했다는 것이다. 샤피로는 힐버트가 이념적 수학에 부과한 도구적 유용성을 아래와 같이 묘사한다.

물론 이념적 수학은 유한적 산수에 대해 유용해야 한다. 형식화된 이념적 수학 분야에 대한 유일한 엄격한 요구는 우리는 그 수학을 거짓인 유한적 진술에 상응하는 식을 도출하는 데 사용할 수는 없다는 것이다. T가 어떤 이념적 수학

---

2 샤피로는 전자의 주장을 "용어 형식주의"(term formalism), 후자의 주장을 "게임 형식주의"(game formalism)라고 부른다. Shapiro(2000), 142-145.

의 형식화로 제안되었다고 하고, O는 단순한 등식 같은 유한적 진술이라고 하자. 그러면 O가 유한적 수학 내에서 참으로 결정될 수 없는 한 우리는 T 안에서 O를 (O에 상응하는 식을) 이끌어 낼 수 있어서는 안 된다. 오늘날의 용어로 표현하면, 형식 체계 T는 유한적 산수의 보수적 확장이어야 한다(Shapiro [2000], 163).

샤피로는 여기서 분명히 유한 산수와 이념적 수학을 내용적 수학과 내용 없는 형식적 수학으로 분류하고, 형식적 수학의 의의는 내용적 수학에 대한 기여에 있다고 생각한다. 데틀렙슨은 이른바 힐버트 식의 도구주의를 정교하게 발전시킨 것으로 평가받고 있긴 하지만, 그의 생각도 샤피로의 생각과 크게 다르지 않다. 데틀렙슨은 후기 힐버트의 사상을 앞에서 언급된 식의 게임 형식주의자로 간주하는 데 대해 강한 거부감을 표현한다. 하지만 이는 그가 샤피로와 달리 힐버트의 이념적 수학을 내용적인 것으로 간주하기 때문이 아니고, 이념적 수학의 추리가 순수 형식적 절차임을 부정하기 때문도 아니다. 도리어 그에 따르면 힐버트는 구체적 내용을 갖는 유한적이고 실재적인 수학만 아니라 내용과 무관한 순수 형식적 혹은 대수적 차원의 이념적인 수학도 있다고 생각했다. 나아가 그는 힐버트의 이념적 수학의 핵심은 기호를 내용 표현이 아니라 형식적 조작을 위해서만 사용할 수 있다는 견해, 즉 이른바 "도구적 언어관"에서 찾는다(Detlefsen[2005], 298). 그러므로 데틀렙슨은 적어도 힐버트의 이념적 수학에 대해서는 우리의 게임 형식주의와 유사한 견해를 표명하는 셈이다. 그러나 그는 왜 힐버트에게 그런 견해를 돌리는 일을 거부하는가?

그러므로 그것들[무한에 관한 명제들]은 그 자체로는 아무것도 의미하지 않으며, 진리치를 갖지 않고, 진짜 판단의 내용일 수도 없다. 그것들은 도리어—칸트의 용어를 사용한다면— 비기술적인 규제적 장치이다. 그런 장치가 본래 갖는 기능은 우리의 실재적 판단을 발전시키는 데 안내 역할을 하는 것이다. 또한 이런 기능 때문에 분명한 인식적 가치를 갖고 있고 "우리 사고에서" "필수적이고" "잘 정당화된"… 역할을 한다. 그러므로 그것들은 칸트의 이성의 이념과 유사한 것이다(Detlefson[1993], 295).

결국 데틀렙슨은 형식적-대수적인 추론이 게임 형식주의의 주요 특징을 보여준다는 점을 거부하지는 않는다. 다만 그는 힐버트가 그런 특징을 인간 사고에 근본적인 것으로 간주했음을 지적하고 싶은 것이다.

나는 힐버트가 형식적 추론이 내용적 추론에 유용하다고 생각했다는 것을 부정하지 않는다. 그리고 그가 형식적 추론 규칙을 논리 법칙과 연결시켰다는 것도 부정하지 않는다. 나의 관심은 샤피로나 데틀렙슨의 도구주의적 해석이 전제로 삼고 있는 주장에 있다. 이들은 힐버트에게서 유한적인 것과 그렇지 않은 것, 실재적인 혹은 현실적인 것과 이념적인 것 그리고 내용을 갖는 것과 순수 형식적인 것이 거의 일치한다고 생각하는 것으로 보인다. 나아가 그들은 이런 구분이 수학적 실천에 대한 힐버트의 적극적 주장을 반영한다고 생각한다. 그래서 그들은 힐버트가 수학을 내용을 갖는 현실적인 유한적 수학과 형식적이고 이념적인 초한적 수학으로 분할했다고 생각하는 것으로 보인다. 이렇게 되면 힐버트의 수학 사상에서는 수학이 정말 그런 식으로 나누어질 수 있는가가 중요한 문제로 여겨져야 할 것이다. 데틀렙슨은 실제로 그것이 힐버트 같은 형식주의자에게 중요한 문제라고 생각한다.

[형식주의에 대한] 둘째 도전은 내가 구분 문제라고 부르는 것이다. 이것은 내용적, 비대수적-기호적 방식으로 작용하는(특히 "실재적인" 것으로 간주되는) 수학 부분과 본질적으로 대수적-기호적 도구의 기능을 하는 수학 부분(힐버트 용어로는 "이념적" 수학) 사이의 구분을 허용하는 형식주의자들이 마주치는 문제이다(Detlefsen[2005], 306).

아래에서는 데틀렙슨의 이 문제가 힐버트 자신의 문제였는지 고찰할 것이다. 이를 위해서는 가장 먼저 이념적 방법에 대한 힐버트의 견해를 살펴볼 필요가 있다.

3. 이념적 방법과 공리적 방법

이념적 방법은 힐버트 프로그램 내의 무모순 증명 절차를 정당화하는 데에서 중요한 역할을 한다. 하지만 1920년대 발표된 저술에서는 단지 그 방법의 특수한 적용 사례에 관한 논의가 있을 뿐, 그 방법이 갖는 일반적 의의에 관한 논의는 등장하지 않는다. 반면 우리는 1919~1920년 힐버트의 강의록 『자연과 수학적 인식』(1991 초판)에서 그 방법의 일반적 의의에 관한 논의를 찾을 수 있다. 이곳에서 그는 이념적 방법이 수학만 아니라 자연과학이나 그 밖의 분야에서 광범하게 사용된다는 사실을 밝히고, 그 방법이 수학에서 사용될 때 어떤 절차를 따르게 되는지 비교적 자세히 설명하고 있다.

우리 논의와 관련하여 먼저 주목할 사실은 힐버트 자신이 속해 있었고 힐버트 자신의 지적 배경을 이룬 19세기 수학에서 이념적 방법이 광범하게 사용되었다는 사실이다. 그 방법은 힐버트에게 아주 익숙한 것이었고 스스로 많이 사용한 방법이다.[3] 그러므로 이념적 방법에 관한 그의 견해는 후기 무모순 증명 프로그램을 정당화하려는 목적으로 다른 사람의 생각, 예컨대 이성의 이념에 관한 칸트의 생각에 의존해서 얻어진 것이 아니다. 이 때문에 나는 먼저 힐버트가 자신의 수학적 실천을 어떤 식으로 이해했는가 하는 관점에서 이념적 방법에 관한 그의 논의를 읽어야 한다고 생각한다.[4]

힐버트는 『자연과 수학적 인식』 9장 "이념적 요소의 역할"에서 그가 "현실적인" 및 "이념적인"이라는 용어를 어떻게 사용하는지 논의한다. 그는 다음의 언급으로 논의를 시작한다.

마지막으로 나는 수학자들이 특히 관심을 갖는 한 가지 주제에 관해 다루고 싶다. 그것은 이념적 요소의 문제이다. 이념적인 것은 현실적인 것과 대립되어 있는데, 한편으로는 비현실적인 것(사고될 뿐인 것)이 현실적인 것에, 다른 한편으로는 완전한 것이 현존하는 불완전한 것에 대립되어 있다. 나는 먼저 첫 번째 의미의 이념적인 것에 관해 말하겠다. 이것은 특히 수학에서 중요한 역할을 한다(Hilbert[1992], 90).

---

3 우리는 힐버트가 1890년대에 수론, 대수학 및 기하학에서 남긴 업적 대부분이 이념적 방법과 직접-간접으로 연관되어 있다는 사실을 기억할 필요가 있다. 핼릿은 이념적 방법에 관한 힐버트의 생각이 19세기 수학적 실천, 특히 칸토르와 데데킨트에 깊은 영향을 받았다고 생각한다. Halett(1990), 4절 참조.
4 나는 힐버트가 후기에 이념적 방법에서 이념적 요소의 역할을 칸트의 이성에서 이념의 역할과의 유비에 의해 설명했다는 점을 부정하지 않는다. 다만 이념적 방법을 우선 힐버트 자신의 수학적 실천 내에서 이해하지 않고 그런 식의 유비에만 의존하게 되면, 이념적 방법에 대한 힐버트의 생각을 오해하기 아주 쉽다는 점을 지적할 뿐이다. 아래 논의에서 분명해지겠지만, 나는 이념적 방법을 칸트와 연결지어 설명하는 대표적인 두 사람으로서 데틀렙슨과 마이어의 해석은 잘못되었다고 생각한다. Detlefsen (2005); Majer(1992a); Majer(1992b)에 나타난 이념적 방법에 관한 논의를 염두에 두고 있다.

그는 이념적인 것(das Ideale)을 현실적인 것(das Wirkliche)과 대비하고 있으므로, 우리는 그가 어떤 영역을 현실적인 것으로 간주하는지에 따라 이념적인 것의 영역도 정해지리라고 예상할 것이다. 그런데 그는 이념적인 것을 현실적이지 않고 사고될 뿐인 것(das bloß Gedachte)으로 간주하므로, 우리는 그가 감각이나 어떤 식의 감각적 직관에 의해 접근 가능한 영역을 현실적인 것으로 간주한다고 생각하기 쉽다. 그래서 수학에서도 그가 감각 능력에 의해 접근 가능한 영역과 사고로만 접근 가능한 영역을 구분한다고 생각하기 쉽다. 그러나 그는 곧바로 다음과 같이 말한다.

> 처음 볼 때는 이 사실은 아주 역설적인 것처럼 보인다. 왜냐하면 수학은 현실적인 것과 직접 관련이 없고 순수 사고의 영역에서만 운영되므로, 우리는 어떻게 수학 내에서 현실적인 것과 비현실적인 것의 차이가 있을 수 있는지 이해하지 못하기 때문이다(Hilbert[1992], 90).

힐버트는 수학에서 감각 능력으로 접근 가능한 현실적인 영역과 비현실적인 영역을 구분하려는 것이 아니다. 그러면 수학에서 "현실적"이라고 불릴 수 있는 것은 어떤 것인가?

> 이와 반대로 다음 사실이 주목되어야 한다. 수학이 아무리 보통의 뜻에서 현실적인 것에 관해 다루지 않는다고 해도, 수학 내에서는 존재에 관해 아주 많은 말을 한다. 존재 증명은 바로 수학의 가장 중요하고 어려운 문제에 속한다. 그러나 여기서 존재는 무엇을 의미하는가? 좀 더 자세히 살펴보면, 우리는 존재가 언제나 기초에 놓인 어떤 특정한 체계와 관련해서 언급되며, 더구나 이 체계는 우리가 다루는 이론마다 다른 것임을 알게 된다(Hilbert[1992], 90).

여기서 힐버트는 수학에서 "현실적"이라는 말이 사용되는 방식에 대해 두 주장을 한다. 첫째로 수학에서 어떤 것이 현실적인 것인지 아닌지는 언제나 특정 이론과 관련해서 정해진다. 둘째로 수학의 어떤 이론에서 어떤 대상을 현실적인 것으로 간주해야 하는지 여부는 그 이론의 기초적 체계와 관련해서 결정된다는 것이다. 힐버트는 문제되는 이론 및 기초적 체계의 사례를 다음과 같이 들고 있다.

그러므로 우리는 기초적인 기하학에서 점들, 선들 및 평면들의 체계를 다루는 데, 이 체계는 공리들에 의해 특징이 제시된다. 그리고 수론에서 우리는 정수들의 체계를 다루는데, 우리는 이 체계를 하나에서 시작해서 하나씩 연속해서 첨가함으로써 획득한다(Hilbert[1992], 90).

말하자면 초보 기하학 이론에서 현실적인 것으로 간주되는 것은 공리들에 의해 그 특징이 규정된 점들, 선들 및 평면들 같은 체계이고, 정수론에서 현실적으로 간주되는 것은 하나로부터 연속해서 구성되는 정수들이다. 이처럼 "현실적인"이란 술어가 특정 이론의 기초적인 대상체계에 관해 서술하는 데 사용되는 것이라면, "이념적인"이라는 술어는 그런 이론의 기초적 대상체계에 대비되는 어떤 것에 관해 서술하는 데 사용되리라고 짐작할 수 있다. 그러면 수학 이론에서 기초적 대상체계와 대비되는 것은 무엇이고, 왜 그런 것이 해당 이론에 필요한가? 다시 말해 수학 이론에 이념적 요소를 도입해야 할 이유는 무엇인가?

이에 따라 수학에서 이념적 요소들이 어떤 식으로 나타나는지 쉽게 설명할 수 있다. 말하자면 그것은 새로운 요소를 도입해서 어떤 체계를 확장하려 할 때 생겨난다. 그 경우 이 새로운 요소는 원래 체계에 대해 이념적 요소의 성격을 갖는다(Hilbert[1992], 90).

이념적 방법이란 바로 어떤 수학 이론의 기초적 대상체계를 확장하여 새로운 대상들을 도입하려 할 때 필요하다는 것이다. 예컨대 실수들을 기초 대상체계로 갖는 대수 이론을 고려해 보자. 이런 이론에서 구성 가능한 방정식 중에는 실수를 해로 갖는 것도 있지만, 그렇지 않은 것도 있다. 우리가 만약 실수들만 존재하는 것으로 간주한다면, 근의 원리는 적용 범위가 제한되고 그 원리의 정식화는 더 복잡해질 것이다. 반면 허수들을 도입하여 기초적 체계를 확장할 경우, 우리는 근의 원리를 일반적으로 적용할 수 있고 원리의 정식화 또한 더 단순해질 것이다. 이런 필요에서 우리는 원래 이론의 기초적 대상체계를 확장하려 하며 새로운 대상들을 도입하려 한다. 그러면 이때 기초적 대상체계로서 실수들은 현실적인 것으로 간주되는 반면, 실수들에 더해 새로 도입된 허수들은 이념적인 것으로 간주될 것이다.

그런데 새로 도입된 대상들은 왜 기초적 대상들과 달리 이념적인 것으로 간주되는가? 새로 도입된 대상들은 기초적 대상들에 비해 어떤 점에서 비현실적인 것으로 간주되는가? 앞에서 보았듯이 힐버트의 입장에서 볼 때 수학 이론에서 어떤 것을 현실적으로 간주하는 이유는 감각 능력에 의한 접근 가능성 여부와 무관하다. 그러므로 수학 이론에서 기초적 대상체계를 현실적인 것으로 간주하고 새로 도입된 대상들을 이념적인 것으로 간주하려면, 감각 능력에 의한 접근 가능성 같은 기준 말고 다른 기준이 있어야 한다.

이 물음에 대답하기 전에 먼저 어떤 수학 이론이든 기초적 대상체계를 확장했을 때 우리는 두 개의 서로 다른 이론을 갖는다는 점을 명심할 필요가 있다. 하나는 기초적 대상체계를 확장하기 이전의 이론이고, 다른 하나는 그 체계를 확장하여 얻은 새로운 대상체계를 기초적 대상체계로 갖는 이론이다. 예컨대 우리는 자연수들만 기초적 대상체계로 갖는 산수를 고려할 수 있다. 이 이론에서 뺄셈과 관련된 방정식 중에는 근이 있는 것도 있고 그렇지 않은 것도 있으므로, 우리는 그 이론의 대상체계를 확장하여 뺄셈이 닫혀 있는 체계를 얻으려 할 수 있다. 이를 위해 만약 우리가 새로 음수들을 도입해서 대상체계를 확장하고 뺄셈에 관한 원리를 일반적으로 정식화한다면, 그렇게 해서 얻은 이론은 이미 기존 체계와 다른 이론이다. 이 이론은 자연수들이 아니라 정수들 전체를 기초적 대상체계로 갖는 이론이다. 우리는 다시 이 이론의 기초적 대상체계를 확장해서 새로운 이론에 도달할 수도 있다.

이처럼 수학 이론의 대상체계를 확장하는 일이 언제나 새로운 이론을 형성하는 일을 동반한다면, 우리의 원래 물음은 다음과 같이 정식화되어야 한다. 어떤 이론의 기초적 대상들을 현실적인 것으로 새로 도입된 대상들을 이념적인 것으로 간주한다면, 여기서 현실적인 것과 이념적인 것은 정확히 어떤 이론의 관점에서 구분되는 것인가? 그 구분은 새로운 대상들을 도입하기 전의 이론의 관점에서 이루어진 것인가 아니면 그런 대상들을 기초적 대상체계의 일부로 갖는 새로운 이론의 관점에서 이루어진 것인가? 힐버트는 이 물음에 대해 아주 명확하게 대답한다.

여기서 이념적 요소에 관해 말하는 일은 원래 이전 체계를 검토하는 관점에서만 정당성을 갖는다. 우리는 새로운 체계에서는 더 이상 현실적인 요소와 이념적 요소를 구분하지 않는다(Hilbert[1992], 91).

다시 말해 현실적인 것과 이념적인 것 사이의 구분은 대상체계를 확장하기 이전 이론의 관점에서만 의의를 갖는다. 예컨대 자연수들을 현실적인 것으로 간주하고 음수들을 비현실적인 것으로 간주하는 일은 자연수들을 기초적 대상체계로 갖는 이론의 관점하에서만 의의를 갖는다. 반면 음수들을 포함한 정수들 전체를 기초적 대상체계로 갖는 이론에서는 대상체계를 더 이상 현실적인 것과 이념적인 것으로 구분하는 일이 정당하지 않다.

그러면 문제는 왜 그런 구분이 기존 이론에서는 정당성을 갖는 반면, 새로운 이론에서는 정당성을 갖지 않는가 하는 것이다. 여기서 문제되는 정당성이 무엇에서 비롯되는지 간에, 그것은 분명히 수학 이론에서 어떤 대상을 존재하는 것으로 간주하기 위한 기준과 관련되어 있을 것이다. 이 물음에 대답하기 위해 우리는 힐버트가 수학에서 이념적 요소의 도입 방법을 두 종류로 나눈다는 사실을 주목할 필요가 있다.

확장된 체계로 이행하는 일은 이전 체계로부터 수학적 구성에 의해 새로운 체계를 이끌어 냄으로써 구성적인 방식으로 이루어질 수 있고 혹은 새로운 체계를 관계들이 갖는 특징에 의해 규정함으로써 공리적인 방식으로 이루어질 수도 있다. 둘째 경우에는 어떤 체계가 필요한 속성들을 갖는다는 가정에 아무런 모순도 생기지 않는다는 증명이 요구된다(Hilbert[1992], 90).

첫째 방법은 기존 대상체계가 존재한다는 사실로부터 새로운 대상체계가 존재한다는 사실을 구성적 방식으로 이끌어 내는 것이다. 우리는 이런 방법을 "구성적 대상 도입 방법"이라고 부를 수 있다. 둘째 방법은 새로운 대상체계에 대해 성립한다고 여겨지는 논리적 관계들을 공리들을 이용해서 표현하는 방법이다. 우리는 이런 방법을 "공리적 대상 도입 방법"이라고

부를 수 있다.[5]

여기서 주목할 점은 공리적으로 대상체계를 도입하려 할 때 그런 체계에 부여된 속성들이 무모순적이라는 점이 증명되어야 한다는 것이다. 이런 요구와 관련해서 우리는 두 가지를 물을 수 있다. 첫째로 구성적으로 새로운 대상체계를 도입할 때는 그런 무모순 증명이 필요하지 않는가? 둘째로 공리적으로 새로운 대상체계를 도입하는 데 왜 그런 증명이 필요한가? 먼저 둘째 물음에 대답해 보자.

힐버트는 이미 오래전부터 공리 체계와 관련해서 무모순 증명이 어떤 역할을 하는지 명확히 밝혀 왔다. 그는 공리들을 만족시키는 대상체계의 존재를 받아들이기 위해서는 공리들로부터 아무런 모순도 도출되지 않아야 한다는 것이 입증되어야 한다고 생각한다. 힐버트는 실수론의 공리 체계를 처음으로 정식화한 1900년 논문에서 아래와 같이 말하고 있다.

그렇다면 이런 공리들이 무모순적이고 완전하다는 것을 보이는 과제가 필수적이다. 즉, 주어진 공리들의 적용으로 인해 결코 모순에 이를 수 없고, 나아가 공리들의 체계가 모든 기하학적 명제들을 증명하기에 적합하다는 것을 증명해야 한다. 우리는 이런 연구 절차를 **공리적 방법**이라고 부른다(Hilbert[1900a], 1092).

말하자면 공리 체계가 무모순임을 보이는 일은 공리적 방법 자체의

---

5 이론 구성의 방법으로서 구성적 방법과 공리적 방법의 대비는 1900년 "수 개념에 관하여"에 자세히 나온다. 그곳에서 그는 산수에서 연산의 일반적 적용의 필요에 의해 대상체계를 확장하는 방법을 "발생적 방법"이라고 부르고, 기하학에서처럼 기초적 대상들 사이의 관계를 공리들에 의해 규정하고 공리들의 무모순성 및 완전성을 보이는 방법을 "공리적 방법"이라고 부른다. Hilbert(1900a), 1092.

핵심 과제 중 하나다.[6] 그러면 어떤 공리이론에 대한 무모순 증명은 그 이론에 대해 무슨 의의를 갖는가? 같은 시기에 힐버트는 기하학의 공리 체계에 관한 프레게의 생각과 자신의 생각을 아래와 같이 대비한다.

> 당신은 다음과 같이 적고 있다: "나는 공리들을 명제라고 부른다…. 공리들의 진리로부터 그것들이 서로 모순되지 않는다는 것이 따라나온다." 바로 이런 문장을 당신의 편지에서 읽는다는 것을 매우 흥미롭게 여겨진다. 왜냐하면 내가 이런 일들에 관해 사고하고 저술하고 강의해 온 바에 따를 때, 나는 정확히 거꾸로 말해 왔기 때문이다. 만약 임의로 주어진 공리들이 그것의 모든 귀결과 서로 모순되지 않는다면, 그것들은 참이고 공리들에 의해 정의되는 사물들은 존재한다. 이것이 내게 진리와 존재에 대한 기준이다(Frege[1980], 38).

이 언급에서 우리는 세 가지 사실에 주목할 필요가 있다. 첫째로 힐버트가 공리이론의 무모순 증명을 공리적 방법의 필수 요소라고 생각한 이유는 프레게와 달리 공리들을 참인 명제로 전제하지 않는다는 사실과 관련되어 있다. 도리어 임의로 약정된 공리들이 무모순 증명에 의해 비로소 정당화된다. 둘째로 힐버트는 공리이론의 기초 개념이나 대상체계는 미리 주어지는 것이 아니라 공리들에 의해 정의된다고 생각한다. 셋째로 공리들에 의해 정의된 개념이나 대상체계는 해당 이론의 무모순이 입증됨에 따라 그

---

6 힐버트는 수학만 아니라 과학 일반에서 공리적 연구 방법이 아주 중요한 역할을 한다고 생각했다. 그는 수학에서 구성적 방법 혹은 발생적 방법과 대비해서 공리적 방법이 갖는 의의를 이렇게 묘사한다. "발생적 방법은 교육적이고 발견적인 의의를 갖긴 하지만, 우리의 지식을 최종적으로 표현하고 완전하게 근거 짓는 데에는 공리적 방법이 최고의 가치를 갖는다." Hilbert(1900a), 1093. 공리적 방법의 가치에 대한 이런 힐버트의 생각은 초기부터 『자연과 수학적 인식』의 강연 시기까지 거의 달라지지 않았다. 이에 관해서는 "공리적 방법"(1918) 참조. Hilbert(1918), 1107-1113. 힐버트가 공리적 방법에 부여한 일반적 의의에 관해서는 박우석(2008), 3.2-3.3절 참조.

존재가 정당화된다. 무모순 증명은 힐버트 식의 공리적 방법에서 핵심적인 역할을 하며 기초적 대상체계의 존재를 정당화하는 역할을 한다.[7]

이제 적어도 공리이론에 관한 한 현실적인 것과 이념적인 것이 어떤 기준으로 구분되는지 말할 수 있다. 대상체계 A를 기초적 체계로 갖는 공리이론 T가 있다고 하자. T의 공리들로부터 모순이 도출되지 않는다는 것이 입증된다면, 우리는 T에 관한 한 대상체계 A를 현실적인 것으로 간주할 수 있다. 이제 우리가 체계 A를 A'로 확장하고 이론 T를 수정하거나 A'에 대한 새로운 공리들을 첨가하여 새로운 이론 T'를 얻는다고 하자. 이 경우 T의 관점에서는 이미 체계 A의 대상들이 갖는 성질들 사이에 모순이 없다는 사실이 입증되었다는 점에서 A의 대상들을 현실적인 것으로 간주할 수 있는 반면, 아직 A'의 대상들에 대해서는 그런 사실이 입증되지 않았으므로 A'의 대상들은 이념적인 것일 뿐이다. 이제 T'의 공리들로부터 모순이 도출되지 않는다는 사실이 입증된다고 하자. 그러면 이는 체계 A'의 대상들에 부여된 성질들 사이에 모순이 없다는 것을 의미하므로, T'의 관점에서 보면 A'의 대상들은 어느 것도 이념적인 것으로 간주되어야 할 이유가 없다. 만약 T의 관점에서 볼 때 A의 대상들이 현실적인 것으로 간주된다면, T'의 관점에서 볼 때 A'의 대상들 역시 현실적인 것으로 간주되어야 한다.

이런 논의가 옳다면 힐버트에게 공리적 수학 이론에서 어떤 대상체계가 현실적인지 이념적인지 여부는 바로 그런 체계의 대상들에 부여된 성질들

---

7 힐버트는 앞에 언급한 실수론에 관한 1900년 논문에서 무모순 증명의 의의를 다음과 같이 요약하고 있다. "앞의 공리들의 무모순을 증명하는 일은 익숙한 추리 방법을 알맞게 변형하는 것으로 충분하다. 이 증명에서 나는 실수들의 총체가 존재한다는 증명 혹은—칸토르의 용어로 말한다면— 실수들의 체계가 무모순적인 (완성된) 집합이라는 증명을 보게 된다"(Hilbert[1900a], 1094).

사이에 모순이 없다는 것이 입증되었는지 아직 입증되지 않았는지에 달려 있다. 그러면 구성적 방법으로 새로운 대상체계를 도입할 때는 어떻게 되는가? 이 경우에는 새로 도입된 요소들이 갖는 성질은 기존 요소가 갖는 성질과 모순이 입증되지 않아도 되는가? 그렇지 않다. 구성적 방법으로 새로운 대상체계를 도입할 때는 새로운 체계에 대해 성립하는 원리들이 기존 체계에 대해 성립하던 원리들과 모순되지 않는다는 점 혹은 새로운 체계에 대해 성립하는 원리들로부터 기존 체계에 대해 성립하던 원리들을 이끌어 낼 수 있다는 점이 입증되어야 한다.[8] 그러므로 힐버트는 이념적 요소의 도입 절차를 일반적으로 아래와 같이 설명한다.

정확히 보면 그 절차는 다음 식으로 이루어진다. 우리는 원래의 체계가 어떤 관점에서 볼 때 당면한 물음과 너무 복잡하게 관련되어 있을 때 새로운 체계로 이행하는데, 이 체계에서는 그런 관계가 더 단순한 형태로 나타날 뿐 아니라, 원래 체계와 동형인(즉, 모든 기초적 관계에서 원래 체계와 일치하는) 체계를 부분으로 포함하는 특징을 갖는다. 그러면 우리는 문제의 부분체계를 특징짓는 조건들을 고려해서 원래 체계에 관련된 문장들을 새로운 체계에 관한 문장들로부터 특수한 귀결로서 이끌어 낼 수 있다(Hilbert[1992], 90-91).

---

8 여기서 우리는 힐버트가 염두에 두는 수학적 대상체계의 구성적 도입 방법을 크로넥커나 브라우어 등이 주장하는 구성주의적 방법과 동일시해서는 안 될 것이다. 물론 힐버트는 크로넥커의 구성적 증명 방법은 존중했고, 예컨대 공리이론의 무모순성이나 공리들의 독립성 증명은 유한한 단계 내에서 결정 가능한 절차여야 한다고 생각했다. Mancosu(1998b), 155 참조. 그리고 그의 견해에서 보면 구성주의자들의 이론 확장 방법은 "발생적인 것" 중의 하나로 간주되어야 할 것이다. 하지만 힐버트 이전 수 이론의 연구에서는 크로넥커 같은 구성주의자가 아니라 해도 수 체계를 발생적 방법에 따라 확장하는 것이 일반적이었다. 19세기 후반 수론의 연구에서 도리어 힐버트 식의 공리적 관점을 적용하는 일은 데데킨트, 페아노 등 몇몇 수학자에게 한정되어 있었다. 최근의 몇몇 연구자는 공리적 방법에 대한 힐버트의 사상을 수학 이론의 방법적 기초에 관한 데데킨트의 사상의 자연스런 발전으로 간주한다. Sieg(2004), 1, 5절; Hallett(1995a), 1절; Hallett(2003), 4, 6절; Ferreiros(2009), 1절 참조.

우리는 힐버트가 염두에 두는 이념적 방법의 절차를 다음과 같이 요약할 수 있다. 먼저 이론 T가 주어져 있고, T는 기초적 체계로서 A를 갖고 있다고 하자. 이 경우 어떤 원리 P를 일반적 형식으로 적용하기에는 A의 대상들로 충분하지 않을 때, A를 확장해야 할 필요가 생긴다. 그러나 A를 확장하여 A'를 얻기만 하면 일반적 형태의 P가 정당화되는 것은 아니다. 일반적 형태의 P만 아니라 T의 원리들 혹은 그에 상응하는 원리들까지 포함하는 더 일반적인 이론 T'를 얻어야 한다. 이런 절차는 구성적 방식으로 이루어질 수도 있고, 공리적 방식으로 이루어질 수도 있다. 전자의 경우 T'의 원리들로부터 T의 원리들 혹은 그에 상응하는 원리들이 도출 가능하다는 것을 입증해야 한다. 그리고 후자의 경우 T'의 공리들로부터 모순이 도출되지 않는다는 것을 증명해야 한다. 어느 방식에 따르든지 새로운 이론 T'의 원리들이 서로 모순되지 않는다는 것이 입증되어야 A'의 존재는 확립된다.

이제 우리는 힐버트가 어떤 것을 현실적인 것 혹은 이념적으로 간주할 때 의존하는 기준이 무엇인지 좀 더 자세히 말할 수 있다. 그 기준은 감각이나 직관에 의한 접근 가능성에 있는 것이 아니라 해당 이론의 무모순성에 달려 있다. 자연수론의 관점에서 볼 때 음수들이 이념적인 이유는 그 이론의 원리들이 아직 정수들 전체에 모순 없이 적용될 수 있는지 입증되지 않았다는 데 있다. 이런 뜻에서 음수들은 자연수이론에서 단지 이념적인 것으로 간주된다. 그러면 자연수들은 왜 자연수이론에서 현실적으로 간주되어야 하는가? 그 이유는 이 이론의 원리들이 자연수들에 모순 없이 적용될 수 있다는 사실이 이미 인정되었다고 보기 때문이다. 그러므로 구성적인 방식으로든 공리적인 방식으로든, 자연수론의 원리들이 자연수들에 모순 없이 적용될 수 있음이 입증되지 않았다면 그리고 그런 입증을 위해 더 기초적인 어떤 이론에 의존해야 한다면, 이 더 기초적인 이론의 관점에서는 자연수들도 이념적인 것으로 간주되어야 할 것이다.[9]

이제 우리는 현실적인 것과 이념적인 것의 구분에 대한 힐버트의 견해를 다음과 같이 요약할 수 있다. 첫째로 현실적인 것과 이념적인 것 사이의 구분은 언제나 이론 상대적인 구분이다. 특정 이론과 무관하게 현실적인 것과 이념적인 것을 구분하는 일은 아무 정당성을 갖지 않는다. 둘째로 어떤 수학 이론 T에서 현실적인 것과 이념적인 것을 구분하는 일은 그 이론을 하부 이론으로 포함하는 더 일반적인 이론 T'를 얻으려 할 때 필요하다. 셋째로 이론 T의 관점에서 볼 때 그 이론의 기초적인 체계 A의 대상들은 모순된 속성들을 갖지 않는다는 점에서 현실적인 것인 반면, 새로 상정된 체계 A'의 대상들은 아직 모순된 속성들을 갖지 않는다는 것이 밝혀지지 않았다는 점에서 이념적인 것이다.

4. 증명론과 이념적 방법

이념적 방법 일반에 관한 힐버트의 생각을 고려할 때, 이념적인 것을 단순히 아무 내용 없는 형식적인 것으로 간주하는 일은 힐버트의 생각과는 아주 거리가 멀어 보인다. 왜냐하면 앞 절의 논의에 따르면 실수이론의 관점에서 볼 때 허수는 실수와 달리 이념적인 것으로 간주되지만, 복소수

---

9 이 점과 관련해서 우리는 힐버트가 크로넥커의 방법을 구성주의적 관점에 서서 볼 때도 철저하지 못하다고 비판하곤 했음을 주목할 필요가 있다. 왜냐하면 크로넥커는 해석학의 모든 정의나 증명은 자연수에 관한 것으로 환원되어야 한다고 주장했지만, 정작 자연수이론이 구성주의적 관점에서 정당한지는 충분히 고찰하지 않았기 때문이다. Hilbert(1904), 130.

이론의 관점에서 보면 허수라고 해서 실수와 달리 이념적인 것으로 간주되어야 할 이유가 없기 때문이다. 나아가 실수이론의 관점에서 보더라도 허수를 실수와 달리 이념적인 것으로 간주해야 하는 이유는 허수 표현이 실수 표현과 달리 순수 형식적인 것이기 때문이 아니라 아직 확장된 체계로서 복소수 체계에 관한 원리들 사이에 모순이 없다는 것이 입증되지 않았다는 데 있을 뿐이다.

아마 힐버트의 이념적 수학을 도구적으로 이해하고 싶은 사람들은 이런 결론을 환영하지 않을 것이다. 그들은 다음 둘 중 한 가지 방식으로 문제를 해소하려 할 수 있다. 하나는 힐버트 프로그램은『자연과 수학적 인식』이란 강연 이후에 등장했다는 사실을 강조하는 것이고, 다른 하나는 그 강연에 나타난 힐버트의 견해는 힐버트 프로그램에까지 적용되는 것은 아니라고 주장하는 것이다.[10] 어떤 식으로 대응하든 힐버트 프로그램에 적용된 이념적 방법이 구체적으로 어떤 것인가 하는 것이 관건이 된다. 힐버트가 발표한 저술을 보면 이념적 방법에 관한 언급은 1923년 논문 "수학의 논리적 기초"에서 처음으로 등장하며, 1926년 "무한에 관하여"와 1928년 "수학의 기초에 관하여"에서 아주 중요하게 다루어진다. 뒤의 두 논문은 가장 원숙한 시기의 힐버트 프로그램을 표현하고 있으므로, 나는 이 절과 다음 절에서 그 두 글에 나타난 이념적 방법에 관한 논의를 집중적으로 다루겠다.

먼저 힐버트의 산수 무모순성 증명 프로그램의 이론적 배경에 관해

---

10 이런 생각은 사실 거의 설득력이 없다. 왜냐하면 지크의 분석에 따르면『자연과 수학적 인식』의 강연 시기는 힐버트가 그의 후기 견해에 도달한 실제 시기(1920~1921년) 직전이기 때문이다. 도리어 1919~1920년 강의는 후기 증명론의 형성에 토대가 되었다고 보는 것이 옳을 것이다. Sieg(1999), B, C절 참조.

조금 언급할 필요가 있다. 힐버트의 산수 무모순성 증명 시도는 1904년의 하이델베르크 강연 "논리학과 산수의 기초에 관하여"에서 처음으로 이루어 졌다. 그곳에서 그는 후기의 프로그램에까지 이어진 산수 무모순 증명의 몇몇 특징을 제시한다. 첫째로 산수 무모순성 증명은 그가 1899년 기하학에 적용했던 공리적 방법을 산수이론에까지 확장하여 적용하는 것이다.[11] 이를 위해 그는 1900년에 실수이론을 공리화했고, 1904년에는 자연수이론을 공리화한 후 이 이론에 대해 무모순 증명을 수행하려 하였다. 둘째로 산수 무모순 증명은 기하학 같은 다른 수학 이론의 무모순 증명과 중요한 차이를 갖는다. 그가 1899년에 제시한 기하학 이론의 무모순 증명은 실수 체계를 모델로 제시함으로써 이루어지는 상대적인 특징을 갖는 것이었다. 하지만 그는 산수이론에 대해서는 이런 방법이 적용될 수 없다고 생각한다. 왜냐하 면 그는 산수이론의 경우 무모순을 증명하기 위해 호소할 수 있는 더 기초적인 이론이 존재하지 않는다고 생각했기 때문이다. 이 때문에 그는 산수의 무모순 증명은 더 기초적인 이론에 환원하는 일에 의존하지 않는 어떤 절대적인 관점하의 증명이어야 한다고 생각한다.[12] 셋째로 그는 집합론 의 모순은 예컨대 프레게 식의 무제한적 개념 형성이나 데데킨트 식의 순수 사고에 의한 추상화에 기초해서 산수를 논리학으로 환원하려는 시도가 실패했음을 보여준다고 이해한다. 반면 그는 크로넥커 식으로 자연수론의 방법을 전제하는 독단적 태도 역시 만족스럽지 않다고 생각한다. 이 때문에 그는 논리적 추론에 앞서 우리에게 직접적으로 주어진 대상들이 필요하고, 산수의 무모순성 증명은 이런 대상들에 관한 직접적 증거에 의존해야

---

11 Hilbert(1904), 131.
12 Hilbert(1900b), 1104-1105.

한다고 생각한다.[13]

　우리 논의를 위해서는 후기의 무모순 증명 프로그램과 초기의 무모순 증명 시도 사이의 두드러진 차이를 지적할 필요가 있다. 첫째로 그는 초기에도 산수와 논리학의 기초를 한꺼번에 제시해야 한다고 지적하기는 했지만, 여기서 문제되는 논리학이 무엇인지 구체화하지 않았다. 반면 1920년대의 프로그램에서 그는 수학에서 사용되는 논리학의 원리들을 현대적인 형태로 제시한다.[14] 둘째로 초기의 무모순 증명에서는 연구 대상이 되는 공리이론의 원리들과 그 이론의 무모순 증명에 사용되는 원리들을 명확히 구분하지 않았다.[15] 반면 1920년대의 프로그램에서는 연구 대상으로서 공리화된 산수이론과 그 이론의 무모순 증명을 위해 사용하는 메타적인 산수이론을 명확히 구분한다. 셋째로 그는 초기에 논리적 추론에 앞서 우리에게 직접적으로 주어져 있어야 한다고 간주한 대상들이 어떤 성격의 대상인지 명확히 설명하지 않지만, 후기에는 그것들을 구문론적 대상으로 명시해서 언급한다.[16]

　후기 저술, 특히 "무한에 관하여"(1926)에 나타난 힐버트의 이념적 방법에 관한 논의는 처음 볼 때 조금 혼란스럽다. 나의 견해로는 그 이유가

---

13 Hilbert(1904), 130-132. 우리는 이런 특징을 후기 힐버트의 이른바 유한주의적 관점의 단초로 이해할 수 있다.

14 힐버트가 1914년 이후 러셀과 화이트헤드의 『수학원리』에 제시된 논리학 이론을 연구했다는 사실은 잘 알려져 있다. Sieg(2009), 3.3절 참조.

15 이 때문에 포앙카레는 힐버트의 1904년 무모순 증명이 수학적 귀납법에 의존하고 있고 순환적 성격의 증명이라고 비판하였다. 1920년대 저술에서 힐버트는 이런 비판에 대해 대상이론의 구성 요소로 정식화된 수학적 귀납법과 메타이론에서 사용되는 귀납 원리를 구분함으로써 대응한다. Hilbert (1928), 472-473 참조.

16 힐버트 견해의 이런 발전은 다음 언급 안에 구체화되어 있다. "모든 과학적 사고, 이해 및 의사소통을 위해서만 아니라 순수 수학의 기초를 제시하는 데도 필요한 확고한 철학적 태도는 이것이다. 태초에 기호가 있다." Hilbert(1922), 1121-1922.

힐버트 프로그램 자체가 갖는 절차상의 복잡성만 아니라 힐버트 자신의 논의의 복잡성에도 기인한다. 힐버트 프로그램에서 산수의 무모순 증명 절차는 흔히 묘사되듯이 특정 공리 체계에 대해 단번에 이루어지는 것이 아니라 대상이론과 메타이론이 동반해서 확장되는 식으로 단계적으로 진행된다. 그런데 힐버트는 각 단계의 이론적 정당성을 해설하기 위해 대상이론에 관한 논의와 메타이론에 관한 논의를 넘나들곤 하므로, 논의는 훨씬 더 복잡해 보인다. 이 때문에 그의 논의를 정확히 이해하기 위해서는 먼저 그의 산수 무모순 증명의 절차를 전체적으로 개괄할 필요가 있다. 힐버트는 1922년 "수학의 새로운 기초"에서 그의 후기 산수 무모순 증명 프로그램을 처음으로 선보였는데, 그곳에 논의된 그의 산수 무모순 증명 절차는 다음과 같이 요약될 수 있다.[17]

1. 명제 논리학을 순수 구문론적으로 형식화한다. 명제 논리학의 원초 기호를 제시하고, 공리들을 제시하고, 추리규칙을 제시한다.
2. 명제 논리학을 형식화하는 데 사용하는 이론은 기호들, 식들, 증명들 자체를 구체적 대상으로 삼는 산수이론이다. 힐버트는 이 이론을 메타수학이라고 부른다.
3. 메타수학 내에서 명제논리학의 무모순성을 증명한다. 증명 방식은 명제논리학의 공리들로부터 모순이 도출되지 않는다는 것을 보이는 것이다.
4. 형식화된 명제논리학의 공리 체계에 배중률을 일반적으로 적용할 수 있게 해주는 논리적 공리를 첨가하는데, 힐버트는 후에 그런 공리를 "초한 공

---

17 Hilbert(1922), 1124 이하 참조. 이후 발표된 산수 무모순성 증명과 관련된 힐버트의 논의 대부분은 1922년의 논문의 절차를 그대로 따르고 있다. Hilbert(1923), 1137 이하; Hilbert(1925), 381 이하; Hilbert(1928), 465 이하; Hilbert(1931), 1153 이하 참조.

리"(transfinite Axiom)라고 불렀다. 그리고 나서 그는 산수의 공리들을 첨가하는데, 여기에는 수학적 귀납법도 포함된다.

5. 힐버트는 다시 확장된 공리 체계 내에서 모순이 도출되지 않는다는 것을 메타수학 내에서 보이려 한다.

6. 힐버트는 다시 형식화된 산수 체계에 해석학의 원리들을 새로운 공리로 첨가하고, 이 공리 체계에 대해 무모순 증명을 시도할 것임을 언급한다.

이런 절차에 따를 때, 어느 수학 이론에 대해서든지 무모순 증명이 이루어지기 전에 두 조건이 갖추어져 있어야 한다. 첫째로 해당 이론이 먼저 공리화되어야 한다. 둘째로 그 이론이 무모순임을 보이는 데 이용되는 메타이론이 주어져야 한다. 힐버트는 산수이론의 무모순을 보일 때 첫째 조건을 만족시키려면 두 가지 일이 필요하다고 생각한다. 하나는 산수이론은 수학적 증명에 사용되는 논리적 원리들까지 포함해야 한다는 것이다. 이 때문에 공리적 방법에 따른 무모순 증명 이론을 그는 수학적 증명에 대한 연구라는 의미로서 "증명론"이라고 불렀다. 다른 하나는 공리화된 수학 이론의 식들은 그 자체로 의미를 갖지 않는 순수 형식적인 것으로 간주된다는 것이다. 이에 따라 공리 체계의 연역 장치를 구성하는 추리규칙은 순수 구문론적 도출 규칙으로 정식화되며, 그런 공리 체계 내의 추리는 주어진 규칙에 따라 수행되는 계산처럼 간주된다.

힐버트는 산수이론의 무모순을 보이기 위한 메타이론적 작업은 언제나 유한적 관점하에서 수행되어야 한다고 생각했다.[18] 유한적 관점하의 증명이

---

18 힐버트 프로그램을 정확히 이해하기 위해서는 "유한적"(finite)이란 말을 "유한한"(endlich)이라는 말과 혼동하지 말아야 한다. 전자는 유한히 많은 대상들에 관해 말할 때 사용되는 표현이고, 후자는 아래에 언급된 (i)~(iv)의 특징들을 갖는다는 것을 말하는 데 사용된다. 이 때문에 그 말을 영어로

란 직관적 증거에 의존해서 유한한 단계 내에서 수행되는 증명을 말한다. 힐버트는 유한적 관점하의 증명이 가능하기 위해 증명 대상은 다음 특징들을 가져야 한다. (i) 증명 대상이 추상적이고 일반적인 것이 아니라 구체적인 대상이어야 하고, (ii) 모든 사고에 앞선 경험 내용으로서 직관 안에 주어져 있어야 하고, (iii) 대상들은 모든 부분을 남김없이 완전히 일별할 수 있는 것이어야 하고, (iv) 대상들의 나타남, 대상들의 차이, 대상들이 나타나는 순서 혹은 대상들이 연결되는 방식 등이 직접적으로 주어져 있어서 그 밖의 것으로 환원해서 설명할 필요가 없어야 한다.[19]

이제 앞에 언급된 힐버트의 증명론의 절차 내에서 이념적 방법이 어떻게 적용되는지 살펴보자. 앞 절에서 우리는 이념적인 것과 현실적인 것의 구분은 언제나 어떤 주어진 이론의 관점하에서 그 이론의 기초적 대상체계와 관련해서 문제된다는 것을 보았다. 그렇다면 무엇보다 먼저 물어야 할 것은 이 경우 기초적 대상 영역으로 간주되는 것은 무엇인지, 이런 영역에 새로 첨가되는 것은 무엇인지이다. 힐버트는 이에 대해 아주 명확하게 답변한다.

> 복소수 변항 이론에서 실수 요소에 허수 요소가 첨가되는 것처럼 그리고 기하학에서 현실적 대상에 이념적 대상이 첨가되는 것처럼, 나의 증명론에서는 유한적 공리들에 초한적 공리들 및 식들이 첨가된다. 그런 절차가 [그런 이론들에서] 갖는 동기와 성공은 나의 절차가 증명론에서 갖는 동기와 성공과 똑같다.

번역할 때는 "finite"란 말을 쓰지 않고 "finitistic"(유한주의적)이란 말을 사용하기도 한다. 마찬가지로 우리는 "유한적"이라는 말과 대비되는 뜻의 "초한적"(transfinite)이란 말을 "무한한"(unendlich)이란 말과 혼동하지 말아야 한다.

19 이런 관점은 이미 1904년 논문에서 단초가 보이고, 1920년대에 분명히 드러난다. Hilbert(1904), 131; Hilbert(1922), 1121; Hilbert(1926), 376 참조.

즉, 초한적 공리의 첨가는 이론의 단순화 및 완성에 기여한다(Hilbert[1923],
1124).

여기서 다음 세 사실이 명확히 드러난다. 첫째로 기초적 대상 영역으로
간주되는 것은 유한적 공리들이다. 둘째로 기초적 대상 영역에 새로 첨가되
는 것은 초한적 공리들 및 식들이다. 셋째로 유한적 명제들을 기초적 대상들
로 갖는 이론은 바로 증명론 자체이다.

앞 절에서 논의한 이념적 방법에 대한 힐버트의 생각이 산수 무모순
증명 절차에서 어떤 식으로 적용된 것인지 검토하기 위해서는 아래 물음들에
대해 차례대로 답하는 것이 좋을 것이다.

(1) 유한적 공리란 무엇이고 그것은 왜 현실적인 것으로 간주되는가?

(2) 초한적 공리란 무엇이고 그것은 왜 이념적인 것으로 간주되는가?

(3) 유한적 공리들을 기초적 대상체계로 갖는 증명론은 어떤 것이고, 초한적
공리들까지 기초적 대상체계로 갖는 증명론은 어떤 것인가?

(4) 초한적 공리를 유한적 공리에 첨가해야 할 필요성은 무엇인가? 그것은 어떤
원리의 일반적 적용을 위해 필요한가?

먼저 처음 두 문제를 살펴보자. 앞의 인용문에서 "유한적 공리"나 "초한적
공리"라는 말은 내용을 갖는 명제를 말하는 것이 아니라 순수 구문론적으로
형식화된 식을 말하는 것이다. 그러므로 초한적 공리만 아니라 유한적
공리도 해석되지 않은 식으로 간주되어야 한다. 그러면 유한적 공리는
왜 현실적인 것으로, 초한적 공리는 왜 이념적인 것으로 간주되는가? 우리는
단순히 유한적 공리는 해석 내용을 갖는 반면, 초한적 공리는 내용이 없기

때문이라고 대답해서는 안 된다.[20] 힐버트는 유한적 공리와 달리 초한적 공리가 해석을 가질 수 없다고 주장한 적이 전혀 없다. 단지 그는 유한적 공리의 경우 그것에 상응하는 해석된 명제가 유한적 관점하에서 반박 불가능하다는 사실이 입증될 수 있지만, 초한적 공리는 그것에 상응하는 해석이 유한적 관점하에서 직접적으로 정당성을 가질 수 없다고 간주했을 뿐이다.[21] 물론 이 경우 초한적 공리를 이념적인 것으로 간주할 때는 유한적 성격의 특수한 메타이론의 관점을 상정해야 한다.

우리는 자연스럽게 다음 문제로 넘어간다. 우리는 어떤 이론의 관점에서 초한적 공리를 이념적인 것으로 간주하는가? 앞의 인용에서 보인 것처럼 그 이론은 구문론적 대상들로 구성되어 있는 대상이론 자체가 아니다. 그 이론은 그런 대상이론의 무모순성을 보이기 위한 메타이론으로서 증명론이다. 힐버트는 "무한에 관하여"에서 어떤 식으로 그런 이론에 도달할 수 있는지 자세하게 묘사하고 있다.

힐버트는 먼저 앞에서 언급한 유한적 관점에 맞는 이론으로서 아주 단순한 형태의 산수를 거론한다. 유한적 관점에 맞으려면 그 산수의 대상들은 구체적인 것이어야 하고, 그런 대상들에 대한 옳은 진술은 직관 안에서 직접 정당화 가능해야 한다. 이렇게 해서 그가 거론한 산수는 수 기호들

---

20 사람들이 자주 이런 오해를 하는 이유는 힐버트의 다음 언급을 잘못된 방식으로 읽기 때문이다: "이런 생각을 일반화한다면, 수학은 일련의 식들로 이루어진다 — 첫째 종류의 식은 그것에 유한한 명제의 내용적 의사소통이 대응하는 것이고, 둘째 종류의 식은 그 자체로는 아무것도 의미하지 않는 것이고, 우리 이론의 이념적 대상들이다"(Hilbert[1926], 380). 여기서 힐버트는 현실적으로 간주되는 것이 유한적 내용을 갖는 것에 "대응하는" 식이라고 하지, 유한적 내용 자체라고 말하지 않는다. 이 경우 현실적인 것이나 이념적인 것 모두 의미론적 내용을 무시한 형식적 대상들이다.

21 힐버트는 "무한에 관하여"의 처음 몇 페이지에서 무한한 영역을 다루는 수학 이론의 초한적 성격에 관해 광범위하게 설명한다. 그의 이런 설명은 그가 보통의 수학적 실천 내의 무한한 영역에 관해 언급하는 명제들을 무의미한 것으로 간주했다면 가능하지 않을 것이다. Hilbert(1926), 369-375.

자체를 대상으로 갖고 그런 기호들 사이의 논리적 관계가 기호들에 대한 직관을 통해 파악될 수 있는 산수이다. 힐버트는 이런 산수를 "직관적 수론"이라고 부른다. 우리는 직관적 수론에 관해 두 사실을 주목할 필요가 있다. 직관적 수론의 대상은 기호 자체라는 점에서 아무 의미도 갖지 않는다. 직관적 수론의 진술들은 구체적이고 직관적인 내용을 갖는다는 점에서 내용적인 것이다.

직관적 수론은 아직 우리가 바라는 증명론이 아니다. 왜냐하면 직관적 수론이 갖는 대상은 수 기호들 |, ||, …뿐이기 때문이다. 유한적 공리들을 대상으로 갖기 위해서는 식들 자체를 대상으로 가져야 한다. 힐버트는 여기서 직관적 수론을 대수와 비교한다. 대수는 직관적 수론과 달리 수 기호만 아니라 연산기호, 문자 및 식들 자체까지 대상으로 삼는다. 이 때문에 힐버트는 직관적 수론에서 하듯 수 기호들만 대상으로 삼을 것이 아니라, 대수에서 하듯 식들 자체, 수학적 증명들 자체까지 대상으로 삼자고 제안한다. 이에 따라 그는 수학적 증명들 자체까지 포함한 수학 이론 자체를 형식화하려 하며, 이런 형식화된 이론을 연구 대상으로 삼는 이론으로서 증명론에 도달하려 한다.[22] 우리는 이 증명론이 직관적 수론과 비교할 때 어떤 특징을 가지는지 주목해야 한다. 이 이론은 직관적 수론보다 더 많은 대상을 갖긴 하지만, 여전히 유한히 많은 대상만 갖는다. 왜냐하면

---

22 여러 해석가들은 직관적 수론과 대수 사이의 비교를 내용적 수학과 형식적 수학의 비교로 간주하고, 힐버트가 증명론의 해설에서 대수학의 실천을 끌어들인 이유가 대상이론으로서 수학 이론이 갖는 이념적 성격을 설명하려는 데 있는 것처럼 이해한다. 그러나 이런 해석은 힐버트의 논점을 오해한 것이라고 생각한다. 직관적 수론과 대수의 차이는 내용적 수학과 형식적 수학의 차이가 아니라 수 기호만 대상으로 삼는 내용적 수학과 연산기호나 식까지 대상으로 삼는 내용적 수학의 차이이다. 왜냐하면 직관적 수론이 구체적 대상으로서 수 기호들 사이의 관계에 대해 구체적 내용을 전달하는 것처럼, 대수학은 구체적 대상으로서 연산기호, 식들 사이의 관계에 대해 구체적 내용을 전달하기 때문이다.

새로 첨가된 기호들 및 식들은 유한히 많은 것으로 간주되기 때문이다. 그리고 이 이론은 직관적 수론과 마찬가지로 여전히 구체적 대상들에 대한 직관에 의존한다는 점에서 유한적 관점에 서 있다. 그러므로 이 이론의 관점에 서면 유한적 식들은 그에 상응하는 해석이 유한적 관점하에 정당화될 수 있다는 점에서 현실적이다. 반면 초한적 식들은 그에 상응하는 해석이 유한적 관점하에 직접 정당화될 수 없다는 점에서 이념적이다.

이제 유한적 공리들만 대상으로 삼는 증명론 M과 초한적 공리들까지 대상으로 삼는 증명론 M'는 무슨 차이를 갖는지 살펴보자. 이를 위해서는 힐버트가 유한적 명제로 간주하는 것이 어떤 것이고 초한적 명제로 간주하는 명제가 어떤 것인지 밝혀야 한다. $2 \neq 3$, $3 > 2$ 같은 보통의 단칭 수식들은 그것이 옳은지 아닌지 직관적 수론에 의해 유한적 관점하에서 직접 결정될 수 있다. 이런 뜻에서 그런 명제들은 유한적이다. 하지만 이처럼 유한적 관점 아래에서 직접 정당화할 수 있는 명제들은 아주 제한적이다.[23] 그는 초한적 명제의 대표적인 사례로서 무제한적 양화사를 포함하는 일반 문장들을 거론한다. 그런 문장들은 무한히 많은 개체로 이루어진 영역을 양화사의 적용 범위로 갖는다. 이 때문에 그런 명제들은 유한적 관점하의 내용적 추론에 의해 구성적 방식으로 직접 정당화할 수 없다. 반면 보통의 수론이나 해석학의 많은 명제들은 무한히 많은 개체로 이루어진 영역을 적용 범위로 갖는다. 이 때문에 결국 힐버트는 수론이나 해석학의 초한적 명제들은 공리적인 방법에 따라 간접적으로 정당화하는 길밖에 없다고 생각한다.[24]

---

23 힐버트에게 유한적 관점하에서 정당화할 수 있는 명제들과 그렇지 않은 명제들의 차이가 일반적으로 무엇인가 하는 데 대해서는 논란이 있다. 힐버트는 문자를 포함하는 진술 중 유한적 관점하에서 정당화되는 것도 그렇지 않은 것도 있다고 생각한다. 그러나 그 기준이 정확히 무엇인지는 모호하고, 이는 그의 유한주의의 모호함과 연관되어 있다. Mancosu(1998), 167-170 참조. 이 문제와 관련한 최근의 논의를 보려면 Stenlund(2010), 3절 참조.

이에 따라 그가 하는 일은 초한적 명제들을 구성적 방식으로 직접 정당화하지 않고 공리이론 전체의 무모순성을 보임으로써 간접적으로 정당화하려 하는 것이다. 이에 따라 유한적 공리들만 대상으로 삼는 증명론 M과 초한적 공리들까지 대상으로 삼는 증명론 M'의 차이도 정해진다. 후자가 전자와 다른 점은 초한적 공리들까지 포함한 대상이론 자체의 무모순성을 보일 수 있는 수단을 갖고 있어야 한다는 것이다.[25]

이제 다음 문제로 넘어가자. 유한적 공리들만 대상으로 삼는 증명론 M에서 초한적 공리들까지 대상으로 삼는 증명론 M'로 나아갈 때 무슨 원리가 문제되는가? 힐버트에 따르면 $2 \neq 3$, $3 > 2$ 같은 단칭 수식들과 무제한적 양화사를 포함하는 일반 문장들 사이의 가장 중요한 차이는 전자와 달리 후자의 경우 배중률 같은 고전논리학의 원리들이 유한적 관점하에서 직접 적용 가능하지 않다는 데 있다. 반면 고전적인 수학 이론의 대부분은 무한한 대상 영역에 관해 말하는 명제들을 포함하고 있고, 이런 명제들에는 고전논리학의 원리들이 제한 없이 적용되고 있다. 이에 따라 힐버트는 고전논리학의 원리를 수학적 실천 내에서 사용할 수 없도록 제한하는 일은 고전 수학의 대부분을 포기하는 것과 다를 바 없다고 생각한다. 그러나

---

24 직접적 정당화와 간접적 정당화의 차이는 사소한 것이 아니다. 왜냐하면 힐버트는 한편으로 초한적 명제들을 유한적 관점하에서 직접적으로는 정당화할 수 없다고 주장하지만, 다른 한편으로는 여전히 그것들을 유한적 관점하에서 정당화하려 하기 때문이다. 힐버트는 유한적 관점하의 무모순 증명은 구성적인 절차에 따른다고 간주한다. Hilbert(1926), 376-377. 그러므로 증명론에서 이념적 방법의 사용은 이중적인 성격을 갖는다고 할 수 있다.

25 이를 위해 힐버트는 이른바 ε-연산자를 이용해서 양화문을 고쳐 쓴다. 그리고 그가 원래의 대상이론 O에 첨가하는 초한적 공리는 바로 ε-연산자를 포함하는 공리이다. 그는 이 공리를 포함하는 새로운 대상이론 O'의 공리들로부터 모순이 따라나오지 않는다는 것을 보이기 위해 ε-치환 방법을 이용한다. 그러므로 ε-연산자는 한편으로 대상이론에 초한적 명제들을 도입해 주는 장치이면서, 동시에 그런 명제들을 유한적 관점하에서 정당화하기 위한 장치이기도 하다. Zach(2003), 1-2절; Zach(2006), 2.2절 참조.

힐버트는 브라우어나 바일에 반대해서 무한한 대상 영역을 다루는 해석학이나 기하학에서 고전논리학의 원리를 적용하는 일을 정당화하고자 한다. 이에 따라 그는 유한적 공리들만 포함하는 대상이론 O를 확장하여 초한적 공리들까지 갖는 대상이론 O'를 형성하고, O에 대한 메타이론으로서 증명론 M에 O'의 무모순을 보일 수 있는 장치들을 첨가함으로써 확장된 증명론 M'를 얻으려 한다. 그리고 그는 O'의 공리들로부터 유한적 관점에서 모순된 결과가 나오지 않는다는 사실이 입증된다면, 배중률 같은 논리적 원리는 유한적 명제들에만 아니라 O'의 모든 식에 대해 일반적으로 적용 가능하다는 사실이 정당화된다고 생각한다. 그러므로 유한적 공리들을 기초적 대상 체계로 갖는 증명론 M의 관점에서 볼 때, 유한적 공리들에 더해 초한적 공리들을 첨가해야 하는 이유는 바로 고전논리학의 원리들의 수학적 적용을 일반적으로 정당화할 필요가 있기 때문이다.

우리는 증명론에 적용된 이념적 방법의 주요 특징을 묘사하였다. 그러면 원래의 물음으로 돌아가 보자. 이념적 방법에 대한 힐버트의 일반적 견해와 후기 증명론에 적용된 이념적 방법 사이의 관계는 어떠한가? 우리는 앞의 논의에서 다음 사실들을 이끌어 낼 수 있다.

첫째로 이전과 마찬가지로 증명론에 적용된 이념적 방법에서도 현실적인 것과 이념적인 것의 구분은 여전히 이론 상대적이고 체계 상대적이다. 초한적 공리는 유한적 공리들만 공리로 갖는 이론 O에 대한 메타이론 M의 관점에서 볼 때 이념적인 것이지, 확장된 대상이론 O'가 무모순임을 증명하기 위한 확장된 증명론 M'의 관점에서도 이념적인 것은 아니다.[26]

---

[26] 나는 힐버트의 이념적인 것과 현실적인 것의 구분은 이론 상대적인 것으로 간주하지만, 그의 유한적인 것과 초한적인 것의 구분까지 이론 상대적인 것으로 간주하지는 않는다. 유한적 관점 자체가 이론에 따라 달라지지 않는 한, 그런 관점하에서 구성적인 방법으로 정당화할 수 있는 것과 그렇지 않은

둘째로 이전과 마찬가지로 증명론에 적용된 이념적 방법에서도 확장된 대상이론 O'의 무모순성이 확장된 증명론 M'하에서 증명되고 나면, 새로 첨가된 초한적 공리들을 더 이상 기존 공리들과 다른 이념적인 것으로 간주할 이유도 사라진다. 물론 이 말은 초한적 공리들 자체가 유한적 공리들과 마찬가지로 구체적이고 직관적인 내용을 가질 수 있음을 말하는 것이 아니다. 힐버트가 유한적 명제를 현실적인 것으로 간주하는 이유는 그것이 구체적인 내용을 갖기 때문이 아니라 그런 명제의 내용이 유한적 증명론 M하에서 정당화될 수 있기 때문이다. 마찬가지로 그는 대상이론 O'의 무모순이 증명론 M'하에서 입증되고 나면 O'의 구성 요소로서 초한적 명제들도 유한적 관점하에서 정당한 것으로 받아들일 수 있다고 생각한다. 이 점에서 초한적 명제들은 더 이상 M'하에서 이념적인 것이 아니다.

셋째로 이전과 마찬가지로 이 경우에도 구체적 내용과 추상적 형식의 2분법은 현실적인 것과 이념적인 것 사이의 구분과 직접 관련이 없다. 이 경우에도 여전히 어떤 것을 현실적인 것으로 간주하느냐 마느냐는 그것이 속한 이론의 무모순이 유한적 관점하에서 입증되었는가 아닌가에 달려 있다.

이런 특징들을 고려할 때 이념적 방법에 관한 힐버트의 일반적 견해는 그의 후기 증명론에서도 크게 달라지지 않았다고 결론지을 수 있다. 반면 후기 증명론 자체가 갖는 특징으로 인해 그 이론에 적용된 이념적 방법이

것 사이의 구분이 이론에 따라 달라져야 할 이유는 없다. 아마 어떤 사람은 내가 지적한 무모순 증명의 단계적 특징—즉, 어떤 대상이론의 무모순을 증명하려 하는지에 따라 메타이론이 달라질 수 있다는 것—을 받아들일 때, 유한적인 것과 초한적인 것 사이의 구분 역시 이론 상대적인 것으로 간주해야 한다고 주장할지 모른다. 그러나 대상이론이 확장됨으로써 이에 필요한 메타이론도 확장된다는 사실은 힐버트의 이른바 "유한적 관점" 자체가 이론 상대적인 것임을 함축하지 않는다. 이 점을 분명히 고려하게 해준 익명의 심사위원에게 감사한다.

3절에서 살펴본 다른 수학 이론들에 적용된 이념적 방법과 적어도 두 가지 점에서 다르다는 점을 지적할 필요가 있다.

첫째로 수학의 다른 이론들의 경우, 현실적인 것과 이념적인 것의 구분은 공리들에 의해 정의되는 대상체계에 대해 적용되었다. 반면 후기 무모순 증명 프로그램에서는 그런 구분이 공리들에 의해 정의되는 대상체계에 적용되지 않고 구문론적 대상으로서 공리들 자체에 적용된다. 둘째로 다른 수학 이론의 경우 그 이론의 공리들이 무모순적임을 보이고 나면 그 이론의 공리들에 의해 정의된 대상체계의 존재 역시 정당화되는 것으로 간주된다. 반면 후기 무모순 증명 프로그램에서 문제되는 대상체계는 형식화된 공리이론의 구성 요소로서 식들 자체이므로, 그런 이론의 공리들이 무모순적임을 보이는 일은 그런 공리들에 의해 정의되는 대상체계의 존재를 정당화하는 일을 직접적으로 목표로 삼지 않는다. 도리어 여기서 무모순 증명의 목표는 이념적인 것으로 간주된 형식화된 공리이론의 초한적 공리들이 유한적인 공리들만큼이나 유한적 관점하에서 정당화하다는 것을 보이는 데 있다. 달리 말해 후기 산수 무모순 증명은 무한한 대상 영역에 관해 말하는 일이 유한한 대상 영역에 관해 말하는 것만큼이나 유한적 관점 아래에서 정당하다는 것을 보이는 데 목적이 있다.

그러므로 후기 증명론에 적용된 이념적 방법과 다른 수학 이론에 적용된 이념적 방법의 결정적인 차이는 문제되는 이론의 정의역의 존재를 정당화하는 데서 무모순성 증명이 하는 역할에 있다. 후자의 경우 공리이론의 무모순 증명은 그 공리이론의 정의역의 존재를 직접 정당화해 주는 것으로 간주된다. 반면 전자의 경우 공리이론의 정의역은 그 이론의 무모순 증명에 의해 직접 정당화되지 않고, 그런 정의역에 관한 명제들의 사용을 정당화함으로써 간접적으로 정당화되는 것으로 간주된다. 달리 말해 후기 증명론에서 힐버트는 형식화된 산수이론이 무모순적임을 유한적 관점하에서 보임으로써, 수론이나 해석학의 실천에서 무한한 정의역에 관해 말하는 일 역시 유한적 관점하에서 정당하다는 것을 보이고자 한 것이다. 그런데 힐버트는 그의 유한적 관점이 크로넥커나 브라우어 같은 직관주의자들도 받아들일 수 있을 만큼 엄격한 것으로 간주한다. 그러므로 그는 수학적 무한에 관한 이론으로서 고전 수학에 대한 그의 증명론적 정당화가 성공한다면, 고전 수학의 정당성에 대한 직관주의자들의 비판은 결정적으로 반박될 것이라고 생각했다. 이것이 다음의 유명한 언급으로 힐버트가 의도한 바일 것이다: "아무도 우리를 칸토르의 천국에서 추방할 수 없다"(Hilbert[1926], 376).

5. 힐버트에게 이념적인 것과 형식적인 것

앞의 두 절에서 나는 두 가지 점을 보이려고 애썼다. 첫째로 힐버트는 이념적인 것과 현실적인 것 사이의 구분을 언제나 이론 상대적인 것으로 간주하였다. 둘째로 힐버트가 그런 구분의 기준으로 삼은 것은 이론의 무모순 여부이지, 내용적인 것이냐 형식적인 것이냐 여부가 아니다. 이 두 점을 받아들이면서 힐버트를 유명론적 도구주의자로 간주하기는 쉽지 않을 것이다. 그러나 아마 어떤 사람은 그런 주장들을 받아들인다 해도 현실적인 것은 여전히 내용적인 것이고, 이념적인 것은 여전히 형식적이라고 주장하려 할지도 모른다. 왜냐하면 두 구분의 기준이 서로 다르다는 사실은 반드시 그런 기준들의 적용의 결과도 다르다는 것을 함축하는 것은 아니기 때문이다. 마지막으로 나는 이런 반론에 대해 고찰하려 한다.

먼저 확실히 해 둘 일은 힐버트 증명론에서 현실적인 것과 이념적인 것의 구분은 무엇보다 유한적인 명제와 초한적인 명제에 적용된다는 점이다. 유한적인 명제를 현실적인 것으로 간주하는 이유는 유한적 관점 하에서 그 명제를 받아들일 수 있기 때문이다. 반면 초한적인 명제를 이념적인 것으로 간주하는 이유는 유한적 관점하에서 아직 그 명제를 받아들일 근거가 주어져 있지 않기 때문이다. 힐버트의 증명론의 목적은 바로 초한적 명제를 포함한 공리 체계의 무모순을 유한적 관점 아래에서 증명함으로써 그런 명제를 유한적 관점 아래에서 받아들일 근거를 제공하는 데 있다. 그리고 이것은 바로 증명론에 이념적 방법을 적용하려는 목적이기도 하다. 이에 따라 유한적 관점의 어떤 증명론이 주어져 있을 때 유한적인 것과 현실적인 것, 초한적인 것과 이념적인 것은 그 범위가 다르지 않다.

반면 주어진 이론에서 이런 두 구분 기준의 적용 범위의 일치는 내용적인 것과 형식적인 것에까지 확장될 수 없다. 나는 두 가지 근거만 지적하겠다.

첫째로 앞 절에서 지적한 것처럼 힐버트는 유한적 명제는 내용을 갖는 반면, 초한적 명제는 내용을 갖지 않는다는 식으로 규정한 적이 없다. 그는 단지 유한적 명제는 구체적이고 직관적인 내용을 갖는 반면, 초한적 명제는 그렇지 않다고 말했을 뿐이다. 그러나 이는 구체적이고 직관적인 것이 아니면 어느 것도 언어 표현의 내용이 될 수 없다는 것을 말하지 않는다. 그는 "무한에 관하여"에서 무한한 영역을 적용 범위로 갖는 많은 명제들을 거론하고, 우리가 그런 명제들을 유한적 관점하에서 정당화할 수 없다고 지적한다.[27] 그러나 이때 우리는 그런 사실을 어떻게 아는가? 만약 그런 명제들이 아무 내용도 갖지 않는다면, 우리는 그런 명제들이

---

27 Hilbert(1926), 369-375.

유한적 관점하에서 정당하지 않다는 것을 무엇을 근거로 인식하는가? 그런 명제들이 어떤 의미를 갖는지 우리가 알지 못한다면, 그런 명제들이 유한적 관점에서 수용 가능한지 여부도 알 수 없을 것이다. 이 경우 분명히 힐버트의 논의는 초한적 명제들이 어떤 내용을 갖고 있다는 것 그리고 우리가 그런 내용을 이해할 수 있다는 것을 전제하고 있다.

둘째로 앞 절에서 본 것처럼 힐버트는 산수이론을 순수 형식적으로 공리화하려 한다. 다시 말해 그는 산수이론의 모든 명제를 그 의미를 무시하고 순수 구문론적 대상으로 간주하려 한다. 그러나 이런 식의 형식화가 가능하려면 우리는 먼저 산수이론에 어떤 명제들이 있는지, 그런 명제들이 주장하는 바가 무엇인지 그리고 그런 주장들 사이의 논리적 관계가 무엇인지 파악하고 있어야 한다.[28] 이 점은 그가 1899년 기하학을 공리화할 때나 1900년 실수론을 공리화할 때나 1920년대에 자연수론을 공리화할 때나 아무런 차이가 없다. 그가 염두에 두는 수학 이론의 형식화는 우리가 수학적 실천에서 이해하고 있는 그런 이론, 그런 명제들에서 의미를 추상화하는 것이지, 애초부터 아무 의미 없는 식들을 모아서 체계화하는 것이 아니다. 그러므로 형식화된 대상이론의 식들이 그 자체로 아무것도 의미하지 않는다고 말할 때, 그는 그런 식들이 아무 해석도 가질 수 없다고 주장하려는 것이 아니다.

이제 내용과 형식의 구분이 유한적인 것과 초한적인 것 그리고 현실적인 것과 이념적인 것에 대한 힐버트의 구분과 어떤 관계를 갖는지 정리해 보자.

---

28 1934년 『수학의 기초 I』에서 힐버트와 베르나이즈는 형식화 이전에 필수적인 보조 수단으로서 내용적인 명제들로 이루어진 공리이론이 먼저 있어야 한다는 점을 지적한다. Hilbert-Bernays(1934), 2 참조.

여기서 문제되는 내용과 형식의 구분은 언어 표현의 내용과 그 표현 자체의 구분에 해당한다. 유한적 명제는 언어 표현 자체로 고려하면 형식에 해당하고, 그것이 표현하는 것의 관점에서 고려하면 내용을 갖는다. 이 사실은 초한적 명제라고 해서 달라지지 않는다. 내용과 관련해서 유한적 명제와 초한적 명제의 차이는 다만 유한적 명제의 내용이 더 구체적인 반면, 초한적 명제의 내용은 더 일반적이고 추상적이라는 점뿐이다. 아무리 추상적이고 일반적인 것이라 해도 내용은 여전히 언어 표현으로서 고려된 명제와 구별되어야 한다. 힐버트가 예컨대 기하학을 공리화할 때 기초 술어들이 구체적이고 직관적 내용을 갖는 것으로 간주하지 않는다고 해서 그가 그런 술어들에 어떤 내용도 부여하지 않는다고 오해해서는 안 된다. 그는 그런 술어들이 추상적이긴 해도 공리들에 의해 암묵적으로 설명되는 내용을 갖는다고 생각한다.[29] 따라서 힐버트에게 유한적 명제는 내용적인 것이고, 초한적 명제는 형식적인 것이라는 주장은 설득력이 없다.

힐버트가 현실적인 것과 내용적인 것, 이념적인 것과 형식적인 것을 동일시했다는 주장 역시 설득력이 없다. 앞 절에서 본 것처럼 현실적인 것과 이념적인 것은 문제 삼는 이론이 무엇인지, 문제 삼는 대상체계가 무엇인지에 따라 달라진다. 만약 문제 삼는 체계가 증명론의 경우처럼 언어적 대상이라면, 이념적인 것만 아니라 현실적인 것까지 모두 형식적 대상들이다. 반면 만약 정수론이나 복소수론의 경우처럼 문제 삼는 체계가 언어적 대상이 아니라 언어 표현의 내용과 관련된다면, 현실적인 것만 아니라 이념적인 것도 형식적 대상들로 간주되지 않는다. 어느 경우든 이념적인 것을 형식적인 것으로, 현실적인 것을 내용적인 것으로 볼 이유는

---

29 힐버트가 공리이론에서 기초적 술어의 의미를 어떻게 생각했는지 보려면 Hallett(1994), 2절 참조.

없다.[30]

마지막으로 나는 후기 증명론에서 형식화된 수학의 이념적 부분에 대해 힐버트가 부여한 역할에 대해 두 가지만 언급하려 한다. 수학의 이념적 부분에 대한 힐버트의 견해를 유명론적 도구주의로 해석하려 할 때 사람들은 흔히 브라우어의 비판에 대한 힐버트의 1928년 "수학의 기초에 관하여"에 나오는 반론에 호소한다. 그곳에서 힐버트는 브라우어가 수학 내의 비구성적 존재 증명 절차를 형식적 게임에 불과한 것으로 폄하한다는 점을 주목한다. 이에 대해 힐버트는 비구성적 존재 증명, 나아가 형식화된 대상이론 내의 증명 절차를 "형식적 게임"으로 부를 수 있음을 인정한다 해도, 그런 게임은 수학 이론을 더 단순하고 통일적으로 발전시키는 데 기여한다고 주장한다. 그리고 그는 이 점에서 형식화된 수학의 이념적 부분이 도구적 성격을 갖는다는 점을 부정하지 않는다. 그러나 그는 그런 이념적 요소에 도구적 의의만 부여하는가? 그는 그런 이념적 요소가 수학적 대상들의 체계에 관한 내용적 지식에 아무런 기여도 하지 않는다고 생각하는가? 나는 이것이 힐버트의 의도가 아님을 보여주는 두 논점을 지적하겠다.

첫째로 그는 같은 곳에서 형식화된 수학의 이념적 요소가 수학 이론의 내용에 실질적으로 기여한다는 점을 지적한다.

순수 존재 공리들의 원천은 논리적 공리이다. 모든 이념적인 명제들은 이 공리에 근거하고 있다. 그리고 식들의 게임은 어느 정도 성공할 수 있는가?

---

30 데틀렙슨은 힐버트 초기의 개념 형성 방법을 설명하면서, 특별한 해명 없이 공리이론 내의 개념의 역할을 순수 구문론적 형식 체계 내의 기호의 역할과 동일시한다. 그러나 이것은 그가 이념적인 것과 형식적인 것을 동일시함으로 인해 생기는 난점을 해소하려는 데서 나온 고육책처럼 보인다. Detlefson(2005), 295-296.

이 식들의 게임은 우리로 하여금 수학이란 과학의 전체 사고-내용을 일률적 방식으로 표현할 수 있게 해주며, 이와 동시에 개별 명제들과 사실들 사이의 상호 연관성이 명확하게 드러나도록 그런 내용을 발전시키게 해준다(Hilbert[1928], 475).

그러므로 힐버트에 따르면 형식화된 수학의 이념적 요소는 정해진 규칙에 따른 게임처럼 간주될 수 있긴 하지만, 그곳에 등장하는 식들은 내용적 명제를 표현해 주며, 그 절차에 사용되는 규칙은 내용적 증명 원리를 표현해 준다.

둘째로 힐버트는 형식화된 수학 이론에 대한 무모순 증명이 단지 순수 형식적 대상으로서 이념적 명제들의 사용을 정당화하는 데만 목적이 있다고 생각하지 않는다. 그는 형식화된 수학 이론에서 현실적인 명제들과 이념적 명제들 사이의 관계를 과학 이론에서 직접 검증 가능한 명제들과 그렇지 않은 이론적 명제들 사이의 관계에 비유하여 설명한다.

개개의 식을 별도로 해석할 수 있게 하라는 것을 일반적으로 요구하는 것은 결코 합리적인 것이 아니라, 도리어 이론은 그것의 본성상 어떤 논의의 도중에서 직관이나 의미에 다시 호소할 필요가 없는 특징을 갖는다. 물리학자가 바로 이론에 대해 요구하는 것은 특정한 명제들은 추리에만 의지해서, 즉 외부에서 끌어들인 고찰에 의지하지 않고 식들의 게임에만 의지해서, 자연법칙이나 가설에서 도출하는 일이다. 물리 법칙의 어떤 결합이나 귀결들만 실험에 의해 검토될 수 있다 ― 마치 나의 이론에서 오직 현실적 명제들만 직접 검증 가능한 것처럼(Hilbert[1928], 475).

이것은 결코 과학의 이론적 부분이 순전히 도구에 지나지 않는다는 주장이 아니다. 도리어 이것은 과학 이론의 이론적 명제들은 직접 경험에 의해 검증될 수 없고 그로부터 연역된 명제들만 직접 경험에 의해 검증된다 할지라도, 그런 검증에 의해 이론 전체가 정당화되었을 경우 이론적 명제들도 실제로 검증된 명제들과 똑같이 경험적 적합성을 갖는다는 것을 말하는 것이다. 유사한 사실이 수학 이론 내의 이념적 명제들과 현실적 명제들에 대해서도 성립한다. 힐버트는 형식화된 수학 이론이 유한적 관점 아래에서 무모순적임을 보임으로써, 그런 수학 이론의 이념적 명제들은 현실적인 명제들만큼 유한적 관점에서 정당하다고 주장하는 것이다.

이것으로 힐버트가 수학에서 이념적인 것을 단순히 순수 형식적인 것으로 간주했다는 주장, 수학 이론의 이념적 요소에 도구적 의의만 부여했다는 주장은 충분히 반박된 것으로 생각한다. 이에 따라 나는 내용적이고 실재적인 수학과 형식적이고 이념적인 수학 사이의 구분은 사실 힐버트에게는 사이비 구분이라고 결론짓는다. 따라서 이런 구분에 의존하는 힐버트에 관한 도구주의적 해석은 심각한 난점을 갖는다고 생각한다.

나는 힐버트의 증명론이 형식주의적 요소와 도구주의적 요소를 가지고 있음을 부정하지 않는다. 그러나 그런 요소는 수학의 본성에 관한 주장으로 이해되어서는 안 된다고 생각한다. 그런 요소는 도리어 무한히 많은 수학적 대상에 관한 이론으로서 고전 수학을 정당화하는 데―다시 말해 수학의 무한적 본성을 정당화하는 데― 사용되는 방법적인 역할에 한정되어야 한다고 생각한다. 그런 정당화가 유한적 관점하에서 가능하다면, 그는 수학 이론이 다루는 무한히 많은 대상의 체계도 간접적으로 정당화될 수 있다고 믿었다고 나는 생각한다. 물론 이때 문제 삼는 대상체계는 물리적 실재도 아니고, 플라톤적 이념도 아니며, 무모순 증명에 의해 정당화되는

이론 상대적인 실재를 말한다.[31]

---

31 나는 힐버트의 사상이 핼릿이 하듯 퍼트남 식의 내재적 실재론으로 간주하거나 아비가드와 렉처럼
카르납식의 내재적 실재론으로 간주하거나 아니면 지크처럼 샤피로 식의 반제거적 구조주의라고
간주할 만큼 충분한 근거가 있는지 모르겠다. Hallett(1990), 4절; Avigad-Reck(2001), 4절;
Sieg(2009a), 5절 참조. 하지만 힐버트의 사상은 유명론적 도구주의자와는 다르다고 생각한다.

11장
데데킨트 ─ 공리적 방법과 논리주의*

1. 들어가는 말

『연속성과 무리수』(1872)와 『수는 무엇이고 무엇이어야 하는가』(1888)[1]에서 제시된 데데킨트의 수학철학은 후대의 이른바 수학적 구조주의 사상의 기원으로 간주되어 왔다. 오늘날 수학적 구조주의는 프레게 식의 플라톤주의적 논리주의와 함께 수학철학의 유력한 견해로 평가된다. 하지만 데데킨트는 앞의 두 책에서 스스로를 산수학에 대한 논리주의자로 자리매김했다는 사실을 기억할 필요가 있다. 그는 수론 및 해석학을 포함하는 넓은 뜻의 산수학은 논리학에 속하므로 기하학이나 물리학의 공간적 개념이나 시간적 개념에 의존해서는 안 된다고 주장하였다.

최근 데데킨트의 수학철학에 대한 연구에서 흥미로운 경향 중 하나는 그의 수학철학과 『기하학의 기초』(1899)를 지을 당시의 초기 힐버트의

---

* 이 논문은 2015년 대한민국 교육부와 한국연구재단의 지원을 받아 수행된 연구임(NRF-2015S1A5A8017241).

1 앞으로 이 책을 언급할 때 간략히 『수는 무엇?』으로 표시하겠다.

수학철학과의 유사성을 강조하는 것이다. 한편으로 힐버트가 1890년대부터 1930년대까지 지속해서 강조했던, 이른바 공리적 연구 방법이 사실은 이미 데데킨트의 산수학 연구에서 실천되던 방법이었다는 주장이 제시된다.2 다른 한편으로 힐버트는 20세기 초반 러셀 및 체르멜로가 발견한 집합론의 모순이 프레게만 아니라 데데킨트, 칸토르의 고전적인 수학에 심각한 위협이 된다는 사실을 깨닫기 전까지는 데데킨트 식의 논리주의자였다는 주장이 제시된다.3 수학적 구조주의에서 수는 관계 체계 내의 역할 이외의 고유한 특징을 갖는, 이른바 플라톤주의적인 자립적 대상으로 간주되지 않는다. 그러므로 데데킨트의 논리주의는 플라톤주의적 논리주의와 구분해서 "구조주의적 논리주의"라고 부를 만하다. 따라서 새로운 해석에 따를 때, 힐버트는 집합론의 모순 해결을 위해 새로운 프로그램을 제안하기 전에는 데데킨트 식의 구조주의적 논리주의자였던 셈이다.

데데킨트가 초기 힐버트와 마찬가지로 공리적인 연구 방법을 사용한 논리주의자였다는 데 대한 반론이 없지 않다. 첫째 반론은 데데킨트 특유의 견해로서 "수는 인간 정신의 자유로운 창조물"이라는 주장과 공리적 방법이 서로 충돌한다는 것이다. 왜냐하면 힐버트에 따를 때 수가 새로 산출된다는 견해는 바로 발생적인 수 도입 방법에 적절한 관점이기 때문이다.4 둘째 반론은 데데킨트는 연역과학을 힐버트처럼 도식적 공리이론으로 간주한 것이 아니라 개념 정의와 논리적 추론에 근거하는 것으로 간주하였고, 원초 개념 역시 공리에 의해 암묵적으로 정의되는 것이 아니라 연구자

---

2 지이크가 슐림, 모리스와 함께 수행한 일련의 연구들은 이 사실을 입증하는 데 바쳐진다. Sieg & Schlimm(2005); Sieg(2014); Sieg & Morris(2015), Sieg & Schlimm(2017) 참조.

3 이런 주장을 가장 선명하게 제시한 사람은 페레이로스이다. Ferreiros(2009) 참조.

4 페레이로스는 그의 책 『사고의 심연』(*Labyrinth of Thought*), 제1판(1999)에서 이런 견해를 피력하였으나, 2판에서는 그 견해를 철회하였다. Ferreiros(1999), 117-124; Ferreiros(2007), 후기 참조.

상호 간의 이해를 바탕으로 삼아 해명되는 것으로 간주했다는 것이다.[5] 셋째 반론은 데데킨트는 고전적인 뜻의 논리주의자로 간주될 수 없다는 것이다. 왜냐하면 논리주의란 수학이 논리학으로 환원된다는 주장이지만, 데데킨트는 환원의 토대가 될 논리학을 형식 체계로 제시한 적이 없을 뿐 아니라 프레게나 이후의 논리주의자들처럼 논리학을 진리들의 체계로 간주한 적도 없기 때문이다.[6]

최근 지이크는 그의 동료들과 함께 이런 반론에 체계적으로 답하는 일련의 논문을 발표하였다. 앞의 반론에 대한 그들의 주요 대답은 1872년 『연속성과 무리수』의 출간 시기부터 1888년『수는 무엇?』출간 시기까지 데데킨트의 자연수론 연구의 실제를 보여주는 미발표 수고에 근거를 둔다. 그들에 따르면 그 기간 동안 데데킨트의 연구 방법은 크게 발생적 방법과 공리적 방법이 공존하던 견해에서 공리적 방법에만 의존하는 견해로 전환되었다. 그리고 그 전환의 핵심은 대상으로서 자연수들이 창조된다는 주장을 버리고 자연수 개념의 창조만 주장하는 견해로 전환한 데 있다. 이런 해석을 근거로 삼아 그들은 데데킨트의 공리적 개념 도입 방법의 특징들을 재해석하는데, 그들은 자연수 개념의 정의에 이르는『수는 무엇?』의 절차가 두 종류의 전혀 다른 추상화를 포함하고 있다고 주장한다.

나는 아래에서 지이크와 그의 동료들이 제시하는 새로운 해석을 평가하고자 한다. 나의 평가는 이중적이다. 먼저 데데킨트가 자연수들이 창조된다는 주장을 포기했음을 보이기 위해 그들이 드는 근거는 설득력이 있다고 생각한다. 반면 공리적 개념 도입의 방법이 로체 식의 추상화에 근거한다는

---

5 Klev(2011), 1-2절 참조.

6 Benis-Sinacuer(2015); Benis-Sinacuer(2017) 참조.

그들의 주장은 중대한 난점을 갖고 있고, 이 난점은 데데킨트의 개념 도입 방법의 가치를 옳게 평가하는 데 장애가 된다고 생각한다.

나는 다음과 같이 논의를 진행한다. 2절에서는 데데킨트가 자연수들이 창조된다는 견해에서 자연수 개념이 창조된다는 견해로 전환했다는 데 대해 지이크와 그 동료들[7]이 제시하는 근거를 설명한다. 3절에서는 데데킨트의 공리적 개념 도입 방법이 로체의 추상화에 의존한다는 그들의 해석을 비판한다. 4절에서는 데데킨트의 개념 도입 방법의 핵심은 논리적 일반화를 위해 필요한 술어 내용의 인식 절차에 있음을 논증한다. 마지막 절에서는 데데킨트의 공리적 개념 도입 방법은 프레게의 개념 형성 방법과 깊은 연관성이 있다고 주장한다.

2. 데데킨트와 공리적 방법

2.1. 공리적 방법과 발생적 방법

힐버트는 『기하학의 기초』에서 점, 선, 면 등의 종류 개념과 만남, 합동이란 2항 관계를 그리고 사이에 있음이란 3항 관계를 원초 개념으로 삼고, 이 원초 개념들 사이의 관계를 알려주는 공리들로서 만남공리들, 순서공리들, 합동공리들, 평행공리들 및 연속공리들을 제시한다. 그는 이 공리들로부터 유클리드 이래의 고전적인 정리들을 연역할 뿐 아니라 그 공리들이 서로 모순되지 않는다는 것을 증명하고, 각 부류의 공리들 혹은 어떤 공리가

---

7 2절부터는 지이크가 슐림이나 모리스와 함께 하는 주장에 대해서 논의할 때도 지이크에 대해서만 언급할 것이다.

다른 공리들과 논리적으로 독립되어 있다는 것을 증명한다. 그는 이런 자신의 연구 방법을 공리적인 방법이라고 부른다.[8]

힐버트는 "수에 관하여"(1900)에서 그의 공리적 방법을 수의 발생적 도입 방법과 구분한다. 그에 따르면 발생적 방법이란 "가장 단순한 수 개념의 단계적인 확장을 통해 보편적 실수 개념에 이르는" 방법이다. 구체적으로 그는 그 방법을 수 1의 개념에서 시작해서 셈의 절차를 거쳐 양의 정수들을 형성하고, 뺄셈의 일반적 수행을 위해 정수 체계를, 나눗셈의 일반적 수행을 위해 유리수 체계를 그리고 근본열이나 절단 등을 이용해서 실수 체계를 형성하는 절차로 묘사한다. 그는 이에 대비해서 실수이론의 경우에도 기하학에서 그가 했던 것처럼 공리적 방법에 따라 진행하는 것이 산수학의 토대를 가장 확고하게 제시하는 방법이라고 주장한다. 이에 따라 그는 여기서도 수 개념, 동일성 및 더 큼 관계 등을 원초 개념으로 삼고, 연결공리들, 순서공리들, 계산공리들 및 연속공리들을 제시한 후, 공리들 상호 간의 독립성 및 무모순성을 증명하려 한다.[9]

힐버트의 이 구분에 따를 때 데데킨트의 수 이론의 연구 방법은 발생적인 것인가 아니면 공리적인 것인가? 많은 사람들이 데데킨트의 방법을 발생적인 방법으로 간주하는 데 주저하지 않았는데, 그 이유는 두 가지다. 첫째로 데데킨트는 1854년 "수학에서 함수 개념의 도입에 관하여"에서 자연수부터 정수, 유리수 등에 이르는 수 확장의 절차를 힐버트가 묘사한 발생적 방법과 유사한 방식으로 제시하며,[10] 『연속성과 무리수』(1872)에서 실수 도입을 위한 전제로서 유리수까지의 도입을 설명하면서 역시 유사한 묘사를 반복한

---

8 Hilbert(1899), 1, 2장 참조.

9 Hilbert(1900), 180 이하 참조.

10 Dedekind(1854), 431-435 참조.

다.[11] 둘째로 힐버트는 1900년 "수의 관하여"에서, 1872년 데데킨트가 실수 도입 절차에 이용한 절단 연산을 발생적 방법에서 실수를 형성하기 위한 한 수단으로 간주한다.[12] 이 때문에 여러 해석가는 데데킨트의 방법을 발생적인 것으로 간주하는 데 주저하지 않은 것으로 보인다.

반면 데데킨트의 방법을 힐버트의 경우와 유사한 공리적 절차로 간주할 만한 증거가 없는 것은 아니다. 왜냐하면 1888년 『수는 무엇?』에서 그가 단순 무한체계 개념을 정의하기 위해 제시한 특징적 조건들은 후대에 자연수이론의 공리로 알려진, 이른바 "데데킨트-페아노 공리들"에 해당하는 것이기 때문이다.[13] 또한 『연속성과 무리수』에서 데데킨트가 연속체 개념을 규정하기 위해 제시한 특징적 조건들은 힐버트가 "수에 관하여"에서 연속성 공리로 제시한 조건들에 해당한다.[14] 물론 데데킨트는 그 책에서 힐버트가 "수에 관하여"에서 한 것처럼 실수이론의 공리들을 모두 망라해서 제시한 것은 아니다. 하지만 우리는 그 책에서 데데킨트가 수행한 절차를 평가하려 할 때 두 사실을 염두에 두어야 한다. 첫째로 데데킨트는 그곳에서 유리수의 영역에 대한 논의는 이미 완료된 것으로 전제한다. 둘째로 힐버트 는 1919년에 했던 강연 『자연과 수학적 인식』에서 수학의 연구에서 공리적 방법은 어떤 주어진 영역을 확장하려 할 때도 사용된다는 점을 인정하고 있다. 그리고 힐버트는 그 강연에서, 주어진 정의역을 공리적 방법에 의해

---

11 Dedekind(1872), 서론 참조.

12 Hilbert(1900), 180 참조.

13 페아노는 1889년에 자연수이론의 공리를 아홉 개 제시하는데, 그중 네 개는 동일성과 관련된 논리 법칙들이고, 나머지 다섯 개는 자연수이론의 공리에 해당한다. Ferreiros(2005) 참조. 그중 수학적 귀납법을 제외한 나머지 공리들이 특징적 조건의 형식으로 『수는 무엇?』의 정의 71에 제시된다. 수학적 귀납법은 『수는 무엇?』의 배경 이론 내에서 증명되는 정리 60이다.

14 Dedekind(1872), 1-2절 참조.

확장할 때는 확장된 영역의 원소들 전체에 대해 성립하는 원리들이 모순되지 않는다는 것을 보이는 것으로 충분하다고 주장한다.[15] 그런데 『연속성과 무리수』에서 데데킨트가 수행하는 절차는 유리수의 영역을 주어진 것으로 삼고, 그 영역의 확장 영역으로서 연속적 영역에 대해 상정된 조건들을 만족하는 체계가 있음을 보임으로써, 그런 조건들이 서로 모순되지 않는다는 것을 보이는 것으로 간주될 수도 있다.[16]

앞의 이유 때문에 데데킨트와 힐버트 사이에 어느 정도 방법상의 유사성이 존재한다는 것을 부정하는 사람은 거의 없다. 하지만 데데킨트의 방법을 공리적 방법으로 간주하기에 가장 큰 장애는 앞에 언급한 단계적-발생적 특징 이외에도 그가 수를 창조 대상으로 간주한다는 데 있다. 그는 1854년의 논문에서 마치 수들이 연산에 의해 창조되는 것처럼 말하며,[17] 1872년에는 무리수들 각각이 절단 연산에 대응해서 창조되는 것처럼 말한다.[18] 나아가 1888년의 『수는 무엇?』에서는 "수는 인간 정신의 자유로운 창조"라고 언급한다.[19] 그러나 만약 힐버트가 묘사하는 공리적 방법에 따라 먼저 공리들을 제시한 후 공리들이 서로 무모순적이라는 사실을 보인다면, 이미 공리들을 만족하는 대상들로서 수들이 존재한다는 것을 보이기 위해 무엇이 더 필요한가? 혹은 이미 존재한다는 것을 보인 수들을 왜 다시 창조할 필요가 있는가? 이에 따라 수 창조에 대한 데데킨트의 언급을 진지하게 고려하는 경우, 그의 방법을 공리적 방법으로 분류하기는 매우 어려운

---

15 Hilbert(1992), 9장 "이념적 요소의 역할"(Die Rolle von Idealen Gebilden) 참조.

16 Dedekind(1872), 3-4절 참조.

17 Dedekind(1932), 428-429.

18 Dedekind(1872), 4절 "무리수들의 창조" 참조.

19 Dedekind(1888), 서론 참조.

것으로 간주되었다.

2.2. 대상의 창조에서 개념의 창조로

지이크는 그의 동료들과 함께 수론의 연구 수행에서 데데킨트가 사용한 방법론의 발전을 면밀히 추적하였고, 이를 근거로 삼아 데데킨트의 연구 방법은 힐버트의 방법과 마찬가지의 공리적 방법으로 간주해야 한다는 사실을 옹호한다. 그들이 제시하는 근거는 대략 세 가지 증거에 근거하고 있다.

첫째로 후대의 대수 연구에서 익숙하게 사용하는 방법으로서, 이른바 수학적 구조의 공리적 도입 방법은 데데킨트의 수학적 개념의 도입 방법에서 비롯되었다는 것이다.[20] 예컨대 오늘날 대수학에서 군은 다음과 같이 정의된다.

정의. (수들, 대응들, 변형들 같은) 어떤 종류의 원소들을 갖는 비지 않은 집합 $\mathfrak{G}$가 다음의 네 약정을 만족할 때 그룹이라고 한다.

1. $\mathfrak{G}$의 원소들 a, b의 모든 쌍을 같은 집합의 세 번째 원소와 연결하는 조합 규칙이 주어진다. 이 세 번째 원소는 대부분 a와 b의 곱이라고 불리고 ab 혹은 $a \cdot b$에 의해 지시된다 ….

2. 결합 법칙: a, b, c가 $\mathfrak{G}$의 원소라면, $ab \cdot c = a \cdot bc$.

3. $\mathfrak{G}$의 모든 원소 a에 대해 $ea = a$가 성립하도록, (왼편) 항등원이라고 불리는 원소 e가 (적어도) 하나 존재한다.

---

20 Sieg & Schlimm(2018), 6 이하 참조.

4. a가 $\mathfrak{G}$의 원소일 때, $a^{-1}a = e$가 성립하도록, a의 (왼편) 역원이라고 불리는 원소 a^{-1}가 (적어도) 하나 존재한다(Van der Waerden[2003], 12).

이 정의의 특징은 정의항의 조건은 대수학의 법칙들로 구성되어 있고, 그런 법칙이 성립하는 대상들이나 연산들 혹은 함수들이 전혀 특정되지 않고 임의의 요소로만 언급되어 있다는 데 있다. 그래서 피정의항으로서 군이 특정 집합들이 속하는 개념으로 기술되기는 하지만, 이때 그 원소로서 집합을 규정하는 데는 아주 일반적인 특성 이외에는 고려되지 않는다는 것이다. 이런 개념 도입 방법을 흔히 "공리적인 개념 도입 방법" 혹은 "구조적 정의"라고 부른다. 그런데 데데킨트의 체(field, Körper) 개념 도입 방식을 보면, 그의 정의는 전형적인 구조적 정의에 해당하는 것으로 보인다.

> 우리는 체(field, Koerper)에 의해 무한히 많은 실수들 혹은 복소수들의 체계를 이해하는데, 그 체계는 그런 임의의 두 수의 더하기, 빼기, 곱하기, 나누기가 언제나 똑같은 체계의 수를 산출한다는 점에서 닫혀 있고 완전하다(Dedekind [1932], 223).

둘째로 데데킨트의 방법을 공리적인 것으로 간주하기 어렵게 만드는 이유들을 상쇄시킬 방안이 있다는 것이다. 우선 힐버트는 1900년 논문에서 데데킨트가 발생적 방법을 사용한다고 명시해서 말한 적이 없고, 1905년 힐버트의 강의록을 보면 발생적 방법에 따르는 것으로 그가 예를 드는 저술에는 데데킨트의 저술은 언급되지 않는다는 것이다.[21] 또한 데데킨트는

---

21 Hilbert(1905), 5-7. 이곳에서 힐버트는 발생적 방법에 따른 수이론의 연구 사례로서 립쉬츠(R. Lipschitz), 파쉬(M. Pasch), 토마에(J. Thomae) 등의 저술을 언급하며, 연구자로서 크로넥커(L.

자연수론이나 실수론에서 '공리'라는 말을 사용하지 않는 반면, 힐버트는 기하학이나 실수론의 논의에서 명시해서 '공리'라는 말을 사용하는데, 이 사실은 프레게와의 논의에서 힐버트가 한 대답을 고려할 때 데데킨트가 공리적 방법을 사용하지 않았다는 근거로 사용될 수 없다는 것이다. 프레게는 힐버트가 완전한 문장이 아닌 특징적 조건(Merkmal)에 지나지 않는 것을 공리라고 부르는 데 대해 반대하는데, 힐버트는 이에 대해 그것을 특징적 조건이라고 하든 공리라 하든 용어상의 문제에 지나지 않는다고 대답한다.22 이는 그가 공리를 전통적인 뜻의 참인 문장으로 간주하지 않고 특징적 조건에 해당하는 것으로 간주한다는 것을 받아들이는 셈이다.

셋째로 데데킨트의 견해는 발생적 성격과 공리적 성격이 혼재해 있던 데서 1888년 『수는 무엇?』부터는 공리적 견해로 일원화되었다는 것이다. 우선 1854년의 논문 "수학에서 함수 개념의 도입에 관하여" 및 1872년의 『연속성과 무리수』에서는 자연수부터 유리수까지의 영역이 마치 연산에 의해 창조되는 것처럼 묘사된다. 하지만 이런 묘사는 그 구체적인 실천에 근거해서 수들의 영역의 형성 방식이 제시된 것이 아니라 그저 논의의 전제로서 대강의 절차만 간략히 묘사된 데 지나지 않는다. 반면 1872년에 그가 실질적으로 수행한 실수 영역의 형성 방식을 보면, 그의 방법은 무리수의 창조 주장을 제외하면 후대의 공리적 방법과 유사한 특징을 갖고 있는 것으로 보인다. 왜냐하면 앞서 언급한 대로 그는 그곳에서 연속적 영역의 원소들이 갖추어야 할 특징적 조건들을 일반적으로 규정한 후, 그런 조건들을 만족하는 체계로서 컷들의 체계를 제시하기 때문이다. 이는 컷 연산을

Kronecker)나 바이어슈트라스(K. Weierstrass)도 언급한다. 하지만 그곳에서 데데킨트의 이름은 언급되지 않는다.

22 Frege(1980), 41-42.

통해 수를 창조하는 절차의 일환으로 간주할 수도 있지만, 그렇지 않고 연속적 영역 개념이 모순적이지 않다는 것을 보이는 절차로 간주할 수도 있다.

나아가 지이크에 따르면 1872년부터 1888년에 이르는 기간에 데데킨트 의 견해에는 중요한 변화가 일어났다.[23] 실수론을 다루는 1872년 『연속성과 무리수』의 작업은 자연수부터 유리수 영역까지 다루는 논의를 전제하고 있었던 셈이지만, 1888년에 제출한 『수는 무엇?』은 바로 자연수이론의 토대를 확립하는 데 목적이 있다. 그 책은 크게 논리적인 배경 이론으로서 체계 및 대응이론을 다루는 1-4절의 첫째 부분과 자연수론을 다루는 5-14절 의 둘째 부분으로 이루어져 있다. 자연수론은 크게 두 부분으로 이루어져 있다. 5-10절의 첫째 부분은 자연수론의 토대에 해당하는 근본 원리들을 확립하는 부분으로서 주로 그의 자연수 체계를 정당화는 데 바쳐지고, 11-14절의 둘째 부분은 자연수론의 발전적 전개에 해당하는 부분으로서 주로 연산법칙을 확립하는 데 바쳐진다. 『수는 무엇?』 5-10절의 해당 부분의 각 절 제목은 다음과 같다.

5절 ― 무한과 유한

6절 ― 단순 무한체계, 자연수열

7절 ― 더 큰 수와 더 작은 수

8절 ― 수열의 유한부분과 무한부분

9절 ― 귀납에 의한 수열의 대응 정의

10절 ― 단순 무한체계들의 집합

---

23 이 부분부터의 논의는 Sieg & Schlimm(2005); Sieg & Morris(2015); Sieg & Schlimm(2017)에 의존하고 있다.

1872년 이후 쓰인 데데킨트의 미발표 수고들을 보면『수는 무엇?』의 내용에 상응하는 세 가지 수고가 존재한다.[24] 하나는 1872년에서 1878년까지의 첫 번째 수고이고, 다른 하나는 1887년 여름(6~7월)의 두 번째 수고이고, 다른 하나는 1887년 가을(8~10월)의 마지막 수고이다. 지이크에 따르면 1872~1878년 수고는 이미『수는 무엇?』의 많은 부분을 포함하고 있기는 하지만, 그곳의 내용은『수는 무엇?』5-10절의 내용과는 아직 상당한 차이가 있다. 왜냐하면 아직 5절의 무한체계 존재 증명, 6절의 단순 무한체계의 정의 그리고 9-10절의 귀납에 의한 대응의 정의 및 회기 정리 등이 없기 때문이다. 반면 1887년 여름의 두 번째 수고에는 이런 내용들이 다 들어 있다고 한다. 그런데 지이크에 따르면 1887년 가을에 작성된 세 번째의 마지막 수고에는 데데킨트의 사상에 중대한 변화가 있었음을 보여주는 증거가 있다. 그것은 마지막 수고에는『수는 무엇?』의 정의 73에 해당하는 비형식적 논의가 적혀 있는 부분에 삽입 단락이 존재하는데, 이 단락은 1888년의 출판본에는 들어 있지 않다는 것이다.

---

24 데데킨트의 미발표 수고들은 괴팅겐대학교 도서관에『데데킨트 유고』(*Nachlass Richard Dedekind*) 안에 보관되어 있다. 그의 유고는 크게 열두 가지 분야의 파일로 분류되어 보관되어 있는데,『수는 무엇?』의 출간을 준비하기 위해 작성되었던 수고들은 다음 제목의 세 번째 파일에 속해 있다. "파일 III — 수들, 수집합들, 합동, 2차 상호법칙, 논리대수." 파일 III은 총 30개의 소파일로 구성되어 있는데, 이 소파일들 중『수는 무엇?』의 준비와 직접 관련된 것은 III-1의 처음 세 개의 수고, III-2의 첫 번째 수고 그리고 III-4의 두 번째 수고이다. Scharlau(2010), 12 이하 참조.
- III-1. 수는 무엇이고 무엇이어야 하는가?
  ① 『수는 무엇?』의 첫 번째 시도, 1872~1878.
  ② 『수는 무엇?』의 두 번째 시도, 1887년 6~7월.
  ③ 『수는 무엇?』의 세 번째 시도, 1887년 8~10월.
- III-2. 수 개념에 관하여.
  ① 자연수열을 토대로 삼는 수 개념의 확장.
- III-4. 영과 음의 양수의 창조.
  ② 산수의 기초.

지이크가 주장하는 1887년 가을의 출판 전 마지막 수고와 1888년 출판본 사이의 차이를 이해하기 위해 먼저 『수는 무엇?』의 조항 73을 살펴보자.

73. 정의. (1) 대응 φ에 의해 배열된 단순 무한체계 N을 고려할 때 원소들의 특수한 특징은 완전히 무시하고 원소들의 구별 가능성은 유지하고 φ에 의한 배열에 의해 그 위치가 결정되는 원소들 상호 간의 관계들만 고려한다면, 이 원소들은 자연수 혹은 서수 혹은 간단히 수라고 불리고, 기초원소 1은 수열 N의 기초원소라 불린다. (2) 이처럼 원소들로부터 다른 모든 내용을 제외한다는 사실을 고려할 때 (추상화) 수들을 인간 정신의 자유로운 창조물이라고 부르는 일은 정당하다. (3) (71)절의 조건 α, β, γ, δ에서 완전하게 도출되고 그 때문에 모든 순서를 갖는 단순 무한체계에서 언제나 동일한 관계 혹은 법칙들은 개별 원소들에 어떤 이름이 주어지든 상관없이 수의 과학 혹은 산수학의 첫 번째 대상이다. (134와 비교해 볼 것.)(Dedekind[1888], 조항 73. '(1), (2), (3)'은 필자 삽입)

이 정의의 논의는 크게 세 부분으로 나뉜다.

(1) 첫째 부분은 자연수 개념을 정의하는 부분이다. 자연수는 단순 무한체계의 원소로 정의되는데, 이때 대응 φ에 의한 원소의 구별과 상호 관계만 고려된다는 단서가 붙어 있다.

(2) 둘째 부분은 자연수 개념의 정의의 특징을 설명하는 부분이다. 즉, 대응 φ에 의한 원소의 구별과 상호 관계만 고려하고, 원소의 다른 모든 특수한 내용을 제외하는 일을 추상화라고 적고, 이 추상화에 의해 수들을 인간 정신의 자유로운 창조물이라고 부를 수 있다고 한다.

(3) 셋째 부분에서 데데킨트는 단순 무한체계 개념을 정의하는 조건들로

부터 도출되는 원리들이 산수학의 연구 대상이라고 하고, 134절과 비교할 것을 주문한다. 134절에서 그는 133절에서 증명한 그의 유명한 정리로서 모든 단순 무한체계가 순서 보존적인 동형이라는 사실에 근거할 때 73절의 자연수 개념 정의가 완벽하게 정당화된다고 한다. 그리고 이에 근거해서 단순 무한체계 개념의 정의 조건들로부터 연역한 모든 법칙이 어느 단순 무한체계에 대해서나 성립한다고 선언한다.

그런데 1887년 가을 『수는 무엇?』 발표 전 수고에서는 앞의 둘째 부분 (2)에 해당하는 언급 이후 (3) 바로 전에 다음과 같은 삽입 단락이 존재한다.

이 추상화에 의해 N의 원래 주어진 원소들 n은 새로운 원소들 n, 즉 수들로 전환된다. (그리고 N 자체는 새로운 추상적인 체계 N으로 전환된다.) 그러므로 우리는 수들이 정신의 자유로운 창조 행위 덕분에 존재한다고 정당하게 말할 수 있다. 그러나 우리의 표현 방식을 위해서는 원래의 수체계 N의 원소들을 수들이라고 말하고 그 자체가 유사한 대응인 N으로부터 N으로의 전환은 무시하는 것이 편리하다. 우리는 회기에 의한 정의에 대한 정리들을 이용할 때 확신할 텐데, 그런 전환을 통해서는 … 달라지는 바가 없고 부당한 방식으로 무언가가 끼어드는 수도 없다(데데킨트의 1887년 수기, Sieg & Schlimm[2015], 20-21).

지이크는 여기서 대응 φ가 정하는 구별 및 상호 관계와 관련되어 있지 않은 내용을 추상화한 후의 원소들과 그 원소들의 체계를 별도로 고려한다는 데 주목한다. 그들은 이 사실은 데데킨트가 1887년 여름까지 추상화에 의해 자연수들이 새로운 추상 대상들로 창조된다고 간주한 것으로 생각한다. 그런데 이런 절차가 『수는 무엇?』에서 빠져 있다는 사실은 데데킨트가 그런 견해를 철회했음을 의미한다고 그는 생각한다. 그의 해석에 따르면 이 변화는 데데킨트에게 추상화가 추상 대상들을 얻기 위한 절차가 아니라 추상 개념으로서 자연수 개념을 얻기 위한 절차라는 것을 보여준다고 생각한다. 말하자면 1887년 여름 이후 『수는 무엇?』의 출간까지의 데데킨트 변화의 핵심은 추상화에 의해 자연수들이 창조된다는 견해로부터 추상화에 의해 창조된 것은 자연수 개념이라는 견해로 변한 데 있다는 것이다.

지이크의 주장은 기존의 해석과는 상당히 다른 것이다. 왜냐하면 대부분의 주요 해석자들은 『수는 무엇?』 73절의 추상화를 여전히 개념만의 추상화가 아니라 추상 대상들을 도입하는 절차로 간주하기 때문이다.[25] 지이크의 해석은 기존 견해들보다 몇 가지 점에서 분명한 장점이 있다. 첫째로 개체들로서 수들이 창조된다고 할 때 창조 행위는 일종의 심리적 사건으로 이해되어야 할 것이다. 이 경우 수들에 관한 우리의 지식이 객관적인 것인지 의심스러워진다. 반면 만약 수들에 관한 지식이 객관적이라는 것과 양립 가능하게 창조 행위를 어떤 비심리적 사건으로 설명하려 할 경우, 도대체 이때 창조란 무엇인지 불가해진다. 둘째로 수들의 창조에 대한 언급은 데데킨트의 논리주의와 일관되게 해명하기 쉽지 않다. 그의 논리주의는 분명히 산수학의 연구에서 경험적 개념이나 시공간적 개념에 의존한 설명을 배제하는 일과 관련되어 있다. 그런데 수들을 창조하는 정신적 행위를 인정하면서도 논리주의를 유지하려 한다면, 그런 행위가 어떻게 주관적 경험만 아니라 시공간적 직관과 독립되어 있는지 반드시 해명해야 할 것이다. 셋째로 앞의 논의에서 본 바와 같이 단순 무한체계 개념을 만족하는 체계가 존재한다는 것이 증명되고 단순 무한체계들이 모두 서로 동형이라는 사실이 입증되고 나면,

---

25 기존 해석들에 대해 일별하고자 한다면 Reck(2003) 참조.

왜 또다시 단순 무한체계의 원소들을 창조할 이유가 있는지 불가해하다. 이에 따라 수들의 창조 언사는 그의 자연수론 전개 절차와 서로 상충하는 것으로 보인다. 반면 데데킨트가 하는 일이 개체들로서 자연수들을 창조하는 것이 아니라, 지이크가 주장하는 것처럼 단지 자연수 개념을 새롭게 도입하는 것으로 간주할 때, 앞의 문제들은 일거에 사라지는 것처럼 보인다.

3. 공리적 정의와 추상화

앞의 논의는 데데킨트의 연구 방법을 발생적 방법으로 간주하지 말아야 할 이유를 제공한다. 하지만 그 논의는 데데킨트의 연구 방법을 공리적 방법으로 간주해야 할 적극적인 이유를 제공해 주지는 못한다. 이 절에서는 데데킨트의 연구 방법은 왜 공리적 방법으로 간주되어야 하는지, 데데킨트 의 공리적 방법의 주요 특징이 무엇인지에 대해 지이크가 제시하는 이유들을 검토할 것이다.

3.1. 공리와 공리이론

우리는 먼저 지이크가 데데킨트에게 돌리는 공리적 방법이란 아주 제한된 뜻의 연구 방법이라는 사실을 주목할 필요가 있다. 왜냐하면 그 방법은 오랫동안 수학에서 유클리드의 『원론』과 함께 거론되던 연구 방법으 로서 전통적인 뜻의 공리적 방법과는 상당히 다른 것이기 때문이다. 전통적 견해에 따르면 기하학의 공리들은 공간직관에 의해 그 참이 알려지는 명제들이다. 공리들이 참인 명제들일 경우, 공리들을 전제로 삼아 증명되는 정리들 역시 참인 명제들일 것이다. 이 경우 기하학의 공리이론 전체는 궁극적으로 공간직관에 의해 그 지식이 정당화되는 참인 명제들의 체계일 것이다. 이 때문에 프레게는 예컨대 공리 및 공리이론에 관한 이런 견해를 유클리드적인 견해라고 한다.[26]

반면 지이크가 초기의 힐버트 및 데데킨트에게 돌리는 공리이론은 이런 식의 참인 명제들의 체계가 아니다. 왜냐하면 힐버트에 따를 때 기하학의 공리들에 나오는 용어로서 '점', '선' 혹은 '만남' 같은 용어들은 그 의미가 고정되어 있지 않기 때문이다. 그에 따르면 그런 용어들은 애초의 유래대로 공간직관에 의해 그 내용이 알려지는 것으로 이해될 수도 있지만, 이와 달리 해석기하학의 방법에 따라 실수들의 순서집합들을 이용해서 그 내용이 주어질 수도 있다.[27] 이런 뜻에서 힐버트의 경우 공리란 그 자체로 참인 명제가 아니라 해석에 따라 참이나 거짓이 될 수 있는 특징적 조건에 해당한다. 그런데 공리들이 이런 특징적 조건들로 간주될 때 공리들을 전제로 삼아 증명되는 정리들 역시 그 자체로는 참도 거짓도 아닌 특징적 조건에 지나지 않을 것이다. 이 경우 공리이론 전체는 특징적 조건들의 체계일 것이고, 그런 체계는 적절한 해석이 주어지지 않는 한 진리들의 체계가 아닐 것이다. 힐버트의 용어로 말한다면, 특징적 조건들의 체계로서 공리이론은 서로 다른 다양한 해석이 주어질 수 있는 "개념들의 구도"(Fachwerk von Begriffen)에 해당하는 것이다.[28]

따라서 힐버트가 연구 대상으로 삼는 공리이론은 전통적인 뜻의 공리이

---

26 유클리드적인 견해에 관해서는 Frege(1984), 273-284 참조.

27 Hilbert(1899), 9절 참조. 힐버트는 공리들 모두가 만족되기만 하면 '점', '선', '면'은 그 대신 '사랑', '법', '굴뚝청소부'로 교체되어도 상관없다고 주장한다. Frege(1980), 40.

28 Frege(1980), 42 참조.

론과 매우 다르다. 후자의 공리이론은 참인 명제들의 체계인 반면, 힐버트의 공리이론은 특징적 조건들의 체계이다. 그런데 데데킨트는『수는 무엇?』의 연구에서 이 두 종류의 공리이론 중에서 어떤 종류의 이론을 고려하였는가? 클레프는 데데킨트가『수는 무엇?』에서 그 둘 중 어떤 종류의 공리이론도 고려하지 않았다고 생각한다. 왜냐하면 그에 따를 때『수는 무엇?』에서 데데킨트가 하는 일은 '사물', '체계', '대응' 등의 원초 개념의 이해를 바탕으로 삼아 '무한체계', '단순 무한체계' 등의 자연수이론의 기초 개념을 정의하고, 이런 정의들로부터 논리학의 원리들의 도움을 받아 정리들을 증명하는 것이기 때문이다. 나아가 클레프는 데데킨트가『수는 무엇?』의 원초적인 용어들의 의미에 대해 힐버트가 기하학의 원초용어에 대해 가졌던 것과 전혀 다른 견해를 가졌다고 주장한다. 즉, 데데킨트는 원초적인 용어가 힐버트 주장과 달리 고정된 의미를 가지며, 그 의미는 프레게가 주장했듯이 과학자 상호 간의 이해에 토대를 둔 해명을 통해 드러난다고 생각했다는 것이다.[29]

그러나 지이크에 따르면 데데킨트의 견해에 대한 클레프의 이런 해석은『수는 무엇?』에서 힐버트가 제시한 공리이론과 비교해야 할 대상을 잘못 선택한 데서 생긴 오해에 근거한다. 즉, 클레프는 힐버트가 연구 대상으로 삼은 기하학의 공리이론을『수는 무엇?』의 주요 연구 대상으로서 자연수이론과 비교하지 않고 자연수이론을 연구하기 위한 배경 이론으로서 집합 및 대응에 관한 이론과 비교한 데 잘못이 있다는 것이다. 그러나 힐버트는 기하학의 공리이론을 제시하면서 점들, 선들 등의 원초적인 대상들을 '사물'이라고 부르며, 점들의 집합이나 선들의 집합 등을 '체계'라고 부르는데,[30]

---

29 Klev(2011), 2절 참조.

지이크에 따르면 이는 힐버트 역시 데데킨트와 마찬가지로 집합에 대한 원리들을 기하학 이론을 전개하기 위한 배경 이론의 원리들로 간주했음을 보여주는 것이다. 그러므로 힐버트가 집합론을 배경 이론으로 삼아 기하학의 공리이론을 제시했듯이, 데데킨트 역시 집합론을 배경 이론으로 삼아 자연수들에 관한 공리이론을 제시했다는 것이다. 이에 따라 지이크는 힐버트 기하학의 공리 안에 나오는 원초용어로서 '점', '선', '만남' 등의 용어들과 비교해야 할 『수는 무엇?』의 원초용어들은 '사물', '체계', '대응' 등의 배경 이론의 원초용어가 아니라 자연수이론의 공리들에 등장하는 '단순 무한체계', '(체계 내적) 1-1 대응', '(체계의) 최초항' 등의 용어라고 생각한다.[31]

그러면 구체적으로 데데킨트는 어떤 원리들을 자연수이론의 공리로 제시하였는가? 지이크는 힐버트의 기하학적 공리들이 참인 명제들이 아니라 해석에서 주어진 내용에 적용되는 특징적 조건들에 해당한다는 사실을 주목한다. 그에 따르면 이 점에서 데데킨트의 자연수이론의 공리들도 다르지 않다. 왜냐하면 흔히 '데데킨트-페아노 공리들'이라고 불리는 원리들은 사실 『수는 무엇?』에서는 '단순 무한체계' 개념의 정의에서 제시된 특징적 조건들로 처음 등장한 것이기 때문이다. 따라서 지이크에 따를 때 이런 특징적 조건들을 데데킨트가 '공리'라고 부르지 않았다는 사실은 더 이상 그가 공리적 방법을 사용하지 않았다는 데 대한 근거가 되지 못한다. 왜냐하면 단순 무한체계의 정의 조건들은 힐버트의 뜻으로 바로 공리들이고, 그런 정의 조건들로부터 논리적 방법에 따라 연역 가능한 법칙들이나 관계들은 힐버트의 뜻으로 정리들이기 때문이다. 그리고 이 경우 단순

---

30 Hilbert(1899), 1장 참조.
31 Sieg & Morris(2015), 7-8; Sieg(2014), 2절 참조.

무한체계에 대한 데데킨트의 정의 조건들과 그런 조건들을 전제로 삼아 증명되는 법칙들이나 관계들은 힐버트의 뜻으로 공리이론을 형성한다. 이런 뜻에서 지이크는 데데킨트 역시 그 자체로는 참도 거짓도 아닌 특징적인 조건들로서 공리들 그리고 그런 공리들로부터 논리적으로 연역된 특징적인 조건들로서 정리들로 형성된 공리이론을 연구 대상으로 삼았다고 생각한다.[32]

3.2. 공리적 정의와 추상화

『수는 무엇?』 조항 기에서 '단순 무한체계' 개념은 다음과 같이 정의된다.

71. 정의. 체계 N의 N으로의 유사한 대응 φ가 존재하고 N이 $\varphi(N)$ 안에 포함되어 있지 않은 원소의 연쇄로 나타날 때 (44) N은 단순히 무한하다고 한다. 우리는 이 원소를 앞으로 기호 1에 의해 지시할 것이고 N의 기초원소라고 부를 것이다. 그리고 단순 무한체계 N은 이 대응 φ에 의해 배열되어 있다고 할 것이다. 상과 연쇄에 대한 이전의 편리한 기호를 유지한다면 (§4) 단순 무한체계 N의 본질은 다음 조건 $\alpha, \beta, \gamma, \delta$를 만족하는 N의 대응 φ와 원소 1의 존재로 이루어진다.

α. $N' \ni N$.

β. $N = 1_0$.

γ. 원소 1은 N' 안에 포함되어 있지 않다.

δ. 대응 φ는 유사하다(Dedekind[1888], 71. 필자 강조).

---

32 Sieg & Morris(2015), 26-27.

여기서 α는 임의의 단순 무한체계 N의 각 원소에 대한 대응 함수 φ의 값들의 집합 $\varphi(N)$은 N의 부분집합이라는 것을 말한다: $\varphi(N) \subseteq N$. 그리고 γ는 N의 최초항 1은 N의 어떤 원소에 대한 대응 함수 φ의 값도 아니라는 것을 말한다: $1 \not\in \varphi(N)$. 그러므로 $\varphi(N)$은 N의 진부분 집합이다. 그리고 δ는 N으로부터 $\varphi(N)$으로의 대응 φ가 1-1 함수라는 것을 말한다. β는 최초항 1을 단위원소로 갖는 집합 {1}의 그 연쇄—즉, {1} $\subseteq K$이고, $\varphi(K) \subseteq K$인 단순 무한체계 N의 모든 부분집합 K들의 교집합—는 N 자신이라는 것이다.[33]

『수는 무엇?』의 자연수이론의 전개에서 앞의 정의의 네 조건 ($\boldsymbol{\alpha}$)~($\boldsymbol{\delta}$)의 역할은 핵심적이다. 왜냐하면 무한체계의 존재에 대한 5절의 증명은 바로 그 네 조건을 만족하는 체계가 적어도 하나 존재한다는 것을 보이는 정리 72의 예비 정리에 해당하고, 7절 이후의 자연수이론의 발전은 바로 그 네 조건을 바탕으로 삼는 정의와 증명으로 이루어지기 때문이다. 그러면 데데킨트는 그의 자연수이론의 공리들, 즉 정의 71의 네 조건에 어떻게 도달했는가? 혹은 데데킨트는 어떤 방법에 의해 자연수이론의 공리적 조건들을 얻게 되었는가? 데데킨트는 케퍼슈타인에게 보낸 편지에서 특정 단순 무한체계에 대한 분석으로부터 그런 공리적 조건들을 얻은 것처럼 묘사한다.[34] 그러면 특정 단순 무한체계로부터 자연수이론의 공리적 조건들을 얻는 데는 어떤 방법이 필요한가? 지이크는 그 방법은 로체에게서 유래한 새로운 방식의 추상화라고 주장한다.

---

33 프레게가 지적하고 데데킨트 자신도 나중에 인정했듯이, $\boldsymbol{\beta}$의 '1'은 엄격히 말해 {1}로 고쳐 써야 한다. Frege(1893), 서론; Sinaceur(1971), 251-252.

34 Dedekind(1890), 185.

이 읽기는 단순 무한체계들을 정의하는 데데킨트의 특별한 방법을 명시해서 고찰해 보면 훨씬 더 직접적으로 지지된다. 임의의 대상들의 체계 N이 단순히 무한한 것으로 간주되는 경우는 그런 개념의 특징을 규정하는 조건들을 만족하는 N의 어떤 원소 1과 N에 대한 어떤 대응 φ가 존재하는 경우이다. 이 정의는 앞에서 칸트의 논리학을 따라 논의했던 전통적인 추상화와는 근본적으로 다른 형식의 추상화를 반영한다. 로체는 그런 추상화를 1844년의 그의 논리학에서 도입하였고 그것을 가장 중요한 기여로 간주하였다. 그것은 일상생활의 사고 및 과학적 사고의 실천을 반영하려는 구체적인 목적을 가지고 있었다. 로체는 그의 논리학 제2판의 23절, "개념에 관한 학설"에서 적절한 사례와 함께 그 방법에 관해 묘사한다. 이 추상화는 보통 특징적 조건(Merkmal)을 제외하는 것이 아니라 어떤 특징적 조건을 더 일반적인 특징적 조건으로 교체하고 이런 식으로 "더 추상적인" 개념들을 산출한다. 우리가 A.2에서 본 것처럼 그런 방법은 단순 무한체계의 구조적 정의가 도입될 때 실제로 사용되었다. 기초 원소와 순서 부여 대응을 가진 임의의 특정 체계는 더 일반적인 개념 아래 속할 수 있다(Sieg & Morris[2015], 24-25).

다시 말해 특정한 단순 무한체계로부터 '단순 무한체계' 개념으로 이행하는 일은 단지 (전통적인 추상화에서처럼) 특수한 조건들을 제외하기만 하는 것이 아니라, 그 조건들을 더 일반적인 조건으로 대체함으로써 주어진 개념보다 더 일반적인 개념으로 전환하는 일이라는 것이다. 그러면 여기서 특정한 단순 무한체계에서 더 일반적인 것으로 대체되어야 할 특수한 조건은 무엇을 말하는가? 각 단순 무한체계마다 그에 고유한 최초항과 대응함수가 존재하는 반면, 모든 단순 무한체계는 앞에 언급한 대로 똑같은 (α)~(δ)의 네 정의 조건을 공유한다. 지이크가 주장하듯이 단순 무한체계에서 대체되어야 할 조건이 체계마다 달리 갖는 특수한 조건이라면, 그런 조건이란 바로 체계마다 고유한 최초항과 대응함수를 소유한다는 사실일 것이다. 그러면 남는 일은 '단순 무한체계' 개념으로 이행할 때, 그런 특수한 조건 대신 들어가야 할 더 일반적인 조건이 무엇인지 정하는 일이다. 특정한 단순 무한체계를 특징짓는 조건들과 '단순 무한체계' 개념에 대한 『수는 무엇?』의 정의 71을 비교해 보면, 달라진 것은 개개의 특정 최초항과 대응함수의 규정이 임의의 최초항 및 임의의 대응함수의 존재 규정으로 대체된 것밖에 없다. 그러므로 데데킨트가 사용했다고 지이크가 주장하는 로체식의 추상화란 특정한 단순 무한체계의 구조로부터 그런 구조를 결정하는 요소를 존재 조건으로 대체하는 절차를 말한다. 예컨대 D를 어떤 특정 단순 무한체계라 하고, f를 그것이 갖는 대응함수라고 하고, a를 그것이 갖는 최초항이라고 하자. 이때 지이크가 데데킨트에게 돌리는 추상화란 구조 $\langle D, f, a \rangle$로부터 각 요소 D, f, a의 존재 주장, 즉 그런 구조가 하나 존재한다는 주장으로 나아가는 절차에 해당한다.

'단순 무한체계' 개념을 얻기 위한 절차에 대한 이런 해석이 적절한 것인지 살펴보기 위해 로체의 저술에서 지이크가 의존하는 절의 한 단락을 살펴보자.

금, 은, 동 및 철은 색, 광택, 무게 및 밀도에서 다르다. 그러나 그들의 보편, 즉 우리가 금속이라 부르는 것은 단순히 비교를 통해 이 차이를 아무 대가 없이 제외하는 데 근거하지 않는다. 금속에 대해 그것이 붉지도 않고 노랗지도 않고 희지도 않고 회색도 아니라고 부정적으로 말하는 것은 충분한 정의가 아니다. 아무튼 그것이 어떤 색을 가지고 있다고 긍정하는 일이 똑같이 필수적이다. 그것은 이런 무게, 저런 무게나 이런저런 정도의 광택을 갖지는 않지만, 만약 그것이 아무런 무게도, 광택도, 경도도 갖지 않는다면, 그것의 관념은 아무 의미도 갖지 않을 것이든가 혹은 더 이상 금속 관념이 아닐 것이다. … 이 모든 사례에서 보편은 단순히 서로 다른 특징 p1과 p2 그리고 q1과 q2를 비교되는 개체들에서 제외하는 것만으로 산출되는 것이 아니라, p1, p2 및 q1, q2를 특수한 종류로 갖는 보편적 특징 P, Q를 그 대신으로 대체할 때 산출되는 것이다 (Lotze[1874], 23절).

처음 볼 때 로체는 개체들이 갖는 특징 p1, p2와 그것과 교체되는 보편적 특징 P의 관계를 특정 대상이 어떤 개념 아래 포섭되는 관계로 간주하는 것인지 아니면 특정 개념이 더 일반적인 개념에 종속되는 관계로 간주하는 것인지 그리 명확해 보이지 않는다. 왜냐하면 로체의 사례에서 우리는 어떤 특정한 금이 갖는 특정한 색깔이 보편적인 '색' 개념 아래 속하는 포섭 관계를 고려할 수도 있고, 아니면 금이라는 종에 속하는 여러 사물이 갖는 특수한 범위의 색 개념이 더 일반적인 '색' 개념에 종속되는 관계도 고려할 수 있기 때문이다. 그러나 로체가 전자의 관계가 아니라 후자의 관계를 고려하고 있다는 사실은 그가 특정한 금속에서 금속 일반으로 나아가는 절차를 고려하는 것이 아니라 금, 은, 동 및 철 등의 특수한 사물들의 종류로부터 더 일반적인 사물의 종류로서 금속으로 나아가는 절차를 고려한다는 데서 분명히 드러난다. 로체는 예컨대 '노랑'이라는 특정 색이 색 개념 아래 속하는 관계를 고려하는 것이 아니라 금이나 은 등이 이런저런 범위의 색을 갖는다는 사실로부터 금속이 색을 갖는다는 것으로 이행하려는 것이다. 이 경우 예컨대 금의 특징으로서 노란색의 소유는 색의 소유를 함축한다. 왜냐하면 노란색은 색이기 때문이다. 이는 정확히 노란색인 사물의 집합이 색을 갖는 사물의 집합의 부분집합이기 때문에 성립하는 것이다. 결국 로체가 고려하는 것은 특수한 색의 개념에서 색 개념 일반으로 이행하는 것이지, 특정 색깔에서 그것을 포섭하는 색 개념으로 이행하는 것이 아니다.

지이크의 해석이 적절한가 하는 것은 단순 무한체계의 어떤 특정 모형으로부터 '단순 무한체계' 개념으로 나아가는 절차와 특수한 범위의 색을 갖는 사물 종류로서 금이나 은으로부터 색을 갖는 것으로서 금속으로 나아가는 절차 사이의 유비가 적절한지에 달려 있다. 이 유비의 적절성을 평가하려면 우리는 '단순 무한체계'의 사례가 되는 서로 다른 체계들을 고려해야 한다. 그런데 단순 무한체계들은 최초항과 대응 함수의 차이에 따라 달라지므로, 서로 다른 단순 무한체계들이 갖는 최초항들을 $a1$, $a2$, $a3$, …으로 표현하고, 상응하는 대응 함수를 $f1$, $f2$, $f3$, …으로 표현하면, 그런 최초항과 대응함수를 갖는 단순 무한체계들 $D1$, $D2$, $D3$, …의 구조는 다음과 같이 표현된다.

$$\langle D1, f1, a1 \rangle$$
$$\langle D2, f2, a2 \rangle$$
$$\langle D3, f3, a3 \rangle$$
$$\cdots$$

우리의 관심은 예컨대 특정한 단순 무한체계 $D1$으로부터 '단순 무한체계' 개념으로 나아가는 절차가 로체식의 추상화에 해당하는가 하는 것이다. 처음 볼 때 두 절차가 구조적으로 유사한 것처럼 보인다. $B1$, $B2$, $B3$, $B4$를 각각 금, 은, 동 및 철의 집합이라고 할 때, $B1$, $B2$, $B3$, $B4$가 각각 나름의 특수한 색, 광택, 무게 및 밀도 등을 갖는다는 사실은 다음과 같이 표현된다.

> $B1$은 $G1$의 색, $H1$의 광택, $K1$의 무게, $L1$의 밀도를 갖는다.
>
> $B2$는 $G2$의 색, $H2$의 광택, $K2$의 무게, $L2$의 밀도를 갖는다.
>
> $B3$는 $G3$의 색, $H3$의 광택, $K3$의 무게, $L3$의 밀도를 갖는다.
>
> $B4$은 $G4$의 색, $H4$의 광택, $K4$의 무게, $L4$의 밀도를 갖는다.

이는 금속의 종류의 차이는 그것이 갖는 색, 광택, 무게 및 밀도의 차이에 상응한다는 것을 보여준다. 이와 마찬가지로 우리는 단순 무한체계의 차이는 그것이 갖는 최초항과 대응함수의 차이에 상응한다고 말할 수 있다. 그런데 이 사실은 특정 단순 무한체계로부터 '단순 무한체계' 개념으로 나아가는 절차를 특수한 종류의 금속으로서 금으로부터 더 일반적인 종류로서 금속 일반으로 나아가는 절차와 같은 종류의 절차로 만들어 주는가? 결코 그렇지 않다. 두 절차는 근본적으로 다른 다음 두 특징을 갖고 있다.

(1) 금의 사례는 모두 금속의 사례이므로, 금 집합은 금속 집합의 부분집합이다. 그러나 단순 무한체계는 결코 단순 무한체계들의 집합의 부분집합이 아니다. 후자의 집합은 도리어 단순 무한체계들을 원소로 갖는다.

(2) 금이 갖는 특수한 범위의 색은 여전히 색이므로, '금이 갖는 색'이라는 개념은 '색' 개념에 종속된다. 그러나 특정한 단순 무한체계 $D1$이 갖는 대응 함수 $f1$은 결코 '단순 무한체계' 개념의 정의 조건을 구성하는 '대응 함수 Φ의 존재'라는 개념에 종속되는 개념이 아니다. 왜냐하면 전자의 함수는 후자의 개념을 만족하는 한 사례에 해당하는 것이기 때문이다.

(1)과 (2)의 경우 유비의 실패는 원소 관계가 부분집합 관계와 다르고, 사례와 종류 사이의 관계는 개념들 사이의 종속 관계와 다르다는 데 있다. 이 두 부류의 차이를 부당하게 무시하지 않으려 한다면, 데데킨트의 '단순 무한체계' 개념에 대한 정의 절차는 결코 지이크가 주장하는 대로 로체 식의 추상화로 간주되어서는 안 될 것이다.

4. 공리적 정의와 메타이론

앞 절의 논의는 두 사실을 보여준다. 첫째로 자연수이론에 대한 데데킨트의 연구 방법을 공리적 방법으로 간주하려면, 공리들은 참인 명제가 아니라 특징적인 조건으로 간주해야 한다. 둘째로 자연수이론의 공리들로서 '단순 무한체계' 개념의 정의 조건들을 얻는 데 사용한 데데킨트의 방법은 결코 로체 식의 추상화 절차가 아니다. 이 절에서는 데데킨트의 '단순 무한체계' 개념의 정의 절차의 본성을 논리적 일반화 절차의 한 필수적 단계로 규정하고, 그 절차가 데데킨트의 메타이론에 대해 갖는 의의를 살펴본다.

4.1. 공리적 정의와 논리적 일반화

나는 데데킨트가 '단순 무한체계' 개념을 도입하려 할 때 전통적인 방식의 추상화에도 의존하지 않을 뿐 아니라 로체 식의 추상화에도 의존하지 않았다고 생각한다. 왜냐하면 『수는 무엇?』의 개념 정의 절차 내에서 조항 71의 정의를 위해 필요한 일은 더 구체적인 개념으로부터 특수한 조건을 제거하거나 대체하여 더 추상적인 개념을 얻는 일이 아니기 때문이다.

지이크는 잘못된 유비에 근거해서 데데킨트의 정의 절차를 실제와 다른 추상화 절차로 왜곡하고 있지만, 데데킨트의 절차는 실제로 추상화와는 정반대 방향의 절차이다. 왜냐하면 데데킨트는 더 일반적인 '무한체계' 개념의 정의 64를 토대로 삼아, 이 개념의 정의 조건에 더 특수한 조건을 첨가하여 '단순 무한체계' 개념의 정의 71을 제시하기 때문이다. 71의 조건 α는 $\varphi(N)$이 N의 부분집합이라는 것, γ는 N의 최초항은 $\varphi(N)$의 원소가 아니라는 것을 말하므로, 두 조건은 $\varphi(N)$이 N의 진부분집합이라는 것을 말한다. 그리고 δ는 φ가 1-1 함수라는 것을 말하므로, 세 조건을 결합하면 N으로부터 $\varphi(N)$으로의 1-1 대응이 존재한다는 것을 말하는 셈이다. 그런데 정의 64에 따를 때 바로 무한체계는 그것의 진부분체계로의 1-1 대응이 존재하는 체계를 말한다. 이는 조건 α, γ 및 δ는 정의 71에서 문제되는 체계가 정의 64에 알맞은 그런 무한체계라고 말하는 데 지나지 않는다. 이 때문에 데데킨트는 그 세 조건에 의해 "모든 단순 무한체계 N이 실제로 무한체계라는 사실이 따라나온다"고 말한다(Dedekind[1888], 71). 그러므로 정의 71의 체계 N으로 하여금 단지 무한체계가 아니라 단순 무한체계로 만들어 주는 것은 바로 조건 β, 즉 체계 N이 최초항의 단위집합의 그 연쇄라는 조건이다. 이 조건은 더 일반적인 '무한체계' 개념 아래 속하는 사례 중에서 그 조건에 맞는 체계들만 따로 분리할 수 있게 해줌으로써 더 특수한 '단순 무한체계' 개념에 이르도록 해준다.

우리는 데데킨트가 '추상화'를 언급한 곳은 '단순 무한체계' 개념을 도입하는 『수는 무엇?』의 정의 71이 아니라, 바로 '자연수' 개념을 도입하는 정의 73이라는 사실을 명심해야 한다. 데데킨트에게 자연수는 단순 무한체계의 원소 이외의 다른 것이 아니다. 그런데 '단순 무한체계' 개념의 정의 조건은 분야나 주제에 제한이 없는 아주 일반적인 조건뿐이므로, 특수한 영역의 아주 다양한 대상들이 단순 무한체계의 원소가 될 수 있다. 그러나 데데킨트는 그런 특수한 성질을 갖는 대상들 자체를 자연수로 간주하고 싶어 하지 않는다. 왜냐하면 그런 특수한 성질은 순수 사고의 영역에서 수행 가능한 산수에는 낯선 것이기 때문이다. 이 때문에 그는 어떤 단순 무한체계의 원소들을 우리가 자연수라고 부를 때는 바로 조항 71의 네 정의 조건이 결정하는 상호 간의 구별 가능성 및 지위 이외의 다른 특성을 고려하지 않을 때라고 생각한다. 그러므로 데데킨트가 '자연수' 개념을 확립하려 할 때 어떤 식의 특수 조건을 배제하는 추상화가 존재한다고 생각하는 것은 자연스럽다. 그러나 정의 71의 절차에는 그런 식의 추상화가 존재하지 않는다.

그러면 데데킨트는 '단순 무한체계' 개념의 정의 조건들의 인식에 어떻게 도달했는가? 데데킨트는 특정 단순 무한체계에 대한 반성으로부터 그런 인식에 도달한 것처럼 언급하는데, 그의 반성은 실제로 어떤 절차에 따라 수행되는가? 이 물음에 적절히 대답하려면 먼저 우리는 두 예비적 물음에 대답해야 한다.

(1) 첫째로 공리조건들의 내용의 본성은 무엇인가?

(2) 둘째로 단순 무한체계에 대한 반성으로부터 공리조건들을 인식하려면 무슨 일이 필요한가?

먼저 첫째 물음에 대답하기 위해 『수는 무엇?』의 정의 71로 다시 돌아가 보자. 그 정의의 피정의항은 '단순 무한체계' 개념 혹은 'y는 단순 무한체계이다'라는 1항 술어이다. 만약 이 개념 아래 속하는 사례가 존재한다면, 그것은 체계(집합)이다. 71절의 정의에 따르면 단순 무한체계마다 그에 상응하는 최초항과 대응함수가 존재해야 한다. 그러나 주의할 점은 그 정의에서는 어떤 특정 단순체계에 대해서도 말하지 않을 뿐 아니라, 어떤 특정한 대응에 대해서도 말하고 있지 않고, 어떤 특정 원소에 대해서도 말하고 있지 않다는 것이다. 이 사실이 데데킨트의 기호 'φ'와 '1'의 사용 방식 때문에 잘 드러나지 않는데, 그 이유는 데데킨트가 마치 그런 기호들을 상항으로 취급하는 것처럼 보이기 때문이다. 그러나 71절의 "대응 φ와 원소 1의 존재"라는 언급이 보여주듯이, 실제로 그 기호들은 존재양화사에 의해 구속된 변항이거나 그 대용으로 쓰인 것이다. 이 사실을 분명히 드러내기 위해 x, y, z, … 등을 개체 변항으로 쓰고, Φ, Ψ, X, … 등을 함수 변항으로 쓰고, 데데킨트의 특이한 기호 대신 오늘날에 익숙한 기호를 사용해 보자. 그러면 71의 네 조건 α, β, γ, δ를 각각 $A1$, … , $A4$라고 할 때, 우리는 $(A1)$~$(A4)$를 다음과 같이 표현할 수 있다.

$(A1)$ $\Phi(y) \subseteq y$

$(A2)$ $y = \Phi_0(\{x\})$

$(A3)$ $x \notin \Phi(y)$

$(A4)$ $\forall w \forall v (w = v \leftrightarrow \Phi(w) = \Phi(v))$

각 조건의 논항이 분명히 드러나도록 네 조건의 연언을 쓰면 다음과 같다.

- $A1$ & … & $A4$ (y, $\Phi(z)$, x)

그러면 우리는 71절의 정의를 다음과 같이 정식화할 수 있다.

• y는 단순 무한체계이다 $\leftrightarrow$ $\exists$x$\exists$Φ[(A1 & $\cdots$ & A4)(y, Φ(z), x)]

공리조건의 연언 "A1 & $\cdots$ & A4 (y, Φ(z), x)"는 적절한 집합용어, 함수용어 및 대상용어가 채워졌을 때 참이나 거짓이 되는 3항의 관계술어이다. 이 술어에는 어떤 특수한 주제의 내용을 갖는 용어도 포함되어 있지 않고 대상들에 적용되는 1차의 함수용어를 논항으로 갖는다는 점에서, 고차의 논리적 술어이다. 따라서 그 술어는 집합, 함수 및 대상의 열이 그 아래 속하는 3항의 고차원의 논리적 관계를 표현한다. 결국 첫째 물음에 대답은 데데킨트의 자연수이론의 공리조건들이 3항의 고차원의 논리적 관계를 표현한다는 것이다.

이제 다음 문제로 넘어가 보자. 특정 단순 무한체계에 대한 반성으로부터 3항의 고차 논리적 관계의 인식에 어떻게 도달할 수 있는가? 지이크처럼 잘못된 유비에 근거해서 추상화에 호소하려 하지 않는다면, 우리는 두 사실을 명심해야 한다. 첫째로 데데킨트가 고려하는 반성은 어떤 단순 무한체계를 경험에 의해 직접 관찰하거나 공간직관이나 시간직관에 의해 그런 체계를 직접 파악하는 일을 말하지 않는다. 왜냐하면 사고에 의하지 않는 한, 어떤 무한체계의 원소를 관찰하거나 직관함으로써 그런 체계의 인식에 직접 도달하는 일은 가능하지 않기 때문이다. 그러면 무한체계에 대한 인식에 우리는 어떻게 도달하는가? 그 체계의 원소가 되기 위한 필요충분조건의 내용을 사고에 의해 파악하는 것 이외의 다른 방법은 존재하지 않는다. 따라서 무한체계에 대한 반성은 언제나 그 집합의 원소이기 위한 필요충분조건에 대한 이해를 동반하지 않으면 안 된다. 둘째로 우리는 어떤 집합 {x: Fx}의 원소가 되기 위한 필요충분조건 F를 그 집합을 사례로 갖는 더 높은 차원의 집합 {{x: Φx}: $\mathfrak{M}$zΦz}의 원소가 되기 위한 필요충분조건 $\mathfrak{M}z\Phi z$와 혼동해서는 안 된다. 예컨대 $\varnothing$를 최초항으로 "y = {x}"를 대응함수로 갖는 단순 무한체계 Z = <$\varnothing$, {$\varnothing$}, {{$\varnothing$}}, …>의 원소가 되기 위한 기준은 "y는 $\varnothing$로 시작하고 함수 'y = {x}'가 결정하는 열에 속한다"는 것이다. 그러나 이 기준은 단순 무한체계 Z의 원소가 되기 위한 기준이지, 그런 체계를 사례로 갖는 더 높은 차원의 집합의 원소가 되기 위한 기준은 아니다. 이 높은 차원의 집합의 원소가 되기 위한 기준은 Z를 포함해서 모든 단순 무한체계 그리고 그런 체계들만 공유하는 기준이어야 한다. 따라서 그 기준은 바로 고차원의 3항 술어 "A1 & … & A4 (y, Φ(z), x)"를 만족하는 어떤 최초항과 대응 함수가 존재한다는 것 이외의 다른 것일 수 없다.

그러면 문제는 예컨대 단순 무한체계 Z에 대한 반성에서 고차원의 3항 술어 "A1 & … & A4 (y, Φ(z), x)"의 내용을 인식하는 데 어떻게 이를 수 있는가이다. 그런 인식은 무엇보다 Z와 그것이 갖는 최초항 $\varnothing$ 및 대응 함수 "y = {x}"에 대해, 술어 "A1 & … & A4 (y, Φ(z), x)"가 참이 된다는 사실을 인식하는 일에서 시작한다. 다시 말해 단칭명제 "A1 & … & A4 (Z, {z}, $\varnothing$)"가 성립한다는 것을 먼저 인식해야 한다. 만약 그런 명제의 참을 인식했다면, 우리는 그것으로부터 "∃y∃x∃Φ[(A1 & … & A4)(y, Φ(z), x)]"가 성립한다는 사실을 논리적으로 추론할 수 있다. 그런데 단칭명제 "A1 & … & A4 (Z, {z}, $\varnothing$)"와 그것의 귀결인 존재명제 "∃y∃x∃Φ[(A1 & … & A4)(y, Φ(z), x)]"는 바로 문제의 고차원의 3항 술어 "A1 & … & A4 (y, Φ(z), x)"를 공유하며, 바로 이 사실을 인식하는 것이야말로 단칭명제로부터 그것의 일반화로서 존재명제의 추론 가능성을 인식하기 위한 필수 조건이다. 결국 특정 단순 무한체계에 대한 반성으로부터 고차원의 3항 관계의 인식에 이르는 일은 로체식의 추상화가 아니라 바로 논리적 일반화 추론 절차의 한 단계로서 술어(의 내용) 인식 절차일 뿐이다.

이제 남은 문제는 "A1 & ⋯ & A4 (Z, {z}, ∅)" 같은 단칭명제에서 술어 "A1 & ⋯ & A4 (y, Φ(z), x)"를 인식하는 일이 어떻게 가능한가 하는 것이다. 나는 그 인식 절차는 일반적으로 다음 순서대로 진행된다고 생각한다.

첫째로 특정 대응 함수 'y = {x}'와 최초항 ∅를 갖고 있는 특정 단순 무한체계 Z의 원소들이 A1, ⋯ , A4에 의해 주어지는 그 속성들을 갖고 있음을 인식해야 한다. 이 인식의 결과는 다음 단칭명제에 의해 표현된다: "A1 & ⋯ & A4 (D, f(z), a)." (여기서 주의할 점은 Z의 원소들이 A1, ⋯ , A4에 의해 주어지는 그 속성들을 갖는다는 사실을 인식하기 위해 그에 앞서 술어 "A1 & ⋯ & A4 (y, Φ(z), x)"의 내용을 따로 인식해야 하는 것은 아니라는 점이다.)

둘째로 A1, ⋯ , A4에 의해 주어지는 속성들은 Z를 포함하여 수많은 체계들 D1, D2, D3, ⋯도 공유할 수 있는 것들임을 인식한다. 즉, 각 체계들 D1, D2, D3, ⋯는 각자 대응함수와 최초항은 다르더라도 A1, ⋯ , A4에 의해 주어지는 그 속성들을 공유한다는 것을 인식한다. 이런 인식은 다음의 수많은 단칭명제가 참일 수 있다는 사실에 의해 표현된다.

A1 & ⋯ & A4 (D1, f1(z), a1),

A1 & ⋯ & A4 (D2, f2(z), a2),

A1 & ⋯ & A4 (D3 f3(z), a3),

⋯

셋째로 이런 모든 체계 D1, D2, D3, ⋯가 공유하는 속성들은 분야나 주제에 제한이 없는 보편성, 즉 논리적 보편성을 갖고 있음을 인식한다. 왜냐하면 네 조건 $A1, \cdots, A4$를 각 체계의 특수한 요소들과 분리해서 고려하면, 그런 조건에는 어떤 특수한 분야의 어떤 특수한 주제에 대한 언급도 나타나지 않기 때문이다. 이 인식은 바로 단칭문장 "$A1$ & $\cdots$ & $A4$ (D, f(z), a)"로부터 단칭용어 'D', 'a', 함수용어 'f'를 제거하고, 그 대신에 대상변항 'y', 'x'와 함수변항 'Φ'를 넣어 얻은 다항 관계술어의 내용을 파악함으로써 얻어진다.

넷째로 '단순 무한체계' 개념의 인식에 도달한다. 구체적으로 이 인식의 내용은 다음과 같다. 만약 어떤 것이 단순 무한체계라면, 그것은 네 속성 $A1, \cdots, A4$를 만족하는 어떤 대응함수와 최초항을 가져야 할 것이다. 이 사실은 바로 'y는 단순 무한체계이다'라는 술어의 정의항 "∃x∃Φ[($A1$ & $\cdots$ & $A4$)(y, Φ(z), x)]"에 의해 표현된다.

4.2. 공리적 정의와 메타이론

이제 데데킨트의 공리적 조건들을 이용한 정의 절차가 어떤 의의를 갖는지 고찰해 보자. 먼저 앞의 논의에 따를 때 데데킨트의 공리적 정의 절차는 특정한 대응함수와 최초항을 갖는 특정한 단순 무한체계에 대해 공리적 조건들이 성립한다는 사실의 인식에서 출발한다. 이는 예컨대 "$A1$ & $\cdots$ & $A4$ (Z {z}, ∅)" 같은 단칭명제가 참이라는 것을 말한다. 데데킨트는 이런 부류의 단칭명제의 참의 인식으로부터 출발하여 공리적 조건들(의 연언) "$A1$ & $\cdots$ & $A4$ (y, Φ(z), x)"의 내용 파악에 도달한다. 그런데 3절의 논의에 따르면 공리적 조건들의 연언 "$A1$ & $\cdots$ & $A4$ (y, Φ(z), x)"는 데데킨트 자연수이론의 토대를 형성하는 공리 체계인 반면, 참인 단칭명제

"**A**1 & ⋯ & **A**4 (**Z**, {z}, ∅)"는 전통적인 뜻의 참인 명제들의 체계로서
공리 체계에 해당한다. 왜냐하면 그 단칭명제가 참이라면, 그것을 구성하는
각 연언지 "**A**1(**Z**, {z}, ∅)", ⋯ , "**A**4(**Z**, {z}, ∅)"도 역시 참인 명제들이기
때문이다. 잘 알려진 대로 이 명제들은 바로 체르멜로의 자연수이론의
공리들이다. 따라서 데데킨트 자연수이론의 공리 체계는 바로 체르멜로
자연수이론의 공리 체계를 비롯한 다른 수많은 공리 체계가 모두 공통으로
갖는 보편적인 고차원의 3항 술어에 해당한다. 반면 이 고단계의 3항 술어는
거꾸로 참인 명제들의 체계로서 수많은 서로 다른 공리 체계를 그 사례로
갖는 보편적인 논리 형식에 해당한다. 그리고 이 보편적인 논리 형식으로서
고단계의 3항 술어는 고차원의 논리적 (3항) 관계를 표현한다. 그러므로
데데킨트는 서로 다른 많은 참인 공리 체계들을 사례로 갖는 보편적인
고차원의 관계를 자신의 자연수이론의 주요 연구 대상으로 삼은 셈이다.

우리가 본대로 데데킨트 자연수이론의 공리적 조건들은 '단순 무한체계'
개념을 도입하는 데 사용되는 조건들이다. 따라서 데데킨트가 그런 조건들
이 표현하는 고차원의 관계를 그의 자연수이론의 연구 대상으로 삼는다는
사실은 그가 그런 조건들로 구성되는 '단순 무한체계' 개념을 그의 주요
연구 대상으로 삼는다는 것과 다를 바 없다. 따라서 이런 뜻에서 '단순
무한체계' 개념은 그의 자연수이론의 토대에 해당하는 개념이라고 할 수
있다. 데데킨트는 수학 및 과학의 연구에서 이런 새로운 개념의 도입이
갖는 가치를 여러 번 강조하였다. 그는 『수는 무엇?』 제1판의 서문에서
다음과 같이 말한다.

그와는 반대로 수학 및 기타 과학에서 가장 위대한 그리고 생산성 있는 발전은
언제나 새로운 개념들의 창조와 도입에 의해 이루어진다. 그리고 새로운 개념

의 도입은 이전의 개념들을 통해서는 아주 힘들여 노력하지 않으면 다룰 수 없었던 복잡한 현상들의 빈번한 발생으로 인해 필요하게 된다. 나는 괴팅겐 대학의 사강사로서 교수자격 논문을 제출하던 1854년 여름 철학 분야의 동료들 앞에서 이 주제에 대해 강의하였다(Dedekind[1888], 338).

새로운 개념의 도입이야말로 수학을 포함한 과학 일반의 생산성 있는 발전의 원천이라는 것이 데데킨트의 오랜 신념인 셈이다. '단순 무한체계' 개념처럼 자연수이론의 토대가 되는 개념이나 '완전 배열체' 개념처럼 실수이론의 토대가 되는 개념은 틀림없이 그에게 그런 생산성 있는 발전의 대표적인 원천으로 간주되었을 것이다. 그런데 그런 개념의 도입은 어떤 뜻에서 생산적인가? 데데킨트는 그 이유를 바로 이전의 개념으로는 쉽게 다룰 수 없었던 복잡한 현상들을 쉽게 설명할 수 있다는 데서 찾는다. 그런데 앞에서 언급된 1854년의 강연에서 데데킨트는 다음과 같이 말한다.

그런 개념의 도입은 체계의 배열을 위한 동기로서 말하자면 우리가 그 과학의 내적 본성에 대해 제시하는 하나의 가설이다. 이 과학은 그 가설에 대해 오로지 (가설에 의해) 그 과학이 더 전개될 때만 응답을 줄 것이다. 그런 개념이 더 큰 효과(Wirksamkeit)를 갖는지 아니면 더 작은 효과를 갖는지가 그 개념이 가치 있는지 혹은 무가치한지를 결정한다(Dedekind[1854], 429).

이 인용문에는 두 가지 중요한 생각이 포함되어 있다. 첫째로 데데킨트의 경우 새로 도입된 개념은 과학의 내적 본성이 무엇인지에 대해 잠정적으로 제시된 하나의 가설의 성격을 갖는다. 둘째로 데데킨트의 경우 그 주어진 가설이 가치 있는 것인지 그렇지 않은지를 결정하는 것은 그 가설을 바탕으로 삼아 전개되는 이후의 발전이다. 즉, 그 가설의 발전이 해당 과학의 주제의 본성에 대한 원리들을 얼마나 더 많이 이끌어 내도록 해주느냐 혹은 그런 원리들을 얼마나 더 효과적으로 이끌어 낼 수 있게 해주느냐 하는 것이 가설의 가치를 결정한다.

이런 생각에 따를 때, 예컨대 '단순 무한체계' 개념의 정의항을 구성하는 네 개의 정의 조건의 연언은 자연수이론의 주제로서 자연수열의 본성이 무엇인지에 대해 잠정적으로 제시된 하나의 가설에 해당할 것이다. 그리고 이 가설의 가치는 그 가설을 바탕으로 삼아 전개될 이후의 발전으로서 데데킨트의 자연수이론의 전개에서 판정될 것이다. 그런데 데데킨트의 '단순 무한체계' 개념의 정의가 가치 있는 것인지 그렇지 않은지 결정하려 한다면, 우리는 그런 정의의 정의항을 가설로 삼아 자연수이론을 전개할 때 자연수열의 본성에 관한 원리들을 얼마나 많이 혹은 얼마나 효과적으로 이끌어 낼 수 있는지 평가해야 할 것이다. 그런데 '단순 무한체계' 개념 정의의 효과를 평가하기 위해 그것으로부터 연역해 내야 할 원리들은 무엇인가? 아마도 그런 대표적인 원리들은 흔히 자연수론에서 자연수들에 대해 성립하는 것으로 간주되는 법칙들, 예컨대 덧셈이나 곱셈에 관한 교환법칙이나 결합법칙 등의 법칙일 것이다. 만약 '단순 무한체계' 개념 정의를 토대로 삼더라도 이런 법칙들을 효과적으로 증명할 수 없다면, 그런 정의는 가치 없는 것으로 간주되어야 할 것이다. 이 때문에 『수는 무엇?』 11절 이하에서 데데킨트는 더하기 연산과 곱하기 연산을 정의하고, 이런 정의를 토대로 삼아 잘 알려진 연산법칙들을 증명한다. 그러나 나는 이런 법칙들에 앞서 '단순 무한체계' 개념 정의의 가치를 결정하기 위해 검토해야 할 더 기초적인 두 원리가 존재한다고 생각한다.

첫 번째의 원리는 '단순 무한체계' 개념이 빈개념이 아니라는 것을 말해주는 원리이다. 이 원리가 어떤 의의를 갖는지 보려면, 우리는 어떤 단순 무한체계도 존재하지 않을 경우 어떤 일이 벌어질지를 예상해 볼 필요가 있다. 그 경우 '단순 무한체계' 개념의 정의항을 구성하는 네 조건 모두가 동시에 만족되는 경우가 존재하지 않을 것이다. 그런 경우는 네 조건이 서로 모순된 것이 아닌가 하는 의심하도록 만들기에 충분할 뿐 아니라, 그런 네 조건에 의해 정의되는 '단순 무한체계' 개념이 아무 쓸모도 없는 무가치한 개념임을 드러내 줄 것이다. 그 경우 네 조건을 이용해서 산수법칙들을 연역하는 일이 성공한다 할지라도, 그런 연역 결과는 어느 특정 체계의 원소들에 대해서도 그 자체로는 성립하지 않을 것이다. 왜냐하면 빈개념 F는 아무 대상에 대해서도 참이 아니므로, F로부터 다른 개념 G를 연역할 수 있다는 사실은 단지 공허한 조건문 $\forall x(Fx {\rightarrow} Gx)$가 성립한다는 데 지나지 않기 때문이다. 이 때문에 데데킨트는 네 조건이 서로 모순되지 않는다는 것을 보여줄 논리적 증명이 필요하다고 하고,[35] 그 논리적 증명으로서 정리 66과 정리 72의 증명을 제시한다. 앞에서 본 것처럼 정리 66은 무한체계의 한 구체적 사례를 제시하는 데 목적이 있고, 정리 72절은 그 체계의 한 부분집합이 단순 무한체계라는 사실을 보이는 데 목적이 있다.

두 번째의 원리는 어느 두 단순 무한체계든지 구조적으로 동일한 형식을 가지고 있다는 것을 말해주는 원리이다. 서로 다른 최초항 a_1과 a_2를 가지고 있고, (각 논항에 대한 함수의 값이 언제나 같지는 않다는 뜻에서) 서로 다른 대응 함수 f_1과 f_2를 갖고 있는 서로 다른 두 단순 무한체계 D_1과 D_2가 존재한다고 하자. 이 경우 어떤 함수 h가 존재하고, h에 의해 $h(a_1) = a_2$가 성립할 뿐 아니라, 모든 D_1의 원소 x에 대해 $h(f_1(x)) = f_2(x)$가

---

35 Dedekind(1890), 136.

성립한다는 것이 보증된다면, *D*1과 *D*2의 원소들 사이에는 첫 번째 원소부터 차례대로 1-1의 대응이 성립할 것이다. 만약 이런 일이 *D*1과 *D*2에 대해서만 아니라 임의의 모든 두 단순 무한체계에 대해 성립한다면, 이는 모든 단순 무한체계 사이에는 최초항부터 순서 보존적인 1-1 대응이 존재한다는 것이 인정될 것이다. 데데킨트가 9절 및 10절에서 증명하는 정리들은 바로 이 사실을 보증하는 원리이다.[36] 그런데 이 사실이 성립한다는 것은 무슨 의의를 갖는가? 우리가 2절에서 본 것처럼 데데킨트는 10절의 정리들이 73절의 자연수 개념의 정의의 정당성을 보이는 일과 관련되어 있다고 생각한다. 그런데 '단순 무한체계' 개념의 정의가 가치를 갖기 위해 그 정의는 자연수들에 대한 연산법칙이 성립한다는 것을 입증하는 데 실질적으로 기여해야 한다. 그런데 73절에서는 어떤 특정한 단순 무한체계에 대해서도 언급하지 않으므로, 그 정의에서 자연수란 어떤 특정 단순 무한체계의 원소가 아니라 임의의 단순 무한체계의 원소로 간주되어야 한다. 이는 어떤 단순 무한체계의 원소들이든지 자연수의 역할을 할 수 있음을 의미한다. 따라서 자연수들에 대한 연산법칙이 성립한다는 것을 보증하려면, 어느 각 단칭 무한체계를 고려하더라도 그것의 원소들에 대해 연산법칙이 성립한다는 것을 보증되지 않으면 안 된다. 그리고 이를 위해서는 바로 어느 두 단순 무한체계의 원소들이든지 최초항부터 순서가 보존되도록 1-1로 대응시켜 주는 함수가 존재한다는 것이 입증되지 않으면 안 된다.

---

36 9절에서 핵심 정리는 임의의 한 단순 무한체계의 각 원소를 다른 어떤 단순 무한체계 각 원소에 순서에 맞게 1-1로 대응시킬 수 있도록 두 체계의 최초항과 대응함수를 대응할 수 있는 제3의 대응함수를 귀납적으로 정의할 수 있다는 정리 126이다. 그리고 10절에 증명하는 마지막 정리는 어떤 단순 무한체계와 순서 보존적으로 1-1로 대응되는 모든 체계는 단순 무한체계라는 정리 133이다.

5. 나오는 말

이제 우리 논의를 마무리해야 한다. 머리글에서 언급한 것처럼 데데킨트는 산수학에 관한 논리주의자이다. 하지만 그의 논리주의는 당대의 다른 논리주의자로서 프레게의 논리주의와는 상당히 다른 특징을 갖고 있는 것으로 보인다. 우리는 크게 두 차이를 지적할 수 있다.

첫째로 프레게는 (집합론을 포함한) 논리학의 공리 체계를 제시하고 '0', '전자 관계', '자연수' 등의 정의를 이용해서 페아노의 자연수이론의 공리들을 증명한다. 그러나 주목할 점은 프레게의 경우 증명이란 참인 명제에서 참인 명제를 도출하는 일이다. 그러므로 프레게가 증명하는 자연수이론의 기초적 원리들은 데데킨트 식의 특징적 조건들이 아니라 참인 명제들이다. 따라서 프레게는 데데킨트와 달리 자연수이론을 참인 명제들의 체계로 간주한 셈이다. 프레게의 논리주의는 바로 이 명제들을 논리학의 참인 명제들로부터 정의를 이용해서 연역해 내는 것이다. 그러므로 프레게의 자연수이론 전개에는 두 차원의 이론이 관련되어 있다. 하나는 논리학 이론이고, 다른 하나는 그 이론의 일부로서 자연수이론이다. 이 두 이론은 모두 참인 명제들의 체계이다. 반면 데데킨트의 경우 자연수이론은 특정적 조건들로 구성된 체계이다. 반면 이 조건들 사이의 논리적 관계를 확립하기 위해 의존하는 배경 이론으로서 집합론 및 암묵적으로 전제되는 논리학 이론은 데데킨트의 경우에도 참인 명제들의 체계이다. 그러므로 프레게와 데데킨트의 자연수이론은 서로 근본적으로 다른 종류의 이론이지만, 자연수 이론을 전개할 때 그들이 의존하는 배경 이론은 모두 참인 명제들의 체계에 해당한다.

둘째로 프레게의 자연수열 **F**는 빈개념 "$x \neq x$"가 갖는 기수 $Nx(x \neq x)$를 최초항으로 갖고, 기수들 사이의 전자 관계에 의해 주어지는 함수를 대응 함수로 갖는 다음의 열이다: $F = <Nx(x \neq x), Nx(x=Ny(y \neq y)), Nx(x=Ny(y \neq y) \lor x = Nz(z=Ny(y \neq y)), \cdots>$. 이 열은 데데킨트의 관점에서 보면 수많은 단순 무한체계 중의 하나에 해당한다. 프레게가 데데킨트와 달리 특별한 부류의 대상들을 자연수로 간주한 이유로는 흔히 그 경우 개개의 자연수의 보편적 적용을 설명할 수 있게 해준다는 점 그리고 자연수들의 무한성 증명을 용이하게 해준다는 점이 거론된다. 이에 반해 데데킨트는 어떤 특별한 부류의 대상들을 자연수로 간주하는 일이 도리어 필요하지 않다고 생각했다. 그에 따르면 서로 다른 단순 무한체계들 사이의 순서 보존적 상호 대응이 가능하다는 사실이 주어지면, 어떤 부류의 대상들을 자연수로 간주해도 문제되지 않는다. 도리어 그의 관점에서는 자연수들을 특정한 단순 무한체계의 원소들로 한정할 때, 자연수이론의 핵심 연구 대상으로서 고차원의 관계를 다른 많은 사례에 적용하는 일이 부당하게 제한된다고 간주했을 수 있다.[37]

나는 이런 차이에도 불구하고 두 논리주의자 사이에는 깊은 연관성이 존재한다는 사실을 지적하고자 한다. 두 사람이 논리학에 대해 전혀 다른 견해를 가졌다고 주장하는 사람이 없지 않다. 예컨대 베니스-시네쇠어는 데데킨트는 프레게와 달리 논리학을 형식 체계로 제시하지 않았을 뿐 아니라, 논리적 원리들을 참인 명제들이 아닌 사고 활동의 규칙으로 간주했다고 주장한다.[38] 하지만 나는 논리학을 형식 체계로 제시하지 않았다는 것과 논리적 원리들을 사고 활동의 규칙으로 간주했다는 것을 받아들인다

---

37 공리적 조건들의 체계에 대한 이런 보편적 적용 가능성에 근거한 옹호는 힐버트가 프레게와의 논란에서 제시하고 있다. Frege(1980), 40-42.

38 Benis-Sinaceur(2017) 참조.

해도, 그 때문에 논리학을 참인 명제들의 체계로 간주하지 말아야 할 이유는 없다고 생각한다. 왜냐하면 프레게처럼 사고 활동의 규칙들이 사고 내용을 지배하는 원리들로서 논리 법칙들에 뿌리박고 있다고 간주할 수도 있기 때문이다. 아무튼 데데킨트의 논리학에 대한 견해는 논리 법칙을 참인 명제로 간주하는 일과 모순되지 않는다. 나아가 『수는 무엇?』의 정리 증명은 그가 명시해서 주장하는 집합 및 대응 함수에 관한 원리들만 아니라 암묵적으로 논리 법칙에도 의존하고 있음을 보여준다.[39] 따라서 데데킨트가 논리학의 원리들의 체계를 명시적으로 제시한 적이 없다 해도, 그는 암묵적으로 집합론을 포함한 고단계의 논리학을 배경 이론으로 삼았다고 생각한다. 왜냐하면 우리가 앞에서 본 단순 무한체계들에 대한 정리들은 모두 고차원의 개념 및 관계에 관해 진술하는 고단계 이론의 진술들이기 때문이다. 이와 유사하게 프레게는 자연수이론의 명제들의 참을 증명하려 하기 위해 그 배경 이론으로서 집합에 관한 공리를 포함한 고단계 논리학 이론을 제시한다.[40]

둘째로 두 사람의 논리주의가 갖는 유사성은 무엇보다 그 개념 도입 방법의 특징과 관련되어 있다. 4절에서 본대로 데데킨트는 '단순 무한체계' 개념의 정의를 위해, 단칭문장 "$A1$ & $\cdots$ & $A4$ $(D, f(z), a)$"로부터 단칭용어 'D', 'a', 함수용어 'f'를 제거하고 적절한 변항을 대체함으로써 고차원의 관계술어 "$A1$ & $\cdots$ & $A4$ $(y, \Phi(z), x)$"를 얻는 절차에 의존한다. 그런데 이 절차는 바로 프레게가 시작해서 이후 일반화된 개념 도입의 방법의

---

39 논리적 추론 원리에 대한 데데킨트의 호소에 대해서는 Klev(2011), 2절 참조.

40 데데킨트 자신은 『수는 무엇?』 제2판 서문에서 프레게와 자신의 이론의 접촉점을 연쇄 개념의 정의와 수학적 귀납법에 대한 논리적 증명에서 찾고 있다. Dedekind(1888), 342. 그리고 헤크의 연구에 의하면 『수는 무엇?』 7-10절의 정리들에 상응하는 원리들이 서로 다른 논리 체계에서이긴 하지만 프레게의 『산수의 근본법칙』 2부에서 증명되고 있다. Heck(1996); Heck(1998) 참조.

한 특수한 적용 사례에 해당한다.[41] 프레게는 이미 주어진 개념들의 연언, 선언 혹은 조건적 결합에 의존하는 부울, 칸트 등의 개념 형성 방법을 비판하면서, 그런 방법을 비생산적인 방법이라고 부른다. 왜냐하면 그런 방법들은 새로 획득되는 개념의 적용 범위를 결정하기 위한 "경계가 이미 그려져 있어서" 더 이상 그 적용 범위에 대한 사실이 우리에게 새롭지 않기 때문이다. 그러나 프레게는 거꾸로 완전한 명제에서 시작해서 그 안에 나오는 대상용어, 함수용어, 개념용어 및 관계용어 등을 제거함으로써 술어를 얻고, 그런 술어의 내용으로서 개념 혹은 관계를 인식해야 한다고 생각한다.[42] 그는 이런 방법은 획득되는 개념이나 관계의 적용 범위를 결정하기 위한 "경계가 미리 그려져 있지 않아서" 그런 개념이나 관계에 대한 명제들이 참이라는 것을 증명해야 비로소 그 적용 범위가 더 분명해진다는 점에서 생산적인 개념 형성 방법이라고 주장한다.[43]

프레게의 개념 형성 방법이 기존의 방법보다 더 생산성을 갖는 이유는 술어 구성 절차의 다음 세 특징 때문이다. 첫째로 같은 명제에서 하나의 용어만 아니라 서로 다른 용어를 제거할 수도 있고 여러 용어를 한꺼번에 제거할 수도 있어서, 같은 문장에서 다양한 1항 술어 혹은 다항 술어를 형성할 수 있다. 둘째로 문장결합사만 아니라 양화사까지 포함된 문장에서 용어를 제거해서 아주 복잡한 형태의 술어를 형성할 수 있다. 그리고 셋째로 문장에서 대상용어만 아니라 1차원의 술어를 제거해서 2차원의 술어를

---

41 나는 데데킨트의 공리적 정의 방법이 프레게의 영향을 받은 것이라는 시대착오적 주장을 하려는 것이 아니다. 도리어 나는 프레게가 데데킨트 역시 참여했던 당대 대수학의 실천에 대한 반성으로부터 개념 형성의 새로운 방법에 도달했다고 생각한다. 무엇보다 프레게의 양화사-변항의 장치는 대수학적 실천과 관련되어 있다. Frege(1879), 1절.

42 이 원리의 중요성에 관해서는 Heis(2014) 참조.

43 Frege(1884), 88절 이하.

얻을 수도 있고, 문장에서 2차원의 술어를 제거해서 더 높은 차원의 술어도 얻을 수가 있다.[44] 그런데 데데킨트의 '단순 무한체계' 개념의 정의 조건들은 바로 3항의 고차원의 술어이고, 그것의 내용은 고차원의 3항 관계이다. 이런 복잡한 관계는 프레게의 기준에서도 이전에 결코 "경계를 그린 적이 없어" 논리적 추론의 결과에 의해 비로소 그 적용 범위를 알 수 있는 관계 개념에 해당할 것이다.

새로운 개념 도입에 관한 프레게의 이런 견해는 분석적 진리의 가치를 칸트와는 전혀 다르게 평가하도록 만든다. 칸트의 관점에서 볼 때, 분석판단의 한 가지 정의적 특징은 종합판단과 달리 우리에게 새로운 지식을 제공하지 못한다는 것이다. 그러나 프레게는 분석적 진리에 대한 이런 주장을 단적으로 배격한다. 프레게는『개념표기』3부에서 수열을 특수 부분으로 포함하는 관계열 일반에 대한 원리들을 그의 논리학의 공리들과 정의들로부터 논리학의 추론 원리만 이용해서 증명한다. 그런데 그가 증명하는 원리 중에는 정언판단의 형식을 갖고 있지 않아서 칸트의 관점에서 볼 때는 결코 분석적인 것으로 간주되지 않을 원리들도 포함되어 있다. 그래서 칸트라면 틀림없이 그런 원리들을 공간직관이나 시간직관에 의해 참으로 인식되는 종합적 진리로 여길 테지만, 이와 반대로 프레게는 다음과 같이 주장한다.

개념 표기의 유용성은 무엇보다 더 복잡한 문장들의 경우에 분명하게 드러날 것이다. 그 밖에도 이런 사례들에서는 어떻게 순수 사고가 처음 볼 때 어떤 식의 직관을 바탕으로 삼을 때에만 가능한 것처럼 보이는 판단들을, 감각이나 심지어는

---

44 술어 및 술어 내용으로서 개념 및 관계의 유형에 대해서는 Frege(1893), 28-31절 참조.

선천적인 직관에 의해 주어지는 어떤 내용에도 관여하지 않고, 오로지 그 자신의 고유한 속성에서 비롯된 내용으로부터 형성할 수 있게 되는지 우리는 알게 된다. … 다음에 나오는 열에 관한 복잡한 문장들은 열에 관한 어떤 식의 직관에서 이끌어 낼 수 있는 모든 유사한 문장들보다 훨씬 더 일반적이다(Frege[1879], 23절. 필자 강조).

이런 어려운 상황을 피하기 위해 나는 개념 표기를 고안하였다. … 그래서 애초에 정해진 규칙에 따르지 않는 이행은 어느 경우에도 일어나지 않는다. 그 경우 어떤 증명 근거도 은연중에 끼어들 수가 없다. 그렇게 해서 나는 처음 보기에는 종합적인 것으로 간주할 수도 있는 문장을 직관에서 공리를 빌려오지 않고도 증명하였다. 그 가운데는 다음과 같이 표현할 수 있는 것이 있다: "어떤 열의 각 구성 요소가 바로 다음 구성 요소에 대해 가지는 관계가 일의적일 경우 그리고 이 열의 m과 y는 x 다음에 나올 경우, y는 이 열에서 m 앞에 나오거나 m과 같거나 m 다음에 나온다." 우리는 이러한 증명에서 분석 판단도 우리의 인식을 넓혀주는 문장에 포함될 수 있음을 알 수 있다(Frege[1884], 91절. 필자 강조).

프레게의 생각은 분명하다. 어떤 참인 명제가 있는데, 그 명제의 참은 (칸트 식의) 개념 분석에 의해 알 수 없다고 하자. 그 경우 칸트는 그 명제를 경험이나 직관에 호소하지 않는 한, 참을 인식하지 못하는 종합판단으로 간주할 것이다. 그러나 프레게에 따르면 그런 명제의 경우에도 논리 법칙과 정의로부터 논리적 추론 원리만 이용해서 증명 가능한 경우가 있을 수 있다. 그리고 그런 명제를 프레게는 분석적 진리로 간주할 것이다. 왜냐하면 프레게에게 분석적 진리란 바로 논리 법칙과 정의에 의해 논리적으로 증명 가능한 진리이기 때문이다(Frege[1884], 3절). 그런데 분석적 진리의 경우라 해도 애초에 전제가 되는 논리 법칙이나 정의만 고려할 때는 그것이 증명 가능한 것인지 바로 알 수 없는 경우가 적지 않다. 왜냐하면 문제의 증명이 기존에는 그 적용 범위의 결정을 위해 "경계를 그려 본 적이 없는 개념"의 인식에 의존할 수 있기 때문이다. 그러나 그런 진리가 논리 법칙과 정의를 전제로 논리적 추론 원리에만 의존해서 증명 가능하다는 사실은 바로 그렇게 확립된 분석적 진리가 우리에게 새로운 지식을 제공한다는 것을 보증하는 셈이다.

잘 알려진 대로 1920년대 이후 대표적인 논리주의자들은 논리경험주의자들이었다. 나는 데데킨트와 프레게의 논리주의는 후대의 논리경험주의자들의 논리주의와는 두 가지 점에서 근본적으로 다르다고 생각한다. 첫째로 그들은 논리학을 집합이론을 포함한 고단계의 논리학의 원리들의 체계로 이해하였다. 그런데 그들은 이 원리들이 우리의 언어 규약과 무관하게 대상들, 집합들 및 관계들 일반에 대해 실제로 성립하는 원리들이라고 간주하였다. 반면 논리경험주의자들은 논리학의 원리들은 언어 규약 때문에 참이 되는 원리들이라고 주장하였다. 둘째로 데데킨트와 프레게는 산수학과 논리학은 우리에게 새로운 지식을 제공한다는 뜻에서 생산적인 과학이라고 생각하였다. 데데킨트는 새로운 개념의 도입은 기존에 해결할 수 없던 문제들을 해결하는 데 기여한다는 뜻에서 가치 있다고 생각하였고, 그는 그가 도입한 개념들이 그런 가치를 가지고 있음을 논증하려 하였다. 프레게는 그의 새로운 개념 도입의 방식이 논리적 추론에 적용될 때, 논리적 연역이 우리에게 새로운 지식을 제공한다는 사실을 강조하였다. 반면 논리경험주의자들은 논리학은 과학의 언어일 뿐이어서 세계에 대한 아무런 새로운 정보를 제공하지 못한다고 주장하였다.[45]

이 논의의 요점은 수학의 논리학으로의 환원을 주장하는 일과 수학의 본성을 설명하는 일은 별개라는 것이다. 20세기의 논리경험주의들은 산수를 논리학으로의 환원하는 방법에 대해 프레게에게 많은 빚을 졌지만, 그들은 정작 산수 및 논리학의 본성에 대해서는 프레게와 근본적으로 다른 견해를 가졌다. 반면 프레게와 데데킨트는 산수가 논리학의 일부임을 입증하려 할 때 서로 다른 방법에 의존하고 있긴 하지만, 이는 그들이 산수와 논리학의 본성에 대해 다른 견해를 가졌음을 보여주지 못한다. 도리어 나는 그 점에서 프레게는 20세기 논리경험주의자들보다는 데데킨트와 훨씬 더 깊은 공통점을 가졌다고 생각한다. 그것은 논리학과 산수는 결코 내용 없는 빈곤한 과학이 아니라 풍부한 생산성을 갖고 있는 과학이라는 것이다. 그리고 우리가 본 바에 따르면, 두 사람은 모두 이런 논리학과 산수의 풍부한 생산성이 새로운 개념의 도입 방법에서 유래한다고 믿었다.[46]

---

45 논리경험주의자들의 통상적인 논리주의에 대한 견해에 대해서는 Hempel(1945); Ayer(1946), 후기의 "선천성" 항목 참조.

46 이 논문의 초고에 대해 한 심사위원은 아마도 우리에게 새로운 지식을 제공하는 진리는 모두 종합적 진리라고 전제하고서, 마치 내가 프레게에게 산수의 진리가 종합적 진리라는 견해를 돌린 것처럼 오해하였다. 그러나 여기서 내가 보이려는 것은 거꾸로 프레게는 산수의 진리가 분석적 진리라고 주장했지만, 그는 결코 분석적 진리가 공허한 진리라고 주장한 적이 없다는 것이다. 나는 특히 (아마도 그 심사위원이 염두에 두었을 그런) 공허한 분석성 개념은 논리경험주의자들이 러셀을 통해 칸트에게서 이어받은 편향된 견해라는 것을 보이고 싶었다. 프레게는 칸트의 개념 분석 자체가 빈곤한 논리학 이론에 기반하고 있는 비생산적인 것이고, 그로 인해 잘못되게 분석적 진리의 가치를 낮게 평가했다고 비판한다. 반면 프레게는 그의 양화-변항의 장치가 제공하는 분석 개념은 생산성 있는 유기적인 것이며, 이 분석 개념에 근거할 때 연역적인 논리적 추론 자체는 기계적 사고 과정이 아니라 새로운 지식을 제공하는 생산적 과정임이 드러난다고 생각한다. 프레게는 칸트의 눈으로 보면 직관에 호소해야 하는 것처럼 보이는 산수 명제가 왜 순수 사고에만 의존하는 논리적 추론에 의해 정당화되는지 보여주는 것이 그의 논리주의의 핵심 과제라고 생각한다. 더밋은 『프레게: 수학철학』의 한 장을 할애하여 프레게의 이 견해의 의의를 분석하고 있다. Dummett(1991), 4장 "분석적 명제의 가치" 참조. 덧붙여 말하면 초기의 러셀은 빈곤한 분석성 개념을 칸트와 공유했으나, 논리학과 수학은 빈곤하지 않다고 믿었기 때문에, 실제로 논리학과 수학을 종합적 과학이라고 주장하였다. Kremer(2006) 참조. 그러므로 19세기의 주요 논리주의자들은 모두 20세기 대표 논리주의자들로서 논리경험주의자들과 달리 논리학과 수학을 빈곤한 과학으로 생각하지 않았던 셈이다.

그러므로 우리는 20세기 논리주의와 구별되는 19세기 논리주의의 특징을
다음과 같이 규정할 수 있다. 19세기의 논리주의는 산수가 칸트의 주장과
달리 시공간적 직관에 의존하지 않고 개념적인 사고에만 의존하는 과학일
뿐 아니라, 그런데도 불구하고 풍부한 생산성을 갖는 과학이라는 주장이
다.[47]

---

47 이 논문의 초고를 읽고 논평을 해준 세 분의 심사위원께 감사한다.

12장
데데킨트 ─ 논리적 추상화와 메타이론*

1. 들어가는 말

수학적 대상과 개념에 관한 데데킨트의 사상이 대단히 추상적이라는 사실은 잘 알려져 있다. 그동안 데데킨트 사상의 추상적 특징이 무엇에 연유하는가 하는 데 대해 몇몇 연구가 있었다. 데데킨트는 가우스, 디리힐렛, 리만 등에게 이어지는 연구 경향으로서, 식을 이용한 문제의 구체적 표현과 해를 구하는 특수한 절차에 치중하기보다는 구체적 사례들에 일반적으로 적용될 수 있는 일반 개념에 의한 사고의 경향에 속해 있었음을 논증하는 연구가 있었다.[1] 데데킨트가 군, 체, 이상수 등에 관한 후대의 추상적인 대수학 연구의 선구적 방법으로서, 이른바 공리적 방법에 따른 구조주의적 연구 경향을 갖고 있었음을 논증하는 연구도 있었다.[2] 최근에는 데데킨트 사상을 수학의 연구는 특수한 개체들보다는 개체들을 원소로 갖는 체계들이

---

* 이 논문은 충남대학교의 지원을 받은 연구의 결과임.

1 이런 해석은 하워드 슈타인에게서 유래한다. Stein(1888) 참조.

2 Avigad(2006) 참조.

공유하는 추상적 구조를 그 연구의 대상으로 삼는다는, 이른바 구조주의 수학철학의 시조로 간주하곤 한다.[3]

데데킨트 사상에 대한 이런 여러 방향의 연구는 나름의 가치를 갖고 있기는 하지만, 데데킨트 사상이 갖는 추상적 성격이 무엇에서 유래하는지, 그런 추상적 성격의 본성이 무엇인지에 대해 충분한 해답을 제공하는 것으로 보이지는 않는다. 이런 상황에서 우리의 주목을 끄는 연구는 데데킨트의 공리적 연구 방법과 후대 힐버트의 이른바 공리이론에 관한 메타이론적 연구 방법과의 유사성을 강조하는 것이다. 지이크는 최근 일련의 논문에서 힐버트 초기의 메타기하학의 연구가 데데킨트가 대수학 및 산수학에 적용시켰던 연구 방법의 자연스런 발전이었고, 나아가 힐버트와 그의 제자였던 베르나이즈 사이의 공동 작업의 기반이 되었던 공리적 방법에 관한 사상 역시 데데킨트의 공리적 연구 방법과 연속성을 갖는다는 사실을 논증하려 하였다.[4] 지이크의 해석에 대해 가장 큰 장애가 되는 반론은 다음 세 가지로 나눌 수 있다.

(1) 힐버트는 그의 공리적 방법을 구성적 방법과 대비하였는데, 데데킨트의 산수 연구, 즉 그의 자연수론, 정수론, 유리수론, 실수론, 복소수론 등의 전개는 공리적 방법보다는 구성적 방법에 따른 연구로 간주하는 것이 옳다.[5]

(2) 힐버트의 공리이론은 도식적인 이론으로서 도식문자에 대한 암묵적 정의로 간주되지만, 데데킨트의 자연수론은 실질적인 내용을 갖는 이론으로서 '단순 무한체계' 개념에 대한 명시적인 정의라는 것이다.[6]

---

3 데데킨트를 이런 뜻의 구조주의자로 간주하는 연구 경향에 관해서는 Reck(2003); Reck(2022) 참조.

4 Sieg(2014); Sieg & Schlimm(2005); Sieg & Schlimm(2017); Sieg & Schlimm(2018).

5 (1)과 (3)은 수학적 대상의 창조에 관한 데데킨트의 언급을 진지하게 받아들이는 기존 해석에서 대체로 수용하는 주장이다. Reck(2022); Reck & Schiemer(2020) 서론 참조.

(3) 힐버트의 도식적 공리이론은 어떤 종류의 특수한 추상 대상들의 체계도 상정하지 않지만, 데데킨트는 서로 다른 단순 무한체계 내의 원소들이 공유하는 것으로서 특수한 추상 대상들의 체계의 존재를 상정한다.

지이크는 데데킨트가 처음에는 구성적인 관점에 따라 산수이론을 전개하였으나 『수는 무엇이고 무엇이어야 하는가?』의 출간 전에 구성적인 관점을 완전히 버리고 공리적 관점으로 전환했다고 주장함으로써, 문제 (1)에 대응한다. 그리고 그는 데데킨트가 그런 전환과 함께 특수한 추상 대상들로서 수들이 창조될 수 있다는 생각도 버렸다고 주장함으로써, 문제 (3)에 대응한다.

지이크는 데데킨트가 구성적 방법에서 공리적 방법으로, 대상 창조에 대한 견해에서 개념 창조에 대한 견해로 바꾸었을 가능성을 높여 주는 근거를 제시하기는 하지만, 데데킨트가 왜 자기 생각을 바꾸게 되었는지에 대해서는 충분한 논의를 제공하지 않는다. 지이크는 특히 『수는 무엇이고 무엇이어야 하는가?』의 조항 73절에 나오는 데데킨트의 추상화가 정확히 어떤 종류의 절차인지에 대해 충분히 적절한 논의를 제공하지 않는다. 그리고 지이크는 데데킨트의 추상화의 특징을 설명하기 위해 로체 식의 추상화에 호소하는데, 이것은 도리어 지이크가 데데킨트의 추상화의 본성을 잘못 파악한 것이 아닌가 하는 논란을 불러일으키기에 충분하다.

나는 "데데킨트 — 공리적 방법과 논리주의"에서 키퍼슈타인에게 보낸 데데킨트의 편지에 드러나 있는 개념 도입의 방법은 지이크가 주장하듯 로체 식의 추상화에 근거한 것이 아니며, 도리어 특정한 단순 무한체계에

---

6 Klev(2011) 참조.

대한 진술로부터 단순 무한체계 일반에 대한 진술을 논리적으로 추론하려 할 때 필수적으로 거쳐야 하는 절차로서 고차원의 관계술어의 내용을 인식하는 절차라는 것을 보이고자 하였다.[7] 이 논문에서는『수는 무엇이고 무엇이어야 하는가?』에 나타난 데데킨트의 자연수론 연구의 방법론과 『기하학의 기초』에 나타난 힐버트의 기하학 연구의 방법론을 비교함으로써 두 사람이 공유하는 방법론의 전체적인 면모를 재구성해 보고자 한다. 이를 바탕으로 지이크가 충분히 대답하지 못한 앞의 문제 (1)~(3)에 대해 적절한 대답을 제공하고자 한다.

다음 순서로 논의를 진행한다. 먼저 2절에서는 힐버트의 공리적 방법의 전체적 구도 내에서 그의『기하학의 기초』에 나타난 메타기하학 연구의 특징들을 정리한다. 다음으로『수는 무엇이고 무엇이어야 하는가?』에 나타 난 데데킨트의 자연수론 연구를 왜 힐버트 식의 공리적 방법에 따른 연구로 간주할 수 있는지 보임으로써 지이크의 논변을 강화한다. 3절에서는 데데킨 트의 '단순 무한체계' 개념의 정의는 메타이론 내에서 수행되는 파생적 개념의 명시적 정의에 해당하는 것임을 보인다. 그리고 힐버트 기하학에 대해서도 적절한 피정의항을 선택할 때 유사한 방식의 명시적 정의가 가능하다는 것을 보인다. 4절에서는『수는 무엇이고 무엇이어야 하는가?』 의 조항 73절에서 데데킨트가 고려한 추상화가 정확히 무엇인지 논의한다. 나는 특수한 추상 대상들의 체계의 존재를 상정하는 존재론적 견해와 그런 체계의 존재를 상정하지 않고 어떤 단순 무한체계의 원소들이든지 공리적 조건만 고려할 때 자연수로 간주될 수 있다는 보편주의적 견해를 구분한다. 그리고 지이크의 주장대로 데데킨트가 전자의 견해에서 후자의 견해로 전향

---

7 박준용(2019) 참조.

했다면, 그 이유는 전자의 견해가 존재적인 공리이론이 갖는 보편적인 논리적 본성과 어울리지 않는다고 생각했기 때문임을 보인다.

2. 공리적 방법과 메타이론

2.1. 힐버트 기하학과 메타이론

공리적 방법은 고대 그리스의 유클리드 『원론』에서 사용된 이래 수학 및 과학의 여러 분야에서 반복해서 사용된 이론 체계화의 방법이다. 힐버트는 『기하학의 기초』(1899)에서 유클리드 기하학을 공리적 방법에 따라 체계화하였고, 이듬해 발표한 논문 "수에 관하여"(1900)에서 실수이론 역시 공리적 방법에 따라 체계화하였다. 하지만 힐버트의 공리적 방법은 고전적인 공리적 방법과 중요한 차이가 있다. 힐버트의 관심은 단지 주어져 있는 이론의 토대를 형성하는 공리는 어떤 명제인가, 공리를 전제로 삼아 논리적으로 연역되는 정리는 어떤 명제인가 하는 공리이론 내부의 문제에 한정되지 않는다. 그는 어떤 이론의 토대로서 주어져 있는 공리들로부터 논리적으로 모순이 연역되는가 아닌가, 그런 공리들 중 어떤 공리가 다른 공리들로부터 논리적으로 연역되는가 아닌가 그리고 그 공리들은 해당 분야에서 익히 알려져 있는 주요 명제들을 논리적으로 연역하기에 충분한가 아닌가 하는 주어진 공리이론 자체의 특성에 관한 문제에도 관심을 갖는다. 후대에는 이런 문제에 대한 연구를 메타이론적 연구라고 부르는데, 힐버트는 그런 연구의 시조로 간주되곤 한다.[8]

고전적인 공리적 방법과 힐버트의 공리적 방법의 차이를 이해하려

할 때 두 방법이 서로 반드시 대립적 관계를 갖는 것은 아니라는 점을 주목할 필요가 있다. 어떤 분야의 공리적 이론에 대해 메타이론적 연구를 시작하기 위해서는 해당 분야의 명제들은 논리적 연역에 의해 체계화되어 있어야 하는데, 이런 뜻에서 메타이론적 연구는 고전적인 방식의 공리적 이론의 존재를 전제한다. 힐버트는 그의 제자 베르나이스와 함께 지은 저술『수학의 원리 I』(1934)에서 고전적인 공리적 이론을 '내용적인 공리이론'(inhaltliche Axiomatik)이라고 부르고, 그런 이론을 메타이론적 연구의 대상이 되는 공리이론으로서 이른바 '존재적(형태로 표현된 형식적인) 공리이론'(existentiale Axiomatik)과 구분한다.9 내용적 이론의 공리들은 해당 분야에 적절한 인식 방법에 따라 그것이 참인지 아닌지 확인할 수 있는 종류의 명제로 간주되는 반면, 내용적 이론의 정리들은 궁극적으로 이미 확립된 공리들의 진리를 바탕으로 논리적 추론 방법에 의해 그 진리가 정당화되는 것으로 간주된다. 결국 내용적 공리이론은 논리적 연역에 의해 조직된 참인 명제들의 체계이다. 반면 존재적 공리이론은 참인 명제들로 구성된 체계가 아니다. 도리어 그 이론은 어떤 논의 주제가 정해지고 그 주제의 대상들에 대해 성립하는 관계가 주어져 있을 때, 그런 대상들 및 관계들에 대해 성립하는 것으로 상정된 일종의 가설들의 체계라고 할 수 있다. 힐버트가 '공리'라고 부르는 것은 이런 가설들인데, 이런 가설은 주제와 무관하게

---

8 고전적인 공리적 방법과 힐버트 식의 공리적 방법의 차이에 관해서는 de Jong & Betti (2010) 참조

9 베르나이즈는 이후 공리이론을 "실질적 공리이론", "서술적 공리이론" 및 "형식적 공리이론"으로 더 세분한다. 그의 설명에 따를 때, 본문에 언급된 내용적 공리이론은 실질적 공리이론에 해당한다. 그리고 그는 형식적 공리이론과 서술적 공리이론의 차이를 구문론적 규칙 및 명시된 추리규칙의 소유 여부에서 찾고 있고,『기하학의 기초』의 저술 당시 힐버트는 아직 구문론적 규칙에 따른 형식화나 추리규칙을 분명히 제시한 적이 없었음을 고려할 때, 본문의 존재적 형태의 공리이론이란 서술적 공리이론으로 보는 것이 옳을 것이다. 서로 다른 종류의 공리이론간 차이에 관해서는 Bernays (1967a); Bernays(1967b); 박우석(2011) 참조.

그 자체로 고려하면 참도 거짓도 아닌 특징적 조건에 해당한다. 이런 가설들의 체계를 존재적 공리이론이라고 부르는 이유는 그런 이론이 공리들 모두를 만족하는 대상들 및 관계의 체계가 존재한다는 가설의 형태로 제시되기 때문이다. 힐버트는 "수 개념에 관하여"에서 기하학 분야의 존재적 공리이론을 다음처럼 제시한다.

기하학의 기초를 제시하고자 할 때 우리는 전혀 다른 방식의 절차에 따른다. 기하학에서 우리는 전체 원소들에 대한 존재의 가정에서 시작하곤 한다. 즉, 우리는 먼저 세 부류의 사물들로서 점들, 직선들 및 평면들의 체계를 약정하고, 유클리드가 모범을 보인 대로 그 원소들의 상호 관계를 공리들—즉, 연결 공리, 순서공리, 합동공리 및 연속공리—에 의해 표현한다.[10] 그다음으로 이 공리들의 무모순성과 완전성을 보이는 것이 우리에게 필연적 과제가 된다. 즉, 앞에 제시한 공리들의 사용이 결코 모순에 도달할 수 없다는 것, 나아가 공리 체계가 모든 기하학적 명제의 증명에 충분하다는 것을 보여야 한다. 우리는 이 연구 방법을 **공리적 방법**이라고 부른다(Hilbert[1900], 181).

우리 논의에는 내용적 공리이론과 존재적 공리이론이 서로 어떤 관계를 갖는지 분명히 이해하는 것이 중요하다.

첫째로 주목할 관계는 내용적 공리이론은 그에 상응하는 존재적 공리이론의 적용 사례라는 사실이다. 앞에서 언급한 대로 존재적 공리이론은

---

10 이 언급에는 "평행공리"가 빠져 있지만, 그는 『기하학의 기초』에서 다음과 같이 말한다. "이 공리들은 다섯 그룹으로 나누어진다. 이 그룹들의 공리들 각각은 전체로 우리의 직관의 사실들을 표현한다. 우리는 이 그룹들에 다음의 이름을 붙인다. I.1-7. 연결공리. II.1-5. 순서공리. III. 평행공리(유클리드 공리). IV. 1-6. 합동공리. V. 연속공리(아르키메데스 공리)"(Hilbert[1899], 1절).

여러 주제의 여러 논의 영역에 적용 가능한 가설의 체계이다. 그 가설의 체계가 어떤 주어진 논의 영역의 사물들에 관해 그리고 그 사물들 사이에 성립하는 관계들에 대해 성립한다는 사실이 확립된다면, 가설로 제안되었던 공리들이 그런 대상들 및 관계들에 대해 성립한다는 사실들 전체는 하나의 내용적인 공리이론을 형성하게 된다. 예를 들어 우리가 기하학의 기본용어 '점', '직선', 'x는 y 위에 있다'를 각각 술어 변항 'Φx', 'Ψx', 'Xxy'로 표현하면, 첫 번째 연결 공리[11]의 조건은 다음과 같이 정식화할 수 있다.

$$\blacktriangleright \ \forall x \, \forall y \{[(\Phi x \& \Phi y) \ \& \ \neg x{=}y] \rightarrow \exists z(\Psi z \ \& \ (Xxz \ \& \ Xyz))]$$

이 공리적 조건은 기하학적 변항을 제외하면 모두 논리적 기호 $\forall$, $\&$, $\neg$, $=$, $\exists$만 등장하는 논리식에 해당한다. 이 공리적 조건을 우리의 공간적 상상력에 의해 포착되는 종류의 점 Γ, 직선 Δ 및 만남 관계 Θ에 적용하면, 그 결과

$$\blacktriangleright \ \forall x \, \forall y \{[(\Gamma x \& \Gamma y) \ \& \ \neg x{=}y] \rightarrow \exists z(\Delta z \ \& \ (\Theta xz \ \& \ \Theta yz))\}$$

는 공간적 대상들과 그 대상들 사이의 관계에 관해 성립하는 내용적 공리에 해당한다. 힐버트 식의 유클리드 기하학 이론의 각 공리적 조건에 대해 마찬가지 사실이 성립한다면, 그로 인해 얻어지는 참인 공리들 전체는 하나의 내용적 공리이론을 형성하게 된다.[12]

---

11 첫 번째 연결 공리는 다음과 같다: "공리 I.1: 모든 두 점 **A**, **B**에 대해, 어떤 직선 **a**가 있는데, 점 **A**와 점 **B**는 각각 a 위에 있다"(HIlbert[1899], 1장).

12 힐버트 기하학과 내용적 기하학들 사이의 관계에 대해서는 Bernays(1922) 참조.

둘째로 주목할 관계는 하나의 존재적 공리이론에 대해 그에 상응하는 내용적 공리이론이 아주 다양할 수 있다는 것이다. 힐버트는 한편으로 기하학이 우리의 시각 경험에 의해 주어진 사실들의 체계나 공간적 직관에 의해 확립된 사실들의 체계에서 유래했음을 부정하지 않는다. 그러나 힐버트는 다른 한편으로『기하학의 기초』제2장에서 해석기하학의 방법을 이용해서 여러 내용적 공리이론을 제시한다. 예컨대 그는 그곳에서 대수적 수들로 구성된 점 좌표들이나 임의의 실수들로 구성된 점 좌표들을 이용해서 직선의 방정식을 수식으로 전환하는 방법을 제시한다. 그리고 그는 어느 경우에나 제1장에 제시된 다섯 그룹의 공리적 조건들이 모두 만족될 수 있는 체계의 존재를 증명할 수 있음을 보인다. 그 경우 만약 우리가 실수론의 공리이론의 조건들을 모두 만족하는 대상들 및 관계들의 체계가 존재한다는 사실을 전제한다면, 우리는 기하학의 공리적 조건들을 모두 만족하는 수들

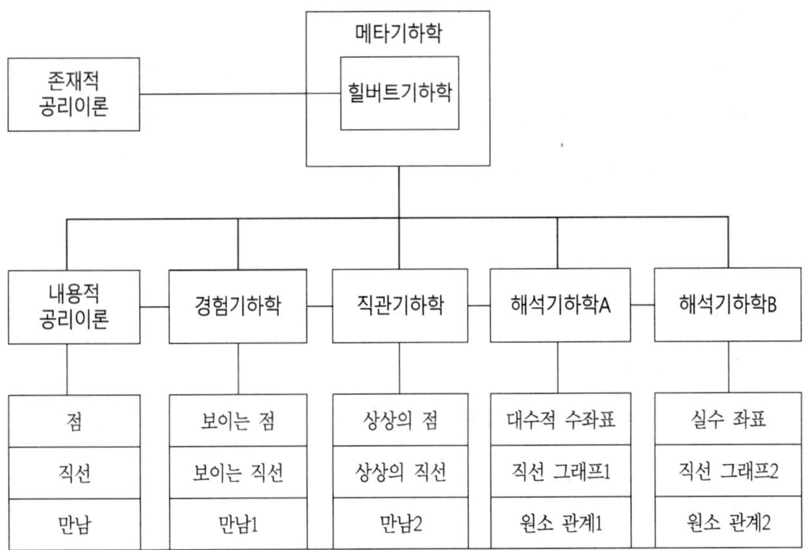

<표 1> 힐버트 기하학과 내용적 기하학들 사이의 상호 관계

의 순서쌍 및 관계들의 체계가 존재한다는 것도 정당화할 수 있다. 이는 결국 힐버트의 유클리드 기하학 이론의 적용 사례가 되는 내용적 공리이론이 실수이론의 일부로서 존재한다는 것을 보여주는 셈이다.[13]

2.2. 데데킨트 자연수론과 메타이론

데데킨트는 존재적 공리이론을 제시한 적이 있는가? 그는 『수는 무엇이고 무엇이어야 하는가?』의 조항 71에서 단순 무한체계의 개념을 정의하고 있는데, 그 정의는 다음의 형태로 제시되어 있다.

71. 정의. 어떤 체계 N은 N의 N 자신으로의 어떤 1-1 대응 φ가 존재하고, N이 $\varphi(N)$ 내에 포함되어 있지 않은 어떤 N의 원소의 (44) 사슬로 나타날 때 단순하게 무한하다고 불린다. 우리가 아래에서 기호 1에 의해 지시할 이 원소를 우리는 N의 기본원소라고 부르고, 단순한 무한체계 N은 대응 φ에 의해 배열된다고 말한다. 만약 우리가 (대응의) 상과 사슬에 대한 (4절의) 편리한 기호들을 유지한다면, 어떤 단순 무한체계 N의 핵심은 다음의 조건 α, β, γ, δ를 만족하는 N의 대응 φ와 어떤 원소 1의 존재에 있다.

α. $\varphi(N) \subseteq N$.[14]

β. $N = \varphi_0(\{1\})$.

γ. 원소 1은 $\varphi(N)$ 안에 포함되어 있지 않다.

---

13 Hilbert(1899), 2장 참조.

14 데데킨트의 기호와 용어를 읽기 쉽게 지금의 기호로 변경한 것이다. 데데킨트의 용어 그대로 번역한다면, "α. $N > N$. β. $N = 1_0$. γ. 원소 1은 N 안에 포함되어 있지 않다. δ. 대응 φ는 유사하다" (Dedekind[1888], 359).

δ. 대응 φ는 1-1이다(Dedekind[1888], 359).

여기서 전체 정의는 어떤 체계 N 그리고 N의 어떤 원소 1 그리고 N의 원소들을 N의 원소들에 맺어주는 어떤 대응 φ가 존재한다는 가정에서 시작하고, N과 1과 φ가 만족시켜야 할 네 개의 조건 $\alpha{\sim}\delta$를 제시한다. 힐버트가 제시했던 존재적 기하학 이론의 제시 방식과 아주 유사하다. 여기서 주의할 것은 1, φ, N은 어떤 특정 대상, 함수 및 집합을 가리키는 용어가 아니라 존재양화사에 의해 묶여 있는 변항에 해당한다는 것이다. 왜냐하면 앞의 정의는 바로 존재 가정으로 시작하기 때문이다. 힐버트 식으로 표현하면, "공리 $\alpha{\sim}\delta$에 의해 논리적 관계가 표현되는 어떤 최초항 1과 어떤 대응함수 φ에 의해 결정되는 원소들의 체계 N이 존재한다"는 것이다. 그러면 우리는 단순 무한체계의 정의를 존재적인 공리이론으로서 산수이론, 정확히는 자연수이론을 제시한 것으로 간주할 수 있다.

그러면 데데킨트 자연수이론의 사례가 되는 내용적 공리이론은 무엇인가? 내용적 공리이론은 어떤 특정한 사물과 어떤 특정한 대응함수에 의해 결정되는 원소들의 체계가 주어질 때 제시될 수 있다. 『수는 무엇이고 무엇이어야 하는가?』에는 내용적인 공리이론이 오직 하나만 등장한다. 데데킨트는 어떤 체계 S의 원소들을 S의 어떤 진부분체계의 원소들과 1-1로 맺어줄 수 있는 대응이 있을 때, 체계 S를 무한하다고 정의한다. 그리고 그는 무한한 체계가 적어도 하나 존재한다는 것을 아래와 같이 증명한다.

66. 정리. 무한한 체계가 존재한다. 증명. 나의 사고 세계, 즉 나의 사고의 대상이 될 수 있는 모든 사물들의 총체 S는 무한하다. 왜냐하면 s가 S의 어떤 원소를

지시할 때, s가 나의 사고의 대상이 될 수 있다는 그 사고 s 자체도 S의 원소이다. 우리가 똑같은 것을 원소 s의 상 $\varphi(s)$로 간주한다면, 이를 통해 S의 특정 대응 φ는 상 S'이 S의 부분이 되는 속성을 갖고, S'은 S의 진부분이 된다. 왜냐하면 S 안에는 그런 사고 s'과는 구분되고 그 때문에 S' 안에는 포함되어 있지 않은 원소들이 (예컨대 나 자신의 자아) 있기 때문이다. a, b가 S의 서로 다른 원소일 때는 그것들의 상 a', b'도 서로 다르다는 것은 자명하므로, 대응 φ는 1-1이다. (즉, 유사하다.) 그러므로 S는 무한하다(Dedekind[1888], 357).

데데킨트의 자아가 최초항이고, "x가 데데킨트의 사고 대상이 될 수 있다는 그 사고"의 내용이 대응함수이다. "데데킨트가 데데킨트의 사고 대상이 될 수 있다는 그 사고" 자체는 데데킨트의 사고 대상일 수 있다. 이렇게 해서 데데킨트에 대한 그 대응 함수의 값 그리고 그런 값에 대한 그 대응 함수의 값, … 등은 모두 데데킨트의 사고 대상일 수 있으므로, 데데킨트의 가능한 사고 대상들의 체계를 D라고 할 때 D는 단순 무한체계라는 것을 보일 수 있다. 데데킨트의 자아를 d로 표시하고, "x가 데데킨트의 사고 대상이 될 수 있다는 그 생각"을 $f(x)$로 표시하자. 그러면 데데킨트가 이 논증에서 참이라는 것을 보이고자 하는 문장은 아래와 같다.

$\alpha 1.\ f(D) \subseteq D.$

$\beta 1.\ D = f_0\ (\{d\})$

$\gamma 1.\ \forall x \forall y[f(x) = f(y) \rightarrow x = y]$

$\delta 1.\ d \notin f(D).$

이 $\alpha 1 \sim \delta 1$은 71절의 네 조건 $\alpha \sim \delta$와 중요한 차이를 가지고 있다. 조항

71의 네 조건은 문장이 아니라 단순 무한체계 개념을 구성하는 특징적 조건에 지나지 않는다. 그러므로 그 조건들은 그 자체로 진리치를 갖지 않는다. 그러나 $\alpha_1 \sim \delta_1$ 각각은 엄연히 진리치를 갖는 문장이다. 만약 데데킨트가 믿었던 것처럼 $\alpha_1 \sim \delta_1$이 모두 참이라면, $\alpha_1 \sim \delta_1$을 공리로 갖는 이론은 내용적 공리이론이다. 그 공리들은 특정 주제, 즉 데데킨트의 사고 세계에 관한 참인 진술들로서 제시된 것이다. 네 조건 $\alpha \sim \delta$는 71절의 존재적 공리이론을 제시하기 위한 특징적 조건으로 제시된 것인 반면, $\alpha_1 \sim \delta_1$은 $\alpha \sim \delta$의 변항 1, φ, N 대신 구체적 내용을 갖는 '데데킨트 자아', 'x가 데데킨트의 사고 대상이 될 수 있다는 그 사고', '데데킨트의 사고 세계'을 넣어 얻은 진리치를 갖는 공리에 해당하므로, 우리는 $\alpha_1 \sim \delta_1$의 연언을 조항 71에 제시된 그 존재적 공리이론의 사례가 되는 내용적 공리이론으로 간주할 수 있다.

데데킨트의 존재적 공리이론의 사례가 되는 내용적 이론은 데데킨트 자신이 제시한 이론만 아니라 다양하게 제시될 수 있다. 데데킨트의 공리조건을 만족하기만 한다면, 내용적 공리이론은 원리상으로 어떤 주제에 대해서나 얻을 수 있다. 그 주제는 추상적인 주제일 수도 있고, 구체적인 주제일 수도 있다. 또한 그 주제는 시간적인 주제일 수도 있고, 공간적인 주제일 수도 있다. 예컨대 우리는 추상적인 주제의 사례로서 공집합 $\varnothing$를 최초항으로, $y = \{x\}$를 대응 함수로, 순서열 $<\varnothing, \{\varnothing\}, \{\{\varnothing\}, \cdots>$을 형성하는 단순 무한체계 Z를 고려할 수도 있다. 그리고 구체적인 공간적 주제의 사례로서 어떤 원점 a에서 시작해서 오른편으로 끝없이 이어지는 반직선 L을 고려하고, L 위에 있는 점들 중에서 대응 함수 '$y = x$ 오른편의 똑같은 거리 l만큼 떨어진 반직선 L 위의 점'(간단히 $y = k(x)$로 표시하자)을 고려할 때, 순서열 $<a, k(a), k(k(a)), \cdots>$을 형성하는 단순 무한체계 P를 고려할 수도 있다. 나아가 한 시간에 한 번씩만 끝없이 울리는 이상적 시계 T가 있을 때, T에서 종소리가 울리는 어떤 시점 t에서 시작해서 대응 함수 'y = 시점 x 바로 다음에 T에서 종소리가 울리는 시점'(간단히 $y = h(x)$로 표시하자)을 고려할 때, 순서열 <t, $h(t)$, $h(h(t))$, ···>을 형성하는 단순 무한체계 T를 고려할 수도 있다.

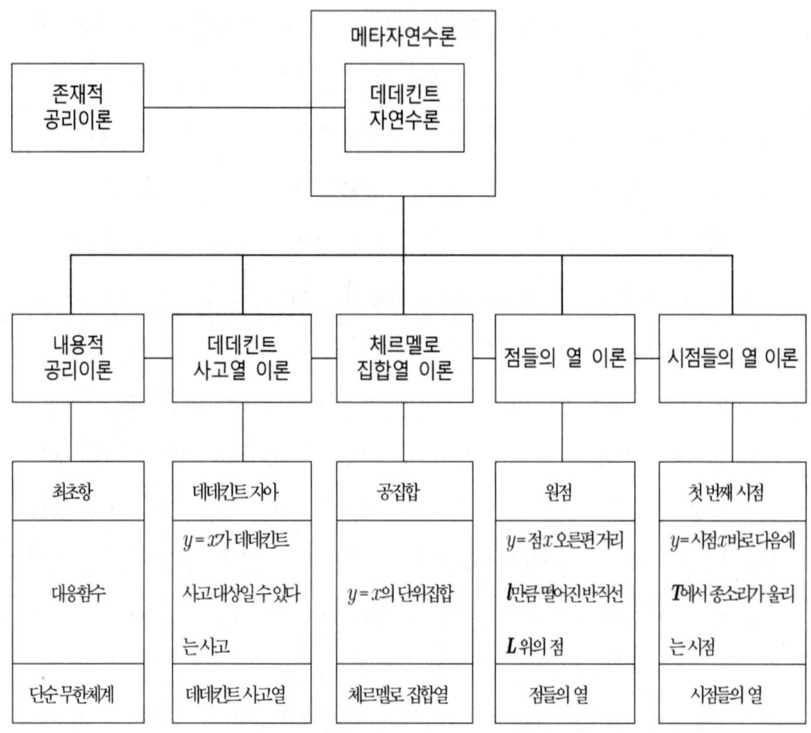

<표 2> 데데킨트 자연수론과 내용적 순서열론 사이의 상호 관계

3. 구조적 정의와 개념 형성 방법

3.1. 데데킨트와 구조적 정의

데데킨트의 자연수론은 논의의 배경이 되는 이론으로서, 그의 집합론 및 대응이론의 맥락 내에서 보면 하나의 개념으로 정의된 것이다. 그는 무한체계를 그것의 원소들이 그 체계의 진부분인 체계의 원소들과 1-1로 대응하는 체계로 정의한다. 즉, 어떤 체계 S가 무한체계라는 것은 어떤 체계 T가 있는데, T는 S의 부분체계이고, S의 어떤 원소는 T의 원소가 아니고 어떤 대응 φ가 있어서, φ는 S의 각 원소를 T에 1-1로 대응시킨다는 것이다.

▶ S는 무한체계이다 =df $\exists T[T \subseteq S \, \& \, \exists x(x \in S \, \& \, x \not\in T) \, \& \, \exists \Phi(\Phi(S) = T)]$

단순 무한체계는 무한체계 중에서 최초항의 단위 체계의 사슬이 되는 체계로 정의된다. 즉, 어떤 체계 N이 단순 무한체계라는 것은 N은 무한체계이고 N의 어떤 기본원소 a가 있고 어떤 대응 φ가 있어서 N은 φ와 관련된 a의 단위 체계 $\{a\}$의 사슬, 즉 $\{a\}$를 부분체계로 갖고 그 자체가 사슬인 모든 체계 K의 공통 부분인 체계이다.

▶ N이 단순 무한체계이다 =df N은 무한체계이고, $\exists x\{x \in N \, \& \, N = \cap K[\varphi(K) \subseteq K \, \& \, \{x\} \subseteq K]\}$.

집합론 및 대응이론의 맥락 내에서 보면 단순 무한체계 개념은 더 기본적인 개념으로서 (1) 무한체계라는 개념과 (2) 어떤 대응 φ와 관련된 그 체계의 기본원소 a의 단위 체계의 사슬이라는 개념에 의해 정의되는 파생적인 개념이다.

각각의 단순 무한체계 N은 어떤 기본원소 a와 어떤 대응함수 φ에 의해 결정되는 원소들이 배열되어 있는 열 $<a, \varphi(a), \varphi(\varphi(a), \cdots>$이고, 그런 모든 열은 단순 무한체계 개념 아래 속하는 사례이다. 어떤 체계 S와 그것의 특징을 결정하는 원소 e나 함수 f 혹은 관계 R로 구성된 열 $<S, e, f>$를 흔히 구조 혹은 순서 체계라고 부르곤 하는데, 그런 순서 체계들 모두가 만족하는 그리고 그런 체계들만 만족하는 필요충분조건에 의한 개념 정의를 구조적 정의라고 한다.[15] 데데킨트의 단순 무한체계 개념의 정의는 $<N, a, \varphi>$ 같은 구조를 그 사례로 갖는 전형적인 구조적 정의이다.

데데킨트가 산수 분야에서 제시한 존재적 공리이론은 동시에 구조들을 사례로 갖는 어떤 개념에 대한 정의로 간주할 수 있다. 그러면 힐버트가 기하학 분야에서 제시한 존재적 공리이론도 구조들을 사례로 갖는 어떤 개념에 대한 구조적 정의로 간주할 수 있을까? 이 물음에 대답하기 전에 우리는 데데킨트의 구조적 정의에 대해 두 물음을 물어야 한다.

(1) 데데킨트의 '단순 무한체계'라는 개념의 정의는 어떤 이론 내의 정의인가?
(2) '단순 무한체계' 개념은 그 개념이 정의되는 이론에서 어떤 논리적 지위를 차지하는 개념인가?

---

15 구조적 정의에 관해서는 Giovannini & Schiemer(2021), 3-4절 참조.

(1)에 대답하자면, 데데킨트의 '단순 무한체계' 개념의 정의는 데데킨트의 자연수론 내의 정의가 아니라 메타이론으로서 집합론 및 대응이론의 한 개념을 정의한 것이다. 왜냐하면 그 정의는 데데킨트 자연수론의 공리들 전부를 정의항으로서 삼아 수행된 정의이기 때문이다. 그러므로 그 정의는 데데킨트 자연수론 내의 개념의 정의가 아니라 그 이론 밖에서 그 이론에 대해 논의하기 위한 배경 이론으로서 집합론과 대응이론 내에서 수행된 정의이다.

(2)에 대답하자면, 데데킨트의 배경 이론의 기본 개념들이 어떤 것이고 그런 기본 개념들을 이용해서 정의되는 파생적인 개념들이 어떤 것인지 생각해 보아야 한다. 기본 개념으로서 '사물', '체계', '원소', '동일성', '대응' 등의 개념은 다른 개념에 의해 정의되지 않는 기본 개념이다. 데데킨트는 이런 개념들을 정의하지는 않지만, 그런 개념을 지시하는 말을 그가 어떤 의미로 사용하는지 설명한다. 예컨대 그는 '체계'를 "어떤 공통의 관점에서 사고할 수 있는 사물들의 모임"을 나타낸다고 하며, '동일성'을 대칭적이고 이행적인 관계로 이해한다는 점을 밝힌다. 데데킨트는 기본 개념들에 대한 말이 실질적인 내용을 갖고 있는 것으로 간주한다. 반면 그는 다른 모든 개념에 대해서는 이런 기본 개념들을 이용해서 그 개념을 나타내는 데 사용하는 말의 내용이 무엇인지 아주 분명하게 규정한다. 예컨대 그는 "체계 A는 체계 B의 부분체계이다" 같은 체계 사이의 관계를 "체계 A의 모든 원소는 체계 B의 원소이다"라는 내용으로 정의한다.

▶ $A \subseteq B = \mathrm{df}\ \forall x(x \in A \rightarrow x \in B)$.

이 정의는 피정의항이 성립하기 위한 필요충분조건을 제시해 준다.

그리고 우리는 임의의 체계 **A, B**에 대해 왼편 피정의항 '⊆'가 나타나는 모든 곳에서 그것 대신에 오른편 정의항 '∀x(x∈ ⋯ → x∈ ⋯)'으로 다시 교체해도 내용에 아무런 변화가 없다는 점에서, 피정의항 '⊆'를 정의항 '∀x(x∈ ⋯ → x∈ ⋯)'의 줄임말로 간주한다. 이런 특징을 갖는 정의를 '명시적 정의'(explicit definition)라고 부른다. 데데킨트가 기본 개념들을 이용해서 수행하는 파생적 개념들의 정의는 모두 이런 명시적 정의이다. 그러므로 '단순 무한체계'에 대한 데데킨트의 정의는 산수이론의 메타이론 내에서 수행되는 구조적 정의인 동시에 명시적인 정의이다.

3.2. 힐버트와 구조적 정의

힐버트가 기하학 분야에서 제시한 존재적 공리이론도 구조들을 사례로 갖는 어떤 개념에 대한 구조적 정의로 간주할 수 있을까? 사실 힐버트가 그런 구조적 정의를 제시했는지에 대해서는 논란이 있다. 왜냐하면 『기하학의 기초』에서 힐버트는 사뭇 다른 유형의 절차로서 다섯 부류의 공리적 조건 전체에 의해 기하학의 기본용어—'점', '직선', '평면' 등의 종류용어 및 '만남', '합동', '사이에 있음' 등의 관계용어— 전부를 정의하려는 것처럼 보이기 때문이다. 이 때문에 힐버트가 의존하는 정의 절차는 우리가 앞에서 본 데데킨트 식의 명시적 정의 절차가 아니라 전체 문장 맥락 내에서 그 안에 나오는 용어의 내용을 설명하려 하는, 이른바 암묵적인 정의 절차로 간주되곤 한다.[16]

하지만 나는 '공리에 의한 기본용어의 정의'로 알려진 그의 절차는

---

16 힐버트의 정의 절차를 암묵적 정의로 간주하는 견해로는 Ebert(2016), 1-2절 참조.

기하학의 용어에 그에 상응하는 내용이나 의미론적 값을 부여하는 정의의 절차로 이해해서는 안 된다고 생각한다. 왜냐하면 힐버트는 그 절차를 통해 '점', '직선', '위에 있음' 등의 기하학 용어에 그에 상응하는 내용이나 그 외연을 고정하려는 것이 아니기 때문이다.[17] 우리는 힐버트가 『기하학의 기초』 제1장에서 '점', '직선', '위에 있음' 등의 기하학 용어를 사용할 때, 그 용어를 특정 주제를 다루는 내용적 공리이론의 구성 요소로서가 아니라 서로 다른 내용적 기하학을 적용 사례로 갖는 존재적 공리이론의 구성 요소로 간주한다는 사실을 주목해야 한다. 반면 그는 그 책 제2장에서는 '점', '직선', '위에 있음' 등의 기하학 용어가 서로 다른 내용적 기하학 내에서 서로 다르게 해석될 수 있음을 보인다. 따라서 '점', '직선', '위에 있음' 등은 해석에 따라 서로 다른 내용을 부여받을 수 있는 도식 문자나 변항처럼 간주해야 한다.[18] 힐버트는 프레게에게 보낸 편지에서 아래와 같이 언급한다.

> 그러나 모든 이론은 필연적 연관관계를 동반하는 기틀(도식)일 뿐이고, 기본적인 원소들은 우리가 좋은 어떤 방식으로도 생각할 수 있는 것이다. 만약 점들 대신에 내가 사물들의 체계로서 사랑, 법, 굴뚝 청소부의 체계를 생각한다면 그리고 나의 모든 공리들을 이런 사물들 사이의 관계로 가정한다면, 나의 명제들, 예를 들어 피타고라스 정리도 이런 사물들에 대해 성립한다(Frege[1980], 42).

---

17 힐버트의 절차는 실제로 그런 용어들의 내용이나 외연을 고정하지도 못한다. 이 사실은 프레게에 의해 처음으로 분명하게 지적되었다. 프레게는 힐버트가 실제로 정의하려는 것은 기하학적 대상들의 종류도 그런 대상들 사이의 관계도 아닌, 그런 종류나 관계 자체가 갖는 고차원의 속성이나 관계라고 주장한다. Frege(1984), 283-284 참조.

18 힐버트 기하학 용어의 도식 문자적 특징에 관해서는 Klev(2011) 7절 참조.

나는 힐버트의 이른바 '공리에 의한 정의' 절차란 기하학적 개념의 외연을 고정하는 일이 아니라 사실 서로 다른 여러 내용적 기하학을 바탕으로 삼아서 여러 기하학이 공유하는 형식적인 공리이론의 내용에 도달하기 위한 추상화 절차의 주요 지침에 해당한다고 생각한다.[19] 왜 그런지 보기 위해서 우리는 힐버트가 데데킨트처럼 존재적 공리이론에 의한 구조적 정의에 이르기 위해 어떤 절차가 더 필요한지 고려해 볼 필요가 있다. 우리는 앞에서 데데킨트는 배경 이론 내의 한 파생적인 개념으로서 '단순 무한체계' 개념을 존재적 공리이론에 의해 정의하려 했음을 보았다.『수는 무엇이고 무엇이어야 하는가?』의 조항 71의 정의에 등장하는 네 공리적 조건 $\alpha{\sim}\delta$를 각각 $D1$-$D4$로 표현한다면, 우리는 '단순 무한체계' 개념에 대한 데데킨트의 정의를 다음과 같이 간단히 표현할 수 있다.

▸ N은 단순 무한체계이다 $=\mathrm{df}$ $\exists\mathbf{y}\,\exists\Phi[D1\ \&\ \cdots\ \&\ D4](N, \Phi, \mathbf{y})$.

힐버트의 존재적 공리이론을 구조적 정의로 고쳐쓰기 위해서는 무엇이 필요한가? 사실 힐버트가 분명히 하지 않은 것은 존재적 공리이론에 의해 정의되는 개념의 이름이다. 힐버트는 그의 기하학의 존재적 공리이론에 의해 그 존재가 가정되는 대상들의 체계에 대해 '점', '직선', '평면'이라는 용어를 사용하는데,[20] 앞에서 본대로 이 용어들은 도식 문자나 변항에 해당하는 것이지, '단순 무한체계' 개념처럼 고정된 내용을 갖는 개념을

---

[19] 힐버트와 베르나이즈는 내용적 기하학에서 존재적 기하학으로 이행하는 절차를 일종의 추상화로 간주한다. Hilbert & Bernays(1934), 1-2.

[20] 용어가 해석에 따라 다른 의미를 가질 수 있다는 견해에 대한 프레게의 비판에도 불구하고 힐버트는 자신의 용어 사용 방식을 고수한다. Frege(1906); Hilbert(1905), 86-87 참조.

표현하는 것이 아니다. 그리고 '점'을 도식문자로 사용할 뿐 아니라 그 말이 처음 유래된 직관적인 내용적 기하학의 용어로도 사용할 때 혼동이 일어날 수 있다. 이런 혼동을 없애기 위해 우리는 '점', '직선', '평면' 등의 용어 대신 모든 내용적 기하학에 공통으로 적용할 수 있는 새로운 용어를 도입해야 한다.

앞 장에서 본대로 '힐버트 기하학'은 무수히 많이 있을 수 있는 내용적 기하학들이 공유하는 고차원의 논리적 관계를 표현한다. 힐버트 기하학의 적용 사례가 되는 내용적 기하학 중에서 예컨대 직관기하학의 첫 번째 대상체계로서 직관적 점들의 체계는 경험기하학의 첫 번째 대상체계로서 시각 가능한 점들의 체계, 해석기하학1의 첫 번째 대상체계로서 대수적 수들의 좌표들의 체계 등에 상응한다. 우리는 이런 서로 다른 내용적 기하학의 상응하는 첫 번째 대상체계를 '힐버트 기하학을 만족하는 내용적 기하학의 첫 번째 대상체계' 혹은 더 간단히 '힐버트 기하학의 첫 번째 대상체계'라고 부를 수 있다. 그리고 우리는 서로 다른 내용적 기하학 사이에 상응하는 두 번째 대상체계를 '힐버트 기하학의 두 번째 대상체계', 서로 다른 내용적 기하학 사이에 상응하는 세 번째 대상체계를 '힐버트 기하학의 세 번째 대상체계'라고 부를 수 있다.

힐버트 기하학은 다섯 부류의 공리적 조건을 포함하고 있는데, 이 공리적 조건들을 $A1, \cdots, An$으로 표현해 보자. 그리고 힐버트가 사용하는 기하학 용어 '점', '직선', '평면'에 각각 상응하는 1항 술어 변항을 $\Phi1, \Phi2, \Phi3$으로 표현하고, '만남', '합동'에 상응하는 2항 술어변항을 $\Psi1, \Psi2$로 표현하고, '사이에 있음'에 상응하는 3항 술어변항을 $\mathbf{X}$로 표시하자. 그러면 힐버트 기하학의 논리적 구조를 다음과 같이 표현된다.

(1) $A1 \& \cdots \& An$ ($\Phi 1x$, $\Phi 2x$, $\Phi 3x$, $\Psi 1xy$, $\Psi 2xy$, $Xxyz$)

직관 가능한 대상들에 관한 내용적 기하학의 용어를 $\Gamma 1$, $\Gamma 2$, $\Gamma 3$, $\Delta 1$, $\Delta 2$, Θ로 표시하고, 힐버트가 『기하학의 기초』제2장에서 제시한 첫 번째 내용적 해석기하학의 용어를 $\Lambda 1$, $\Lambda 2$, $\Lambda 3$, $\Pi 1$, $\Pi 2$, Σ로 표시하자. 그러면 두 내용적 기하학은 다음과 같이 표현 가능하다.

(2) $\mathcal{A}1 \& \cdots \& \mathcal{A}n$ ($\Gamma 1$, $\Gamma 2$, $\Gamma 3$, $\Delta 1$, $\Delta 2$, Θ)
(3) $\mathcal{A}1 \& \cdots \& \mathcal{A}n$ ($\Lambda 1$, $\Lambda 2$, $\Lambda 3$, $\Pi 1$, $\Pi 2$, Σ)

(2)와 (3)은 공통된 논리적 형식으로서 (1)을 공유하며, 논리적 형식 (1)은 각각 공간적 대상들의 속성이나 관계 그리고 실수이론의 대상들의 속성이나 관계에 관해 서술하는 더 높은 차원의 술어로서 고차원의 관계를 표현한다. 그런데 우리는 (2)나 (3)이 참이라고 인정한다면, 고단계의 존재 일반화 추론 원리에 의해 다음 문장의 참을 논리적으로 연역할 수 있다.

(4) $\exists \Phi 1 \exists \Phi 2 \exists \Phi 3 \exists \Psi 1 \exists \Psi 2 \exists \Psi 3 [\mathcal{A}1 \& \cdots \& \mathcal{A}n$ ($\Phi 1$, $\Phi 2$, $\Phi 3$, $\Psi 1$, $\Psi 2$, $\Psi 3$)]

(4)는 고차원의 논리적 관계 (1)을 만족하는 속성들 및 관계들의 순서열이 존재한다는 것을 말해주는 문장이다. 그러나 (4)의 경우에는 데데킨트의 '단순 무한체계'의 정의처럼 대상들의 체계에 대한 변항이 아니라 대상들에 적용되는 1항 술어 변항이 이용되었기 때문에, 데데킨트 식의 구조적 정의를 얻기 위해서는 1항 술어가 표현하는 속성에 관한 언급을 그것을 만족하는 대상들의 집합에 관한 논의로 변경해 주어야 한다. 우리는 "x는 직관 기하학

의 점이다"라는 술어를 만족하는 대상들의 집합 혹은 그런 술어가 표현하는 개념의 외연이 존재할 경우, 그 술어를 "x는 '직관 기하학의 점'이라는 개념의 외연에 속한다" 혹은 "x는 직관 기하학의 점들의 집합의 원소이다"는 말로 전환할 수 있다. Γ1이 "x는 직관 기하학의 점이다"라는 술어에 의해 표현된 개념일 경우, 그 술어는 "$x \in \{y: \Gamma1(y)\}$"로 전환될 수 있다.

그러면 우리는 (4)의 1항 술어 변항 Φ1, Φ2, Φ3을 각각 그에 상응하는 집합의 변항으로 전환할 수 있다: $\{z: \Phi1(z)\}$, $\{z: \Phi2(z)\}$, $\{z: \Phi2(z)\}$. 그러면 우리는 (2)의 세 개념 Γ1, Γ2, Γ3에 상응하는 집합 $\{z: \Phi1(z)\}$, $\{z: \Phi2(z)\}$, $\{z: \Phi2(z)\}$가 존재할 경우, 그것으로부터 (4)에 상응하는 다음 (5)를 논리적으로 연역할 수 있다.[21]

(5) $\exists\Phi1 \exists\Phi2 \exists\Phi3 \exists\Psi1 \exists\Psi2 \exists\Psi3[\mathscr{A}1 \& \cdots \& \mathscr{A}n (\{z: \Phi1(z)\}, \{z: \Phi2(z)\},$

$\{z: \Phi3(z)\}, \Psi1, \Psi2, X)]$

이제 우리는 데데킨트의 '단순 무한체계' 개념의 정의에 상응하는 구조적 정의를 제시할 수 있다. '힐버트 기하학의 첫 번째 대상체계', '힐버트 기하학의 두 번째 대상체계', '힐버트 기하학의 세 번째 대상체계'는 다음과 같이 명시적으로 정의된다.

(6) P는 힐버트 기하학의 첫 번째 대상체계이다 =df $\exists\Phi2 \exists\Phi3 \exists\Psi1 \exists\Psi2 \exists$

$X[\mathscr{A}1 \& \cdots \& \mathscr{A}n (P, \{z: \Phi2(z)\}, \{z: \Phi2(z)\}, \Psi1, \Psi2, X)]$

---

21 프레게처럼 집합을 대상으로 간주할 경우, 더 일반적인 다음 문장을 도출할 수 있다: $\exists x \exists y \exists z \exists\Psi1$ $\exists\Psi2 \exists\Psi3[\mathscr{A}1 \& \cdots \& \mathscr{A}n (x, y, z, \Psi1, \Psi2, \Psi3)]$. 그러나 이 경우 힐버트 식의 공리이론이 그 사례가 되는 내용적 공리이론에 대해 갖는 논리적 관계가 제대로 드러나지 않는다.

(7) L은 힐버트 기하학의 두 번째 대상체계이다 =df $\exists\Phi_1\exists\Phi_3\exists\Psi_1\exists\Psi_2\exists$

$X[\mathcal{A}_1 \& \cdots \& \mathcal{A}n (\{z: \Phi_1(z)\}, L, \{z: \Phi_2(z)\}, \Psi_1, \Psi_2, X)]$

(8) S는 힐버트 기하학의 세번째 대상체계이다 =df $\exists\Phi_1\exists\Phi_2\exists\Psi_1\exists\Psi_2\exists$

$X[\mathcal{A}_1 \& \cdots \& \mathcal{A}n (\{z: \Phi_1(z)\}, \{z: \Phi_2(z)\}, S, \Psi_1, \Psi_2, X)]$

그러면 '힐버트 기하학의 첫 번째 대상체계' 개념은 직관기하학의 (직관적인) 점들의 체계를 비롯해서 서로 다른 내용 기하학의 첫 번째 대상체계들을 그 사례로 갖고, '힐버트 기하학의 두 번째 대상체계' 개념은 직관기하학의 (직관적인) 직선들의 체계를 비롯해서 서로 다른 내용 기하학의 두 번째 대상체계들을 그 사례로 갖고, '힐버트 기하학의 세 번째 대상체계' 개념은 직관기하학의 (직관적인) 평면들의 체계인 직관적 공간을 비롯해서 서로 다른 내용 기하학의 세 번째 대상체계들을 그 사례로 갖는다.[22]

4. 데데킨트와 논리적 추상화

4.1. 데데킨트의 자연수 정의

데데킨트는 『수는 무엇이고 무엇이어야 하는가?』의 73절에서 자연수 개념을 정의한다.

73. 정의. 대응 φ에 의해 배열된 단순 무한체계 N을 고려할 때 원소들의 특수한

---

[22] 베르나이즈는 '힐버트 기하학의 세 번째 대상체계'를 '유클리드 공간'이란 말로 표현한다. Bernays (1942) 참조.

특징은 완전히 무시하고 원소들의 구별 가능성은 유지하고 φ에 의한 배열에 의해 그 위치가 결정되는 원소들 상호 간의 관계들만 고려한다면, 이 원소들은 자연수 혹은 서수 혹은 간단히 수라고 불리고, 기초원소 1은 수열 N의 기초원소라 불린다. 이처럼 원소들로부터 다른 모든 내용을 제외한다는 사실을 고려할 때 (추상화) 수들을 인간 정신의 자유로운 창조물이라고 부르는 일은 정당하다. 조항 (71)의 조건 α, β, γ, δ에서 완전하게 도출되고 그 때문에 모든 순서를 갖는 단순 무한체계에서 언제나 동일한 관계 혹은 법칙들은 개별 원소들에 어떤 이름이 주어지든 상관없이 수의 과학 혹은 산수학의 첫 번째 대상이다. (조항 134와 비교해 볼 것.)

여기서 데데킨트가 무엇을 정의한 것인지 그리고 무엇에 의해 정의한 것인지에 대해 서로 다른 두 견해가 존재한다.

첫 번째 견해에 따르면, 데데킨트가 말하고자 하는 바는 단순 무한체계들이 공유하는 속성으로서 조항 71의 네 공리조건 α~δ가 표현하는 그 특징들만 고려할 때, 임의의 어떤 단순 무한체계의 원소들이든지 자연수로 간주할 수 있다는 것이다. 말하자면 데데킨트는 서로 다른 내용적 공리이론들이 공유하는 특징으로부터 새로운 내용적 공리이론을 수립하려 한 것이 아니라, 이미 존재하는 각 내용적 공리이론에 관해 그 이론이 다른 내용적 공리이론과 달리 갖는 특징을 무시하고 다른 이론과 공유하는 특징에만 주목할 때, 어느 내용적 공리이론이 묘사하는 단순 무한체계의 원소들이든지 자연수라고 불릴 만한 자격이 있다고 생각했다는 것이다. 이 견해에 따를 때 데데킨트가 '추상화'라고 부르는 것은 네 공리조건 α~δ를 만족하는 임의의 서로 다른 두 순서열 $<a, f(a), f(f(a)), \cdots>$와 $<b, g(b), g(g(b)), \cdots>$의 원소들이 서로 다르게 갖는 속성들을 더 이상 주목하지 않고 오로지 네 공리조건에 의해 정해지는 원소들의 상호 관계에만 주목하는 것을 말한다. 그리고 이 경우에 데데킨트의 '자연수'라는 용어는 '단순 무한체계를 형성하는 순서열의 원소'라는 말과 그 의미가 다르지 않다.

두 번째 견해에 따르면, 데데킨트가 말하고자 하는 바는 조항 71의 네 공리조건 α~δ를 만족하는 임의의 서로 다른 두 순서열 <a, $f(a)$, $f(f(a))$, $\cdots$>와 <b, $g(b)$, $g(g(b))$, $\cdots$>의 원소들이 서로 다르게 갖는 속성들은 제외하고, 오로지 네 공리조건에 의해 정해지는 원소들의 상호 관계만 갖는 그런 특별한 추상 대상들의 체계를 창조할 수 있고 그런 대상들을 자연수로 간주할 수 있다는 것이다. 말하자면 데데킨트는 존재적 공리이론의 사례가 되는 서로 다른 내용적 공리이론들이 서로 다르게 갖고 있는 특징들을 모두 배제한 이후에, 그런 내용적 공리이론들이 모두 공유하는 것만으로 이루어진 새로운 내용적 공리이론을 제시하고자 했다는 것이다. 이 경우에는 임의의 어떤 단순 무한체계의 원소나 자연수로 간주할 수는 없고, 오로지 공리조건 α~δ에 의해 결정되는 속성만 갖는 특별한 추상 대상들만 자연수로 간주될 수 있다. 이 견해는 앞의 견해와 달리 특별한 추상 대상들의 체계로서 자연수 체계가 존재한다고 주장한다는 점에서 '존재론적 견해'라고 부를 만하다.[23] 그 반면 앞의 견해는 특별하게 새로 형성된 추상 대상들의 체계를 상정하지 않고, 임의의 어떤 단순 무한체계든지 그 체계가 형성하는 순서열의 원소들을 자연수로 간주한다는 점에서 '보편주의적 견해'라고 부를 만하다.[24]

---

23 이 견해는 흔히 추상화된 대상들로서 자연수들을 원소로 갖는 체계—그런 체계를 순수 구조라고 부르곤 한다—의 존재를 인정하고 별도의 자연수 체계를 인정하지 않는 견해와 구분해서 '반제거적 구조주의'라고 부르곤 한다. Parsons(1990), 1-2절; Linnebo & Pettigrew(2014), 1-3절 참조.
24 이런 견해는 별도로 추상화된 대상들로서 자연수들의 체계가 존재한다는 것을 인정하지 않는다는 뜻으로 '제거적 구조주의'라고 부르곤 하는 견해와 동일시하기 쉽다. 그러나 데데킨트의 추상화에

　지이크는 데데킨트가 존재론적 견해에서 보편주의적 견해로 전향했다고 생각한다. 그는 1870년대부터 1888년『수는 무엇이고 무엇이어야 하는가?』의 출간 전까지 데데킨트가 준비했던 수고들을 근거로 삼아 견해의 변경을 추적할 수 있다고 생각한다. 그는 그런 전환의 주요 증거로서 출간 전 해인 1887년 수고에 있는 아래 언급을 그 근거로 제시한다.

> 이 추상화에 의해 N의 원래 주어진 원소들 n은 새로운 원소들 $\mathfrak{n}$, 즉 수들로 전환된다. (그리고 N 자체는 새로운 추상적인 체계 $\mathfrak{N}$으로 전환된다.) 그러므로 우리는 수들이 정신의 자유로운 창조 행위 덕분에 존재한다고 정당하게 말할 수 있다. 그러나 우리의 표현 방식을 위해서는 원래의 수체계 N의 원소들을 수들이라고 말하고 그 자체가 유사한 대응인 N으로부터 $\mathfrak{N}$으로의 전환은 무시하는 것이 편리하다. 우리는 회기에 의한 정의에 대한 정리들을 이용할 때 확신할 텐데, 그런 전환을 통해서는 … 달라지는 바가 없고 부당한 방식으로 무언가가 끼어드는 수도 없다(데데킨트의 1887년 수고; Sieg & Schlimm[2017], 20-21).

　이 수고는 두 가지 점을 보여준다. 첫째로 데데킨트는 한동안 존재론적 견해를 유지하였다는 것이다. 왜냐하면 데데킨트는 분명히 위 인용문의 고전 독일어 기호 $\mathfrak{N}$을 이용해서 추상화된 대상들의 체계를 의도하고 있기 때문이다. 둘째로 위 인용의 작성 시기에 그는 분명히 추상화된 대상들의 체계로서 자연수 체계가 반드시 상정되어야 하는지에 대해 의구심을 가졌다는 것이다. 왜냐하면 앞의 인용은 그가 그런 체계를 상정하지 않고 출간본 조항 73의 언급만으로 충분하다는 것처럼 말하고 있기 때문이다.

대한 보편주의적 해석이 반드시 자연수들의 체계가 존재하지 않는다는 것을 함축하는 것은 아니므로, '제거적 구조주의'라는 용어는 내가 '보편주의적 견해'라고 부르는 견해와 외연이 같지 않다.

지이크의 해석에 대해 제기되는 가장 중요한 반론은 립쉬츠와 베버와의 편지 왕래에 드러난 데데킨트의 언급과 관련되어 있다. 데데킨트는 실수들을 데데킨트 컷들과 동일시해도 되는 것 아닌가 하고 묻는 립쉬츠에게, 실수들을 데데킨트 컷들과 동일시하는 것보다는 차라리 각각의 컷에 대응하는 대상으로서 수를 창조하는 편이 낫다고 한다.[25] 그리고 유한 기수를 프레게나 후대의 러셀이 했던 것처럼 동수인 집합들의 집합과 동일시해도 되는 것 아닌지 묻는 베버에게, 유한 기수를 그런 집합과 동일시하는 것보다는 차라리 그에 대응하는 수들을 창조하는 편이 낫다고 대답한다.

그러나 만약 우리가 당신의 길을 따른다면 그리고 나는 그 길을 끝까지 완벽하게 따라가 보기를 권하는데, 나는 수(기수)를 집합(상호 유사한 유한한 모든 체계들의 체계) 자체로 이해하지 말고 정신에 의해 창조되는(그 집합에 대응하는) 새로운 것으로 간주할 것을 권한다. 우리는 신성한 종족이고 단지 (선로, 전신 같은) 물질적인 사물들에 대해서만 아니라 정신적인 사물들에 대해서도 의심할 바 없이 창조력을 소유하고 있다. … 기수를 집합으로 정의하는 일에 대해서도 전적으로 유사한 일이 성립한다. 우리는 (주요 주제로서) 수들 자체에 부여하기는 매우 꺼리는 많은 것을 집합에 대해 (예를 들어 집합이 무한하게 많은 원소들, 즉 모든 유사한 체계들로 구성된 체계라고) 말하게 된다. 어느 누가 넷이라는 그 수가 무한히 많은 원소들로 이루어진 체계라고 기억하겠는가? 혹은 그는 그런 사실을 곧 잊지 않겠는가? (그러나 수 4가 수 3의 자녀이고 수 5의 어머니라는 것은 누구나 항상 생각할 것이다.)(Dedekind[1932], 488-490)

---

25 Dedekind(1932), 474-479.

이 언급이 들어 있는 편지는 앞에 인용된 수고가 작성된 이후인 1888년 1월에 보내진 것이다. 이 사실을 고려할 때 데데킨트는 대상으로서 수를 창조할 수 있다는 관점을 여전히 유지하는 것으로 보인다. 그러면 이 사실은 조항 73의 자연수 정의에 대한 해석 중에서 보편주의적 해석보다 존재론적 해석을 더 지지하는 것으로 간주되어야 하는가?[26] 아래에서 나는 앞의 편지의 언급이 도리어 보편주의적 해석과 양립 가능할 뿐 아니라, 그런 해석을 지지하는 것으로 읽힐 수 있음을 보인다.

4.2. 데데킨트와 논리적 추상화

우리는 먼저 데데킨트가 왜 유한 기수들을 동수인 집합들의 집합과 동일시해서는 안 되고, 왜 실수들을 컷들과 동일시해서는 안 된다고 생각했는지 고려해 보아야 한다. 앞의 인용에서 데데킨트는 그 이유를 우리가 "수들 자체에 부여하기는 매우 꺼리는 많은" 속성을 집합에 대해 부여한다는 데서 찾는다. 이 때문에 레크는 데데킨트가 동수인 집합들의 집합이나 유리수 집합들의 순서쌍으로서 데데킨트 컷 등은 산수에 속하지 않는 낯선 특징에 해당하는 것으로 간주했다고 주장한다. 이는 데데킨트가 산수 이론에 적합한 특징과 적합하지 않은 특징을 구분했다는 것을 전제하지만, 레크는 그런 구분이 무슨 원리에 따라 이루어지는 것인지 분명히 말하지 않는다.[27]

우리는 유한 기수를 동수인 집합들의 집합과 동일시해서는 안 되는

---

26 린네보와 페티그루는 립쉬츠 및 베버에게 보낸 편지의 언급이 존재론적 해석을 지지하는 결정적인 증거라고 생각한다. Linnebo & Pettigrew(2014), 1-3절 참조.
27 Reck(2003), 11절 참조.

이유 그리고 실수를 데데킨트 컷들과 동일시해서는 안 되는 이유가 마치 그런 대상들이 수에는 낯선 집합이라는 데 있다고 간주해서는 안 된다. 왜냐하면 데데킨트의 자연수론의 공리적 조건은 모두 집합에 관한 조건이므로, 집합 자체를 수에 낯선 것으로 배제하려 하면 자연수론의 공리조건 자체가 함축하는 것까지 자연수론에서 배제하게 될 것이기 때문이다. 그러면 유한 기수에 낯선 집합과 그렇지 않은 집합을 구분할 기준은 있는가? 그런 기준은 자연수론의 공리적 조건에 포함되어 있거나 그런 조건에 의해 함축되는 것 이외에 다른 기준은 찾기 어려울 것 같다. 왜냐하면 데데킨트가 자연수들에 대해 일차적으로 요구하는 것은 바로 자연수이론의 공리적 조건들을 만족해야 한다는 것이기 때문이다. 그렇다면 우리는 데데킨트가 실수들을 데데킨트 컷들과 동일시하지 않은 이유도 마찬가지로 지적할 수 있다. 왜냐하면 데데킨트 컷들의 존재는 실수이론의 공리적 조건의 구성 요소로 등장하지 않기 때문이다. 데데킨트는 다음과 같이 말한다.

> … 나는 젊은 시절 나에게 깊은 인상을 남긴『산수 연구』의 아름다운 구절을 회상하고 싶다. … "그러나 바링은 어느 것도 증명할 수 없었다. 그는 그 소수를 표현해 주는 어떤 표기법도 상상하기 어렵기 때문에 논증이 훨씬 더 어려워 보인다는 점을 인정한다. 그러나 우리의 판단에는 이런 종류의 진리는 표기법이 아니라 사고에 의해 이끌어 내야 한다." 이 마지막 말에는 가장 일반적인 뜻으로 이해할 때 위대한 과학 사상, 즉 외적인 것에 대립되어 있는 내적인 것을 향한 결의의 사상이 표현되어 있다. 이 대립은 수학의 거의 모든 영역에서 반복된다. 함수 이론의 경우에는 리만의 함수 정의만 생각해 보면 된다. 리만은 함수를 그것의 내적인 특징적인 속성들에 의해 정의하는데, 그런 정의로부터 외적인

표현 형식이 필연적으로 따라나온다(Dedekind[1931], 54-55. 필자 강조).

우리는 앞에서 이미 데데킨트의 자연수론은 '단순 무한체계' 개념의 정의에 의해 주어진다는 것을 보았다. 그런데 '단순 무한체계' 개념은 조항 71의 네 공리조건 $\alpha{\sim}\delta$를 그 개념을 구성하는 특징적 조건으로 갖는다. 그리고 데데킨트에 따를 때 이 특징적 조건들은 바로 자연수론에 내적인 것이다. 그런데 베버에게 보낸 편지에서 데데킨트는 "수 4가 수 3의 자녀이고 수 5의 어머니라는" 사실은 자연수론에 내적인 것인 반면, 예컨대 "수 4는 집합 {x: x는 4각형의 변이다}와 동수인 집합들의 집합이다"라는 주장은 자연수론에 내적인 것이 아니라고 한다. 왜 그런가? 앞의 언급에 주어져 있는 "내적인 것"의 기준에 따른다면, 전자의 사실은 바로 데데킨트 자연수론의 공리적 조건으로부터 논리적으로 연역 가능한 반면, 후자의 주장은 공리적 조건에 포함되어 있지도 않고 공리적 조건으로부터 논리적으로 연역 가능한 사실도 아니기 때문일 것이다.

이 논의는 데데킨트가 왜 수들을 특수한 종류의 집합과 동일시하지 않고 차라리 새롭게 창조하는 편이 낫다고 생각했는지에 대한 새로운 해석으로 우리를 인도한다. 프레게는 『산수의 기초』에서 기수를 똑같이 많은 대상들이 속하는 개념들의 집합으로 정의하고, 0을 아무 대상도 속하지 않는 개념들의 집합으로 정의하고, 유한 기수를 0에서 시작하고 전자 관계에 의해 결정되는 기수열의 원소로 정의한다. 그리고 그는 이 정의를 이용해서 그의 유한 기수들이 데데킨트와 페아노가 제시한 자연수이론의 공리적 조건들을 모두 만족한다는 것을 증명한다. 그러므로 데데킨트의 존재적 공리이론에 따르면, 프레게의 유한 기수들의 체계는 바로 하나의 단순 무한체계이고, 프레게의 유한 기수이론은 데데킨트 자연수론의 사례가 되는 내용적 공리이론 중 하나에 해당한다.

그런데 데데킨트는 왜 프레게처럼 자연수를 똑같이 많은 대상들이 속하는 개념들의 집합과 동일시하지 않았는가? 그 이유는 바로 프레게의 유한 기수이론은 데데킨트의 존재적 공리이론의 특수한 적용 사례로서 하나의 내용적 공리이론에 지나지 않기 때문이다. 프레게의 유한 기수들은 데데킨트의 공리적 조건들을 모두 만족하기는 하지만, 데데킨트의 공리적 조건들을 만족하는 다른 내용적 공리이론, 예컨대 다른 추상적 대상들의 이론으로서 공집합으로 시작해서 단위집합 연산의 값들이 형성하는 열 <∅, {∅}, {{∅}}, …>의 원소들로서 체르멜로의 자연수들과 다른 특수한 속성들을 갖는다. 그러므로 데데킨트가 그의 자연수들을 동수인 집합들의 집합과 동일시하지 않았던 이유는 바로 그런 대상들에 관한 이론은 그의 공리이론의 특수한 적용 사례에 지나지 않는 것이지, 그의 공리이론의 조건들이 규정하는 그런 속성들만 갖는 이론이 아니기 때문이다.

그러므로 데데킨트의 의도는 바로 자연수들을 어떤 특정 단순 무한체계의 원소들로 제한해서는 안 된다는 데 있지, 그런 원소들을 집합으로 간주해서는 안 된다는 데 있지 않다. 그러나 만약 베버가 제안하는 것처럼 자연수를 동수인 집합들의 집합으로 간주할 경우, 더 이상 체르멜로의 수는 자연수 역할을 하지 못하는 것으로 간주하게 된다. 왜냐하면 프레게 단순 무한체계의 둘째 항인 집합은 하나의 대상만 속하는 모든 개념을 원소로 갖기 때문에 그 원소가 무수히 많지만, 체르멜로 단순 무한체계의 둘째 항인 {∅}는 오직 하나의 원소만 갖기 때문이다. 데데킨트는 바로 프레게 유한 기수들과 체르멜로 수들이 서로 다르게 갖는 특징은 단순 무한체계의 두 번째 항이 만족시켜야 할 조건에 포함되어 있지 않다고 생각한다. 왜냐하면 그런 조건은 '단순 무한체계' 개념의 정의 조건에는 포함되어 있지 않기 때문이다. 그런데 만약 자연수들을 프레게의 유한 기수들과 동일시하게 되면, 더 이상 체르멜로의 수들은 그의 산수이론의 적용 사례인 내용적인 공리이론의 대상들로 간주할 수 없을 것이고, 이는 결국 그의 자연수론이 갖고 있던 일반적 특징은 빼앗게 될 것이다. 그러므로 데데킨트는 자연수들을 어떤 특정한 단순 무한체계의 원소들과 동일시할 바에는 차라리 모든 단순 무한체계의 원소들이 공유하는 특징으로서 그의 공리적 조건들이 결정하는 그런 특징만 갖는 대상들의 체계를 상정하는 편이 더 낫다고 생각했을 것이다. 왜냐하면 그 경우에는 적어도 자연수들은 모든 단순 무한체계의 원소들이 공유하는 특징만 갖게 되므로, 자연수들은 어떤 특정한 영역에만 한정되게 적용되는 일은 더 이상 없을 것이기 때문이다.

우리는 내용적 공리이론들 사이의 상호 관계에 관한 논의와 내용적 공리이론 내의 논의를 구분해야 한다. 서로 다른 내용적 공리이론은 서로 다른 주제의 서로 다른 대상들을 다룬다. 프레게처럼 유한 기수들을 주제로 삼을 수도 있고, 체르멜로처럼 공집합에서 시작하는 단위집합들을 주제로 삼을 수도 있다. 반면 우리는 공간적 관계에 의해 순서 지어진 점들의 열을 주제로 삼을 수도 있고, 시간적 관계에 의해 순서 지어진 시점들의 열을 주제로 삼을 수도 있다. Z가 체르멜로의 수들의 집합이라고 하고, P가 점 a를 시작점으로 갖고 오른편으로 무한히 뻗어가는 반직선 L 위에 있는 길이 l만큼 떨어진 점들의 집합이라고 하자. 그러면 우리는 체르멜로의 내용적 공리이론에 의해 결정되는 관계 구조를 $\langle Z, \varnothing, y = \{x\}\rangle$, 점들에 관한 내용적 공리이론에 의해 결정되는 관계 구조를 $\langle P, a, y = x$ 오른편 L 위에 있는 길이 l만큼 떨어진 점$\rangle$으로 표현할 수 있다. 함수 '$y = x$ 오른편 L 위에 있는 길이 l만큼 떨어진 점'을 간단히 줄여 '$y = k(x)$'로 표시해 보자. 그러면 두 공리이론이 공유하는 공리적 조건에 따라 Z의 원소들은 순서열 $<\varnothing, \{\varnothing\}, \{\{\varnothing\}\}, \cdots>$으로 배열되어 있고, P의 원소들은 순서열 $<a, k(a), k(k(a)), \cdots>$으로 배열되어 있다. 체르멜로의 내용적 공리이론 내의 대상에 관해 서술하는 "$\{\varnothing\}$는 $\varnothing$의 단위집합이다"라는 문장과 "$k(a)$는 a 오른편 L 위에 있는 길이 l만큼 떨어진 점이다"라는 문장의 술어 "x는 $\varnothing$의 단위집합이다"와 "x는 a 오른편 L 위에 있는 길이 l만큼 떨어진 점이다"라는 각각 특정한 집합과 특정한 점에 관해 서술하는 1차원의 술어이다. 반면 "$\{\varnothing\}$는 최초항 $\varnothing$, 함수 $y = \{x\}$ 및 데데킨트 공리이론에 의해 결정되는 순서열의 둘째 항 역할을 한다"라는 문장과 "$k(a)$는 최초항 a, 함수 $y = k(x)$ 및 데데킨트 공리이론에 의해 결정되는 순서열의 둘째 항 역할을 한다"라는 문장의 공통된 술어 "$\varphi(x)$는 최초항 x, 함수 $y = \varphi(x)$ 및 데데킨트 공리이론에 의해 결정되는 순서열의 둘째 항 역할을 한다"라는 특정한 함수의 표현이 φ-자리에 채워지고 특정한 대상 이름이 x-자리에 채워져야 비로소 전체가 참이나 거짓인 문장이 되는 2차원의 술어이다.

우리는 이제 데데킨트가 1887년까지 존재론적 해석에 집착하다가 왜 1888년에는 추상화된 별도의 대상체계에 관한 언급을 제외했는지 해명할 수 있다. 데데킨트가 처음에 생각했던 것처럼 추상화의 결과로서 모든 단순 무한체계가 공유하는 속성들만 소유하는 새로운 추상 대상들의 체계가 남는다고 하자. 그 경우 데데킨트의 추상화는 두 단계의 절차로 구성될 것이다. 첫 번째 단계에서는 먼저 각 단순 무한체계의 대상들에 관해 서술하는 데 사용되는 1차원의 속성이나 관계들을 제외한다. 그러고 나서 모든 단순 무한체계가 공유하는 특징으로서 한 차원 더 높은 속성이나 관계의 표현으로서 2차원의 공리적 조건들을 얻는다. 추상화의 첫 번째 단계는 두 특징을 갖는다. 첫째로 그 추상화는 특정한 단순 무한체계의 원소들에 대한 논의에서 모든 단순 무한체계에 대한 보편적인 논의로 상승하는 것이다. 둘째로 그 추상화는 1차원의 특수한 속성이나 관계에 의한 서술로부터 2차원의 논리적 속성 및 관계에 의한 서술로 상승하는 것이다.

추상화의 두 번째 단계는 2차원의 보편적인 속성 및 관계에 대한 논의로부터 다시 1차원의 논의로 하강하는 것이다. 왜냐하면 추상화의 결과 얻어지는 것은 단지 고차원의 속성이나 관계가 아니라 모든 단순 무한체계가 공유한다고 상정되는 어떤 특별한 대상들로 이루어진 단순 무한체계이기 때문이다. 그러나 우리는 여기서 곧바로 문제에 마주치게 된다. 추상화의 첫 번째 단계에서 이미 특수한 주제의 대상들에 관한 1차원의 서술 내용은 모두 추상화되므로, 남는 것은 모든 단순 무한체계에 대해 일반적으로 적용되는 2차원의 술어뿐이다. 그런데 추상화의 두 번째 단계에서는 특별히 새로 형성된 추상 대상들에 대한 서술이 수행되어야 한다. 그런데 2차원의 술어들만으로 어떻게 대상들에 대한 1차원의 논의를 수행할 수 있는가? 2차원의 술어로 구성되어 있는 데데킨트의 존재적 공리이론에는 어떤 특정한 대상에 대한 언급도, 어떤 특정 함수에 대한 언급도 없다. 왜냐하면 그런 특정한 대상과 함수를 언급하면 곧바로 특정 단순 무한체계의 원소들에 대한 논의, 즉 내용적 공리이론 내의 논의로 떨어지기 때문이다. 따라서 고차원의 속성이나 관계에 관한 논의로만 구성되어 있는 존재적 공리이론으로부터 곧바로 특정 단순 무한체계의 대상들에 대한 논의로 전환할 수 있는 수단이 별도로 존재하지 않는다면, 추상화의 이 두 번째 단계가 어떤 식의 절차인지 해명하기 어렵다.[28] 그리고 설령 그런 절차에 대한 해명이

---

28 러셀은 데데킨트의 조항 73에 대해 논평하면서, 데데킨트가 고차원의 동치문에서 대상 동일성 진술로 전환하는 추상화 원리에 의존하고 있는 것 아닌지 고려해 본 후, 그것이 가능하지 않다고 비판한다. Russell(1903), 242절 참조.

주어진다 해도, 그런 절차가 필요한가 하는 물음에 다시 마주칠 것이다. 왜냐하면 그 경우 추상화의 첫 번째 단계에서 성취한 고차원의 논리적 일반성은 잃게 될 것이기 때문이다. 데데킨트가 1887년 수고에서 한 언급은 바로 그가 그런 필요성에 대해 의심하고 있음을 보여준다. 추상화의 첫 번째 단계의 수행을 통해 이미 각 단순 무한체계가 형성하는 순서열의 원소들을 자연수로 간주하는 데 문제가 없다면, 별도의 특별한 대상들의 체계를 상정할 필요가 없다는 것이 당시 데데킨트의 생각일 것이다.

5. 나오는 말

우리 논의를 정리해 보자. 데데킨트는 힐버트와 마찬가지로 그의 자연수 이론을 수많은 내용적 이론을 적용 사례로 갖는 존재적 공리이론으로 간주하였다. 그리고 데데킨트는 자연수이론을 단순 무한체계에 대한 명시적인 구조적 정의로 제시하였다. 반면 초기의 힐버트는 데데킨트와 달리 그의 기하학의 공리조건들이 기하학의 기본용어들을 정의한다고 간주했지만, 그의 공리적 조건들을 이용하여 내용적 기하학이 다루는 체계에 대한 구조적 정의를 제시하는 일은 어렵지 않게 수행할 수 있다. 그리고 데데킨트는 처음에는 단순 무한체계들이 갖는 특징 중에서 서로 다르게 갖는 특징은 배제하고 공유하는 특징들만을 갖는 특수한 종류의 대상들로 구성된 체계를 얻을 수 있고, 그런 체계의 원소들을 자연수로 간주하는 견해를 고려하였다. 그러나 그런 체계는 존재적 공리이론으로서 자연수론이 그 사례가 되는 특수한 내용적 이론과 달리 갖고 있는 고차원의 보편적 특징과 어울리지 않는다고 생각하였다.

우리는 데데킨트가 왜 그의 자연수론의 보편적 특징을 고수하려 했는지 물을 수 있다. 나는 그것이 그의 논리주의와 관련되어 있다고 생각한다. 그는 자신의 실수론과 자연수론을 논리학의 부분이라고 생각했다. 그러나 그에게 논리학이란 어떤 분야이고, 산수는 논리학의 어떤 영역에 해당하는 가? 나는 그가 논리학의 주요 특징을 어느 분야에서 적용되는 그 보편성에서 찾았다고 생각하며, 이 점에서 그는 볼차노나 프레게와 다르지 않다고 생각한다. 반면 그는 논리적 보편성을 하위 차원의 대상들 및 그 대상들의 속성이나 관계들이 달라지더라도 변하지 않는 고차원의 보편적인 속성이나 관계의 특징에서 찾았다고 생각한다. 산수는 그런 고차원의 보편적 속성이 나 관계를 다루는 분야라는 것이 그의 논리주의의 내용이라고 생각한다. 그리고 그의 추상화란 바로 서로 다른 특수한 내용적 이론으로부터 보편적인 논리적 관계 이론으로 상승하는 절차라는 점에서 논리적 추상화라 부를 수 있다고 생각한다.

힐버트는 데데킨트의 집합론 및 대응이론을 이어받았고, 데데킨트의 고차원의 존재적 공리이론에 대한 메타이론적 연구를 이어받았다. 그는 그 방법을 기존의 다른 사람은 시도해 보지 않은 기하학 분야에 적용하였다. 힐버트의 기하학은 수많은 내용적 기하학을 거느린 고차원의 논리적 관계 이론이다. 그는 데데킨트보다 한 단계 더 나아가서 공리적 조건들이 달라짐 에 따라 서로 다른 고차원의 논리적 관계 이론들이 기하학 분야에서 가능하 다는 것을 보여주었다. 이 점에서 힐버트는 데데킨트 방법론을 확장하였을 뿐 아니라 고단계 논리학의 영역을 획기적으로 확장하였다.

힐버트의 이른바 암묵적 정의 이론은 데데킨트 식의 구조적 정의로 의도된 것은 아니라고 생각한다. 그의 암묵적 정의 주장은, 사실 데데킨트의 추상화와 유사하게, 낮은 차원의 대상들과 그 대상들의 속성 및 관계들에

관한 논의에서 벗어나서 고차원의 논리적 관계에 관한 논의를 제대로
수행하기 위한 메타이론적 지침에 해당한다고 생각한다. 그리고 힐버트가
기하학 역시 산수이론과 마찬가지로 논리학의 한 분과로 간주했다고 생각한
다. 우리는 이런 뜻에서 1904년 유한주의를 수용하기 전의 힐버트의 철학적
견해를 데데킨트와 마찬가지로 구조주의적 논리주의라고 부를 수 있다.

약어표

[AO]	Bob Hale. (1987). *Abstract Objects*. Oxford.
[BS]	Frege, G. (1977). *Begriffsschrift*. In Ignacio Angelelli ed. *Begriffsschrift und Andere Aufsaetze*, v-88. 3rd edition. Darmstadt.
[Bur]	Burge, T. (1986). "Frege on Truth." In *Frege Synthesized*. Reidel.
[CP].	Frege, G. (1967). *Kleine Schriften*. Ed. Ignacio Angelelli. Darmstadt, 1967.
[CPM]	Frege, G. (1984). *Collected Papers on Mathematics, Logic, and Philosophy*. Blackwell.
[FPL]	Michael Dummett. (1973). *Frege: Philosophy of Language*. Harvard.
[FPM]	Dummett, M. (1991). *Frege: Philosophy of Mathematics*. Havard.
[G1]	Frege, G. (1968). *Die Grundlagen der Arithmetik*. Evanston.
[Gg I]	Frege, G. (1962). *Grundgesetze der Arithmetik* Vol I. Hildesheim.
[Gg II]	Frege, G. (1903). *Grundgesetze der Arithmetik II*. Hermann Pohl.
[GL]	Frege, G. (1884). *Die Grundlagen der Arithmetik*. Wilhelm Koebner.
[IFP]	Dummett, M. (1881). *The Interpretation of Frege's Philosophy*. Duckworth.
[KS]	Frege, G. (1967). *Kleine Schriften*. Hildesheim.
[MRa]	Moore, A. W. and Rein. A. (1986). "Grundgesetze, Section 10." In *Frege Synthesized*, 375-384.
[MRb]	Moore, A. W. and Rein. A. (1987). "Frege's Permutation Argument, M." *Notre Dame Journal of Formal Logic* vol 28, 51-54.
[NS]	Frege, G. (1983). *Nachgelassene Schriften*. Hamburg.
[PMC]	Frege, G. (1980). *Philosophical and Mathematical Correspondence*. G. Gabriel et al. Blackwell. (Eds.).
[PW]	Frege, G. (1979). *Posthumous Writings*. Trans. P. Long and R. White. Wiley.
[RPS]	Bob Hale and Crispin Wright. (2001). *The Reason's Proper Study*. Oxford.
[S~H]	Schroeder-Heister, P. (1987). WA Model-Theoretic Reconstruction of Frege's Permutation Argument. *Notre Dame Journal of Formal Logic*, vol 29, 69-79.
[Thiel]	Thiel, Ch. (1976). "Wahrheitswert und Wertverlauf. Zu Freges Argumentation

im §10 der Grundgesetze der Arithmetik." In *Studien zur Frege*, Vol 1, 287-299.

[TTR]   Burge, T. (2005). *Truth, Thought and Reason: Essays on Frege*. Oxford.

[WB]   Frege, G. (1976). *Wissenschcftliche Briefwechsel*. Hamburg.

참고문헌*

제1부 | 프레게 논리학

1장 _ 프레게의 치역 개념

Burge, T. (1986). "Frege on Truth." In *Frege Synthesized*. Reidel. [Bur]

Dummett, M. (1881). *The Interpretation of Frege's Philosophy*. Duckworth. [IFP]

Dummett, M. (1991). *Frege: Philosophy of Mathematics*. Havard. [*FPM*]

Frege, G. (1962). *Grundgesetze der Arithmetik* Vol I. Hildesheim. [Gg I](『법칙』)

Frege, G. (1967). *Kleine Schriften*. Hildesheim. [KS]

Frege, G. (1968). *Die Grundlagen der Arithmetik*. Evanston. [G1](『기초』)

Frege, G. (1976). *Wissenschcftliche Briefwechsel*. Hamburg. [WB]

Frege, G. (1983). *Nachgelassene Schriften*. Hamburg, 1983. [NS]

Moore, A. W. and A. Rein. "Grundgesetze, Section 10." In *Frege Synthesized*, 375-384. [MRa]

Moore, A. W. and Rein. A. (1987). "Frege's Permutation Argument, M." In *Notre Dame Journal of Formal Logic* vol 28: 51-54. [MRb]

Schroeder-Heister, P. (1987). WA Model-Theoretic Reconstruction of Frege's Permutation ArgumenC in *Notre Dame Journal of Formal Logic*, vol 29: 69-79. [S~H]

Thiel, Ch. (1976). "Wahrheitswert und Wertverlauf. Zu Freges Argumentation im §10 der Grundgesetze der Arithmetik." In *Studien zur Frege*, Vol 1: 287-299. [Thiel]

2장 _ 프레게와 다항양화

박우석. (1995). "오캄의 논리학과 존재론: 첫인상." 「철학과현실」 vol 27 no. 4: 152-171.

최원배. (1998). "프레게와 사상의 분석." 「철학연구」 43: 291-310.

Dummett, M. (1981a). *Frege: Philosophy of Language*. 2nd edition. Harvard University Press.

---

* 각 참고문헌의 끝에 있는 [ ]는 그 문헌의 약어 표기임.

Dummett, M. (1981b). *The Interpretation of Frege's Philosophy*. Harvard University Press.

Dummett, M. (1991). *Frege: Philosophy of Mathematics*. Harvard University Press.

Frege, G. (1879). *Begriffsschrift*. In Ignacio Angelelli ed. *Begriffsschrift und Andere Aufsaetze*, v-88. 3rd edition. Darmstadt. [BS]

Frege, G. (1880/1881). "Booles rechnende Logik und die Begriffsschrift." In *NS*, 9-52; *PW*: 9-46.

Frege, G. (1884). *Die Grundlagen der Arithmetik*. Breslau.

Frege, G. (1891). *Die Grundgesetze der Arithmetik I*. Hermann Pohl.

Frege, G. (1903). *Die Grundgesetze der Arithmetik II*. Hermann Pohl.

Frege, G. (1967). *Kleine Schriften*. Ed. Ignacio Angelelli. Darmstadt. [KS]. The English version of this is *Collected Papers on Mathemtaics, Logic and Philosophy*. [CP]. Brian McGuinness et al. (Eds.). Blackwell, 1984.

Frege, G. (1969). *Nachelassene Schriften*. Hans Hermes et al. (Eds.). Hamburg. The English version of this is *Posthumous Writings*. [PW] Trans. Peter Long and Roger White. Blackwell, 1979. [NS]

Hodes, H. (1982). "The composition of Fregean thoughts." *Philosophical Studies* 41: 161-178.

Levine, J. (2002). "Analysis and decomposition in Frege and Russell." *Philosophical Quarterly* 52: 195-216.

Parsons, T. (1997) "Supposition as quantification versus supposition as global quantificational effect." *Topoi* 16/1: 41-63.

Sullivan, P. (2004). "Frege's logic." In Gabbay. D. M. and Woods. J. (Eds.). *Handbook of the History of Logic, vol. III*. Amsterdam: North-Holland.

Sullivan, P. (2010). "Michael Dummett's Frege." In Ricketts, T. and Potter, M. D. (Eds.). *The Cambridge Companion to Frege*. Cambridge University Press.

3장 _ 추상 대상과 논리적 대상

프레게의 저술

Frege, G. (1879). *Begriffsschrift*(『개념 표기법』).

Frege, G. (1884). *Die Grundlagen der Arithmetik*(『산수의 기초』).

Frege, G. (1893). *Grundgesetze der Arithmetik I* (『산수의 근본법칙들』 1권).

Frege, G. (1903). *Grundgesetze der Arithmetik II* (『산수의 근본법칙들』 2권).

Frege, G. (1967). *Kleine Schriften.* [*KS*]

Frege, G. (1976). *Wissenschaftlicher Briefwechsel.* [*WB*]

Frege, G. (1983). *Nachgelassene Schriften.* [*NS*]

기타 저술

박준용. (1998). "프레게의 치역 개념: 『산술학의 근본법칙』의 10절 분석." 「철학 연구」
　　　42 (1998, 봄): 171-194.

Michael Dummett. (1973). *Frege: Philosophy of Language.* Harvard. [*FPL*]

Michael Dummett. (1981). *The Interpretation of Frege's Philosophy.* Harvard. [*IFP*]

Michael Dummett. (1991). *Frege: Philosophy of Mathematics.* Duckworth. [*FPM*]

Bob Hale. (1987). *Abstract Objects.* Oxford. [*AO*]

Bob Hale and Crispin Wright. (2001). *The Reason's Proper Study.* Oxford. [*RPS*]

Marco Ruffino. (2003). "Why Frege would not be a neo-Fregean." *Mind* (2003): 51-78.

4장 _ 논리적 진리와 분석적 진리

프레게의 저술

Frege, G. (1879). *Begriffsschrift.* Halle.

Frege, G. (1884). *Die Grundlagen der Arithmetik.* Breslau.

Frege, G. (1893). *Grundgesetze der Arithmetik* I. Jena.

Frege, G. (1903). *Grundgesetze der Arithmetik* II. Jena.

Frege, G. (1967). *Kleine Schriften.* Hildescheim.

Frege, G. (1976). *Wissenschaftlicher Briefwechsel.* Hamburg.

Frege, G. (1983). *Nachgelassene Schriften.* Hamburg.

기타 저술

박준용. (2005). "추상 대상과 논리적 대상: 프레게의 논리적 추상화 절차의 재고." 「철학」
　　　Vol. 83 (2005): 211-240.

최원배. (2006). "프레게와 불가결성 논증." 「철학」 Vol. 87 (2006): 91-111.

Burge, T. (2005). *Truth, Thought and Reason: Essays on Frege.* Oxford. [TTR]

Carnap, R. (1931). "The Logicist Foundation of Mathematics." *Erkenntnis* (1931): 91-121.

Dummett, M. (1991). *Frege: Philosophy of Mathematics.* Duckworth.

Garavaso, P. (2005). "On Frege's Alleged Indispensibility Argument." *Philosophia Mathematica* Vol. 13 (2005): 160-173.

Jeshion, R. (2001). "Frege's Notions of Self-Evidence." *Mind* Vol. 110 (2001), 440.

MacFarlane, J. (2002). "Frege, Kant, and the Logic in Logicism." *The Philosophical Review* Vol. III No. 1 (2002): 25-65.

Ricketts, T. G. (1985). "Frege, The Tractatus, and the Logocentric Predicament." *Nous* Volume 19 (1985): Issue 1, 3-15.

Ricketts, T. G. (1996). "Logic and Truth in Frege." *The Proceedings of Aristotelian Society* Supp. V (1996): 121-141.

Tappenden, J. (1996). "Geometry and Generality." *Synthese* (1996): 319-361.

Tappenden, J. (2006). "The Riemannian Background to Frege's Philosophy." In *The Architecture of Modern Mathematics: Essays in Hostory and Philosophy.* Ferreiros, J. and Gray, J. J. (Eds.). Oxford, 2006.

Wang, H. (1957). "The Axiomatization of Arithmetic." *Journal of Symbolic Logic* (1957): 145-158.

5장 _ 논리주의와 논리상항의 의미

고인석. (2015). "개념의 개념: 퍼트남과 버지의 외재주의." 「철학논총」 82: 57-80.

박준용. (2009). "종류개념과 시저반론." 「철학연구」 86: 295-330.

Boolos, G. (1997). "Is Hume's Principle Analytic?." *Language, Thought, and Logic.* Ed. Richard Heck. Oxford, 245-261.

Ebert, P. and S. Shapiro. (2009) "The Good, The Bad and The Ugly." *Synthese* 170/3: 415-441.

Frege, G. (1884). *Die Grundlagen der Arithmetik.* Jena: Pohle.
이 책의 한국어 번역으로 박준용 · 최원배 역. 『산수의 기초』. 아카넷, 2003.

Frege, G. (1893/1903). *Grundgesetze der Arithmetik I, II.* Jena: Pohle.

Hale, B. (2000). "Abstraction and Set theory." *Notre Dame Journal of Formal Logic* 41/4: 379-398.

Hale, B. (2007). "Kit Fine on *The Limit of Abstraction*." *Travaux de logique* 18: 103-129.

Hale, B. and Wright. C. (2000). "Implicite Definition and A Priori." In B. Hale and Wright. C. (2001). *The reason's proper study*. Oxford University Press.

Hale, B. and Wright. C. (2001). *The reason's proper study*. Oxford University Press, 2001.

Hale, B. and Wright. C. (2009a). "The Metaontoloy of Abstraction." *Meta -metaphysics: New Essays on the Foundations of Ontology*. David Chalmers, David Manley, and Ryan Wasserman. (Eds.). Oxford.

Hale, B. and Wright. C. (2009b). "Focus restored: Comments on John MacFarlane." *Synthese* 170/3: 457-482.

Kremer, M. (2007). "Read on identity and harmony — a friendly correction and simplification." *Analysis* 67: 157-159.

Linnebo, Ø. (2009). "Introduction to the Bad Company Problem." *Synthese* 170: 321-329.

Milne, P. (2002). "Harmony, Purity, Simplicity, and a 'Seemingly Magical Fact'." *The Monist* 85: 498-534.

Milne, P. (2007). "Existence, Freedom, Identity, andt he Logic of Abstractionist Realism." *Mind* Vol. 116: 23-53.

Read, S. (2000). "Harmony and Autonomy in Classical Logic." *Journal of Philosophical Logic* 29/2: 123-154.

Read, S. (2004). "Identity and harmony." *Analysis* 64: 113-119.

Read, S. (2010). "General elimination harmony and the meaning of the logical constants." *Journal of Philosophical Logic* 39: 557-576.

Tennant, N. (2007). "Existence and Identity in Free Logic: A Problem for Inferentialism?" *Mind* Vol. 116: 1055-1078.

Tranchini, L. (2014). "Proof-theoretic semantics, paradoxes and the distinction between sense and denotation." *Journal of Logic and Computation*: 1-18. (Published on-line)

Trueman, R. (2014). "A Dilemma for Neo-Fregeanism." *Philosophia Mathematica* 22/3: 361-379.

Wright, C. (1997). "The philosophical significance of Frege's theorem." In B. Hale and C. Wright. *The reason's proper study*. Oxford University Press.

Wright, C. (1999). "Is Hume's Principle Analytic?." *Notre Dame Journal of Formal Logic* 40/1: 6-30.

Wright, C. (2004). "Warrant for nothing (and foundations for free)?." *Proceedings of the Aristotelian Society Supplementary* 78: 167-212.

Wright, C. (2012). "Frege and Benacerraf Problem." *Analysis and Interpretation in the Exact Sciences: Essays in Honour of William Demopoulos.* Melanie Frappier, Derek Brown, and Robert DiSalle. (Eds.). Springer.

제2부 ㅣ 프레게와 메타이론

6장 _ 프레게 논리 개념과 메타이론적 관점

박준용. (2007). "프레게 논리주의에서 논리적 진리와 분석적 진리." 「철학」 91.

최원배. (2009). "존재와 일관성을 둘러싼 프레게/힐버트 논쟁." 「철학」 99.

Awodey, S. and Reck. E. H. (2002a). "Completeness and Categoricity. Part I: Nineteenth-century Axiomatics to Twentieth-century Metalogic." *History and Philosophy of Logic* Volume 23/1: 1-30.

Awodey, S. and Reck. E. H. (2002b). "Completeness and categoricity. Part II: Completeness and Categoricity, Part II: Twentieth-Century Metalogic to Twenty-first-Century Semantics." *History and Philosophy of Logic* Volume 23/2: 77-94.

Awodey, S. and Reck. E. H. (2004). trans. and (Eds.). *Frege's Lectures on Logic: Carnap's Student Notes 1910-1914.* Open Court.

Antonelli, G. and May, R. (2000). "Frege's New Science." *Notre Dame Journal of Formal Logic* 41/3: 242-270.

Bernays, P. (1922). "Die Bedeutung Hilberts für die Philosophie der Mathematik." *Die Naturwissenschaften* 10: 93-99.

Blanchette, P. (2012). *Frege's conception of logic.* Oxford University Press.

Carnap, R. (1930). "Bericht über untersuchungen zur allgemeinen Axiomatik." *Erkenntnis* Volume 1/1: 303-307.

Demopoulos, W. (1994). "Frege, Hilbert, and the conceptual structure of model theory." *History and Philosophy of Logic* 15/2: 211-225.

Dummett, M. (1981). *Frege: Philosophy of Language*. Harvard University Press.

Dummett, M. (1991). *Frege: Philosophy of Mathematics*. Harvard University Press.

Etchemendy, J. (1990). *The Concept of Logical Consequence*. Harvard University Press.

Frege, G. (1879). *Begriffsschrift, a formula language, modeled upon that of arithmetic, for pure thought*. Trans. S. Bauer-Mengelberg. In J. van Heijenoort, ed. *From Frege to Gödel*. Harvard University Press, 1967. [BS]

Frege, G. (1884). *Die Grundlagen der Arithmetik*. Wilhelm Koebner. [GL]

Frege, G. (1893). *Grundgesetze der Arithmetik I*. Hermann Pohl. [Gg I]

Frege, G. (1903). *Grundgesetze der Arithmetik II*. Hermann Pohl. [Gg II]

Frege, G. (1979). *Posthumous Writings*. Trans. P. Long and R. White. Wiley. [PW]

Frege, G. (1980). *Philosophical and Mathematical Correspondence*. G. Gabriel et al. (Eds.). Blackwell. [PMC]

Frege, G. (1984). *Collected Papers on Mathematics, Logic, and Philosophy*. Blackwell. [CPM]

Gödel K. (1929). "On the completeness of the calculus of logic." In *Gödel's Collected Works Volume I: Publications 1929-1936*. Oxford University Press, 1986.

Goldfarb, W. (1979). "Logic in the Twenties: The Nature of the Quantifier." *Journal of Symbolic Logic* 44/3: 351-368.

Goldfarb, W. (2001). "Frege's Conception of Logic." In Floyd, J. and Shieh, S. (Eds.). *Future Pasts: The Analytic Tradition in Twentieth-Century Philosophy*. Oxford University Press.

Hallett, M. (2010). "Frege and Hilbert." In Potter, M. and Ricketts, T. (Eds.). *The Cambridge companion to Frege*. Cambridge University Press.

Hallett, M. (2012). "More on Frege and Hilbert." In M. Frappier et al., (Eds.). *Analysis and Interpretation in the Exact Sciences: Essays in Honour of William Demopoulos*. Springer.

Heck, R. (2010). "Frege and Semantics." In Potter, M. and Ricketts, T. (Eds.). *The Cambridge companion to Frege*. Cambridge: Cambridge University Press.

Hilbert, D. (1992). *Grundlagen der Geometrie*. Leipzig: Teubner. An English translation of the 10th edition is available as *Foundations of Geometry*. Ed. L. Unger. La

Salle: Open Court Press.

Hilbert, D. and B. Bernays. (1934). *Grundlagen der Mathematik, Volume I*. Springer.

Korhonen, A. (2012). "Logic as a Science and Logic as a Theory: Remarks on Frege, Russell and the Logocentric Predicament." *Logica Universalis* 6: 597-613.

Mancosu, P. (2006). "Tarski on Models and Logical Consequence." In Gray, J. and Ferreiros, J. (Eds.). *The Architecture of Modern Mathematics*.

Mancosu, P., R. Zach, and C. Badesa. (2009). "The development of mathematicallogic from Russell to Tarski, 1900-1935." In L. Haaparanta, ed. *The Development of Modern Logic*.

Ricketts, T. (1986). "Objectivity and Objecthood: Frege's Metaphysics of Judgment." In Hintikka, J. and Haaparanta, L. (Eds.). *Frege Synthesized*. Kluwer.

Ricketts, T. (1996). "Logic and Truth in Frege." *Aristotelian Society Supplementary Volume* 70: 121-175.

Ricketts, T. (1997). "Frege's 1906 Foray into Metalogic." *Philosophical Topics* 25/2: 169-188.

Ricketts, T. (2005). "Truth-values and courses-of-value in Frege's *Grundgesetze*." In Beaney, M. and Reck, E. (Eds.). *Critical Assessments of Frege, Vol III*. Routledge.

Rouilhan, P. de. (2012). "In Defense of Logical Universalism: Taking Issue with Jean van Heijenoort." *Logica Universalis* 6: 553-586.

Schiemer, G. and Reck. E. H. (2013). "Type Theory and Model Theory." *The Bulletin of Symbolic Logic* Vol. 19 No. 4: 433-472.

Tappenden, J. (1997). "Metatheory and Mathematical Practice in Frege." *Philosophical Topics* 25/2: 213-264.

Tappenden, J. (2000). "Frege on Axioms, Indirect Proofs, and Independence Arguments in Geometry: Did Frege Reject Independence Arguments?." *Notre Dame Journal of Formal Logic* 41/3: 271-315.

Tarski, A. (1941). *Introduction to Logic and to the Methodology of the Deductive Sciences*. Oxford University Press.

Tarski, A. (1986). "What are Logical Notions." *The History and Philosophy of Logic* 7: 143-154.

Tarski, A. (2002). "On the Concept of Following Logically." *The History and Philosophy* of Logic 23: 155-196.

van Heijenoort, J. (1967). "Logic as Calculus and Logic as Language." *Synthese* 17/1: 324-330.

van Heijenoort, J. and Dreben. B. (1986). "Gödel 1929: Introductory Note to 1929, 1930, and 1930a." In *Gödel's Collected Works Volume I: Publications 1929-1936*. Oxford University Press.

7장 _ 모형론적 논리적 귀결과 논리상항

박우석. (1998). "논리적인 것과 논리외적인 것."「논리연구」 2: 7-32.

최원배. (2012). "모형론적 귀결과 양상성."「한국수학사학회지」 25/4: 21-36.

Etchemendy, J. (1990). *The concept of logical consequence*. Harvard University Press.

Etchemendy, J. (2008). "Reflection on consequence." In D. Patterson, ed. *New essays on Tarski and philosophy*. Oxford University Press.

Gomez-Torrente, M. (2002). "The Problem of Logical Constants." *Bulletin of Symbolic Logic* vol. 8: 1-37.

Gomez-Torrente, M. (2003). "The 'must' and the 'heptahedron': remarks on remarks." *Theoria* 18: 199-206.

Gomez-Torrente, M. (2008). "Are there model-theoretic logical truth that are not logically true?" In D. Patterson, ed. *New essays on Tarski and philosophy*. Oxford University Press.

Hanson, W. H. (1997). "The concept of logical consequence." *Philosophical Review* vol. 106: 365-409.

Hanson, W. H. (2002). "The formal-structural view of logical consequence: a reply to Gila Sher." *Philosophical Review* 111: 243-258.

McCarthy, T. (1981). "The idea of a logical constant." *Journal of Philosophy*, vol. 78: 499-523.

McCarthy, T. (1987). "Modality, invariance, and logical truth." *Journal of Philosophical Logic* vol. 16: 423-443.

McCarthy, T. (1989). "Logical form and radical interpretation." *Notre Dame Journal of Formal Logic* vol. 30: 401-419.

MacFarlane, J. (2000). *What does it mean to say that logic is formal?*. Ph.D. dissertation,

University of Pittsburgh.

McGee, V. (1996). "Logical operations." *Journal of Philosophical Logic* vol. 25: 567-580.

Sher, G. (1991). *The bounds of logic: A Generalized Viewpoint.* MIT Press.

Sher, G. (1996). "Did Tarski commit Tarski's fallacy?." *The Journal of Symbolic Logic* 61: 653-686.

Sher, G. (2001). "The formal-structural view of logical consequence." *The Philosophical Review* 110: 241-261.

Sher, G. (2003). "A characterization of logical constants is possible." *Theoria* 18: 189-197.

Sher, G. (2008). "Tarski's Thesis." In D. Patterson, ed. *New essays on Tarski and philosophy.* Oxford University Press.

Tarski, A. (1936). "On the concept of logical consequence." In A. Tarski. *Logic, semantics, metamathematics.* 2nd ed., 409-420. Hackett.

Tarski, A. (1986). "What Are Logical Notions?." Text of a 1966 lecture, J. Corcoran, ed. *History and Philosophy of Logic* 7: 143-154.

8장 _ 프레게와 힐버트 — 메타이론적 증명

박우석. (2011). "베르나이스와 공리적 방법."「논리연구」 14/2: 1-37.

박준용. (2015). "프레게 논리개념과 메타이론적 관점."「철학연구」 52: 181-218.

박준용. (2017). "프레게의 힐버트 비판: 암묵적 정의."「철학연구」 118: 112-141.

최원배. (2009). "존재와 일관성을 둘러싼 프레게/힐버트 논쟁."「철학」 99: 127-148.

Bernays, P. (1942). "Review of 'Ein Unbekannter Brief von Gottlob Frege uber Hilberts erste Vorlesung uber die Grundlagen der Geometrie'." *The Journal of Symbolic Logic* Vol. 7 No. 2: 92-93.

Bernays, P. (1967). "Hilbert, David." *Encyclopedia of Philosophy.* 496-405.

Blanchette, P. (1996). "Frege and Hilbert on Consistency." *The Journal of Philosophy* Vol. 93 No. 7: 317-336.

Blanchette, P. (2007). "Frege on Consistency and Conceptual Analysis." *Philosophia Mathematica* 15/3: 321-346.

Chihara, Ch. S. (2004). *A Structural Account of Mathematics.* Oxford University Press.

Coffa, J. A. (1986). "From geometry to tolerance: sources of conventionalism in nineteenth- century geometry." In R. G. Colodny, ed. *From Quarks to Quasars-Philosophical Problems of Modern Physics.* University of Pittsburgh Press.

Corry, L. (2004). *Modern Algebra and the Rise of Mathematical Structures.* 2nd ed. Birkhauser: Basel.

Demopoulos, W. (1994). "Frege, Hilbert, and the conceptual structure of model theory." *History and Philosophy of Logic* 15/2: 211-225.

Ewald, W. (1999). *From Kant to HilbertA Source Book in the Foundations of Mathematics,* Vol. 2. Oxford, UK: Oxford University Press.

Ferreiros, J. (2009). "Hilbert, Logicism, and Mathematical Existence." *Synthese* 170: 33-70.

Frege, G. (1879). *Begriffsschrift, a formula language, modeled upon that of arithmetic, for pure thought.* Trans. S. Bauer-Mengelberg. In J. van Heijenoort, ed. *From Frege to Godel.* Harvard Univ. Press, 1967.

Frege, G. (1884). *Die Grundlagen der Arithmetik* (Jena).

Frege, G. (1893). *Grundgesetze der Arithmetik I* (Jena).

Frege, G. (1903). *Grnndgesetze derArithmetik II* (Jena).

Frege, G. (1979). *Posthumous Writings.* Trans. P. White Long and R. Wiley. New York.

Frege, G. (1980). *Philosophical and Mathematical Correspondence.* Gabriel, G. et al. (Eds.). Oxford: Blackwell Publishers.

Frege, G. (1984). *Collected Papers on Mathematics, Logic, and Philosophy.* Basil Blackwell.

Hallett, M. (2008). "Reflections on the purity of method in Hilbert's Grundlagen der Geometrie." In Paolo Mancosu, ed. *The Philosophy of Mathematical Practice.*

Hallett, M. (2010). "Frege and Hilbert." In Potter, M. and Ricketts, T. (Eds.). *The Cambridge companion to Frege.* Cambridge University Press.

Hallett, M. (2012). "More on Frege and Hilbert." In Frappier, M. et al., (Eds.). *Analysis and Interpretation in the Exact Sciences' Essays in Honour of William Demopoulos.* Springer.

Heijenoort, Jean van, ed. (1967). *From Frege to Godel: A Source Book in Mathematical Logic, 1879-1931.* Harvard University Press.

Hilbert, D. (1899). *Grundlagen der Geometrie, Festschrift zur Feier der Enthuellung des*

Gauss—Weber—Denkmals in Goettingen. Leibzig. An English translation is available as The Foundations of Geometry, E. J. Townsend, Open Court Press, 1992.

Hilbert, D. (1900a). "Mathematische Probleme." *Nachrichten von der KonigHchen Gesehschaft der Wissenschaften zu Gottingen, Math.-Phys. Klasse*: 253-297. Lecture given at the International Congress of Mathematicians, Paris, 1900. Partial English translation in Ewald (1996): 1096-1105.

Hilbert, D. (1900b). "Uber den Zahlbegriff." *Jahresbericht der Deutschen Mathematiker-Vereinigung* 8: 180-184. English translation in Ewald (1996): 1089-1096.

Hilbert, D. (1905). "Uber die Grundlagen der Logik und der Arithmetik." In A. Krazer, ed. *Verhandlungen des dritten Intemationalen Mathematiker-Kongresses* in Heidelberg vom 8. bis 13. August 1904. Leipzig: Teubner (1905): 174-185. English translation in van Heijenoort (1967): 129-138.

Hilbert, D. (2004). *David Hilbert's Lectures on the Foundations of Geometry, 1891-1902*. Hallett, M. and Majer, U. (Eds.). Springer-Verlag.

Hilbert, D. and B. Bernays. (1934). *Grundlagen der Mathematik*, Volume I. Springer, Berlin.

Hodges, W. (1986). "Truth in a Structure." *Proceedings of the Aristotelian Society*, New Series, Vol. 86.

Hodges, W. (2005). "The Importance and Neglect of Conceptual Analysis: Hilbert-Aekermann iii.3." In Hendricks, V. et al., (Eds.). *First-Order Logic Revisited*. Berlin: Logos Verlag.

Mancosu, P., ed. (1998). *From Brouwer to Hilbert*. Oxford University Press.

Nagel, E. (1939). "The formation of modern conceptions of formal logic in the development of geometry." *Osiris* vol. 7: 142-223.

Pasch, M. (1882). *Vorlesungen ueber neuere Geometrie*. B.G. Teubner, Leipzig.

Reck, E. and G. Schiemer. (2013). "Logic in the 1930s: Type Theory and Model Theory." *The Bulletin of Symbolic Logic* Vol. 19 No. 4: 433-472.

Resnik. M. D. (1974). "The Frege-Hilbert Controversy." *Philosophy and Phenomenological Research* Vol. 34 No. 3: 386-403.

Schlimm, D. (2010). "Pasch's philosophy of mathematics." *Review of Symbolic Logic* 3: 93-118.

Shapiro, S. (1996). "Space, number, and structure: A tale of two debates." *Philosophia Mathematica* 4/2: 148-173.

Shapiro, S. (2005). "Categories, Structures, and the Frege-Hilbert Controversy: The Status of Meta-mathematics." *Philosophia Mathematica* (III) 13: 61-77.

Sieg, W. (1999). "Hilbert's programs: 1917-1922." *Bulletin of Symbolic Logic* 5/1: 1-44.

Tappenden, J. (2000). "Frege on axioms, indirect proofs, and independence arguments in geometry: Did Frege reject independence arguments?." *Notre Dame Journal of Formal Logic* 41: 271-315.

9장 _ 프레게의 힐버트 비판 — 암묵적 정의

박우석. (2011). "베르나이스와 공리적 방법." 「논리연구」 14/2: 1-37.

박준용. (2011). "힐버트 형식주의와 이념적 방법." 「철학연구」 43: 157-202.

박준용. (2015). "프레게 논리개념과 메타이론적 관점." 「철학연구」 52: 181-218.

전영삼. (2008). "공간론에서 힐베르트와 카르납." 「과학철학」 11: 1-34.

최원배. (2009). "존재와 일관성을 둘러싼 프레게/힐버트 논쟁." 「철학」 99: 127-148.

Bernays, P. (1922). "Hilbert's Significance for the Philosophy of Mathematics." In P. Mancosu, ed.(1998). *From Brouwer to Hilbert.* Oxford University Press.

Bernays, P. (1942). "Review of 'Ein Unbekannter Brief von Gottlob Frege über Hilberts erste Vorlesung über die Grundlagen der Geometrie'." *The Journal of Symbolic Logic* Vol. 7 No. 2: 92-93.

Blanchette, P. (1996). "Frege and Hilbert on Consistency." *The Journal of Philosophy* Vol. 93 No. 7: 317-336.

Carnap, R. (2000). *Untersuchungen zur Allgemeinen Axiomatik.* Darmstadt.

Chihara, Ch. S. (2004). *A Structural Account of Mathematics.* Oxford University Press.

Corry, L. (1996). *Modern Algebra and the Rise of Mathematical Structures.* Springer.

Demopoulos, W. (1994). "Frege, Hilbert, and the conceptual structure of model theory." *History and Philosophy of Logic* 15/2: 211-225.

Dummett, M. (1981). *Frege: Philosophy of Language.* Harvard University Press.

Frege, G. (1879). *Begriffsschrift, a formula language, modeled upon that of arithmetic, for pure thought.* Trans. S. Bauer-Mengelberg. In J. van Heijenoort, ed. *From Frege to Gödel.* Harvard Univ. Press, 1967.

Frege, G. (1884). *Die Grundlagen der Arithmetik* (Jena).

Frege, G. (1893). *Grundgesetze der Arithmetik I* (Jena).

Frege, G. (1903). *Grundgesetze der Arithmetik II* (Jena).

Frege, G. (1979). *Posthumous Writings*. Trans. Long, P. White and R. Wiley. New York.

Frege, G. (1980). *Philosophical and Mathematical Correspondence*. Gabriel, G. et al. (Eds.). Oxford: Blackwell Publishers.

Frege, G. (1984). *Collected Papers on Mathematics, Logic, and Philosophy*. Basil Blackwell.

Hale, B. and Wright. C. (2009). "Focus restored: Comments on John MacFarlane." *Synthese* 170/3: 457-482.

Hallett, M. (2008). "Reflections on the purity of method in Hilbert's *Grundlagen der Geometrie*." In *Mancosu*: 198-255.

Hallett, M. (2010). "Frege and Hilbert." In Potter, M. and Ricketts, T. (Eds.). *The Cambridge companion to Frege*. Cambridge University Press.

Hallett, M. (2012). "More on Frege and Hilbert." In Frappier, M. et al., (Eds.). *Analysis and Interpretation in the Exact Sciences: Essays in Honour of William Demopoulos*. Springer.

Hilbert, D. (1899). *Grundlagen der Geometrie, Festschrift zur Feier der Enthuellung des Gauss-Weber-Denkmals in Goettingen*. Leibzig, 1899. An English translation is available as E. J. Townsend. *The Foundations of Geometry*. Open Court Press.

Hilbert, D. (1992). *Natur und mathematisches Erkennen*. Basel.

Hilbert, D. (2004). *David Hilbert's Lectures on the Foundations of Geometry, 1891-1902*. Hallett, M. and Majer, U. (Eds.). Springer-Verlag.

Hilbert, D. and Bernays. B. (1934). *Grundlagen der Mathematik*, Volume I. Springer, Berlin.

Hodges, W. (1986). "Truth in a Structure." *Proceedings of the Aristotelian Society*, New Series, Vol. 86: 135-151.

Huntington, E. V. (1902). "A Complete Set of Postulates for the Theory of Absolute Continuous Magnitude." *Transactions of the American Mathematical Society* Vol. 3 No. 2: 264-279.

Moore, E. H. (1902). "On the projective axioms of geometry." *Transactions of the American Mathematical Society* 3: 142-158.

Pasch, M. (1882). *Vorlesungen ueber neuere Geometrie*. B. G. Teubner: Leipzig.

Reck, E. and Schiemer. G. (2013). "Logic in the 1930s: Type Theory and Model Theory." *The Bulletin of Symbolic Logic* Vol. 19 No. 4: 433-472.

Resnik. M. D. (1974). "The Frege-Hilbert Controversy." *Philosophy and Phenomenolo-gical Research* Vol. 34 No. 3: 386-403.

Scanlan, M. (1991). "Who were the American Postulate Theorists?." *The Journal of Symbolic Logic* Vol. 56 No. 3: 981-1002.

Veblen, O. (1903). "Hilbert's foundation of geometry." *The Monist* 13: 303-309.

10장 _ 힐버트 형식주의와 이념적 방법

박우석. (2008). "제르멜로와 공리적 방법." 「논리연구」 11/2: 1-57.

전영삼. (2009). "괴델 이후의 힐베르트와 카르납 체계 상대성 문제를 중심으로." 「과학철학」 12/2: 111-150.

최원배. (2010). "존재와 일관성을 둘러싼 프레게/힐버트 논쟁." 「철학」 99: 127-148.

Avigad, J. and Reck. E. H. (2001). *Clarifying the nature of the infinite: the development of metamathematics and proof theory*. Carnegie Mellon Technical Report CMU-PHIL-120.

Corsi, G., Chiara, Dalla M. L. and Ghirardi, G. C. (Eds.). (1993). *Bridging the Gap. Philosophy, Mathematics and Physics: Lectures on the Foundation of Science*. Kluwer, Dordrecht.

Detlefsen, M. (1986). *Hilbert's Program*. Dordrecht: Reidel.

Detlefsen, M. (1993). "Hilbert's Formalism." *Revue Internationale de Philosophie* 47: 285-304.

Detlefsen, M. (1996). "Philosophy of Mathematics in the twentieth century." In S. G. Shanker, ed. *Philosophy of Science, Logic, and Mathematics in the twentieth century*. Routledge.

Detlefsen, M. (2005). "Formalism." In S. Shapiro (ed.), *The Oxford Handbook of Philosophy of Mathematics and Logic*, OUP.

Ewald, William B., ed. (1996). *From Kant to Hilbert: A Source Book in the Foundations of Mathematics*, 2 vols. Oxford University Press.

Ferreiros, J. (2009). "Hilbert, logicism, and mathematical existence." *Synthese* 107: 33-70.

Frege, G. (1980). *Philosophical and Mathematical Correspondence.* Basil Blackwell, Oxford.

George, A. ed. (1994). *Mathematics and Mind.* New York: Oxford University Press.

Hallett, M. (1990). "Physicalism, reductionism and Hilbert." In Andrew Irvine, ed. *Physicalism in Mathematics.* Dordrecht: D. Reidel Publishing Co..

Hallett, M. (1994). "Hilbert's axiomatic method and the laws of thought." In A. George, ed. *Mathematics and Mind.* New York: Oxford University Press.

Hallett, M. (1995a). "Logic and mathematical existence." In Lorenz Krüger and Brigitte Falkenburg, (Eds.). *Physik, Philosophie und die Einheit der Wissenschaft. Für Erhard Scheibe,* Heidelberg: Spektrum Akademischer Verlag.

Hallett, M. (1995b). "Hilbert and logic." In Mathieu Marion and Robert Cohen, (Eds.). *Québec Studies in the Philosophy of Science, Part 1: Logic, Mathematics, Physics and the History of Science* (Boston Studies in the Philosophy of Science, Volume 177). Dordrecht: Kluwer Publishing Co..

Hallett, M. (2003). "The foundations of mathematics 1879-1914." In Thomas Baldwin, ed. *The Cambridge History of Philosophy: 1879-1945.* Cambridge: Cambridge University Press.

Hendricks, V. F. et al. (Eds.). (2000). *Proof Theory.* Dordrecht: Kluwer.

Hilbert, D. (1899). *Grundlagen der Geometrie.* Leipzig: Teubner, 1899. English translation of the Tenth German edition: *Foundations of Geometry,* Open Court, LaSalle, 1990.

Hilbert, D. (1900a). "Über den Zahlbegriff." *Jahresbericht der Deutschen Mathematiker-Vereiningung* 8: 180-184. English translation in Ewald (1996): 1089-1096.

Hilbert, D. (1900b). "Mathematische Probleme." In *Nachrichten von der Koniglichen Gesellschaft der Wissenschaften zu Göttingen.* English translation: "Mathematical Problems." In *Bulletin of the American Mathematical Society* 8 (1902): 437-479.

Hilbert, D. (1905). "Über die Grundlagen der Logik und der Arithmetik." In *Verhandlungen des Dritten Internationalen Mathematiker-Kongresses.* Leipzig: Teubner. English translation: "On the Foundations of Logic and Arithmetics." In van Heijenoort (1967): 129-138.

Hilbert, D. (1918). "Axiomatisches Denken." *Mathematische Annalen* 78: 405-415.

English translation: "Axiomatic thought." in Ewald (1996): 1105-1115.

Hilbert, D. (1922). "Neubegründung der Mathematik. Erste Mitteilung." In *Abhandlungen aus dem mathematischen Seminar der Hamburgischen Universität* 1. English translation: "The new grounding of mathematics: First report." In Ewald (1996), 1115-1133.

Hilbert, D. (1923). "Die logischen Grundlagen der Mathematik." In *Mathematische Annalen* 88: 151-165. English translation: "The logical foundations of mathematics." In Ewald (1996), 1134-1147.

Hilbert, D. (1926). "Über das Unendliche." *Mathematische Annalen* 95: 161-190. English translation: "On the Infinite." In van Heijenoort (1967), 367-392.

Hilbert, D. (1928). "Die Grundlagen der Mathematik." *Abhandlungen aus dent mathematischen Seminar der Hamburgischen Universität* 6: 65-85. English translation: "The Foundations of Mathematics." In van Heijenoort (1967), 464-479.

Hilbert, D. (1929). "Probleme der Grundlegung der Mathematik." In *Mathematische Annalen* 102: 1-9. English translation: "Problems of the Grounding of Mathematics." In Mancosu (1998), 227-233.

Hilbert, D. (1930). "Naturkennen und Logik." In *Die Naturwissenschaften* 18: 959-963. English translation: "Logic and the knowledge of nature." In Ewald (1996), 1157-1165.

Hilbert, D. (1931). "Die Grundlegung der elementaren Zahlentheorie." *Mathematische Annalen* 104: 485-494. English translation: "The grounding of elementary number theory." In Ewald (1996), 1148-1156.

Hilbert, D. (1991). *Natur und Mathematische Erkennen, Vorlesungen, gehalten 1919-1920 in Göttingen.* Ed. D.E. Rowe. Basel: Birkhäuser Verlag.

Hilbert, D. and Bernays. P. (1934). *Grundlagen der Mathematik*, vol. 1. Berlin: Springer.

Majer, U. (1993a). "Hilberts Methode der idealen Elemente und Kants regulativer Gebrauch der Ideen." *Kant-Studien* 84: 51-77.

Majer, U. (1993b). "Das Unendliche-Eine blosse Idee." *Hilbert: Revue Internationale de Philosophie* 47: 319-341.

Majer, U. (2006). "Hilbert's Axiomatic Approach to the Foundations of Science — a Failed Research Program?." *Hendricks* (2006): 155-184.

Mancosu, P. (1998a). "Hilbert and Bernays on Metamathematics." In *Mancosu* (1998): 149-188.

Mancosu, P. ed. (1998b). *From Brouwer to Hilbert. The Debate on the Foundations of Mathematics in the 1920s.* Oxford: Oxford University Press.

Prawitz, D. (1993). "Remarks on Hilbert's Program for the foundations of mathematics." Dalla Chiara, and Ghirardi, (Eds.). *Corsi* (1993), 87-98.

Raatikainen, P. (2003). "Hilbert's Program Revisited." In *Synthese* 137: 157-177.

Shapiro, S. (2000). *Thinking about Mathematics.* Oxford University Press.

Shapiro, S. ed. (2005). *Oxford Handbook of Philosophy of Mathematics and Logic.* Oxford University Press.

Sieg, W. (1990). "Reflections on Hilbert's Program." In Wilfried Sieg, ed. *Acting and Reflecting.* Dordrecht: Kluwer.

Sieg, W. (1988). "Hilbert's Program Sixty Years Later." *Journal of Symbolic Logic* 53: 338-348.

Sieg, W. (1999). "Hilbert's Programs: 1917-1922." *Bulletin of Symbolic Logic* 5/1: 1-44.

Sieg, W. (2009a). "Beyond Hilbert's Reach?." In Lindstrom, S. et al., (Eds.). *Logicism, Intuitionism, and Formalism.* Synthese Library 341: 449-483.

Sieg, W. (1990b). "Hilbert's Proof Theory." In Gabbay, D. and Woods, J. (Eds.). *Handbook of the History of Logic* Vol. 5. *Logic from Russell to Church,* Amsterdam: Elsevier.

Sieg, W. and Schlimm. D. (2005). "Dedekind Analysis of Numbers: Systems and Axioms." In *Synthese* 147: 121-170

Stenlund, S. (2010). "Different senses of finitude: An inquiry into Hilbert's finitism." In *Synthese online.* 10 October 2010, 1-29.

van Heijenoort, J. (1967). *From Frege to Godel: A Source Book in Mathematical Logic, 1879-1931.* Harvard Univ. Press.

Zach, R. (2003). "The Practice of Finitism: Epsilon Calculus and Consistency Proofs in Hilbert's Program." In *Synthese* 137: 211-259.

Zach, R. (2006). "Hilbert's Program Then and Now." In Elsevier D. Jacquette, ed. *Handbook of the Philosophy of Science, Volume 5: Philosophy of Logic.*

고인석. (2015). "개념의 개념: 퍼트남과 버지의 외재주의." 「철학논총」 82: 57-80.

박준용. (2016). "논리주의와 논리상항의 의미." 「철학논총」 84: 177-207.

박준용. (2017). "프레게의 힐버트 비판 — 암묵적 정의." 「철학연구」 118: 111-141.

Ayer, A. J. (1946). *Language, Truth, and Logic*. 2nd Edition. Penguin Books Ltd..

Benis-Sinaceur, F. (1946). "Is Dedekind a Logicist? Why Does Such a Question Arise?." In M. Panza and G. Sandu. Springer. *Functions and Generality of Logic: Reflections on Dedekind's and Frege's Logicisms*. Ed. F. Benis-Sinaceur, 1-58.

Benis-Sinaceur, F. (2017). "Dedekind's and Frege's views on logic." *Mathematische Semesterberichte* 64/2: 187-198.

Dedekind, R. (1854). "Über die Einführung neuer Funktionen in der Mathematik." in Dedekind (1932): 428-438. English trans. "On the Introduction of New Functions in Mathematics." In Ewald (1996): 754-762.

Dedekind, R. (1872). "Stetigkeit und irrationale Zahlen." in Dedekind (1932), 315-334. English trans.: "Continuity and Irrational Numbers." In Ewald (1996), 765-779.

Dedekind, R. (1888). "Was sind und was sollen die Zahlen?" In Dedekind (1932): 335-391. English trans. in Ewald (1996): 790-833.

Dedekind, R. (1890). "Der Brief an Keferstein vom 27. Februar 1890." reprinted in *Richard Dedekind*. Ed. S. Muller-Stach. English translation in *From Frege to Gödel*. Ed. J. v. Heijenoort. Harvard University Press.

Dedekind, R. (1932). *Gesammelte mathematische Werke III*. Braunschweig.

Dummett, M. (1991). *Frege: Philosophy of Mathematics*. Harvard University Press.

Dugag, P. (1976). *Richard Dedekind et les fondements des mathématiques*. Paris: Vrin; with selections from Dedekind's Nachlass.

Ewald, W. (1996). *From Kant to Hilbert I, II*. OUP Oxford.

Ferreirós, J. (1999). *Labyrinth of Thought: A History of Set Theory and its Role in Modern Mathematics*. Birkhäuser.

Ferreirós, J. (1999). "1888, 1889, Richrad Dedekind and Giuseppe Peano." In *Landmark Writings in Western Mathematics 1640-1940*. Ed. Ivor Grattan-Guinness, 613-626.

Ferreirós, J. (2007). *Labyrinth of Thought: A History of Set Theory and its Role in Modern Mathematics*. second edition (with added postscript). Birkhäuser.

Ferreirós, J. (2009). "Hilbert, Logicism, and Mathematical Existence." *Synthese* 170: 33-70.

Frege, G. (1879). *Begriffsschrift, eine der arithmetischen nachgebildete Formelsprache des reinen Denkens.* Halle.

Frege, G. (1884). *Die Grundlagen der Arithmetik.* Breslau.

Frege, G. (1893). *Grundgesetze der Arithmetik I.* Jena, 1893.

Frege, G. (1880). *Philosophical and Mathematical Correspondence of Gottlob Frege.* Ed. B. McGuinness and Trans. H. Kaal. University Of Chicago Press.

Frege, G. (1884). *Collected Papers on Mathematics, Logic, and Philosophy.* Trans. M. Black, V. H. Dudman, P. Geach, H. Kaal, E.-H. W. Kluge, B. McGuinness, and R. H. Stoothoff. Oxford: Basil Blackwell.

Hallett, M. (2012). "More on Frege and Hilbert." In Frappier, M. Brown, D. and DiSalle, R. (Eds.). *Analysis and Interpretation in the Exact Sciences: Essays in Honour of William Demopoulos.* Springer, 135-162.

Heck, R. (1996). "Definition by Induction in Frege's *Grundgesetze der Arithmetik.*" In M. Schirn, ed. *Frege: Importance and Legacy.* De Gruyter.

Heck, R. (1998). "The Finite and the Infinite in Frege's *Grundgesetze der Arithmetik.*" In M. Schirn, ed. *Philosophy of Mathematics Today.* Oxford University Press.

Heis, J. (2014). "The Priority Principle from Kant to Frege." *Nous* 48/2: 268-297.

Hempel, C. G. (1945). "On the Nature of Mathematical Truth." *The American Mathematical Monthly* Vol. 52 No. 10: 543-556.

Hilbert, D. (1899). "Grundlagen der Geometrie." In *Festschrift zur Feier der Enthüllung des Gauss-Weber-Denkmals in Göttingen.* 1st ed. Leipzig: Teubner.

Hilbert, D. (1900). "Über den Zahlbegriff." In *Jahresbericht der Deutschen Mathematiker-Vereinigung* 8, 180-184. English translation in Ewald (1996), 1089-1096.

Hilbert, D. (1905). *Logische Principien des mathematischen Denkens.* Lecture course given in Göttingen in the summer term of 1905, lecture notes by Max Born, Library of University of Göttingen.

Hilbert, D. (1992). *Natur und mathematisches Erkennen. Vorlesungen, 1919-1920.* Basel: Birkhäuser.

Klev, A. (2011). "Dedekind and Hilbert on the Foundations of the Exact Sciences." *The Review of Symbolic Logic* 4: 645-681.

Klev, A. (2017). "Dedekind's Logicism." *Philosophia Mathematica* 25/3: 341-368.

Klev, A. (2018). "A Road Map of Dedekind's Theorem 66." *Hopos: The Journal of the International Society for the History of Philosophy of Science* 8/2: 241-277.

Kremer, M. (2006). "Logicist Responses to Kant: Frege and Russell." *Philosophical Topics* 34(1/2): 163-188.

Lotze, R. H. (1874). *Logik*. Leipzig.

Reck, E. H. (2003). "Dedekind's Structuralism: An Interpretation and Partial Defense." *Synthese* Volume 137/3: 369-419.

Scharlau, W. (2010). *Nachlass, Richard Dedekind, Professor der Mathematik 1831-1916*. Niedersächsische Staats und Universitätsbibliothek Göttingen.

Sieg, W. (2014). "The Ways of Hilbert's Axiomatics: Structural and Formal." *Perspectives on Science* 22/1: 133-157.

Sieg, W. and Morris. R. (2016). "Dedekind's Structuralism: Creating Concepts and Deriving Theorems." In *Logic, Philosophy of Mathematics, and their History: Essays in Honor of W. W. Tait*. Ed. E. Reck. College Publications.

Sieg, W. and Schlimm. D. (2005). "Dedekind's Analysis of Number: System and Axioms." *Synthese* 147: 121-170.

Sieg, W. and Schlimm. D. (2017). "Dedekind's Abstract Concepts: Models and Mappings." *Philosophia Mathematica* 25/3: 292-317.

Sinacuer, M. A. (1971). "Appartenance et inclusion. Un inédit de Richard Dedekind." *Revue d'histoire des sciences* 24/3: 247-254.

Sinacuer, M. A. (1974). "Commentaires de R. Dedekind à «Zahlen». La correspondance avec Keferstein." *Revue d'histoire des sciences* 27/3: 251-278.

Van der Waerden, B. L. (2003). *Algebra*. springer.

12장 _ 데데킨트 — 논리적 추상화와 메타이론

박우석. (2011). "베르나이스와 공리적 방법." 「논리연구」 14/2: 1-37.

박준용. (2017). "프레게의 힐버트 비판 — 암묵적 정의." 「철학연구」 118: 111-141.

박준용. (2019). "데데킨트 — 공리적 방법과 논리주의." 「철학논총」 96: 1-36.

Avigad, J. (2006). "Methodology and metaphysics in the development of Dedekind's theory of ideals." Jose Ferreiros and Jeremy Gray, (Eds.). *The architecture of modern mathematics*: 159-186.

Bernays, P. (1922). "Die Bedeutung Hilberts für die Philosophie der Mathematik." *Die Naturwissenschaften* 10: 93-99. Translated in *From Brouwer to Hilbert*. Ed. P. Mancosu, 189-197. Oxford University Press, 1998.

Bernays, P. (1942). "Review of 'Ein Unbekannter Brief von Gottlob Frege über Hilberts erste Vorlesung über die Grundlagen der Geometrie' by Max Steck." *The Journal of Symbolic Logic* Vol. 7 No. 2: 92-93.

Bernays, P. (1967a). "David Hilbert." ed. Paul Edwards. *The Encyclopedia of philosophy*. New York, Macmillan.

Bernays, P. (1967b). "Scope and Limits of Axiomatics." ed. M. Bunge. *Delaware Seminar in the Foundations of Physics*. Springer, Heidelberg.

Bernays, P. and Hilbert. D. (1934). *Grundlagen der Mathematik I*. Berlin: Springer.

Dedekind, R. (1854). "Über die Einführung neuer Funktionen in der Mathematik." In Dedekind (1932): 428-438. English trans.: "On the Introduction of New Functions in Mathematics." In W. Ewald, ed. *From Kant to Hilbert II*. OUP Oxford, 1996: 754-762.

Dedekind, R. (1872). "Stetigkeit und irrationale Zahlen.". In Dedekind (1932), 315-334. English trans.: ed. W. Ewald. "Continuity and Irrational Numbers." *From Kant to Hilbert II*. OUP Oxford, 1996: 765-779.

Dedekind, R. (1888). "Was sind und was sollen die Zahlen?". In Dedekind (1932): 335-391. English trans. in ed. W. Ewald. *From Kant to Hilbert II*. OUP Oxford, 1996.

Dedekind, R. (1931/1932). *Gesammelte mathematische Werke, II, III*. Braunschweig.

de Jong, W. R. and Betti. A. (2010). "The Classical Model of Science: a millennia-old model of scientific rationality." *Synthese* 174: 185-203.

Ebert, P. (2016). "A framework for implicit definitions and the a priori." Ebert, P. and Rossberg, M. (Eds.). *Abstractionism. Essays in philosophy of mathematics*. Oxford: Oxford University Press, 134-160.

Frege, G. (1903). "Über die Grundlagen der Geometrie." *Jahresbericht der Deutschen Mathematiker-Vereinigung* 12: 319-324 (Part I), 368-375 (Part II). Translated as E.-H. W. Kluge/ed. McGuinness. "On the Foundations of Geometry: First Series." *Collected Papers on Mathematics, Logic, and Philosophy*. Oxford: Blackwell, 1984.

Frege, G. (1903). "Über die Grundlagen der Geometrie." *Jahresbericht der Deutschen Mathematiker-Vereinigung* 15: 293-309 (Part I), 377-403 (Part II), 423-430 (Part III). Translated as E.-H. W. Kluge/ed. McGuinness. "On the Foundations of Geometry: Second Series." *Collected Papers on Mathematics, Logic, and Philosophy*. Oxford: Blackwell, 1984.

Frege, G. (1976). *Wissenschaftlicher Briefwechsel*. Gabriel, G. et al. (Eds.). Felix Meiner. Translated as *Philosophical and Mathematical Correspondence of Gottlob Frege*. ed. B. McGuinness. University Of Chicago Press, 1980.

Giovannini, E. N. and Schiemer. G. (2021). "What are Implicit Definitions?." *Erkenntnis* 86: 1661-1691.

Hallett, M. (2008). "Reflections on the purity of method in Hilbert's Grundlagen der Geometrie." ed. P. Mancosu. *The Philosophy of Mathematical Practice*. Oxford: Oxford University Press.

Hallett, M. (2010). "Frege and Hilbert." Potter, M. and Ricketts, T. (Eds.). *The Cambridge companion to Frege*. New York: Cambridge University Press.

Hallett, M. (2012). "More on Frege and Hilbert." Frappier, M. Brown, D. and DiSalle, R. (Eds.). *Analysis and Interpretation in the Exact Sciences: Essays in Honour of William Demopoulos*. Springer.

Heis, J. (2020). "'If Numbers Are to Be Anything At All, They Must Be Intrinsically Something': Bertrand Russell and Mathematical Structuralism." Reck, E. and Schiemer, G. (Eds.). *The Prehistory of Mathematical Structuralism*. Oxford University Press.

Hilbert, D. (1899). "Grundlagen der Geometrie." In *Festschrift zur Feier der Enthüllung des Gauss-Weber-Denkmals in Göttingen*. Leipzig: Teubner.

Hilbert, D. (1900). "Über den Zahlbegriff." In *Jahresbericht der Deutschen Mathematiker-Vereinigung* 8: 180-184. English translation: ed. W. Ewald. *From Kant to Hilbert II*. OUP Oxford, 1996.

Hilbert, D. (1904). "Über die Grundlagen der Logik und der Arithmetik." ed. A. Kneser. *Verhandlungen aus der Dritten Internationalen Mathematiker-Kongresses in Heidelberg*. Leipzig: Teubner. English translation by G. B. Halsted. "On the Foundations of Logic and Arithmetic." *The Monist* 15: 338-352.

Hilbert, D. (1905). *Logische Principien des mathematischen Denkens.* Lecture course given in Göttingen in the summer term of 1905, lecture notes by Max Born. Library of University of Göttingen.

Hilbert, D. (2004). *David Hilbert's Lectures on the Foundations of Geometry 1891-1902.* Hallett, M. and Springer, U. M. (Eds.).

Hilbert, D. (2013). *David Hilbert's Lectures on the Foundations of Arithmetic and Logic 1917-1933.* Hallett, M. Ewald, W. and Springer. W. Sieg. (Eds.).

Klev, A. (2011). "Dedekind and Hilbert on the Foundations of the Exact Sciences." *The Review of Symbolic Logic* 4: 645-681.

Linnebo, Ø and Pettigrew. R. (2014). "Two types of abstraction for structuralism." *Philosophical Quarterly* 64: 267-283.

Reck, E. (2003). "Dedekind's Structuralism: An Interpretation and Partial Defense." *Synthese* Volume 137/3: 369-419.

Reck, E. (2022). "Dedekind's Logicism — A Reconsideration and Contextualization." Boccuni, F. and Sereni, A. (Eds.). *Origins and Varieties of Logicism — On the Logico-Philosophical Foundations of Mathematics.* Routledge.

Reck, E. and Schiemer, G. (Eds.). (2020). *The Prehistory of Mathematical Structuralism.* Oxford University Press.

Russell, B. (1903). *Principles of Mathematics.* Cambridge: Cambridge University Press.

Sieg, W. (2014). "The Ways of Hilbert's Axiomatics: Structural and Formal." *Perspectives on Science* 22/1: 133-157.

Sieg, W. and Schlimm. D. (2017). "Dedekind's Abstract Concepts: Models and Mappings." *Philosophia Mathematica* 25/3: 292-317.

Sieg, W. and Schlimm. D. (2005). "Dedekind's Analysis of Number: System and Axioms." *Synthese* 147: 121-170.

Sieg, W. and Morris. R. (2018). "Dedekind's Structuralism: Creating Concepts and Deriving Theorems." ed E. Reck. *Logic, Philosophy of Mathematics, and their History: Essays in Honor of W. W. Tait.* College Publications.

Stein, H. (1988). "Logos, Logic, and Logistike: Some Philosophical Remarks on Nineteenth- Century Transformation of Mathematics." Aspray, W. and Kitcher, P. (Eds.). *Minnesota Studies in the Philosophy of Science.* 238-259.

논문 출처

제1부 | 프레게 논리학

1장 _ 프레게의 치역 개념	「철학연구」 제42집 (1998. 6.): 171-193
2장 _ 프레게와 다항양화	「범한철학」 제72집 1호 (2014. 3.): 303-337
3장 _ 추상 대상과 논리적 대상	「哲學」 제83집 (2005. 5): 211-240
4장 _ 프레게 논리주의에서 논리적 진리와 분석적 진리	「哲學」 제91집 (2007. 5): 159-193
5장 _ 논리주의와 논리상항의 의미	「철학논총」 제84집 (2016. 4): 177-207

제2부 | 프레게와 메타이론

6장 _ 프레게 논리 개념과 메타이론적 관점	「철학연구」 제52집 (2015. 1.): 181-218
7장 _ 모형론적 논리적 귀결과 논리상항	「논리연구」 제17권 1호 (2014. 1.): 71-108
8장 _ 프레게와 힐버트 — 메타이론적 증명	「동서철학연구」 제86호 (2017. 1.): 377-404
9장 _ 프레게의 힐버트 비판 — 암묵적 정의	「철학연구」 제118집 (2017. 9.): 111-141
10장 _ 힐버트 형식주의와 이념적 방법	「철학연구」 제43호 (2011. 1.): 157-202
11장 _ 데데킨트 — 공리적 방법과 논리주의	「철학논총」 제96집 (2019. 4.): 1-36
12장 _ 데데킨트 — 논리적 추상화와 메타이론	「철학논총」 제115집 (2024. 1.): 117-146

찾아보기

I. 인명 색인

ㄱ

고메즈-토렌테, 마리오 257, 286, 289-292

골드파브, 워렌 208, 220, 222-223, 227, 235

괴델, 쿠르트 251-253

ㄷ

데틀렙슨, 마이클 366-368, 399

드레벤, 버톤 208, 220, 222

더밀, 마이클 19-20, 22, 30, 35, 55-60, 63-73,
　　75-76, 78-81, 84, 93-94, 96-100,
　　102-103, 119, 126, 136-137, 143-146,
　　159, 215, 221, 449 외 125회 언급

데데킨트, 리햐르트 162, 214-217, 306, 321,
　　328, 363, 369, 378, 382, 403-425,
　　429-449, 451-454, 460-468, 470,
　　472-488 외 371회 언급

ㄹ

라이트, 크리스핀 23-24, 93, 126, 162-169,
　　171-176, 179, 185-188, 190-196,
　　198-201, 296, 352 외 80회 언급

러셀, 버트런드 95, 129, 163, 172, 189-190,
　　208, 222, 224, 239, 252, 321, 383, 404,
　　449, 478, 486

러피노, 마르코 21, 104-107

레인, 안토니 35, 47

레크, 에리히 479-480

로체, 헤르만 215, 406, 424-430, 435, 453

리드, 스테판 23, 182, 184, 189-190

리켓츠, 토머스 22, 126-132, 134, 136-137,
　　143, 208, 220, 223, 235, 249

ㅁ

만코수, 파올로 363

맥카시, 티모시 257, 282-285

맥팔레인, 존 22, 126, 134-136, 352

모리스, 레베카 215, 404, 406

모스토프스키, 안제이 210, 262, 266, 282

무어, 안드리안 35, 47

ㅂ

박우석 56, 123, 262, 297, 328, 361, 376, 456

박준용 114, 149, 179, 232, 296-297, 454

베르나이즈, 폴 213, 216, 296-297, 329,
　　352-356, 358, 397, 452, 456, 470, 474

베니스-시네쇠어, 우르샤 443

버지, 타일러 52

블랑셰트, 패트리샤 297

ㅅ

샤피로, 스튜어트 296, 364-367, 402

설리번, 피터 79

셔어, 질라 210, 256-282, 284-294 등 160회
　　언급

슈뢰더-하이스터, 피터 35, 104, 208

슐림, 더크 214-216, 404, 406